国家社会科学基金青年项目
"人种意识与近代日本对华侵略研究"（项目编号：16CSS017）结项成果
陕西师范大学优秀学术著作出版资助

人种意识与近代日本的侵略扩张

许赛锋 著

 陕西师范大学出版总社　西安

图书代号　ZZ25N1053

图书在版编目（CIP）数据

人种意识与近代日本的侵略扩张 / 许赛锋著.
西安 : 陕西师范大学出版总社有限公司, 2025.4.
ISBN 978-7-5695-5115-0

Ⅰ. C955.313；K313.4

中国国家版本馆CIP数据核字第20252GN969号

人种意识与近代日本的侵略扩张
REN ZHONG YISHI YU JINDAI RIBEN DE QINLÜE KUOZHANG

许赛锋　著

选题策划	曾学民
责任编辑	杨　凯
责任校对	韦红骆
封面设计	鼎新设计
出版发行	陕西师范大学出版总社
	（西安市长安南路199号　邮编 710062）
网　　址	http://www.snupg.com
经　　销	新华书店
印　　刷	西安市建明工贸有限责任公司
开　　本	787 mm×1092 mm　1/16
印　　张	20.25
字　　数	450千
版　　次	2025年4月第1版
印　　次	2025年4月第1次印刷
书　　号	ISBN 978-7-5695-5115-0
定　　价	101.00元

读者购书、书店添货或发现印刷装订问题，请与本社高等教育出版中心联系。
电　话：（029）85307864　85303622（传真）

序

读完许赛锋寄来的《人种意识与近代日本的侵略扩张》，我首先想到了一个词：后浪。和"青出于蓝而胜于蓝"类似，元代王子一《刘晨阮肇误入桃源》中的"长江后浪催前浪"，早已拟人化。"后浪"不仅是将我等"前浪"推上沙滩"歇息"的动力，而且是使历史长河奔腾不息的动力。虽然今天的"后浪"终将成为明天的"前浪"，但正是有了这种永恒的"前浪推后浪"的历史过程，学术才能不断地推陈出新。

不过，许赛锋的这本论著不属于推陈出新，也不属于标新立异，而是拾遗补阙。因为，研究日本的论著汗牛充栋，甚或浩如烟海，涉及政治、经济、外交、文化、军事等不同领域。但是，将人种意识与近代日本的侵略扩张联系起来，系统地进行分析考察，据我管见，这是第一本。

当然"第一"未必是值得称赞的理由。《人种意识与近代日本的侵略扩张》值得称赞，关键是许赛锋的切入点，正是近代日本侵略扩张的要害。值得注意的是，在对外侵略扩张方面，德国和日本打的都是"种族主义"的旗号，但德国强调的是雅利安人的"高贵"和犹太人的"低劣"，甚至对犹太人进行残忍的种族灭绝，使数以百万计的犹太人蒙难。而日本的侵略扩张，打出的是所谓"同文同种""五族协和"的旗号，鼓吹的是"八纮一宇"。这种差异对两国反省历史的差异，具有不可忽略的影响。对此，许赛锋在书中以大量的篇幅，进行了深入分析和论述，不仅有拾遗补阙的学术意义，而且有揭露某些日本人给侵略历史"涂脂抹粉"的深层原因的现实意义。必须强调，日本否定侵略的主要理论"大东亚解放论"，不仅具有明显的人种意识，而且还通过人种意识的宣扬，推行侵略扩张。

先确定内涵，明确概念，然后围绕内涵逐层展开，不断推进，几乎是优秀论著的共同架构。许赛锋的这本论著就具有这种架构，在设定"人种"的基本范畴后，即对日本人人种意识的产生及其对外观的变化进行了剖析，如石投池塘激起的涟漪，层层扩展，从而揭示了日本人人种意识的历史轨迹及基本特征。历史上，日本长期以中国为师，称16世纪中叶登上日本列岛的葡萄牙人和西班牙人为"南蛮人"，具有明显的鄙视性人种意识。但是，明治维新后，日本人的人种意识发生了明显变化。从那时候开始，日本人对"异种"的西方人，产生了两种截然对立的观点：一种是以福泽谕吉为代表的"脱亚入欧论"，另一种是以冈仓天心为代表的"亚洲一体论"。前者主张摆脱亚洲的"恶友"以迅速进入欧美列强的行列，因为欧美已进入"文明之域"；后者则认为亚洲为世界提供了欧洲文明所无法提供的"爱"和"美"。冈仓天心的"亚洲一体论"，甚至后来被日本军国主义分子用作鼓吹建立"大东亚共荣圈"的舆论工具。许赛锋的这本论著，对与之相关的一系列问题进行了深入分析，鞭辟入里，使我读后深受启发。

这本论著最后写了"人种话语与中日关系的发展"。实际上，无论研究日本哪个领域，最终还是要归结为如何处理中日关系，如何为中国社会现实和社会发展服务，这是每位日本研究者的责任。许赛锋明显具有这种责任感，这种现实关怀，值得称赞。

冯　玮

2025年3月

前言

人种意识与近代日本的对外侵略扩张有着密切关系。本书按照近代历史的发展顺序，以日本国家的实际对外政策与行动作为叙述主线，结合各个时期的社会环境、国际形势等背景条件，联系日本的国学主义、皇国主义、极端民族主义等思想，对人种意识在日本对外认识及行动上所产生的影响进行了梳理分析。在宏观上，构建和确立"日本利用人种意识对外侵略扩张"这一基本框架和思路方向；在微观上，立足于各类原始档案和资料，兼顾各时期重要政治人物以及具有一定影响力、能反映当时日本社会主流认识的思想家、评论家、作家、记者等人物的言论与行动，多角度地讨论日本人种意识的发展特点及其在内外活动中显露出的"明""暗"效力，力求从心理动因层面，对近代日本的侵略扩张进行一个更为细致的阐述。

本书共分为十三章：

第一章，整理分析已有研究的成就及不足，提出本课题的研究意义和需要解决的具体问题，说明相关概念的界定标准。

第二章，讨论日本人种意识的产生及其在对外认识重塑过程中的作用与影响。内容主要包括：日本对外认识视角从"夷狄观"到"人种论"的转变；日本人种意识在形成期的"倚强性"特征。

第三章，讨论日本人种意识与明治前期的对外认识样态。内容主要包括：中日"人种同盟论"在日本政治思想领域的初期发展；日本对华敌意中人种意识因素的作用与影响；日本社会"优胜劣汰""弱肉强食"思维的形成。

I

第四章，讨论人种意识与甲午战后中日关系的发展。内容主要包括："三国干涉还辽"事件与"黄祸论"对日本的影响；日本对华人种论调的变化；中国方面的人种意识状况；"黄祸论""中国人种西来说"等在中国的传播与演变。

第五章，讨论甲午战后日本的中日"人种同盟论"实质。内容主要包括：中国与日本联合、结盟思想的高涨；日本"人种同盟论"的侵略性；中国对"人种同盟论"的认识变化。

第六章，讨论人种意识与日俄战争前后日本的内政外交。内容主要包括：日本对人种因素的顾虑；日本对西方"黄祸论"的外交斡旋与舆论应对；日本对人种意识的实际利用；日本胜利的"人种意义"实态。

第七章与第八章，讨论20世纪10—30年代日本在对外侵略活动中对人种意识的各种利用。内容主要包括：日本的"人种道义"与"白祸恐惧"；人种论与日本对中国边疆地区的侵略，即所谓"满蒙地区人种异质性""成吉思汗即源义经"等论调的危害；日本方面的宣抚奴化活动；投降者的附和及人种认识局限。

第九章，讨论二战期间主要参战国的人种意识面相，考察日本与美国、中国、苏联在二战期间的相互关系，关注各国人种意识在相关政策及行动中产生的作用和影响。内容主要包括：移民排斥与日美矛盾的加剧；中国的"人种地位"；苏联的"人种角色"。

第十章，以法西斯德国为参照，对比日德两国"种族主义"的共性与差异，进一步考察日本人种意识与"种族主义"之间的联系。内容主要包括：日德种族主义的共性；日德种族主义的差异及各自特征；日德种族主义的背离。

第十一章，讨论人种意识与二战后日本的历史认识，分析日本人在战争性质和战争责任上产生相关错误论调的本质原因。内容主要包括：日本的"正义"与"受害"；延续不灭的"神族意识"；日本人种意识与皇国主义的联系。

第十二章，对日本人种意识在其近代对外侵略扩张过程中产生的作用和影响进行总结，归纳日本人种意识呈现出的规律和特点。内容主要包括："蝙蝠式"的日本人种意识特征；复杂的"白种情结"；日本人种意识的难以"超克"性。

第十三章，立足当前现实，历史地、辩证地看待中日两国"文化"与"人种"的背离与联系，思考人种话语对今后中日关系产生积极意义的可能性。

目录

第一章 作为研究视角的"人种意识" / 001

  第一节 问题的提出及研究综述 / 001

  第二节 相关表述的说明 / 017

第二章 日本人种意识的产生与对外观的变化 / 026

  第一节 从"夷狄观"到"人种论" / 026

  第二节 日本人种意识形成期的"倚强性" / 035

第三章 人种意识与日本明治前期的对华认识 / 042

  第一节 人种同盟论的初现 / 042

  第二节 人种意识与对华敌意 / 050

第四章 人种意识与甲午战后中日关系的变化 / 062

  第一节 日本对华政策调整下的人种论调 / 062

  第二节 人种意识在中国的形成 / 072

第五章　中国对日本"人种同盟"论调的反应 / 082

　　第一节　中日"人种同盟"论调在中国的兴盛 / 082
　　第二节　"人种同盟"的实质与中国人的认识深化 / 092

第六章　人种意识与日俄战争前后日本的内政外交 / 100

　　第一节　日俄战争前后日本对人种因素的处理 / 100
　　第二节　日俄战争"人种意义"的表与里 / 113

第七章　人种意识与一战后日本的对外心态及行动 / 123

　　第一节　日本的"人种道义" / 123
　　第二节　日本的"白祸论" / 133
　　第三节　"隐约之间诱导牵引支那" / 139

第八章　日本侵略加剧与对人种意识的利用 / 146

　　第一节　形形色色的人种论调 / 146
　　第二节　人种论调与奴化宣传 / 158

第九章　二战期间参战国的人种意识面相 / 171

　　第一节　美国对日本的"人种敌意" / 171
　　第二节　日本对美国的"人种仇恨" / 179
　　第三节　中国的"人种地位" / 191
　　第四节　苏联的"人种角色" / 199

第十章　日德法西斯的"种族主义"比较 / 203

　　第一节　日德种族主义的共性 / 203

　　第二节　日德种族主义的各自特征 / 210

　　第三节　日德种族主义的背离 / 218

第十一章　人种意识与二战后日本的历史认识 / 223

　　第一节　日本的"正义"与"受害" / 223

　　第二节　"日本人论"与不灭的"神族意识" / 236

　　第三节　人种意识与皇国主义的联系 / 240

第十二章　日本人种意识的存续与矛盾 / 245

　　第一节　"蝙蝠式"的人种意识 / 245

　　第二节　复杂的"白人情结" / 249

　　第三节　难以"超克"的人种意识 / 256

第十三章　人种话语与中日关系的发展 / 262

　　第一节　新时期中日的相互认识与理解 / 263

　　第二节　"同文""同种"的辩证性 / 268

参考文献 / 277

后记 / 313

第一章

作为研究视角的"人种意识"

第一节 问题的提出及研究综述

所谓"人种"(race)概念,一般认为有两层含义:"一是生物学家和人类学家所用的科学意义上的概念,二是在社会学意义上,用以理解恐异症(对异类的恐惧)是如何被表达、传播和实行的一个概念。"① 具体来说,第一层含义着重指人类个体之间身体上的特征,如肤色、体型、外貌等,第二层含义主要是指因不同体质特征而引发的带有文化性、政治性的各种问题。而人们对"人种"概念的理解,以及由彼此外形等差异而产生的情感表现和心理认知,通常被称作"人种意识"。②

辩证唯物主义告诉我们,物质决定意识,意识对物质具有能动作用。尽管物质层面的领土、贸易、安全保障等利益因素,常是研究者分析一个国家对外认识与行动时的基本视点,③ 但另一方面,现实而具体的"物质基础",也脱离不了人的"精神意识"

---

① Robin Cohen, Paul Kennedy, *Global sociology* (London: Macmillan Press Ltd., 2000), pp.106–107.

② 依据牛津大学出版社《牛津高阶英汉双解词典》等权威辞书的释义,"race"当前在汉语里通常被翻译为"人种"或"种族",为避免与"种族主义"等概念产生混淆和干扰,本书除引用及部分特定表述外,统一译为"人种"。

③ 例如国际关系学中的现实主义、新现实主义,管理学中的科学管理论,基本上都奉行经济学方法论。这种方法论被视为"理性选择法"的核心理念,即假定人类的思考和行为都是具有理性的,不会基于抽象的道德或理念,如同从事经济行为一样,唯一目的就是获得最大化利益。参见衞藤瀋吉、渡辺昭夫、公文俊平、平野健一郎『国際関係論』(東京大学出版会,1989年),第48-56頁。

的干预和控制。在各类历史事件中,作为一个国家行政主体的领导者及国民大众,其情感心理、思维方式、判断能力等,实际更是与物质层面的条件相互作用、互为因果。

提起人种意识的社会学内容时,最先容易注意到的往往是"人种歧视""种族屠杀"这样现代性的课题。不过事实上,近代以来,人种意识曾对许多国家的历史进程产生过巨大影响。就本书探讨的主要对象日本而言,无论是明治政府成立前后对外观的重塑期,还是与欧美列强为伍的发展期,或是军国主义横行的疯狂期,西方的人种学理论及相关衍生思想,都是影响其对外认识和对外行动的重要软性因素。

但迄今为止,学界系统论述日本人种意识的成果十分稀少,以人种意识为研究视角,集中考察近代日本对外侵略扩张的研究则更是处于空白状态。日本学者真嶋亚有于2014年出版的《"肤色"的忧郁——近代日本的人种体验》一书,是笔者目前见到的唯一一本以"日本人种肤色""日本人种意识"为主题的专著。[①] 但出于写作立意和表达主题的不同,该书主要侧重于展现近代日本人对自身黄色人种身份的"忧郁",以及由此而产生的与西方在文化、心理等方面的隔阂和困惑,并没有将书中众多"精英人物"的个人经历,放置于日本对外认识与行动的大框架中去考察,也没有阐明"人种意识"与近代日本对外侵略扩张这一重大历史事件之间有何紧密联系,不能不说仍是一种遗憾。

综合来看,目前有以下几个方面的问题需要进一步研究和探讨。

一、人种意识与近代日本对外认识的重塑问题

近代以来日本的对外认识,因西方各种学说理论、知识技艺的传入而变动巨大。中国学者在讨论明治时期日本的对外思想特征时,常冠之以"传统的侵略性"等字眼,忽略对日本当时的社会思想实态进行具体分析。举例来说,关于甲午战争[②]之前日本的对外认识和行动逻辑,著名学者戚其章就曾指出,日本对东亚的侵略思想从丰臣秀吉时代就一直延续,"侵华图谋由来已久",甲午战争是其进行大陆扩张的必然步骤。[③] 此

---

① 眞嶋亜有:『「肌色」の憂鬱——近代日本の人種体験』,中央公論新社,2014。
② 日本称"日清战争",本书除部分按日文文献原文直译之外,其余均按中国习惯称为"甲午战争"。
③ 戚其章:《走进甲午》,天津古籍出版社,2006,第1-8页。

类观点的正确性无可置疑，但必须补充的是，明治维新以后，正如日本对华态度中形成的"文明对野蛮"思维一样，同期存在并流行的"人种进化、人种竞争"思想，也在日本将战争"正当化"的过程中起到了全新的推动作用。而且，以早期亚细亚主义中出现的中日"人种同盟论"为代表，明治前期日本社会的对华认识并非一致，拘泥于直接定性的侵略本性视角，容易使我们对一些问题的理解变得简单化和片面化。

近年来，部分学者开始注意到人种意识与近代日本历史走向之间的重要关系。日本学者山室信一在其专著《作为思想课题的亚洲——基干·连锁·投射》中，就以"文明""人种""文化""民族"四个思想维度为视点，对近代日本的亚洲认识作了宏观性研究。他指出，"人种"在具有客观的先天属性的同时，如"亚洲人种""东洋人种""劣等人种"等各种被赋予了主观色彩的称谓所示，人种概念也成为日本看待亚洲的重要思维工具。① 在人物个案研究上，广濑玲子的《国粹主义者的国际认识与国家构想——以福本日南为中心》，以明治时期活跃在新闻界、政治界的福本日南、志贺重昂、杉浦重刚、陆羯南等一批典型的国家主义者为对象，研究了他们面对西方侵略压力时的思想状态，并谈到他们对外"殖民思想"或"兴亚思想"的产生，与西方人种论的影响有着密切关系。②

中国目前没有研究日本人种意识的专著，周蜜的博士论文《日本人种论》，只是从考古学和生物学的角度，对日本列岛的人种来源及分布进行了研究。③ 向卿的《日本近代民族主义（1868—1895）》④、李寒梅的《日本民族主义形态研究》⑤ 等书，在"民族主义"这一框架下，关注了近代日本民族主义的产生和发展，部分涉及了人种理论在其中的作用与影响。论文方面，杨宁一的《明治时期日本人的自我认识》指出，日本人在明治时期基本形成了自我认识的若干流派，其对外认识随国运的起伏而变化。在

---

① 山室信一：『思想課題としてのアジア——基軸・連鎖・投企』，岩波書店，2001，第54頁。
② 広瀬玲子：『国粋主義者の国際認識と国家構想——福本日南を中心として』，芙蓉書房，2004。
③ 周蜜：《日本人种论》，吉林大学博士论文，2007。日本的此类研究可参见：清野謙次『日本人種論變遷史』（小山書店，1944年）、水野祐『日本民族文化史』（雄山閣，1970年）、工藤雅樹『研究史 日本人種論』（吉川弘文館，1979年）、寺田和夫『日本の人類学』（角川文庫，1981年）等。
④ 向卿：《日本近代民族主义（1868—1895）》，社会科学文献出版社，2007。
⑤ 李寒梅：《日本民族主义形态研究》，商务印书馆，2012。

落后于欧美时,日本人的民族自卑感十分强烈,而成为强国后,则又会迅速转向另一自大的极端。① 安善花在《近代日本侵略中朝思想中的民族优越论分析》中提到,以近代化成功为依托,日本不断膨胀的民族优越论,被置换为"挽救"东亚的救世意识和充当霸主的理论工具,从而构造了其对外侵略扩张的最直接的思想基础。②

但如后所述,历史学、政治学等领域中抽象而多义的"民族"概念,早期实际常常混杂在具有直观肤色差异的"人种"概念中出现,"人种意识"是近代诸多国家"民族主义"的重要构成元素。诚如东亚问题专家郑永年所说,"任何民族主义不可避免地带有种族性","民族主义在某种程度上都是种族主义的变种。没有种族基础的民族主义,其政治上的有效性是很成问题的"。③ 以上列举的前期研究,均较少关注近代日本人种意识的自身特点以及其在民族主义思潮中产生的影响。另外,随着明治维新后日本全面转向学习欧美,西方的"人种论"也代替了传统的"夷狄观",成为日本人看待世界的一个新视角。整个社会在一边倒的西化风气下,形成了根深蒂固的"白种优越论",而对朝鲜、中国的侵略欲念,又在人种意识上表现为对对方的诋毁与蔑视。在分析近代日本对外观的重塑问题时,关于人种意识在其中所起到的导向及推动作用,目前也还缺乏全面和细致的探讨。④

二、"黄祸论"对近代日本内政外交的影响问题

甲午战争日本虽然取胜,但俄、德、法随之发动的"三国干涉还辽"事件,极大加深了当时日本人对国际政治冷酷性的认识。19世纪末以来西方宣扬"黄色人种的蔓延即将对白色人种生存产生威胁"的"黄祸论",也因三国干涉事件的发生,开始逐

---

① 杨宁一:《明治时期日本人的自我认识》,《历史研究》2000年第3期。
② 安善花:《近代日本侵略中朝思想中的民族优越论分析》,《东北亚论坛》2012年第1期。
③ 郑永年:《中国民族主义的复兴:民族国家向何处去》,东方出版社,2016,第122页。
④ 例如,在研究近代日本蔑视中国观的形成时,像杨栋梁主编的六卷本《近代以来日本的中国观》(江苏人民出版社,2012年)对近代以来日本的对华认识进行了细致梳理,但也缺少对"人种蔑视与敌意"的论述。日本学界,『鎖国時代日本人の海外知識』(開国百年記念文化事業会編集,原書房,1978年)、『日本近代思想大系 12 対外観』(芝原拓自等校注,岩波書店,1988年)、『日本近代思想大系 13 歴史認識』(田中彰等校注,岩波書店,1991年)等书,都以解题的形式,收录了大量幕末、明治初期日本人对外认识的相关资料,但对于史料文本中屡屡展现出的人种意识,各编者也并未予以特别关注。

渐渗入日本的政治现实。在强烈的"黄白人种对立斗争"危机感下,"黄祸论"成为此后日本与西方交涉时始终难以摆脱的心理困扰。

德国学者海因茨·哥尔维策尔（Heinz Gollwitzer）的《黄祸论》,分别以英、美、俄、法、德五国为对象,研究了"黄祸论"在西方社会的产生与发展,指出"黄祸论"是帝国主义对外殖民时的一个口号。① 日本学者桥川文三的《黄祸物语》以偏重史料介绍的方式,对影响近代日本历史的"黄祸论"作了一番细致梳理,是了解"黄祸论"在日本传播与发展的重要参考资料。② 饭仓章在《黄祸神话——帝国日本与"黄祸"的逆说》一书中,以介绍德皇威廉二世鼓吹"黄祸论"的动机和过程为重点,对日本在日俄战争前后针对"黄祸论"的应对,以及"黄祸论"在中日两国的不同影响等问题做了详细分析。③ 其另一著作《黄祸论与日本人——欧美嘲笑什么？恐惧什么？》,对19世纪末至20世纪初欧美报刊上有关"日本与黄祸"的政治漫画加以解说,考察了当时西方人视野中的"黄祸"实态。④ 中国学者袁咏红在《"黄祸论"刺激下的日本人种、民族优胜论》一文中指出,日本人为反驳"黄祸论",或提出"人种西来说",或重新划分人种,提出日本人种、民族"优胜"论,甚至反称俄国和中国是劣等人种、劣等民族,是需要提防的"黄祸"。⑤ 杨瑞松的著作《病夫、黄祸与睡狮："西方"视野的中国形象与近代中国国族论述想象》,对"黄祸论"与中华民族共同体想象问题独辟一章,其中也提及了中日两国面对西方"黄祸"攻击指责时的不同反应。⑥

但就如另一本也常作为基本史料而使用的《黄祸论历史资料选辑》⑦所反映出的那

---

① 海因茨·哥尔维策尔:《黄祸论》,商务印书馆,1964。
② 橘川文三:『黄禍物語』,筑摩書房,1976。
③ 飯倉章:『イエロー・ペリルの神話——帝国日本と「黄禍」の逆説』,彩流社,2004。
④ 飯倉章:『黄禍論と日本人——欧米は何を嘲笑し、恐れたのか』,中央公論新社,2013。
⑤ 袁咏红:《"黄祸论"刺激下的日本人种、民族优胜论》,《世界民族》2009年第3期。
⑥ 杨瑞松:《病夫、黄祸与睡狮："西方"视野的中国形象与近代中国国族论述想象》,政大出版社,2010。
⑦ 吕浦、张振鹍等编译:《黄祸论历史资料选辑》,中国社会科学出版社,1979。

样，中国往往被视为"黄祸论"的主角和重心。①然而实际上，关于"黄祸"的具体所指并不一致，有所谓的"人口的黄祸""经济的黄祸"等。②在20世纪前半期的国际政治舞台上，西方口中的"黄祸"主要是暗指来自日本的军事威胁。像日本在东亚地区的不断扩张以及对美开战后的接连得手，就让西方世界非常惊恐日本"黄祸"的蔓延。在此背景下，西方对日本的"黄祸论"攻击，以及日本对西方"黄祸论"的应对等，都是关联着诸多历史事件的重要问题，从这一层面说，"黄祸论"对日本内政外交的影响其实要远大于中国。对"黄祸论"话题用力颇多的罗福惠先生，著有《"黄祸论"：东西文明的对立与对话》③《非常的东西文化碰撞——近代中国人对"黄祸论"及人种学的回应》④等书，将世界各主要国家的"黄祸论"论调及其发展演变作了较为系统的归纳，但作者关于日本方面的"黄祸论"论述，大多参考桥川文三的《黄祸物语》，在研究广度和深度上都非常有限，并且对一些问题的叙述也有待进一步完善。⑤

因此，在日本人种意识这一主线下，既不同于日本方面以本国为中心的研究立场和叙述范式，也不拘泥于常见的以中国为重心的观察视角，客观、全面地分析近代日本因"黄祸论"而产生的对外认知及相关行动实态，依然是一项需要继续推进的工作。

---

① 如论文类有：金德湘的《中国的和平外交传统与西方的"黄祸论"》(《世界经济与政治》1997年第11期)、方旭红的《论"黄祸论"的形成根源及影响》(《安徽大学学报》〈哲学社会科学版〉2005年1期)、刘志光的《"黄祸论"与"文化民族主义"的历史真义》(《晋阳学刊》2006年第5期)、许小青的《种族与政治：清季中国人对"黄祸论"的人种学回应》(《近代史学刊》2007年第4期)。著作类有：施爱国的《傲慢与偏见——东方主义与美国的"中国威胁论"研究》(中山大学出版社，2004年)、姜智芹的《傅满洲与陈查理：美国大众文化中的中国形象》(南京大学出版社，2007年)、Christopher Frayling, *The Yellow Peril: Dr Fu Manchu & the Rise of Chinaphobia*(Thames & Hudson, 2014)、John Kuo Wei Tchen & Dylan Yeats, *Yellow Peril!: An Archive of Anti-Asian Fear*(Verso, 2014)。

② 详见本书第四章第一节。

③ 罗福惠：《"黄祸论"：东西文明的对立与对话》，立绪文化事业有限公司，2007。

④ 罗福惠：《非常的东西文化碰撞——近代中国人对"黄祸论"及人种学的回应》，北京大学出版社，2018。

⑤ 如作者认为，1912年永井柳太郎的《白祸论》一文是"首次用'白祸'为题，反守为攻的日文文章。"(罗福惠：《"黄祸论"：东西文明的对立与对话》，第373页。)但实际上，提出"白祸"来反对西方"黄祸论"的措辞，在冈仓天心于日俄战争间所写的《日本的觉醒》一文中就有出现。参见冈倉天心『日本の目覚め』(色川大吉編：『日本の名著39 冈倉天心』，中央公論社，1993年)，第226页。

三、甲午战后中日"人种同盟"问题

中日建交后,由于日本在琉球、朝鲜等问题上的一系列扩张行为,造成两国之间的戒备和敌意逐步加深。但经甲午一役,惨败后的中国开始积极谋求变法图强,举国上下兴起了强烈的师日、联日风潮。日本也因三国干涉事件以及列强掀起瓜分中国狂潮等因素调整了对华外交,"提携""联合"在对华策略上被再度重视和宣扬。

从宏观上说,本书中探讨的中日"同种联合""人种同盟"思想,可算作近代日本"亚细亚主义"(也称"大亚细亚主义""兴亚主义""亚洲主义"等)思想范畴的一个分支。竹内好的《日本与亚洲》[①]、松本健一的《竹内好"日本亚细亚主义"精读》[②]、狭间直树的《日本早期的亚洲主义》[③]、赵军的《大亚细亚主义与中国》[④]、王屏的《近代日本的亚细亚主义》[⑤]等论著,都先后对"亚细亚主义"作了相当细致的研究。他们在对日本"亚细亚主义"借"兴亚"之名、行"侵亚"之实的发展进程进行批判的同时,[⑥]也认为其最初不乏含有维护亚洲传统文化和固有价值观,以及力图挽回东方衰运的合理成分。像学者韩东育就指出,"'大亚洲主义'的第一冲动,本不乏区域联合的真诚,所以,中朝等国为之感动者大有人在,亦自在情理之中,倘日本朝野言行一致,东亚的历史走向或许会呈现出另外一副面貌亦未可知。"[⑦]

进而,对于甲午战后的"中日同盟"问题,美国学者任达(Douglas R. Reynolds)的《新政革命与日本——中国,1898—1912》,就论述了日本与清末新政之间的

---

① 竹内好:『日本とアジア』,筑摩書房,1966。
② 松本健一:『竹内好「日本のアジア主義」精読』,岩波書店,2000。
③ 狭间直树:《日本早期的亚洲主义》,张雯译,北京大学出版社,2017。原作为著者在日本杂志《东亚》上发表的系列论文。
④ 赵軍:『大アジア主義と中国』,亜紀書房,1997。
⑤ 王屏:《近代日本的亚细亚主义》,商务印书馆,2004。
⑥ 例如日本《亚细亚历史事典》在对"亚细亚主义"解释时讲到,随着自由民权运动的衰落、天皇制国家制度的确立,"亚细亚主义虽然继续主张日本同样是被压迫民族,声称与亚洲同文同种,强调东洋文明是精神文明,西方文明是物质文明,主张亚洲民族连带提携,但实际上已开始发挥掩盖明治政府侵略政策的作用。"竹内好編:『現代日本思想大系9 アジア主義』,筑摩書房,1963,第9-10頁。
⑦ 韩东育:《日本对外战争的隐秘逻辑(1592—1945)》,《中国社会科学》2013年第4期。

紧密联系，他提出的"中日关系黄金十年"之说，一度引发了不少争议。① 此外，桑兵的《"兴亚会"与戊戌庚子期间的中日民间联盟》，针对甲午战后中日民间层面的交往进行了解析，② 孔祥吉、村田雄二郎的《罕为人知的中日结盟及其他》③、邱涛、郑匡民的《戊戌政变前的日中结盟活动》④，着重披露了当时清政府上层与日本的种种联系与交涉。

我们知道，甲午战后"人种""黄种"概念在中国成为激发民族危机意识的重要符号，像沈松桥的《"我以我血荐轩辕"——黄帝神话与晚清的国族建构》⑤、孙隆基的《清季民族主义与黄帝崇拜之发明》⑥、瑞贝卡（Rebecca E. Karl）的《世界大舞台：十九、二十世纪之交中国的民族主义》⑦，都已从宏观或微观方面对清末人种学说的重要性进行了探讨。博士论文中，张晓川的《从新知到常识——晚清知识层级中的人种分类说》⑧、杨鹏的《中国史学界对日本近代中国学的迎拒》⑨，也对近代中日政治思想中的人种论有所涉及。然而遗憾的是，对于形成"亚细亚主义""中日同盟论"的理论支柱之一的"人种同盟"思想，以上各论著均未做深入探讨。荷兰学者冯客（Frank Dikötter）主编的《中国与日本的人种认同建构》一书，似乎已经注意到这一点，在框架设定上试图分析"人种认同"在近代中日关系发展中的影响，但由于该书是多人论

---

① 任达：《新政革命与日本——中国，1898—1912》，李仲贤译，江苏人民出版社，1998。对其驳斥意见，可参见李侃的《清末中日关系何来"黄金十年"？》（《天津社会科学》1995年第1期）、陈景彦的《1898~1907年日本对华侵略初论——兼驳任达先生的"黄金十年说"》（《日本学刊》1997年第6期）。

② 桑兵：《"兴亚会"与戊戌庚子期间的中日民间联盟》，《近代史研究》2006年第3期。

③ 孔祥吉、村田雄二郎：《罕为人知的中日结盟及其他》，巴蜀书社，2004。

④ 邱涛、郑匡民：《戊戌政变前的日中结盟活动》，《近代史研究》2010年第1期。

⑤ 沈松桥：《"我以我血荐轩辕"——黄帝神话与晚清的国族建构》，《台湾社会研究季刊》1997年第28期。

⑥ 孙隆基：《清季民族主义与黄帝崇拜之发明》，载《历史学家的经线》，广西师范大学出版社，2004。

⑦ 瑞贝卡：《世界大舞台：十九、二十世纪之交中国的民族主义》，高瑾等译，生活·读书·新知三联书店，2008。

⑧ 张晓川：《从新知到常识——晚清知识层级中的人种分类说》，博士论文，复旦大学历史学系，2011。

⑨ 杨鹏：《中国史学界对日本近代中国学的迎拒》，博士论文，华中师范大学近代史研究所，2011。

文组成的合集，实际并无统一的主题，也缺乏对甲午战后中日"人种同盟"问题的详细论述。①

笔者认为，在甲午战后中日两国短暂的利益重合下，西方"黄祸论"阴影下日本的人种危机意识，"亡国灭种"宣传激起的中国的民族主义情绪，使得人种的同一性被视作中日关系的天然纽带和可靠保证，部分日本人主张的"人种同盟论"开始得到中国各政治力量的积极呼应。甚至在此后的中日交涉中，无论是日方的对华宣传还是中方的对日求援，"人种同盟""同种联合"之类的话语，很长时间都是双方表述紧密关系时的常用措辞，人种意识在研究清末以来中日"接近"问题时不可忽视。

四、人种意识与日本的对外机会主义特性问题

日本近代以来的外交行动具有极强的功利性，其策略与主张经常是现实的、短视的，缺乏前瞻性和大局性。罗伯特·A.帕斯特（Robert A. Pastor）编写的《世纪之旅：七大国百年外交风云》一书，就将日本的外交特点归纳为"一味追求强权的机会主义"。书中引用日本外交评论家冈崎久彦的言论称，"日本无法就任何问题持原则立场，原因在于它脆弱的岛屿经济和地理政治位置，对贸易的特殊依赖，都使其缺乏安全感，于是外交政策也就走上了野心勃勃的机会主义道路。"②中国学者李广民的《与强者为伍——日本结盟外交比较研究》③、张雅意的《实用主义与日本对华政策研究》④、朱海燕的《近代日本外交的双轨：结盟与侵略》⑤等，都是在此思路下对日本外交特征的进一步论述。

同样地，日本人种意识在每个外交节点的萌生与转向、膨胀或收缩，也都是为达到某一目的而未曾顾及所谓的原则性。以日俄战争前后日本对"黄祸论"的应对为例，

---

① Frank Dikötter editor, *The Construction of Racial Identities in China and Japan*（Hong Kong：Hong Kong University Press, 1997）.

② 罗伯特·A.帕斯特编：《世纪之旅：七大国百年外交风云》，胡利平、杨韵琴译，上海人民出版社，2001，第267页。

③ 李广民：《与强者为伍——日本结盟外交比较研究》，人民出版社，2006。

④ 张雅意：《实用主义与日本对华政策研究》，中国经济出版社，2012。

⑤ 朱海燕：《近代日本外交的双轨：结盟与侵略》，社会科学文献出版社，2014。

不仅人种因素是其战前要求中国保持中立的原因之一,①而且面对西方的"黄祸论"攻击,日本还开展了大量的外交斡旋与舆论应对工作。日本学者松村正义的著作《通往朴茨茅斯之路——黄祸论与末松谦澄》②、《日俄战争与金子坚太郎——公共外交研究》③、《国际交流史——近现代的日本》④、《日俄战争与日本在外公使馆的"外国报纸操纵"》⑤,以及饭仓章的论文《日俄战争期间日本对黄祸论的反应》⑥等都对此作了细致的分析。

但是,日本学者由于其视角和立场所限,常将兴趣点置于诸如日本在日俄战争期间针对"黄祸论"的"公共外交"(public diplomacy)问题上,研究动机与结论也多为对历史细节的还原和对其中人物的颂扬,⑦没有将这一时期日本在"黄祸论"等问题上的各种应对,放到明治以来对外侵略扩张的历史语境中去考察,对日本人种意识在政治、外交、军事等方面表现出的两面性问题也常常略而不谈。事实上,日本没有受制于"黄祸论""人种斗争"这样宿命论式的外交障碍,反而以一种圆滑而又狡诈的方式,将其作为政治资源运用到了对外行动中。像日俄战争期间,日本虽然对外屡称战争与人种等因素并无关系,但在实际的战场上,其却多次利用"黄白对抗"的人种意识,煽动中国民众的"仇俄助日"情绪为其服务。

再例如,太平洋战争爆发后,日本一方面在东南亚地区继续高唱反抗白人殖民压

---

① 关于日本要求中国中立的原因,中国学者从国际形势、外交、经济等方面进行的分析较多,主要有吕思勉的《日俄战争》(载《吕著中国近代史》,华东师范大学出版社,1997年)、刘永祥的《试论日俄战争中日本对华谋略》(《社会科学辑刊》1996年第4期)、喻大华的《日俄战争期间清政府"中立"问题研究》(《文史哲》2005年第2期)、孙昉的《试论日俄战争时期清政府的外交政策》(《烟台大学学报》2007年第2期)等。

② 松村正义:『ポーツマスへの道——黄禍論とヨーロッパの末松謙澄』,原書房,1987。

③ 松村正義:『日露戦争と金子堅太郎——広報外交の研究』,新有堂,1987。

④ 松村正義:『国際交流史——近現代の日本』,地人館,1996。

⑤ 松村正義:『日露戦争と日本在外公館の「外国新聞操縦」』,成文社,2010。

⑥ Iikura Akira, *The Japanese Response to the Cry of the Yellow Peril during the Russo-Japanese War*, 『国際文化研究所紀要』2006年3月。

⑦ 代表性的有,塩崎智『日露戦争もう一つの戦い——アメリカ世論を動かした五人の英語名人』(祥伝社,2006年)、前坂俊之『明治三十七年のインテリジェンス外交——戦争をいかに終わらせるか』(祥伝社,2010年)。

迫的口号为其侵占铺路，另一方面，又权衡着与欧美各国之间的利害关系，谨慎控制着舆论宣传，竭力避免将战争的性质转变为与全体白种国家对抗的"人种战争"。日本人种意识所具有的这种投机性、两面性，在其近代侵略扩张活动中多次显露，成为其实用主义、机会主义外交思想的一个重要表现。然而就笔者目力所及，此方面的研究目前也基本无人深度涉足。

五、移民矛盾在日美冲突中的影响及评价问题

日俄战后，日美两国矛盾逐渐加深。刘世龙的《美日关系（1791—2001）》，以通史的形式，从政治、军事、经济三个方面，指出日美关系的进程整体呈现出"平等（竞争）——不平等（合作）——平等（竞争）"这样一种"周期性"特征。① 祝曙光在《徘徊在新、旧外交之间——20 世纪 20 年代日本外交史论》中，着眼于日本"战间期"（两次世界大战期间）的外交活动，对"二十一条"、巴黎和会、华盛顿会议、伦敦裁军会议、"九一八事变"等事件中日本政府的外交实态作了研究，分析了日本徘徊在新、旧外交之间，以及最终坚持旧外交的复杂原因。② 这些研究在宏观方面，为我们把握日俄战后日美矛盾的发展走向提供了有益参考。

但在人种意识方面，像陈月娥所著《近代日本的对美协调之路》一书，虽然以日本首相原敬为研究对象，考察了近代日本"协调外交"的形成历史及内在本质，指出"对美协调"是一战后日本外交的重心，却对影响日美关系至深的移民问题所言甚少。③ 吴占军的《国际关系视角下的近代日本海外移民——以近代日本的美国移民与日美关系为中心》一文，尽管认为近代日本政府的移民政策、因移民引发的国家间多方角力、日本扩张主义与海外移民关系等问题是考察近代日本历史的重要内容，但也未对人种意识在日美关系恶化过程中的影响作出透彻分析。④ 可以说，当前中国方面的二战前日美矛盾研究，即便是注意到人种意识这一话题，也依然多以移民排斥及移民政策为侧

---

① 刘世龙：《美日关系（1791—2001）》，世界知识出版社，2003。
② 祝曙光：《徘徊在新、旧外交之间——20 世纪 20 年代日本外交史论》，人民出版社，2013。
③ 陈月娥：《近代日本的对美协调之路》，中国社会科学出版社，2005。
④ 吴占军：《国际关系视角下的近代日本海外移民——以近代日本的美国移民与日美关系为中心》，《日本研究》2014 年第 4 期。

重点，很少关注日本在人种问题上的各种心态及相关政治运作。①

反观日本，分析曾与世界头号强国美国开战的原因，常是日本人探讨自身帝国梦想因何破灭的着眼点，而美国对日本移民的歧视和排斥，被普遍认为是双方冲突加剧的催化剂。虽然中国的一些学者，对于类似日本昭和天皇声称的"人种问题是日美战争的远因"之说并不认同，②但按照近代日本"尊崇实力、依附强者"这一对外认识特征来看，如果不多角度地进行分析考察，将很难对其背离一贯外交路线、最后将战争矛头指向美国的行为作出全面且合理的解释。事实上，随着日俄战后日美之间敌意逐渐加重，以人种对立为基调的"日美必战论"开始频繁出现，巴黎和会日本"人种平等议案"被否决、美国颁布排日移民法等一系列事件，都造成日本国民"仇美"情绪的不断升级。学者麻田贞雄就以"两大战期间"日本海军的发展及政策制定为中心，扩展探讨了"人种与文化的相克""黄祸论的恐惧"在日美矛盾发展中的重要影响。③其他，如若槻泰雄的《排日的历史》④、三轮公忠编著的《日美危机的起源与排日移民法》⑤、蓑原俊洋的《排日移民法与日美关系》⑥等，都对日美移民问题与两国外交关系的变化进行了详细的考察。大量研究表明，作为人种意识典型反映的移民问题，的确是影响近代日本对美认识与行动的重要因素。⑦

对这一问题，欧美学界也关注较多，凯里·麦克威廉姆斯（Carey McWilliams）的

---

① 这一倾向也在以下论著中有所体现：戴超武的《美国移民政策与亚洲移民（1849—1996）》（中国社会科学出版社，1999年）、仇海燕的《美国日裔移民问题与20世纪初美日中三角关系》（《江海学刊》2008年第2期）、祝曙光、张建伟的《19世纪末至20世纪20年代的移民问题与日美关系》（《世界历史》2011年第6期）。

② 张振鹍：《日本侵华与昭和天皇的独白》，《抗日战争研究》1993年第2期。

③ 麻田貞雄：『両大戦間の日米関係——海軍と政策決定過程』，東京大学出版会，1994。

④ 若槻泰雄：『排日の歴史』，中央公論社，1972。

⑤ 三輪公忠編著：『日米危機の起源と排日移民法』，論創社，1997。

⑥ 簑原俊洋：『排日移民法と日米関係』，岩波書店，2002。

⑦ 除前述著作外，还可参见加藤秀俊等編著『日本とアメリカ——相手国のイメージ研究』（日本学術振興会，1997年）、三輪公忠『隠されたペリーの「白旗」——日米関係のイメージ論的・精神史的研究』（上智大学，1999年）、澤田次郎『近代日本人のアメリカ観——日露戦争以後を中心に』（慶応義塾大学出版会，1999年）、長谷川雄一編著『大正期日本のアメリカ認識』（慶應義塾大学出版会，2001年）。

《偏见：日美的人种排斥》①、克里斯托弗·索恩（Christopher Thorne）的《太平洋战争中的人种问题》②、约翰·W.道尔（John W.Dower）的《没有怜悯的战争：太平洋战争中的人种与权力》③、吉拉德·霍恩（Gerald Horne）的《人种战争！白人至上主义与日本对大英帝国的攻击》④等，都以人种问题为中心，从不同角度论述了日本与西方在太平洋战争中的相互认识、以及人种意识对各方战争策略的影响。像《没有怜悯的战争：太平洋战争中的人种与权力》一书就指出，人种仇恨是日本和同盟国用来保证士气的主要手段，而仇恨反过来又增加了这场战争的暴力程度。⑤

值得一提的是，以上列举的西方书籍均有日文译本，这也从另一方面展示出，日本人对人种问题与日美开战之间的关联性持有强烈的认同。只是日方的研究，常在自身的"受害者"立场下，过于强调移民排斥在日美关系恶化过程中的作用，对日本奴役、压迫他国的自身人种问题轻描淡写，对一战后日本表面上奉行所谓"协调外交"，实际却利用人种意识与欧美对抗、加紧侵略东亚等事实更是鲜有谈及。以2015年出版的《从人种差别解读大东亚战争》一书为例，作者岩田温抱着"强盗也有三分理"的"公正态度"，试图以"人种差别"为重心，从"公愤""大义"等层面解读日本最终与美国开战的原因，然而通观全书，作者不但没有达到其以人种意识视角分析"大东亚战争错综复杂原因"的预期目标，反而由于书中很多叙述存在避重就轻、模糊是非的情况，造成此书事实上成为对日本侵略行径的又一道粉饰。⑥对于这些状况，无疑都需要我们给予客观和全面的论证与评判。

---

① Carey McWilliams, *Prejudice: Japanese-Americans, Symbol of Racial Intolerance*（Boston：Little, Brown and Company, 1944）.

② Christopher Thorne, *Racial aspects of the Far Eastern War of 1941—1945*（London：The British Academy, 1982）.

③ John W.Dower, *War Without Mercy: Race and Power in the Pacific War*（New York：Pantheon Books, 1987）.

④ Gerald Horne, *Race War! White Supremacy and the Japanese Attack on the British Empire*（New York：New York University Press, 2005）.

⑤ John W.Dower, *War Without Mercy: Race and Power in the Pacific War*（New York：Pantheon Books, 1987）, pp.3-14.

⑥ 岩田温：『人種差別から読み解く大東亜戦争』，彩図社，2015。

六、人种意识与日本人的历史认识问题

众所周知，二战结束以来，以右翼势力为代表，日本社会一直存在着否定、美化侵略历史的反动思潮。① 就像"太平洋战争"始终被部分日本人故意称作"大东亚战争"一样，其内在逻辑中隐含着诸多错误的历史认识，所谓的"有色人种解放论"便是其中典型。像影响较大的《大东亚战争肯定论》一书中所宣称的"美国为了'白色太平洋'而战，日本为了'黄色大东亚共荣圈'而战"的观点，就典型地反映了许多日本人对"大东亚战争""人种解放功绩"的理解。②

作为反驳与批判，像林庆元、杨齐福的《"大东亚共荣圈"源流》，通过分析幕末以来日本扩张主义的发展及演变，对日本各个时期的侵略思想作了比较系统的分析和揭露。③ 王希亮的《战后日本政界战争观研究》④、王向远的《日本右翼言论批判："皇国史观"与免罪情结的病理剖析》⑤、王云骏等编著的《解放还是侵略？——评〈大东亚战争的总结〉》⑥等书，也都对日本右翼势力的"翻案"行为作出了批判。⑦ 日本的森山

---

① 由于"右翼"这一名称所牵涉的内容广泛而庞杂，实际上很难对其进行准确划分。有观点就指出，"右翼"一词，在日本"包含着国体主义、国权主义、国家主义、民族主义、日本主义、精神主义、武断主义、帝国主义、国家社会主义、全体主义等繁多的要素，而且还包含着资本主义乃至自由主义和利己主义"。参见猪野健治的《日本的右翼》（张明扬、刘璐璐译，东方出版社，2013年），第4页。

② 林房雄：『大東亜戦争肯定論』，夏目書房，2002，第415頁。近期主张此类言论的还有：黄文雄『黄文雄の大東亜戦争肯定論』（ワック，2006年）、井上和彦『日本が戦ってくれて感謝しています——アジアが賞賛する日本とあの戦争』（産経新聞出版，2013年）、加瀬英明『大東亜戦争で日本はいかに世界を変えたか』（ベストセラーズ，2015年）。

③ 林庆元、杨齐福：《"大东亚共荣圈"源流》，社会科学文献出版社，2006。

④ 王希亮：《战后日本政界战争观研究》，社会科学文献出版社，2005。

⑤ 王向远：《日本右翼言论批判："皇国史观"与免罪情结的病理剖析》，昆仑出版社，2005。

⑥ 王云骏等编著：《解放还是侵略？评〈大东亚战争的总结〉》，社会科学文献出版社，2011。

⑦ 论文类的有：王少普的《冷战后日本右翼对侵略历史的否认及其原因》（《日本研究》2000年第2期）、孙立祥的《日本右翼势力的"解放战争史观"辨正》（《东北师大学报》〈哲学社会科学版〉2005年第4期）、林晓光、周彦的《战后日本右翼势力研究》（《世界历史》2007年第2期）、鹿锡俊的《中国问题与日本1941年的开战决策——以日方档案为依据的再确认》（《近代史研究》2008年第3期）、宋成有的《"终战史观"评析：战后日本右翼史观揭底》（《日本问题研究》2019年第3期）。

康平、栗崎ゆたか的《证言记录：大东亚共荣圈——通往缅甸、印度之路》[1]、信夫清三郎的《"太平洋战争"与"另一个太平洋战争"》[2]、松本健一的《日本的失败——"第二次开国"与"大东亚战争"》[3]、吉川利治的《同盟国泰国与日本驻军——"大东亚战争"时期不为人知的国际关系》[4]，也都从政治、经济、军事等方面，对二战期间日本在东南亚的军事活动与当地民族解放运动的关系以及日本对"有色人种解放论"的利用和控制等内情做了比较客观的论述。

家永三郎早已指出，虽然日本对东南亚的攻占暂时切断了欧美统治者的殖民支配，但后期当地民族运动的成功及主权国家的建立，却应归因于其自身的觉醒和斗争，并非日本的主观意愿所致。[5] 问题的难点在于，本质上是为日本侵占谋求方便的"有色人种解放论"，在中国这样民族主义已经高涨的"次殖民地国家"难以得到共鸣，然而在菲律宾、印度尼西亚、缅甸、印度这样的殖民地国家，却的确引起了部分人的积极认同。譬如在缅甸，很多人对日本打败西方殖民者、扶植当地民族独立运动的行动表示感激和赞赏，称"缅甸以及亚洲所有的独立国家"都"欠了日本一笔债"，"谁也抹杀不了日本在给无数殖民地人民带来解放方面所起的作用。日本人在太平洋和东南亚的惊人胜利，实际上标志着一切帝国主义和殖民主义完蛋的开始。"[6] 由于东南亚国家不同的历史背景以及与日本之间的利益牵扯关系，使得"有色人种解放论"至今仍有广泛的接受市场。

另外，部分日本人还通过批判美军在二战期间以及二战后各类军事行动中的"种族屠杀"暴行，[7] 极力强调自身遭受"原爆"（原子弹轰炸）的"受害性"，提出了所谓

---

[1] 森山康平、栗崎ゆたか：『証言記録 大東亜共栄圏——ビルマ・インドへの道』，新人物往来社，1976。

[2] 信夫清三郎：『「太平洋戦争」と「もう一つの太平洋戦争」』，勁草書房，1989。

[3] 松本健一：『日本の失敗——「第二の開国」と「大東亜戦争」』，岩波書店，2006。

[4] 吉川利治：『同盟国タイと駐屯日本軍——「大東亜戦争」期の知られざる国際関係』，雄山閣，2010。

[5] 家永三郎：『太平洋戦争』，岩波書店，1968，第208页。

[6] 约翰·亨特·博伊尔：《中日战争时期的通敌内幕（1937—1945）》上册，陈体芳等译，商务印书馆，1978，第16页。

[7] 典型的如本多勝一『殺される側の論理』（すずさわ書店，1972年）。

的"原爆人种针对论"。如冈井敏的《原爆针对日本人真好！》就认为，"原爆"的发生，实际是由于西方白色人种对亚洲有色人种的憎恨与偏见造成的，明显具有"人种歧视性"。①

对于这些建立在人种意识上的片面的、错误的历史认识，虽然已有学者作出了一定的驳斥和批判，但就日本人种意识及其衍生出的相关论调本质而言，目前也还缺乏系统、全面的梳理和研究。

政治学告诉我们，一个国家对外政策的制定受多重因素影响，在研究角度和方法上，可分为"合理选择模式""组织过程模式""官僚政治模式""心理认知模式"四大类。在最后一种模式中，"感觉"成为一种关键性概念，决策者们长期以来形成的价值观和信仰，反映出他们对本国及他国行为的认识。这种"心理环境"（Psychological Milieu）与"行为环境"（Operational Milieu）并非一致，在特定的外部限制下，"一个政治领导人的世界观，他个人的政治风格可能影响其政府的外交战略，从而使国家的外交具有不同的特色。这些（领导人的）个性与外交行为者之间的主要联系，……受到诸如政治领导人对对外务事务的兴趣，他们在外交领域所受到的训练以及他们对外部环境的敏感度等因素的影响"。②

进而，从整体上看，反映一个国家或民族共有精神特质的国民性（民族性格），也在其内政外交上产生着极为重要的影响。国际关系学大师汉斯·摩根索（Hans J.Morgenthau）就称，"国民性不会不影响到国家强权，因为那些在平时和战时为国办事的人，制定、执行和支持国家政策的人，选举和被选举的人，造成舆论、生产和消费的人，都或多或少带有构成国民性的理智和道德特性的烙印。"所以，"国际舞台的观察者，要想估计不同国家的相对实力，就必须考虑到国民性，不管要正确估价这个如此难以捉摸和无形的因素是多么困难。不这么做，就会导致判断上和政策上的错

---

① 冈井敏：『原爆は日本人には使っていいな』，早稲田出版，2010。对"原爆"问题进行相对客观论述的有，西島有厚『原爆はなぜ投下されたか』（青木書店，1976 年）、荒井信一『原爆投下への道』（東京大学出版会，1985 年）、Raymond Davis & Dan Winn, *D-day Japan*（Sikeston：Acclaim Press, 2009）、Douglas Ford, *The Pacific War*（London：Hambledon Continuum, 2011）。

② 陆伟：《日本对外决策的政治学——昭和前期决策机制与过程的考察》，人民出版社，2010，第18-21页。

误"。①

职是之故，尽管国家对外行为的产生是一种合力的结果，没有一种因素可以单独决定一个国家外交决策者的外交理念，也没有一种因素可以单独主宰一个国家的对外政策，但某个人或某个群体的"思维意识"，仍是我们分析相关问题时的重要变量。以上提出的需要进一步拓展的六个问题，虽然侧重点各有不同，但实际前后相扣、因果相连，本质上都与日本人种意识这一心理和情感要素"因何产生""如何发展""有何影响"等内容密切相关。从这一角度说，通过对人种意识的研究，除了可以进一步剖析近代日本的对外侵略扩张史实之外，还可以从个体层面和社会层面全局把握近代以来日本国民性的特点，进而考察其在政府内外政策制定过程中的作用与影响，前瞻日本国家和社会未来的发展走势，这些无疑都同样具有重要的现实意义。

第二节 相关表述的说明

1. 对"人种"词义的理解

在日本，几大常用日语辞典对"人種"（读音"jinshu"，意为"人种"）一词有以下定义。

> 由人类生物学特征而作出的区分单位。分类依据主要为肤色，同时参考头发、身高、头型、血型等体质差异。②
>
> 按照骨骼、皮肤、毛发等形体特征将人类划分的概念。③
>
> 拥有共同遗传特征的人类集团。通常指肤色、容貌、骨骼等身体形态特征相同的人类自然群体。④

---

① 汉斯·摩根索：《国际纵横策论——争强权，求和平》，卢明华等译，上海译文出版社，1995，第180-181页。
② 『広辞苑』第二版補訂版，岩波書店，1976，第1151頁。
③ 『デジタル大辞泉』，http://kotobank.jp/word/人種-81888#w-2098301.
④ 『国語大辞書』第一版，小学館，1981，第1329頁。

当然，如果从社会学角度来看，日语中"人种"词义的涵盖将会更广，①但究其核心，则都可以说是"以人类身体形态上的各种表征为基准，用作区别多个人群的一个概念。"②

早在江户末期，日本一些"西洋见闻"类作品里已出现"人种"一词，如万延元年（1860）"遣美使节团"成员的旅行日记中，就可见"葡萄牙人为白皙人种""亚弗利加之人种"等语句。③不过，舶来于西方的"人种"之语，早期不但属于不为人知的新词，④而且在日文中的翻译一开始也并非固定，有"人种""民种"等多种译法，甚至溯其译本原文的话，会发现实际很多都译自于英语的"inhabitants"（居住民）一词。总的来说，今天表示"race"之意的"人种"一词，在日本形成之初混杂着"nation"（民族，近来又常译为"国族"）、"ethnic group"（民族集团）等含义，大致相当于"同一种类人"之意。⑤日本近代人类学创始人坪井正五郎当时就称，"将人种简称为人群之集合并无大碍，……世间常用之日本人种、大和人种、天降人种等人种之语，于人种学上并非有一定之意义，但在方便上亦可保留。"⑥

其中，"人种"兼备"民族"一词含义的情况尤为多见。⑦日本1894年出版的《支那地理》一书就称，"支那人种乃属黄色人种，细而分之则有苗人种、汉人种、蒙古人

---

① 我妻洋、米山俊直：『偏見の構造』，日本放送出版協会，1988，第167頁。

② 水野祐：『日本民族文化史』，雄山閣，1970，第204頁。

③ 藤田みどり：『アフリカ「発見」——日本におけるアフリカ像の変遷』，岩波書店，2005，第101頁。

④ 如福泽谕吉在1869年刊行的《世界国尽》中，就给文中的"人種"一词标注假名"ひとたね"（"ひと"为"人"、"たね"为"种"），表示对这个新词的辅助解释。详见：福沢諭吉：「世界国尽」，『福沢諭吉全集』第二卷，岩波書店，1959，第591頁。

⑤ 與那霸潤：「近代日本における『人種』概念の変容——坪井正五郎の『人類学』との関わりを中心に」，『民族学研究』2003年6月。

⑥ 坪井正五郎：「通俗講話人類学大意（続）」，明治26年7月第88号，日本人類学会：『東京人類学会雑誌』第八卷，第一書房，1981，第427頁。

⑦ 对于"民族"一词的内涵与外延，由于不是本文的论述主旨，在此从略。可参见向卿的《日本近代民族主义（1868—1895）》（社会科学文献出版社，2007年），第7-25页；李寒梅的《日本民族主义形态研究》（商务印书馆，2012年），第87-95页。

种、满洲人种、回回人种五种。"①而且，就产生的先后顺序来说，"人种"一词出现的时间要早于"民族"，如明治中期编纂的日本首部近代国语辞典《言海》，其中就只收录有"人种"而无"民族"。②"民族"一词，大约是到了1888年《日本人》杂志发行的时候，才开始在日语中大量使用。③至于像表示"民族主义"（nationalism，日文为"ナショナリズム"）之意的"民族"概念开始独立出来，则是更晚时候的事情。④

汉语中的"人种"一词，有学者认为是梁启超1899年在《论中国人种之将来》一文中首先提出。⑤众所周知，近代传入中国的西学，很大一部分实际是经由日本传入的"东学"，西方大量的人文、科技词汇，几乎都原封不动地以日语形式传入，⑥清末一些含有人种知识的史地教科书，更是大多翻译或编译自日文著作。故而在"人种"及其相关术语的理解和使用上，中国基本都沿袭了日本，像1903年作为中学课本出版的《支那四千年开化史》一书就写道，"支那境内之人民数，约四亿余万。概属黄色人种。然细别之，则可分十余种。……今举其有关系于历史上者五种，曰：苗人种，汉人种，蒙古人种，满洲人种……"⑦针对这一现象，有中国学者也指出，在中国"近代学人对'人种'、'种族'、'种类'、'民族主义'诸概念多未加严格界分，往往根据不同的语境而凸显其中某种意义，有时从生物学的角度言'种类'，有时从人类学角度言'种族'，有时又从政治学角度言'民族主义'，各种概念互相混用，今人只能从特定的语境中理解某一概念的思想内涵。"⑧

---

① 松本谦堂：『支那地理』，積善館，1894，第20頁。"支那"一词尽管在一些场合具有对中国蔑视之意，但为保持资料原貌，笔者对其不做改动，后同。

② 大槻文彦：『言海』，吉川弘文館，1907，第475頁。

③ 尹健次：『民族幻想の蹉跌』，岩波書店，1994，第39頁。

④ 李寒梅：《日本民族主义形态研究》，商务印书馆，2012，第87-95页。

⑤ 孙隆基：《清季民族主义与黄帝崇拜之发明》，载《历史学家的经线》，广西师范大学出版社，2004，第14页。不过，可能该词的具体出现时间还要更早，如1897年11月发行的《译书公会报》中，载有译自日本《地理杂志》的《地球人类区别》一文，其中就多次出现"人种"一词。译书公会报报馆编：《译书公会报》上，中华书局，2007，第304-305页。

⑥ 可参见沈国威的《近代中日词汇交流研究：汉字新词的创制、容受与共享》（中华书局，2010年）。

⑦ 支那少年编译：《支那四千年开化史》，上海支那翻译会社印行，1903，第5-7页。

⑧ 李孝迁：《西方史学在中国的传播（1882—1949）》，华东师范大学出版社，2007，第109页。

毫无疑问,"人种"在定义上与其他词语有着明确的区别。日本人类学者本多俊和认为,相对于"人种"来讲,"民族"是指"使用同一语言,拥有或相信拥有同一文化和生活习惯,有着共通的起源、历史和文化传统的集团","国民"则是"属于某国、拥有其国国籍的人群"。① 中国方面,像梁启超虽然早期在行文中常将"人种""民族"等概念混同使用,但随着自身认识的不断深入,其也逐渐明白"民族与种族异,种族为人种学研究之对象,以骨骼及其他生理上之区别为标识,一种族可析为无数民族,……一民族可包含无数种族",在一定程度上意识到了"人种"概念所具有的内涵与外延。② 民族学家潘光旦也说,"'民族'容易和'种族'相混,因为一个民族总有它的种族的成分,一个民族大抵由多个种族结合而成;也因为同种族的人,因为气息相像,容易聚合在一个民族之下,而不愿意分散在几个民族之内。"如果将"国家""种族""民族"这三个词语比较一下的话,"国家是有政治、经济、法律等意味的,种族是生物学与人类学的;民族却介乎二者之间。"③

美国社会学家马丁·N.麦格(Martin N.Marger)指出,"人种"之所以容易和其他概念相混淆,其中一个重要原因就是"它既有生物学又有社会学的意义"。④ 密西根大学教授石桥(George Steinmetz)还认为,"任何声称可以代表一个特定人口本质特征的说法都属人种话语的范畴。因此,人种话语的涵盖比种族话语要广;它所研究的人口可以是一个种族,一国人民,一个民族,一个部落,一种文化或社会。"⑤

综上,就本书讨论的近代历史而言,在笔者所选取的文献资料中,"人种"一

---

① スチュアート ヘンリ:『民族幻想論:あいまいな民族 つくられた人種』,解放出版社,2002,第131頁。
② 梁启超:《中国历史上民族之研究》,《饮冰室合集·专集》四十二,中华书局,1989,第1页。
③ 潘光旦:《潘光旦文集》第3卷,北京大学出版社,1993,第43页。
④ 马丁·N.麦格:《族群社会学:美国及全球视角下的种族和族群关系》,祖力亚提·司马义译,华夏出版社,2007,第15页。
⑤ George Steinmetz:《魔鬼的笔迹(一)——前殖民话语,人种/族类见解和跨文化认同在德国殖民过程中的作用》,《清华大学学报》〈哲学社会科学版〉2005年第5期。当然,如果从早期"民族"等词的含义范围来说,其实也有类似的情况。像日本社会学者吉野耕作就指出,"民族"一词根据状况,会包含有"人种"(race)、"族群性社群"(ethnic community)、"民族、国族"(nation)等词的所有意思。参见吉野耕作『文化ナショナリズムの社会学——現代日本のアイデンティティの行方』(名古屋大学出版会,1997年),第113頁。

词依据上下文，可能会带有"民族""国民"等含义；反之，即便文献资料只有"民族""国民"等字眼，但在文脉含义上却属于"人种"概念范畴的，也会适当采用。

2. 对"人种划分"的再认识

追溯历史，法国医生、旅行家弗朗索瓦·贝尔尼埃（François Bernier），在1684年的一篇论文中首次开始尝试将人类分类。瑞典植物学家卡尔·林奈（Carl Linnaeus），在1735年出版的《自然系统》中按外部形态把人类分为4种，即"欧罗巴白种"（Europaeus albus）、"亚细亚黄种"（Asiaticus fuscus）、"亚美利加红种"（Americanus rufus）、"阿非利加黑种"（Africanus niger）。① 德国人类学家约翰·弗里德里希·布鲁门巴哈（Johann F. Blumenbach），在其主要著作《人类的自然变种》中，进一步按照肤色和头形等体质特征把人类分为5个种群，分别命名为"高加索种"（Caucasian Race）、"蒙古利亚种"（Mongolian Race）、"阿美利加种"（American Race）、"埃提奥辟种"（Ethiopian Race）和"马来种"（Malayan Race）。② 其中，"高加索种"为白种，"蒙古利亚种"为黄种，"阿美利加种"为红种，"埃提奥辟种"为黑种，"马来种"则为棕种，由原来的黄种分出。像这样，近代西方的体质人类学，经过林奈、布鲁门巴哈等学者的提倡，逐渐形成了一套以地域和肤色为主要标准的划分方式。③ 正如我们所熟知的那样，其中由布鲁门巴哈所倡导的"白黄红黑棕"五色人种分类法，对后世的影响最为巨大。

不过，已有越来越多的研究指出，以肤色差异来界定特定人群本质和性格的论断，不仅在后期的发展中充满歧视和偏见，而且其理论本身也缺乏明确的学理依据。

以东亚的中国人和日本人为观察范例，就会发现"黄色人种"的称谓实在是"名不副实"。根据各种文献记载可知，古代中国人和日本人其实大多将自身的肤色视为"白色"而非"黄色"。在中国，很多学者就指出，早在远古时代"中国人便称自己的

---

① 林惠祥：《世界人种志》，商务印书馆，1932，第11页。
② 林惠祥：《世界人种志》，商务印书馆，1932，第12页。
③ 详细分类，可参见艾尔弗雷德·哈登的《人类学史》（廖泗友译，山东人民出版社，1988年），第78-89页；张实的《体质人类学》（云南大学出版社，2003年），第206-209页。

肤色为白色。"① 明代地理志《东西洋考》记载,"马六甲……男女椎髻。肌肤黑漆。间有白者,华人也。"② 早期殖民探险的葡萄牙人,十分注意中国人的肤色,像1515年前后完成的书稿《东方概要》,记录了从红海海岸到琉球群岛、日本群岛等所有亚洲沿海地区的地理状况,其中有关东方人的资料里,多次提到"中国人是白人,和我们的皮肤颜色一样。"③ 1655年第一个来到清朝的欧洲使节,也描述中国人具有白色肤色,"与欧洲人相同",只有一些南方人的皮肤显"微褐色"。④ 同样,在日本,江户时代的一些绘画中,日本男性的脸部肤色与荷兰人、葡萄牙人这样的欧洲商民并无差别,甚至一些日本女性的肤色还要显得更白一些。⑤ 日本开国后,到访的欧美人称日本女性的皮肤"白似透明",除去一些劳动阶层中有"赤铜色"皮肤外,"大多数日本人与北欧人几乎同为白色"。⑥ 整体上,18世纪中期之前的各类西方人,如传教士、商人等,在旅行报告中对中国人、日本人的肤色多描述为白色(或接近于白色),很少认为较其自身存在明显的不同。"黄色人种"的命名和认定,只是近代西方人种学说在中日两国普及之后才出现的。

本来,在人种学说肇始之初,西方学者其实并没有认为肤色的差异与优劣、贵贱有绝对的因果关系,也没有对其他"有色人种"表现出太多的歧视。弗朗索瓦·贝尼埃作为第一个提出"人种"概念的人,并没有过多地宣扬欧洲人的"人种优越性"或"血统优越性"。在他最初的人种划分认识中,"既找不到欧洲人的(文明或智力)绝对优越性,也找不到'白人'代表的高超的美。"⑦ 林奈虽然觉得黑人的智商不高,但并不认为黑人是与自己不同的物种。甚至连布鲁门巴哈也指出,所有的人种都属于人

---

① 冯客:《近代中国之种族观念》,杨立华译,江苏人民出版社,1999,第11-12页。
② 张燮:《东西洋考》,商务印书馆,1985,第42页。
③ 澳门《文化杂志》编:《十六和十七世纪伊比利亚文学视野里的中国景观》,大象出版社,2003,第3页。
④ 冯客:《近代中国之种族观念》,杨立华译,江苏人民出版社,1999,第52页。
⑤ 我妻洋、米山俊直:『偏見の構造』,日本放送出版協会,1988,第52-53頁。
⑥ 石川榮吉:『欧米人の見た開国期日本——異文化としての庶民生活』,風響社,2008,第12-23頁。
⑦ 皮埃尔-安德烈·塔吉耶夫:《种族主义源流》,高凌瀚译,生活·读书·新知三联书店,2005,第82页。

类,尽管人类本身具有多样性。他批评那些认为一种人种优于另一人种的观念,尤其是所谓以"美感"为标准的分类观念。他讽刺说,"如果癞蛤蟆能够发言,并被问及谁是地球上最可爱的动物,它会谄笑着说,谦虚阻止它给出那个问题上的真正答案。"①

然而,近代西方殖民者在全球的不断侵略扩张,为"白色人种"地位的升高提供了强大的"科学支撑"。像著名社会学家马克斯·韦伯(Max Weber)就曾表示过,欧洲的优越性来自某种微妙的遗传,这一因素使欧洲人在任何时候都会更有"理性",也会使他们更先进。②正如史学家阿诺德·约瑟夫·汤因比(Arnold Joseph Toynbee)所批判的那样,"在今天的西方世界,以'种族'原因来解释社会现象的做法相当流行。人类在体质上的种族差异,不仅被看成是不可改变的,而且还被当成人类心理方面的、永恒的种族差异的论据。人们以为,这些差异是我们亲身见到的各人类社会具有不同的命运和成就的原因。"由此而形成的人种认识和观念,"既是对西方科学思想的一种歪曲,又是对西方种族感情的一种虚伪的思想反映。这种感情,正像我们现在所见到的,是自从公元15世纪最后25年以来,我们西方文明在地球表面扩张的结果。"③

美国学者奇迈可(Michael Keevak)在其著作《成为黄种人:种族思维简史》中,通过考察西方对东亚人群的描述和理解变化后,讲一步指出把东亚人的肤色认定为黄色,完全是一种近代的"伪科学式"的发明。由于在西方的传统观念中,白色代表着神圣、纯洁、智慧和高贵,黄色意味着不洁、低俗、病态与恐怖。随着欧洲工业革命的发展与进步,古老的东方社会显得越来越落后,在以西方为中心的视角下,东方人的肤色慢慢失去了被描述为白色的资格。典型的就如林奈那样,将亚洲人的肤色几经更改后描述为"luridus",而该词在古典拉丁文中表示"灰黄、蜡黄、苍白",暗含着"病怏怏的黄色"感觉,而不是"健康的金黄色"。由于林奈的描述对欧洲人的东方认识影响颇大,从此"黄色"便开始和东方人的肤色连接在了一起。从植物学和医药学

---

① 高春常:《文化的断裂——美国黑人问题与南方重建》,中国社会科学出版社,2000,第52-53页。

② J.M. 布劳特:《殖民者的世界模式——地理传播主义和欧洲中心主义史观》,谭荣根译,社会科学文献出版社,2002,第79页。

③ 阿诺德·汤因比:《历史研究》(插图本),刘北成、郭小凌译,上海人民出版社,2000,第64页。

的角度来讲,这种颜色属于疾病与衰弱的颜色,而它与中国人等东方人的专横、迟钝,以及永远沉浸在异端宗教的状态似乎极为吻合。①

值得庆幸的是,自20世纪70年代以来,"以'种族(race)'这一类的标签把人类划分为不同集团与亚集团的传统分类法,开始越来越失去其生物学的依据。研究者们相信,人类基因多样性主要存在于个体之间,比较而言,地域与族群间的差异反倒无关紧要,而且在种族与种族之间、族群与族群之间,根本不可能描画出有科学依据的分界线。最近有关基因与种族、基因与族群关系的研究显示,现代人类基因多样性的现状,是人类在约十万年前走出非洲很久以后,晚至五六万年前才加快速度形成的,是人类基因在个体之间、集团之间历经长久的反复交换的结果,这个过程就是'网状演化'(reticulate evolution),而所谓种族,则是更晚的'社会—文化建构'(socio-cultural construct)。这种'社会—文化建构'的本质,则是政治性的。"②

宏观来看,在人文社会科学研究领域,那种假设人类是被自然地划分为不同人种(race)、部落(tribe)、族群(ethnie)或民族(nation)的"原生论"(primordialism)已经开始被抛弃。主张"社会建构论"的学者们认为,族性和族群都是在特定的历史文化背景下,人们为了特定的利益与权力而主观加以构建的结果,有时甚至是被"发明"或"想象"出来的。个人与群体的族性身份和族群归属,绝非"先天的""与生俱来的",而是"后天的",是在复杂的社会过程中"被授予"和"获得的"。③ 荷兰学者冯客就指出,"人种"是一种与客观事实无关的文化构造。"一些人可能会关注皮肤的颜色,而另一部分人则会关心眼睛的颜色。这些生理上的差异本身并不引致文化的差异,而只是用来使角色的预期合法化:生理特征被赋予了社会意义。……人种并不存在,它们是被虚构出来的。人种范畴的所指随着社会文化环境的变化而变化。……

---

① Michael Keevak, *Becoming Yellow: A Short History of Racial Thinking* (Princeton: Princeton University Press, 2011), pp.23-57. 同时可参见张先清的《身体的隐喻:16—18世纪欧洲社会关于中国人的"种族话语"》(《学术月刊》2011年第11期),第129-146页。

② 罗新:《我们不是"黄种人"》,《东方早报》2013年5月12日。

③ 鲁西奇:《"帝国的边缘"与"边缘的帝国"——〈帝国在边缘:早期近代中国的文化、族裔性与边陲〉读后》,姚大力、刘迎胜主编:《清华元史》第1辑,商务印书馆,2011,第472-473页。

如果不是因为操作或文体上的不便,'人种'这一词应该始终被括在引号之内。"① 概言之,从科学意义上讲,按照生物学标准将人类划为不同人种的想法和做法是错误的,"人种"理论彻头彻尾只是历史与意识形态的一种产物。

在了解这些后,笔者所要强调的是,尽管"人种"概念以及"人种肤色划分"如今看起来充满了错误和荒诞,但在许多层面上,它仍旧是一个充满争议且似乎无法根本解决的问题。因为只要部分人还相信某些身体特征的差别是有意义的,那么这些人就会一直保持上述信念,继而不断在思想或行动上表现出来。实际上,即便在21世纪的今天,正如众多黑人选手称霸体育赛场,会被深信是因为其具有太多生理上的运动天赋,中国运动员刷新短跑类田径纪录,会被认为是具有极大的突破意义,② 这种直观外貌肤色差异下的人种意识,其实依然强烈地残存于世人的脑海里,久久挥之不去。③

---

① Frank Dikötter, *The Discourse of Race in Modern China*（Hong Kong：Hong Kong University Press, 1992）. 由于汉译本将文中的"race"都译为"种族",此处为避免歧义,笔者据原文进行了改译。

② 相关舆论如,杨华的《中国等上百年也难再出刘翔 跨越黄种人鸿沟》（http：//sports.sina.com.cn/yayun2014/o/2014-10-03/11057357152.shtml,访问日期：2015年10月16日）；阿鲍的《"亚洲飞人"苏炳添：百米第一个破十的黄种人,这就是中国速度！》（https://view.inews.qq.com/a/20220317A03CDW00,访问日期：2022年5月18日）。

③ 知名歌手张洪亮在其《黄书：黄种人的过去与未来》（华中科技大学出版社,2014年）一书中,呼吁要打破以白种人为中心的观念桎梏,建立黄种人自己的世界观和精神世界。该书在论述上虽然缺乏科学性和严谨性,但也从侧面反映出当前普通华人大众依然具有强烈的人种肤色划分意识。

第二章

日本人种意识的产生与对外观的变化

第一节 从"夷狄观"到"人种论"

1. 日本"夷狄观"的变动

长期以来，日本一直积极将中国作为学习和模仿的榜样，这种知识文化流动"一边倒"的状况，历经千余年几乎未有大的改变。二战后曾五次担任首相的吉田茂（1878—1967）说过，"日本没有使它受到威胁的临近大国，只有一个给它输入文明的相隔较远的中国。古代的中国拥有非常先进的文明，对日本来说，学习中国，是一个莫大的恩惠。"[①] 虽然如后所述，明清鼎革之后，部分日本人对中国的看法发生了一定程度的改变，但实际上，"直到18世纪前期，对于日本的知识分子阶层来说，中国文明依然高高在上。无论怎么刻意抬高日本，其言论都没有脱离'中国文明之伞下'（这一宏观认识）。"[②]

例如，被称为日本近世儒学之祖的藤原惺窝（1561—1619），就极度喜好中国文化。他曾欲往中国游学，但终因各种原因未能如愿，感叹"吾不能生大唐，又不得生

[①] 吉田茂：《激荡的百年史——我们的果断措施和奇迹般的转变》，孔凡、张文译，世界知识出版社，1980，第14页。
[②] 步平、北冈伸一主编：《中日共同历史研究报告》（古代史卷），社会科学文献出版社，2014，第359-360页。

朝鲜，而生日本此时也，……其不得观光上国亦命也。"① 到江户时代中期，日本人对汉学的热情达到一个新高潮，众多日本文人甚至以将自己名字改成中国样式为荣，② 以行至九州长崎又近中国几百里而欣喜感激。③ 出于对汉文化的喜爱和崇拜，日本上层社会还流行起学习汉语的热潮，像荻生徂徕等人就反对以日式的"汉文训读法"来读汉语诗文，主张应按照中国语音进行诵读，认为这样才能真正接近汉文化的真意。④ 可以说，在评价外界事物时，中国是绝对的正统标准，儒家文化是其世界观的核心认同，以致其时就有日本人还批判道："读儒书愈多者，愈加以唐土为中国，以我国为夷狄。其甚者，竟有因生于夷狄之国而后悔感慨之徒。"⑤

虽然早在7世纪，日本通过与中国的往来就已经接触到欧洲文化，如奈良东大寺的正仓院就藏有不少希腊和罗马的艺术品，然而受地理与交通条件所限，日本始终未能同西方进行直接的交流。直到16世纪后期，来日的葡萄牙传教士弗洛伊斯（Luís Fróis，1532—1597）还曾评价说，日本人一直和外界交往匮乏，对世界了解较少，只是"按照传统的地理学和数学知识将地球分为日本、支那和印度三处。"⑥（图1）

---

① 姜沆：《看羊錄》，《影印標點韓国文集叢刊 73 睡隱集》，民族文化推進会，1991，第120页。
② 例如，荻生徂徕（1666—1728）自称"物徂徕"，服部南郭（1683—1759）自称"服子迁"，安藤东野（1683—1719）自称"滕东壁"。
③ 橋川文三：『順逆の思想——脱亜論以後』，勁草書房，1973，第16頁。
④ 荻生徂徕著，小泉秀之助校：『訳文筌蹄』，須原屋書店，1908，第2-3頁。
⑤ 浅見安正：「中国辨」，西順藏等校注：「日本思想大系」31，岩波書店，1980，第416頁。关于当时日本文学作品对慕华风气的讽刺，参见松本三之介『近代日本の中国認識』（以文社，2011年），第24-25页。当然也有像儒学家贝原益轩（1630—1714）那样，虽然认同中国为"君子国"，但也表示日本不及中国者，仅在于"学问一事"。而且四方夷狄之中，"南方称蛮，从虫。北方称狄，从犬。西方称羌，从羊。仅东夷从大。大者人也。东夷之风俗仁也。"因此，日本是"仁者长寿"的"君子不死之国""人道之国"，是连孔子也打算"乘桴浮于海""欲居九夷"的向往之国。详见：贝原益轩：『五常訓』，有朋堂書店，1927，第431-432頁。
⑥ 開国百年記念文化事業会編集：『鎖国時代日本人の海外知識』，原書房，1978，第192頁。

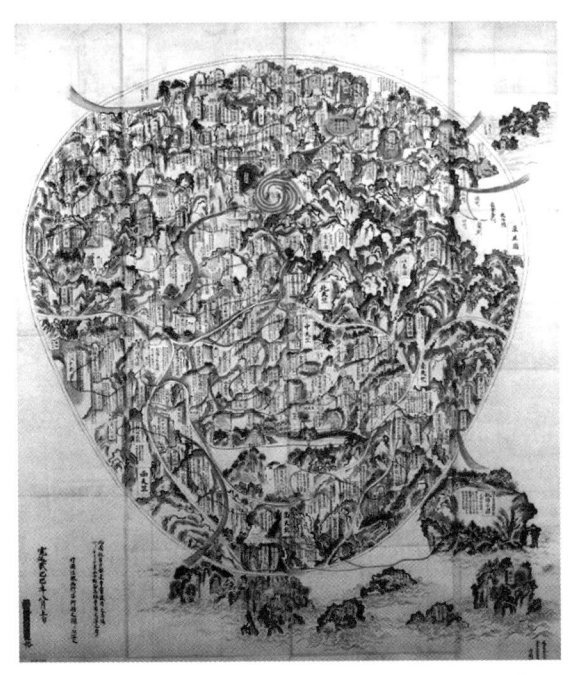

图 1　反映日本古代世界认识的《天竺之图》①

（资料来源：日本神户市立博物馆藏。）

欧洲航海探险开始后，世界相对孤立闭塞的状态被打破。1543年，一艘搭载有几名葡萄牙人的商船，因风暴漂流到了九州的种子岛。②这一批"其形不类，其语不通，见者以为奇怪"③的外来者，拉开了日本人与欧洲人直接交往的序幕。④自此以后，这些被称为"南蛮人"⑤的葡萄牙人、西班牙人、荷兰人等欧洲人，

---

① 在形如鸡卵的大地上，中间大部为印度，右上部为中国和日本。

② 对于商船的具体情况，有观点认为可能是倭寇船或中国商船。信夫清三郎：『江戸時代——鎖国の構造』，新地書房，1987，第63頁。

③ 南浦文之：「鉄砲記」，下中邦彦：『日本史料集成』，平凡社，1956，第268頁。

④ 不过，据明代《武备志》记载，1541年7月驶到丰后神宫浦的明朝船中有葡萄牙圣芳济派教士同行，并传入了洋枪。日本西教史也记载，1541年有3名葡萄牙人在从暹罗前往中国的途中，遇暴风漂流到萨摩鹿儿岛。因此严格来说，葡萄牙人在1543年漂流到种子岛以前，并不是没有到过日本。木宫泰彦：《日中文化交流史》，胡锡年译，商务印书馆，1980，第617页。

⑤ "南蛮"一词在10世纪的《日本纪略》中就曾出现，大致用来记录奄美大岛以及九州之南的广大区域，因葡萄牙等西洋人"寻其船路，从西海而向南方往，自南方向北而来于日本，故倭国人呼之为南蛮人。"详见：雪窗宗崔：「对治邪執論」，海老沢有道等校注：『日本思想大系』25，岩波書店，1970，第492頁。

不仅带来了海外贸易，而且还带来了大量的西方文化和知识，很大程度上扩展了日本人对外部世界的认知。像实现"天下布武"的武将织田信长（1534—1582），在见到传教士带来的地球仪后，就放弃了此前的"三国世界观"。①除此之外，如1590年"天正遣欧少年使节团"从欧洲带回的《世界地图册》《世界城市图册》，以及随后发展起来的制图技术、漂流到海外的日本人的传记见闻、来日欧洲人的各种旅行记等，都成为日本人了解世界的知识渠道。②

进入江户时代，德川幕府为加强统治，相继实行了禁止基督教等一系列的"锁国"政策。③不过就如"岁月时节之风仪，冠婚祭葬之礼仪，宾客朋友之交际，道德节操之心操，饮食衣服之样态，皆为南蛮风"④所描述的那样，西方新兴的医学、地理等知识，依然通过与外国通商的形式不断传入日本。其中，以荷兰语为译介媒体的"兰学"发展迅速，有力地推动了西方科技知识的传播。医学家杉田玄白（1733—1817）就曾感慨，"宛如一滴油散满广阔水池一般，最初仅有……三人关注，然经五十年岁月，此学遍及海内，流布于四面八方，每年耳闻译书层出，有如一犬吠形万犬吠声之情景。"⑤

在西学的普及下，许多日本人有了新的地理认识，开始知道日本、中国和印度皆为广阔世界的一部分，对以中国为中心的"华夷天下观"产生了怀疑和批判。杉田玄白指出，"腐儒庸医，从支那之书，以其国为中土。地球实乃一大球体，万国配居，所居之处皆为中也。何国为中土？支那亦东海一隅之小国也。"⑥商学者山片蟠桃（1748—1821）也认为，《山海经》"所云万国，皆虚妄之说，毫不足取"，佛家的须弥之图"也不足辨真颜"，神道家的世界观"其见识鄙陋愚劣"，而"西洋欧罗巴之

---

① 松田毅一编：『探訪大航海時代の日本1 南蛮船の渡来』，小学館，1978，第31頁。
② 徐静波：《大航海时代以后日本人对外界与自身的新认识》，《日本学刊》2009年第5期。
③ 已有很多学者对"锁国"概念提出修正，如称"所谓锁国令的着眼点其实在于垄断贸易和情报，幕府并未用过锁国这个词。"信夫清三郎编：『日本外交史1853-1972』Ⅰ，每日新聞社，1974，第6-7頁。
④ 向井元升：「知恥篇」，海老沢有道等校注：『日本思想大系』25，岩波書店，1980，第543頁。
⑤ 杉田玄白：「蘭学事始」，『文明源流叢書』第一，国書刊行会，1913，第28、29頁。具体来说，早期葡萄牙人、西班牙人带来的知识常被称为"蛮学"或"南蛮学"，江户中后期荷兰人带来的知识被称为"兰学"，幕末、明治以后以英语为载体的知识被称为"洋学"。
⑥ 杉田玄白：「狂医之言」，松村明等校注：『日本思想大系』64，岩波書店，1976，第230頁。

国，非实地勘测而不言也。……因无梵、汉、我国之虚妄之词，故信其说。"①杉田玄白的弟子大槻玄泽（1757—1827）更是批判说，"吾等……效慕中华已久，无论何事皆以彼之道路为喜而不顾其他，对于地理之事过于蒙昧。仅凭耳闻目见、只知唐与天竺之辈，甚至以为荷兰亦支那之属国，支那以外皆为蛮夷，学问粗陋之极。"②他还批评那些丑化荷兰人的日本人，告诉其"由于大洲各异，欧罗巴之人，虽与我亚细亚人于色样上稍有差异，但各自所具之物并无差异"。③

与此同时，日本自身"华夷秩序观"的形成，也进一步促进了其对外认识的改变。④德川幕府建立之初，就在意图与中国开展商贸往来的同时，自称"一统阖国，抚育诸岛，左右文武，经纬纲常，……其化之所及，朝鲜入贡，琉球称臣，安南、交趾、占城、暹罗、吕宋、西洋、柬埔寨等蛮夷之君长酋帅，各无不上书输宾"。⑤当中国明亡清立，"鞑虏横行中原，是华变于夷之态也"，⑥缺少"大义名分"的"夷狄"清朝，更在文化传承层面上被认为不具备"正统性"。在所谓"大君外交体制"⑦以及主张"本朝为中华"的"国学主义"影响下，日本长期以中国为中心的一元化认同和传统的慕华思想加速走向了松动、瓦解。

例如，关于日本民族的最初起源，在中国《晋书》《梁书》等史书中，就有日本人

---

① 開国百年記念文化事業会編集：『鎖国時代日本人の海外知識』，原書房，1978，第45頁。当然，当时也有很多日本人对西学不甚了解，如朱子学者林罗山（1583—1657）就非常排斥西方的"地圆说"，其与基督教徒不干斋巴鼻庵（1565—1621）论辩时，"见彼圆模之地图，春曰'无有上下乎？'干曰'以地中为下，地上亦为天，地下亦为天。吾邦以舟运漕大洋，东极是西，西极是东。是以知地圆。'春曰'此理不可也，地下岂有天乎？'"林罗山甚至表示，"若又以是惑下愚庸庸者则罪又愈大也，不如火其书，若存则遗后世千岁之笑。"林羅山：「排耶蘇」，海老沢有道等校注：『日本思想大系』25，第490頁。

② 大槻玄沢：「蘭学階梯」，『文明源流叢書』第一，国書刊行会，1913，第226-227頁。

③ 大槻玄沢：「蘭学階梯」，『文明源流叢書』第一，国書刊行会，1913，第493-494頁。

④ 有研究认为，日本型的华夷秩序观大约形成于17世纪30年代。荒野泰典：『近世日本と東アジア』，東京大学出版会，1988，第33-36頁。

⑤ 東京帝国大学文科大学史料編纂掛編：『大日本史料』第十二編之七，東京帝国大学，1905，第847頁。

⑥ 林春勝、林信篤編：『華夷変態』，東方書店，1958，第1頁。

⑦ 指德川幕府为寻求与中国华夷秩序的对等地位，对朝鲜、琉球等国自称"日本国大君"而形成的外交体系。

"自云吴太伯之后"的记载。这一说法流传到日本后，曾常被用来增加和附会日本人及日本皇室起源的正统性和神圣性，① 然而到了江户中后期，却成为部分国家主义者"去中国化"的一个批判点。据记载，水户藩藩主德川光圀（1628—1701），在读林罗山等人所编撰的《本朝通鉴》时，看到其中有"日本之始祖乃吴太伯之胤"的语句后，"愕然废卷，曰'此何言，……称勾吴之后，难免将我神州沦为异国之附庸。岂不悲哉？……修国史采此无稽之说，播之于天下，乃遗丑于万代矣"。② 另一国学者松下见林（1637—1703）也批驳称，"谓太伯之后者，此为首出。夫一犬吠虚千犬吠声，从晋书此言出，后史多同然一辞。……自天地开辟之初有我国，而号曰大日本、丰秋津洲，我君之子，世世传统，所谓天照大神孙也，……日本何为太伯之后哉！"③

2. 日本人种意识的产生

尽管古代日本九州岛西南部存在过"熊袭"④ 等土著居民，东北部地区一直有"虾夷"⑤ 部落，后来还遭遇过大陆北部蒙古族元军的入侵，但在大航海时代之前，日本人所接触到的"外人"并不算多。进入江户时代，随着对世界认识的逐渐增长，日本关于周边"夷狄"的专门记述开始增加。儒学大家新井白石（1657—1725）就考察了石器时代日本与肃慎之间的关系，⑥ 他还在1720年所著的《虾夷志》中，探讨了北方"虾夷"与中国古代所称"北倭"之间的关联。⑦ 前述学者山片蟠桃，将古代的"虾夷"等部落视作日本"边民"，提出了"虾夷边民说"。⑧ 天文学家西川如见（1648—1724），于1695年刊行的《华夷通商考》中，记录了诸如"红毛人""碧眼人""黑人"等奇异

---

① 例如可参见林羅山：「神武天皇論」（京都史蹟会编：『羅山林先生文集』卷1，平安考古学会，1918年），第280-281頁。
② 建国記念事業協会編：『訳註大日本史』十二，建国記念事業協会，1941，第40頁。
③ 松下見林：『異称日本伝』卷上，日本国立国会図書館藏。
④ 被认为是生活在九州南部的土族，大约公元5世纪左右臣服于日本大和朝廷。
⑤ 即居住在日本本州东北部的阿伊努人。
⑥ 清野謙次：『日本人種論變遷史』，小山書店，1944，第171-178頁。
⑦ 新井白石：『新井白石修養訓』，富田文陽堂，1915，第170-181頁。
⑧ 山片蟠桃：「夢之代」，滝本誠一編：『日本経済叢書』卷25，日本経済叢書刊行会，1916，第250，131-132頁。

外观的异国居民。① 同为其所著的《四十二国人物图说》，列有世界五大洲的 42 个国家，简要描述了各国人物的形体外貌、风俗习惯，被称为日本最早的"人种图谱"。②

到江户后期，一些对外部世界了解较多的日本人，开始从简单、空想式的世界人物认识中更进一步，逐渐接触到了西方的人种学理论。像儒学家渡边华山（1793—1841）在 1838 年所写的《慎机论》中就提到，"一地球内，人分五种。……诸种中，首推鞑靼种和高加索种。西洋为高加索种，我国即属鞑靼种。"③ 此后，随着西方相关学者的到来，日本的人类学得到了开创性的发展。在日本长期滞留过的德国医师大希伯特（Philipp Franz Balthasar von Siebold，1796—1866），在参考了日本考古学家木内石亭（1725—1808）的前期研究后，提出了"绳文人＝阿伊努人"说，随后其子小希伯特（Heinrich von Siebold，1852—1908）又对该理论作了进一步完善。1877 年，美国动物学者爱德华·莫斯（Edward Sylvester Morse，1838—1925）在路过东京大森车站时发现的"大森贝塚"，是日本首个具有里程碑意义的人类学考古遗址。此外，为日本医学作出巨大贡献的德国医生贝鲁兹（Erwin von Bälz，1849—1913），还按照体形和长相，提出了将阿伊努人之外的日本人划分为"长州型"和"萨摩型"的观点。他认为，"长州型"的日本人，具有优美体形、长脸、小睑裂、单眼皮、窄鼻梁、嘴唇和耳垂瘦小等特征，类似中国人和朝鲜人，多为上层阶级。而"萨摩型"的日本人，具有粗短体形、宽脸、大睑裂、双眼皮、宽鼻梁、嘴唇和耳垂肥大等特征，类似马来人，人数较多，多为平民。④ 这一观点提出后，在当时的日本社会引起了很大反响。

日本明治维新后随着各级学校教育的开展，人种概念及相关理论有了广泛传播的可能。除了后述福泽谕吉（1835—1901）等人的专门翻译介绍外，其他一些学校教材，也都成为人种知识的传播载体。如明治前期作为英语教科书而被广泛阅读的《巴来万国史》中，相关章节就有"一人种肤色黑，仿佛枯叶之色，美洲之印度人如是。一人种稍带黄色，支那人如是"等人种知识的介绍。⑤ 1886 年，人类学者坪井正五郎

---

① 西川如見：『増補華夷通商考』卷五，『西川如見遺書』第 4 編，求林堂藏版，1899。
② 平野義太郎、清野謙次：『太平洋の民族＝政治学』，日本評論社，1942，第 315 頁。
③ 渡辺崋山：「慎機論」，佐藤昌介等校：『日本思想大系』55，岩波書店，1971，第 69 頁。
④ エルウィン．V・ベルツ著：「日本人の起源とその人種的要素」、『論集　日本文化の起源　第五卷　日本人種論・言語学』，池田次郎訳，平凡社，1973，第 130-142 頁。
⑤ 彼得・巴来：『巴来万国史』，牧山耕平訳，文部省，1876，第 17-18 頁。

（1863—1913）、鸟居龙藏（1870—1953）等人组建"东京人类学会"，标志着日本自身的人类学研究正式起步。作为会刊的《人类学会报告》（后相继改称《东京人类学报告》《东京人类学杂志》等名），成为研究日本人种起源、分类、演变的重要阵地。到了明治中期，人种知识在日本社会已经相当普及，像1893年出版的一本关于儿童游戏的书中，就收录有一种叫"人種かるた"（人种纸牌）的游戏，参与者需要将印有"欧洲人、亚细亚人、美洲人、非洲人、澳大利亚人"5种人面相的纸牌，按照人种划分规则进行抽取、分类，从中可窥知当时人种知识的传播和接受程度。①

不过另一方面，尽管从江户中期开始，部分日本人对"夷狄"的认识已经趋于公正和正确，然而从整体上看，几乎同所有的东亚国家一样，长期在儒家文化影响下形成的"夷狄观"，依然强烈地左右着日本人对异国人物的认识，整个社会对西方人偏见的改变，仍需要经历一个缓慢的过程。保存在日本下关市立长府博物馆的《万国总图·人物图》，被认为是日本最早的版刻世界地图，其对东亚之外国家的描述，依然多是荒诞无稽的想象。②在1665年刊行的《切支丹退治物语》中，日本人描写初次见到的"南蛮人"是"形似人类，如天狗、见越入道般而又不可名状"，"鼻高如长蝾螺，目大如戴眼镜。眼珠发黄。头小，手足爪长，身高七尺有余，肤黑鼻赤，牙长甚于马齿，发如鼠色，头剃月代，如覆锅碗。言语闻所未闻，声如枭鸣。"③儒学者平泽旭山（1733—1791）在参观过荷兰商船后，称荷兰人"脸面发黑气色不好，头发发黄，眼睛为绿。难以认为是此世间之人。宛如天狗一般。"④1807年军事家平山潜（1759—1828）在《上北阙书》中写道，"夫夷狄者非人类也，何者？不知古圣帝王所立之道

---

① 坂下亀太郎编：『絵入幼年遊戯』，博文館，1893，第19-22页。

② 刊行于1645年，被认为是深受意大利传教士利玛窦（Matteo Ricci，1552—1610）等人所作《坤舆万国全图》的影响。

③ 松田毅一：『日欧のかけはし——南蛮学の窓から』，思文閣出版，1990，第94-95页。天狗：起源于中国，后在日本广为流传并被信仰的一种怪兽，红脸高鼻，有翅能飞；见越入道：日本民间信仰的一种巨大妖怪，传说常以僧人模样在夜间路上出现，人望之则越变越大，但只要喊"見越した！"（看穿你了！），便能平安脱身；月代：日本古时成年男子的发型，要将额头到头顶的头发剃光。

④ 平沢旭山：『瓊浦偶筆』，转引自ドナルド・キーン：『日本人の西洋発見』，芳賀徹訳，中公文庫，1982，第33页。

者，虽形状类人，而亦禽兽也。"①当时一些出海遭遇风暴的日本人，第一次见到前来救助的美国人时，甚至怀疑对方会如野兽般将自己作为食物吃掉。②直到江户末期，在出版的《海外人物辑》③《改正海外诸岛图说》④《外蕃容貌图画》⑤等介绍世界各国风土人情的图书中，所体现出来的依然都是带有浓厚中国式样的"夷狄观"。

明治政府成立后，大多数日本人对西方人的认识，仍不能立即从原有的蔑视和仇视惯性中转变过来，"攘夷派"人士击杀外国人的事件更是屡屡发生。甚至1869年英国王子来到东京参观皇城之时，一些日本人难以接受让"污秽之外国人进入皇宫"，还在皇宫外的二重桥上对"夷狄"英国王子进行了"洁身去晦"仪式后才让其进入。⑥东京旁边的横滨市，开港后居住了大量的西方侨民。在部分当地民众眼里，这些西方人尽管有着可以炫耀的先进科学技术，但在语言、容貌和行为模式上，依然是一种令人生厌甚至恐惧的存在。⑦广岛县的一些农村里，当时还流传着所谓"十五岁至二十岁之女子，包括饲养的耕牛均需卖给夷人"，"夷人吸女人血，吃牛肉，经常穿猴子一样的服装"等丑化西方人的谣言。⑧借用作家岛崎藤村（1872—1943）作品中的话说，早期日本人对欧美"异国人"的最初印象，绝非后世所想象的那样美好。⑨对日本文化倍加推崇的英国人小泉八云（原名Patrick Lafcadio Hearn，1850—1904）也表示，日本人在看到西方人时充满了"奇怪迷信"，日本人"虽然也承认西方人是有理性的，……却总不当他们是真正有人性的；他们想他们更近于兽类而不近于人类。他们遍体生毛，样子奇怪；他们的牙齿也和人类的两样；他们的内脏当然也是特殊的；他们的道

---

① 平山潜：「海防彙議」，『上北闕書』，国文学研究資料館。
② 太田雄三：「自伝の中の西洋人像」，平川祐弘、鶴田欣也編著：『内なる壁——外国人の日本人像・日本人の外国人像』，阪急コミュニケーションズ，1990，第354頁。
③ 永田南溪編、一光齊画：『海外人物輯』，永田南溪蔵版，1854。
④ 斎藤寛撰、柳川重信画：『海外諸島図説』，弘道軒，1854。
⑤ 著者不详，出版者不详，1854。
⑥ 福沢諭吉：『福翁自伝』，白鳳社，1973，第192-193頁。
⑦ 長谷川時雨：『旧聞日本橋』，岩波書店，1983，第86-87頁。
⑧ 安丸良夫：《近代天皇观的形成》，刘金才、徐滔等译，北京大学出版社，2010，第160-161页。
⑨ 島崎藤村：『夜明け前』，青空文庫https：//www.aozora.gr.jp/cards/000158/files/1504_14585.html，访问日期：2021年9月11日。

德思想，一定和妖怪的差不多。"来到日本的外国人，"在状态方面似乎令人不能不相信那中国大史家所说的寓言；他们所穿的衣服，也似乎特为要掩藏他们不是人的证据，所以那样制作的。"①以打开日本国门的美国海军准将马休·伯理（Matthew Calbraith Perry，1794—1858）②为例，其真实面貌和日本民间流传的各种面目狰狞、形似兽类的画像之间的巨大差异，可谓是近代日本人对西方人认识转变前的一种真实写照（图2、图3、图4）。

图2 真实的伯理

（资料来源：https://ja.wikipedia.org/wiki/%E3%83%9E%E3%82%B7%E3%83%A5%E3%83%BC%E3%83%BB%E3%83%9A%E3%83%AA%E3%83%BC，访问日期：2015年8月1日。）

图3 天狗模样的伯理（其一）

（资料来源：日本神奈川县立历史博物馆藏。）

图4 天狗模样的伯理（其二）

（资料来源：日本财团法人黑船馆藏。）

第二节 日本人种意识形成期的"倚强性"

1863—1864年，日本长州藩和英法荷美四国发生"下关战争"，萨摩藩与英国发生"萨英战争"（鹿儿岛炮击事件），这一系列冲突中遭受到的败绩，让更多日本人

---

① 小泉八云：《日本与日本人》，胡山源译，海南出版社，1994，第102-103页。
② 中国学界一般译作"佩里""培里"等，笔者依据1901年立于其登陆地神奈川县久里浜、由伊藤博文手书的"北米合众国水师提督伯理上陆纪念碑"碑文，认为译作"伯理"更佳。

认识到了西方国家的强大，一些了解时势者，遂开始积极提倡对外开放和学习。虽然随着幕府与支持朝廷力量之间关系的紧张，具有雄厚实力的西南诸藩在立场和态度上与德川政权形成了对立，排外的"攘夷论"暂时压倒了"开国论"，但就如丸山真男（1914—1996）所指出的那样，不应该盲目地把"攘夷论"同"开国论"相对立，因为事实上即便是最激烈的"攘夷论"者，同时不少也是积极的"开国论"者。① 例如，1863 年前往英国游学的井上馨（1835—1915），在路经上海时目睹了东亚与西洋的实际差距，"从来之迷梦猛然醒悟"，意识到"我国人如不破除攘夷之谬见，执行开国之方针，不但难以奢望国家之隆盛，反而会自招国家之灭亡"，开始由激进的"攘夷论"者转变为"开国论"者。② 大隈重信（1838—1922）曾回忆说，当时很多没有见过"夷狄"的攘夷者，最初对待西洋人也是立誓要"见必斩杀之"，然而当他们真正见到西洋人并冷静细心观察后，对西方文明是既佩服又疑惑，转而萌发了要认真了解和学习西方的心态。③ 推翻德川幕府后，长期受中国影响而成的"夷狄观"，进一步在明治政府建立者们"绿眼红毛几禽兽，尚有人心得盛名"④ 的务实主义下被抛弃。像由明治政府重臣等组成的"岩仓使节团"，在出访欧美期间（1871—1873），就从政治、经济、文化、军事等多方面了解和考察了西方社会，对变革中的日本产生了重大影响。

我们知道，在欧美列强全球范围的武力扩张下，西方"文明"的传播过程，某种程度就是白色人种被抬高、有色人种被贬低的过程。在日本，这一认识模式也被移植和照搬，像有学者就指出，"种族异视可能在一定程度上激发重新建构种族观的尝试，处于弱势地位的非白种民族开始再度审视自己的身体形象，竭力寻求与白种民族的共同之处，企求为后者所认证接纳，这一特有文化现象在 19 世纪后期的日本表现得最为典型。"⑤

被誉为日本"伏尔泰"的福泽谕吉，在 1869 年编译出版的《掌中万国一览》和

---

① 丸山真男：《日本政治思想史研究》，王中江译，生活·读书·新知三联书店，2000，第 288 页。
② 井上馨侯伝記編纂会編：『世外井上公伝』第一卷，內外書籍，1933，第 91 页。
③ 円城寺清：『大隈伯昔日譚』，立憲改進党々報局，1895，第 218 页。
④ 山崎正董編：『横井小楠遺稿』，日新書院，1942，第 879 页。
⑤ 张小龙：《"阿伊努印象"与近代西方视野中的日本人种族身份认知》，《世界民族》2016 年第 2 期。

《世界国尽》中，详细介绍了西方的人种分类理论和评价标准。特别是在《世界国尽》一书中，福泽谕吉按照"文明与野蛮"的标准，将世界上的"五色人种"细分为了四大类：

"一为混沌。在野蛮之类，乃最下等之民，与鸟兽无异。非洲内地、新几内亚及澳大利亚等地之土人，均属此类。其徘徊于旷野，以狩猎为业，或食虫，或采摘山野之树果、草根为食。无慈悲之心，相互争斗，执迷于事物，不明人道，甚而有食人啖肉者。居无定所，或搭粗陋小屋，聚而为村。为图便利，可遽然四散，不留痕迹。不事农业，不食五谷，衣服简陋，多近裸体。知识固狭，不识文字，不知法律，无礼仪之道，无边疆之别。此愚民之中，头领统治大众，其所作所为，暴虐无道之极。"

"二为野蛮。较混沌之民上等，支那北方之鞑靼及阿拉伯、北非等地土民皆属此类。此种人居无家舍，以帐篷避雨露，或有搭建屋舍者，亦甚粗陋。逐水草之利，携帐篷家什而迁移。食牛羊肉，饮其乳汁，间有稍通农业、食五谷者。此野蛮之国虽有文字，然识字读书者甚罕。艺术拙劣无比，不知道具装饰之功夫。统治此等人者为族长，代代相传，下人视若君父，尊之羡之。其法无情，近乎残暴。"

"三为未开或半开。虽处开化途中，尚未达文明开化之真境，但较之蛮野，远为上等。农业发达，食物齐足，艺术亦先进，日渐精巧。建都会，饰家居，文字学问之道兴盛。然嫉妒心深，憎他国之人，有蔑视妇女、欺凌弱小之风。支那、土耳其、波斯等国，皆属半开之类。"

"四为文明开化。重礼仪，贵正理，人情温和，风俗纯净。行业之术日新，学问之道月进。勤农业，专工作，百般技艺，无不精进。国民安心于业，享受天佑，前途光明，自感满足。美国、英国、法国、德国、荷兰、瑞士等国，可谓已达文明开化之域。"①

福泽谕吉的《世界国尽》等书，适应了日本当时"文明开化"的需要，获得了

---

① 福沢諭吉：「世界国尽」，『福沢諭吉全集』第二卷，岩波書店，1959，第663-665页。

明治政府的官方认定资格，问世后多次再版，极大促进了相关知识在日本社会的流布，其以"白种优越论"为核心的叙述范式，之后也被日本众多的论著所参照、遵循。像1874年翻译出版的日本首本人类学专著《人种篇》，就以体质学为依据，称"欧罗巴人种远优于其他人种"。①同年出版的教材《舆地小学》认为，白色人种"骨相最正，容貌极美，诸人种中改良最佳，且才干秀于他者，可到达文明之极致"。虽然该书作者也提出，黄色人种算是"天禀其性""有善学之气象"，"亦可到达文明之域"，但相比之下，各类有色人种依然属于"蛮夷""半开""未开"之人，在文明程度上与白色人种差之甚远："蛮夷之人，为世之最下等人，虽具人之外貌，然其心与禽兽无异，全然不知人伦，只知饥食渴饮"；"未开之民，……智识蒙昧，虽有文字，但仅记言录事而已，且习得者极少，器械使用亦为单一"；"半开之民，……厌恶外国之人，对待妇女犹如奴隶。"②1884年出版的地理学教材《新撰地理小志》，在介绍欧洲大陆时写道："欧罗巴位于亚洲以西，高加索之白种人居住之地，土地虽然最小，然人民富有智识，巧于工艺，居壮丽之家屋，着轻暖之衣服，食鲜美之食物，堪称当今世界之乐土。"③当时十分热门的戏作小说《西洋道中膝栗毛》，还在一幅插图中将日本男性形象以西方文明为参照标准，以"蓄发带刀者"为"未开化之人"，"身着和服却穿鞋戴帽者"为"半开化之人"，"全身西服留胡子者"为"开化之人"，展示出这一时期日本社会存在着浓厚的"西洋化＝文明开化"的理解倾向（图5）。

---

① 秋山恒太郎訳：『百科全書人種篇』下册，文部省，1874，第39頁。
② 深間内基編訳：『輿地小学』卷1，名山閣，1874，第16，19-21頁。
③ 山田行元編：『新撰地理小志』卷1，香風館，1884，第7頁。

图5 图中3名男子，因服饰西化程度的高低，从左至右被分别标为"开化之人""半开化之人""未开化之人"

（资料来源：仮名垣魯文、総生寛『西洋道中膝栗毛』十二編（上），万笈閣，1870—1873。）

此外，与人种学说紧密相连的"社会进化论"，也对日本人钦羡白种人的风气起到了重要推动作用。众所周知，"生物进化论"在社会学、经济学、政治学等领域的应用，通常被称作"社会进化论"或"社会达尔文主义"。英国社会学家赫伯特·斯宾塞（Herbert Spencer，1820—1903）作为该思想的代表人物，其言论对明治时期日本社会的影响尤为深远。从1871年开始，日本就有对斯宾塞思想的介绍，特别是在1877年至1894年的18年中，斯宾塞的著作每年都有翻译出版，数量远超其他西方学者。以日本综合学术杂志《东洋学艺杂志》为例，在1880年代刊登的论文中，涉及进化论的文章占8%，远高于同期英国杂志 Nature 和美国杂志 Science（两者都不到1%），并且其中绝大部分内容都与斯宾塞哲学和社会进化论有关。①

在当时，面对世界各国生存竞争愈演愈烈的残酷现实，"进化论以'优胜劣败、适者生存'这样一种简化形式，被各种言论者作为最新的科学真理，用来佐证自身观点

---

① 渡辺正雄：「明治初期のダーウィニズム」，芳賀徹等編：『西洋の衝撃と日本』，東京大学出版会，1973，第84-85頁。

的正确性。"①就如哲学家、评论家三宅雪岭（1860—1945）所言，"进化"一词宛如插上了翅膀传播开来，"醉心于新知识的人们频频把'进化'挂在嘴边，甚至以为只要言及进化，所有的问题都会迎刃而解。"②而与之相比，1877年由爱德华·莫斯正式介绍到日本的"生物进化论"，不仅在传入时间上较晚，而且影响也远不如"社会进化论"。以致有学者对此评论说，这"似乎又一次显示了日本在吸收外来文化中的实用主义特征"。③更为重要的是，正如中国日本史学会名誉会长汤重南（1940—2023）先生所指出的那样，引发日本后来疯狂对外侵略扩张的军国主义，其思想体系十分庞杂，除了早期武士道、神道教、佛教、儒学等思想糟粕，以及根深蒂固的"神国""皇国"史观之外，"进入近现代后，又加上了从西方引进的沙文主义及社会达尔文主义"。而其中的"社会达尔文主义"，"是日本军国主义法西斯化的思想理论基础"。④

近代西方白人殖民势力的到来，打破了亚洲地区原有的格局平衡，国家危机日益严重的东方各国，开始在思想上重新构筑对外认识的轮廓。鸦片战争以后中国的加速衰败，使得日本人"倚靠强者"的心态愈加强烈，就像文豪夏目漱石（1867—1916）所说，"维新之前日本人偏爱模仿支那，维新之后日本人却又醉心模仿西洋"，⑤自此日本人对学习模仿对象的选择有了根本的调整。其中，日本人看待异国人物的视角，从传统式的"夷狄观"转变为近代式的"人种论"，无疑是中国与西方的影响力发生消长后的一个典型表象。而原本属于生物学领域的"人种"概念，也和"亚细亚"等名词一样，逐渐被赋予了诸多社会学和政治学层面的意义与功能，其作为"文明"评价体系里重要的"可视因素"之一，如实反映了近代日本人在时代转变期的情感心态。

---

① 渡辺正雄：「明治初期のダーウィニズム」，芳賀徹等編：『西洋の衝擊と日本』，東京大学出版会，1973，第90頁。
② 三宅雪嶺：『明治思想小史』，丙午出版社，1913，第110頁。
③ 赵德宇等著：《日本近现代文化史》，世界知识出版社，2010，第146-148页。
④ 汤重南：《日本军国主义思想是庞杂的精神糟粕》，《日本学刊》2005年第4期。
⑤ 夏目漱石：「断片」，漱石全集刊行会編：『漱石全集』第11卷，漱石全集刊行会，1919，第103頁。

第二章 日本人种意识的产生与对外观的变化

日本明治维新后推行的文明开化，在"鹿鸣馆外交"①时代达到高潮，学者津田真道（1829—1903）曾感叹："吾辈是黄种人却不尚黄色，偏爱白种肤色，喜好洋风，此乃天性使然。锁国政策解禁仅二十余年，国人从衣服器具到文物制度，诸事都一面倒向西方。"②毫无疑问，日本人的对外视角从"夷狄观"转为"人种论"，这一变化本身并不能被作为非难或批判的对象。事实上，在近代西方白种列强的压倒性优势面前，像中国等东方各国都曾对所谓的"人种优劣划分"表示过认同，也曾对自身的"人种属性"产生过迷惘和动摇。③值得思考的是，西方强大武力伴随下传入的人种分级论调，急剧催生了日本"趋利避害"的功利性人种意识。福泽谕吉在1875年出版的《文明论概略》中提到，"吾国文明较之西洋文明，其突出区别乃在于偏重实力"，这一特性自古以来"普遍地渗透在人与人之间的关系中"④。从根本上看，其实说的就是日本民族性格中常见的服从和追随强者的特征。随着对"白种优越论"以及宣扬"人种进化、优胜劣汰"的社会进化论的普遍认同和接受，日本这种人种意识形成期的"倚强性"，以及相伴而生的贬低、蔑视弱者的"凌弱性"，一直贯穿在了其此后的对外认识和行动中，为其侵略扩张行径涂抹上了更加"合理"的底色。

---

① 明治政府为了尽快融入西方，被西方社会承认，于1883年在东京建立了"鹿鸣馆"作为接待西方外交使节及达官贵人的场所，故而这一时期的外交常被称为"鹿鸣馆外交"。馆名出自《诗经》"呦呦鹿鸣，食野之苹。我有嘉宾，鼓瑟吹笙。"
② 津田真道：「想像論」，山室信一、中野目徹校注：『明六雑誌』上，岩波書店，1999，第419頁。
③ 典型的就如康有为在《大同书》中所表示的"杂婚优种论"。康有为：《大同书》，姜义华、张荣华编校：《康有为全集》第七集，中国人民大学出版社，2007，第38-52页。
④ 福沢諭吉：「文明論之概略」，『福沢諭吉全集』第四卷，岩波書店，1959，第146頁。

第三章

人种意识与日本明治前期的对华认识

第一节 人种同盟论的初现

从江户中后期开始,俄国使节于1792年到访根室要求开港通商、英国军舰于1808年擅闯长崎等涉外事件接连发生,西方"夷狄"给日本带来的国防威胁逐渐加重。渡边华山在讨论外部形势时指出,由于"印度大半被英国所占,果阿、印度西海岸被葡萄牙所占,东南海岸及中央等处被法国所占,今仅存西藏一地。其他非洲、美洲、澳洲无不为洋人巢穴。"认为"白种人"已是当前世界之强敌,日本急需研究西洋、整顿海防来应对变局。①1862年,德川幕府为开通与中国的贸易,同时了解和打探世界状况,派出了贸易商船"千岁丸"前往上海,其中西方殖民势力对中国入侵的严重程度,尤其令日本人感到震惊和自危。像长州藩士高杉晋作(1839—1867),看到上海岸边停满了西方船只、中国人被西方白人雇佣驱使时,就暗自感叹:"支那人为外国人之所役,可怜,我邦遂不得不如此,务防是祈","英法之人步行街市,清人皆避傍让道,实上海之地虽属支那,谓英佛属地,又可也。"②

随着日本人对世界局势了解的深入,西方白色人种在亚洲肆虐横行的景象,愈来愈使日本人开始担忧自身的命运。福泽谕吉称,"试问今日之美洲原是谁之国家?其主

---

① 渡边崋山:「再稿西洋事情」,佐藤昌介等校:『日本思想大系』55,岩波书店,1971,第51页。

② 高杉晋作:「遊清五錄」,東行先生五十年祭記念会:『東行先生遺文』,民友社,1916,第76,79页。

人印第安人,被白种人所驱逐,早已宾主易位。故今日美洲之文明乃是白种人之文明,不可称其为美洲之文明。其他东洋各国及大洋洲诸岛之情形又是如何?凡欧洲人所到之处,当地人民能否保全本国权益、维护本国之真正独立?观之于波斯、印度、暹逻、吕宋、爪哇等国便可知晓。"① 国粹主义者志贺重昂(1863—1927),1886 年曾随日本军舰游历南洋诸岛,看到列强殖民统治下当地居民的惨状时,感叹"最劣等人种与白色人种有交通以来,其人口以非常速度而减少,甚至濒临灭绝。若最劣等人种愈发减少而子孙全绝,则未开化之人种亦将步其后尘,其种亦至消亡。今黄、黑、铜色、马来诸人种如不自重图强,漫然度日,则他日其种必将悉数灭亡。"② 著名政治学家、教育家加藤弘之(1836—1916),依据不同人种脑的发达程度因重量和结构而各有差异的观点,认为"野蛮人种脑小,欧洲人至今脑不断变大,并且其结构亦在进步。……上等人种脑大,乃是今日欧洲人渐渐称霸世界之原因所在。如今,欧洲人之藩属地、殖民地多为亚洲、非洲、澳洲、美洲,几乎占其过半。照此趋势,百年内外世界必然完全为欧洲人所有,而下等人种将逐渐被压倒灭绝。"③

在唇亡齿寒的危机意识下,早期的佐藤信渊(1769—1850)、胜海舟(1823—1899)、平野国臣(1828—1864)等一批日本人,就已经萌生了以"日清提携"来应对时局的想法。像佐藤信渊,尽管他在 1823 年写过《宇内混同秘策》一书,声称日本如要征服世界,成为万国君长,"必先由吞并支那始"。④ 然而,目睹了鸦片战争中西方势力的强大后,佐藤信渊逐渐改变了想法,他在 1849 年所著的《存华挫狄论》中写道,"欧罗巴人好利纵欲,欺诈强夺贪得无厌,……此欧罗巴人之本性,故欧罗巴人之心如同豺狼,不可不严备。"由于亚洲的印度等地接连落入虎口,清国的命运也将岌岌可危,"古人有言曰'唇亡则齿寒',自今以后清国若愈加式微不能振作,则西夷贪婪无厌之祸,恐殃及本邦,不可不虑哉。是故老朽窃欲盼清国之复兴,永成本邦之西屏

---

① 福沢諭吉:「文明論之概略」,『福沢諭吉全集』第四卷,岩波書店,1959,第 202-203 页。
② 志賀重昂:「南洋時事」,志賀富士男編:『志賀重昂全集』第 3 卷,志賀重昂全集刊行会,1927,第 3-7 页。
③ 加藤弘之:「天地万物皆帰吾有」,加藤照麿編:『加藤弘之講論集』第 1 册,金港堂,1891,第 214-215 页。
④ 佐藤信淵:「宇内混同秘策」,小林一郎講述:『宇内混同秘策·劍徵』,平凡社,1942,第 34,45 页。

者也。"① 明治政府成立后，右大臣岩仓具视（1825—1883）也在1875年的上奏文中提出，"我皇国与清国比邻，乃唇齿之国也。若清国被彼（指俄罗斯——引者注）吞噬，一旦有事，则有唇亡齿寒之忧。故应与清国更为交好，厚其友谊，如车之两轮、鸟之双翼，彼此相依相扶，以图并立两全。"② 即便到中日甲午开战之际，陆军军官荒尾精（1859—1896）还在《对清意见》中称，"欧亚两陆，处于东西而文华各异，黄白二色，其种族原本不同，所谓西力东渐者，即为此二者之竞争"。认为在西方势力大举逼近的局面下，中国、朝鲜的削弱或覆倾，归根到底将对日本不利。③

虽然明治维新以后，整个日本社会弥漫着崇尚、亲近西洋的欧化风气，但与此同时，西方高唱的"白种优越论""人种进化论"，以及白人造成殖民地人口锐减的事实、弱小国家遭受奴役的惨状，确实又反向刺激了日本人在人种意识上的危机感。西方人种学的传入，使得以肤色容貌为区分特征的"人种"概念逐渐清晰，所谓亚洲大陆国民属于同一种群的论说，加强了部分日本人对东亚同一性的认识。当时报纸《朝野新闻》上就有评论说，"试睁开双眼看亚细亚之现状，其地大多为白人所蚕食，其民大多为其牛马，其丑态不忍目睹。虽仅有二三国可称之为独立者，亦皆受白人之压迫，有独立之名而无独立之实。亚细亚气运如此衰弱，今若不挽回此衰运，我辈东洋诸国之人民终难免成白人之奴隶。"④ 面对西方白色人种的压迫和侵略危机，中日"同种联合""人种同盟"，成为部分日本人新的对华外交视点。

1880年2月，在原来"振亚社"⑤的基础上，活跃于日本政界、知识界的长冈护美（1842—1906）、渡边洪基（1848—1901）、曾根俊虎（1847—1910）等人，联合组织成立了"兴亚会"（1883年改称"亚细亚协会"）。其中，时为海军大尉的曾根俊虎，是早期亚细亚主义的积极推动者之一，他曾于1874年游历中国南方，感慨"方今亚洲

---

① 佐藤信淵：「存華挫狄論」，日本武学研究所编：『佐藤信淵武学集』上，岩波书店，1942，第431-434页。

② 多田好問编：『岩倉公実記』下卷，皇后宫職藏版，1906，第1273页。

③ 荒尾精：『对清意见』，博文馆，1894，第82页。

④ 「英領インド独立論」，『朝野新聞』，1878年4月28日，芝原拓自等校注：『日本近代思想大系』12，岩波书店，1988，第122页。

⑤ 1874年，因台湾事件来天津签订条约的日本全权处理大臣大久保利通（1830—1878），与李鸿章约定设立促进两国友好团结的中文学校，是为"振亚社"之初起。

之中，其得独立者，仅有日清两国而已。况同文同种，唇齿之谊，当视为一家。而我两国，向来不重主权，受欧美之凌辱，尤当协力恢复。岂能不忍一家庭之小嫌隙，以乱大谋焉。诗曰：兄弟阋于墙，外御其侮，岂徒言哉。"①在兴亚会成立伊始，曾根俊虎就对清朝驻日大臣何如璋（1838—1891）表示，"如今未失主权者仅剩贵邦和敝国，所谓贵邦与敝国乃同文同种之国，亦有辅车相依之地势，怎可无亲密同心协力振兴亚洲之雄念，怎可同种相忌、同文相疑，使碧眼人窥我间隙？"②

"兴亚会"的成立，可以说是以中日关系为核心的亚细亚主义早期发展的重要标志。该组织以人种、文化的同一性作为号召口号，旨在培养出一批能拯救亚洲颓势的"兴亚志士"，其会刊《兴亚会报告》甚至多期全用"官话"（汉文）印刷，③一时间吸引了大批中日等国的知名人士参加。④伴随这种亚细亚主义的发展，"同种联合""人种同盟"思想逐渐融进众多日本人的政治话语。国粹主义者福本日南（1857—1921），就提倡亚洲诸国应该相互帮助，认为"亚细亚人种相同、风俗相同，学问文章相类，技术工艺相类，不为无亲睦之端。为今计，士大夫以学艺相交，商贾以贸易相交，厚

---

① 「清国漫遊誌第一編　西湖之部」，『興亜会報告』第二十集，1881年9月20日，黒木彬文、鱒澤彰夫編集解説：『興亜会報告・亜細亜協会報告』全二卷，不二出版，1993，第149頁。

② 「欽差大臣何公使卜曽根氏ノ談話」，『興亜会報告』第二集，1880年4月1日，黒木彬文、鱒澤彰夫編集解説：『興亜会報告・亜細亜協会報告』全二卷，不二出版，1993，第9-10頁。

③《兴亚会报告》在第12集开篇的"本局敬白"中称，"本报告，向用和文录事。而外邦未能尽通，则非所以传本会之意也。因议今后改用汉文，以广便亚洲各国士人之览，非敢有所区别也。"黒木彬文、鱒澤彰夫編集解説：『興亜会報告・亜細亜協会報告』全二卷，不二出版，1993，第76頁。

④ 在东亚传统的华夷秩序观中，朝鲜因藩属关系常被视为中国的一部分，福本日南听到朝鲜甲申政变发生的消息后，就以"闻皇汉有事、慨然而作"的心情作诗道："朝修玉帛结同盟，夕动兵戈事斗争。漠漠妖气横五陆，太平洋里无太平。"得知日朝和约签订，又欢喜地表示"元是同文同种民，勿忘国宝在善邻。今朝祥霭起东海，亿兆喜迎平和春。"（福本日南：『先優後樂堂詩稿』，转引自広瀬玲子：『国粋主義者の国際認識と国家構想——福本日南を中心として』，芙蓉書房，2004，第29頁。）因此一般来说，早期日本亚细亚主义中的"同种"概念都涵盖着朝鲜，像东亚同义会1899年在朝鲜设立"城津学堂"时也宣称，"日清韩三国从地理上而言实为唇齿辅车之关系，从历史上而言实为同种同文同俗之同胞。"（東亜文化研究所：『東亜同文会史』，霞山会，1988，第277頁），但其中显然中日关系最为重要。

其亲睦，严其警戒，渐养成我东洋元气，则兴复可以图也，治平可以期也。"①亚细亚主义另一重要人物樽井藤吉（1850—1922），也在其用汉文所著的《大东合邦论》中说：（清国）"殊其土唇齿，其人同种。是先天明命，所谓不可避者也。宜相亲睦，而共图富强开明。""彼白人欲殄灭我黄人之迹，有历历可征者。我黄人不胜，则为白人之饵食矣。而胜之之道，在养同种人一致团结之势力耳。"主张以日本为主导首先进行"日朝合邦"，然后再联合"同种"中国，一起作为亚洲首领来组织黄色人种抵御西方。②志贺重昂也认为，"吾辈黄种人今日当思与白种人竞争、防御之计策，以保护吾辈种属之性命"，而"其策无他，乃在于黄色人种成立强国之翼赞联合，暂且牵制欧美列国。"③此外，其他陆续成立的一些带有"兴亚"色彩的团体，也屡屡以人种意识作为行动的重要指导思想。像后来影响很大的右翼团体"玄洋社"，早期就表现出了强烈的有色人种对抗白色人种的情绪。④主张"南进""贸易立国"的"东邦协会"，也在其成立主旨中写道，"此兴东邦协会讲究东南洋事物，或违时流被嘲迂阔。然吾人目的岂在买世论称赞，求一时之快耶。小则给予移住航海事业以参稽材料，大则为域内经纶及国家王道之实践为万一之补益，若终得为东洋人种全体将来之启发，吾人兴此协会之微衷，亦无遗憾。"⑤

尤其在一些对华持友好态度的日本人眼里，"人种相同"更是成为中日亲近的重要理由。著名学者中村正直（1832—1891），早在明治初期日本"征韩论"乍起之时，就忧虑地指出，"方今之势，亚细亚权轻，欧罗巴权重。白人跋扈，黄种屏息。东洋和战之柄，亦为西洋所握。"⑥在1876年的《栈云峡雨日记序》中，他用汉文写道："禹域与我邦文字同，可亲厚一也。人种同，可亲厚二也。辅车相依，唇齿之国，可亲厚三也。亚细亚不及今同心合力，则一旦有事，权归于白皙种，而我黄种危矣，可亲厚四

---

① 福本日南：『永命论』，转引自広瀬玲子：『国粋主義者の国際認識と国家構想——福本日南を中心として』，芙蓉书房，2004，第29页。
② 樽井藤吉：『大東合邦論』，近藤圭造出版，1893，第66、142页。
③ 志賀重昂：「南洋时事」，志賀富士男編：『志賀重昂全集』第3卷，志賀重昂全集刊行会，1927，第7页。
④ 玄洋社社史編纂会編：『玄洋社社史』，明治文献，1966，第407-410页。
⑤ 狭间直樹著，《日本早期的亚洲主义》，张雯译，北京大学出版社，2017，第80-81页。
⑥ 中村正直：「内地誌略序」，『敬字文集』卷二，吉川弘文館，1903，第21页。

也。"①中村正直指出,"吾邦与支那为邻国,人种同文字亦同。自千有余年之往昔中古,礼乐文物工艺器具,大抵皆由支那朝鲜输入,儒佛二教,亦皆由此二国传来"。可惜日本开国与欧美交往后,渐渐产生鄙视中国人的观念,但"鄙视人者,其人自卑,……鄙视之心不除,便自去文明远矣。"②他还作诗云:"日本支那及朝鲜,三邦合盟金石坚。辅车相依唇齿全,犹如同气连枝然。……蜻域鸡林及北燕,三邦信义交团圆。不怕饥肤吐馋涎,强援在上赫赫天。"③可以说,在很长时间内,东西方人种上的"同异",是中村正直看待世界形势的一个重要视角。此外,像中国人熟知的宫崎滔天(1871—1922),小时候也曾听二哥宫崎弥藏(1867—1896)对他讲:"目前的世界,是一个弱肉强食的战场。强者逞暴。日甚一日,弱者的权利自由,一天天地丧失殆尽。这种现象,岂容轻轻放过。假使有人重人权、尊自由,就必须速谋恢复之策。现在如不设法防止,则黄种人将永远遭受白种人的压迫。而这个命运的转捩点,实系于中国的兴亡盛衰。中国目前虽然衰弱,但地广人多,如果能扫除弊政,统一治理,并能善加利用,不仅可以恢复黄种人的权利,更足以号令宇内,行道于万邦。"④而当宫崎滔天成年后,"忧黄种陵夷""成兴亚大业",⑤"以亚洲为亚洲人之亚洲,勿作欧美人之亚洲,黄人为我黄种之黄人,勿作欧美之黄人,合同种之人以抗白人",⑥都是他一直积极奋斗的目标。

日本早期这种亚细亚主义中所包含的传统夷狄意识、东西文明对抗和黄白人种斗争思想,唤起了摸索近代国家建设之路的东亚知识人的共鸣。正如学者黑木彬文所指出的那样,"在国际政治中同受列强压迫,以及东亚地埋位置上的接近性、共属黄色人种的同一性、儒教传统与使用汉字的文化共通性,共同交织出了中日朝三国政府及民间的亲近感。这成为近代日本政府及民间产生亚细亚主义(当时在日本称为'兴亚主

---

① 中村正直:「栈雲峡雨日記序」,『敬宇文集』卷三,吉川弘文馆,第19页。
② 中村正直:「漢学不可廃論」,『敬宇中村先生演説集』,松井忠兵衛出版,1888,第122-123页。
③ 中村正直:「題辞」,東洋奇人:『世界列国の行く末』,金松堂,1887,题辞页。
④ 宫崎滔天:《三十三年之梦》,林启彦译,花城出版社,1981,第30-31页。
⑤ 宫崎滔天:《三十三年之梦》,林启彦译,花城出版社,1982,第1页。
⑥ 宫崎龍介、小野川秀美編:『宮崎滔天全集』第五卷,平凡社,1976,第713页。

义')的历史基础。"①

"人种"口号作为联结东亚各国的纽带,不仅可以超越各国不同文化的差异,也可以消除地理归属上的分歧,这种先天的、直观的共同属性,使得"同种联合""人种同盟"口号在运用中更具鼓动性。但必须指出,一些日本人所提出的中日人种"联合、同盟",大多出于唇亡齿寒的危机感,更常以"我为兄国,彼为弟国"为出发点。② 即便在兴亚会内部,其实对所谓"兴亚"的具体实践也没有统一的意见,甚至还存在着诸如"我邦人与清国人相比,开化已有一日之长,宜诱导彼等达成显著进步"之类的带有干涉性质的主张。③ 因此,上述的"联合、同盟",实际很容易蜕变为"日本主导下的联合、同盟",最终以追随、服从日本利益为存在前提。

明治政权逐渐稳固后,日本在对外政策上,一边积极与西方各国开展交涉,努力修改或废除既成的不平等条约,一边又以"失之东隅收之桑榆"的心态,④ 想方设法向东亚地区进行扩张,其出兵台湾、强占琉球、插手朝鲜等一系列扩张行为,直接导致了中日之间矛盾和敌意的加重。在这种背景下,日方口中的人种表述,很多只

---

① 黒木彬文:「興亜会のアジア主義」,『法政研究』2005 年 3 月。当时,东亚之间存在的这种质朴的亲近感,从驻日参赞黄遵宪(1848—1905)身上可以略窥一二。在日期间,黄遵宪与日本朝野人士之间诗词唱和活动甚多,离日后,他曾在给友人宫岛诚一郎(1838—1911)的信中盛赞这种因文化结成的情缘:"仆居鞠町者四载,梦魂来往,时复恋恋。虽其后游美利驾,客英吉利、法兰西,此皆四部洲中所推为表海雄风、泱泱大国者,然以论朋友游宴之乐,山川风物之美,盖不逮日本远甚,仆竟认并州作故乡矣。春秋佳日,举头东望,墨江之樱,木下川之松,龟井户之藤,小西湖之柳,蒲田之梅,泷川之枫,一若裙屐杂沓,随诸君子觞咏于其间,风流可味。以是知我两国文字同,风俗同,其友好敬爱出于天然,岂碧眼紫髯人所能比并乎。"(黄遵宪:《致宫岛诚一郎函》(光绪十六年十二月二十日),陈铮编:《黄遵宪全集》上册,中华书局,2005,第 344 页。)此外,早期中日两国外交人员在欧美驻留时,彼此相仿的文化习俗,也使双方的交往带有一层天然的团结和善意,像中国驻美使节在元旦之日也会到日本使馆祝贺访问,"谓每年中历岁旦倭使必来贺,故以报之也。他概不往,即有来者亦不答拜,中西殊历故也。"(任青、马忠文整理:《张荫桓日记》,上海书店,2004,第 100 页。)
② 古川万太郎:『近代日本の大陸政策』,東京書籍,1991,第 54 頁。
③「高橋基一演說」,『興亜会報告』第八集,1880 年 7 月 29 日,黒木彬文、鱒澤彰夫編集解說:『興亜会報告・亜細亜協会報告』全二巻,不二出版,1993,第 51-53 頁。
④ 即如吉田松阴(1830-1859)等人提出的"失之俄、美,取之朝鲜、满洲、支那"的扩张政策,参见古川万太郎『近代日本の大陸政策』(東京書籍,1991 年),第 49-54 頁。

能算是一种理想式的外交话语。日本强占琉球之时,后任天津领事等职的竹添进一郎(1842—1917),就琉球的归属问题与李鸿章(1823—1901)辩称,"东洋中称为帝国者,独有中、日二国而已,而同种同文,势又成唇齿,宜协心戮力以御外侮,今乃为一二妄人所误,出蚌鹬之争,以遗渔父之利,是进一所以痛哭也。"①1884年朝鲜甲申政变爆发,在袁世凯(1859—1916)率领的清军镇压下,日本暗中支持的金玉均(1851—1894)等开化党人夺权失败。这一事件发生后,日本国内仇视和侮蔑中国的舆论愈加强烈,所谓的中日"联合、同盟"思想更是一时丧失了可以活动的空间。像宣称以"兴亚"为己任的亚细亚协会(即兴亚会),不久便沦为了上层文人雅士饮酒赋诗的"例行月会",协会大部分日方成员的思想立场也开始不断分化,直到甲午战后被东亚同文会等新机构改编或吸收。

而且,在与周边其他国家的"唇齿关系"认识上,一些日本人的考量对象并非仅限于中国。江户中期以后,北面俄国的势力频频南下,令国界邻接的日本感受到了切实的威胁。对此,像藩士桥本左内(1834—1859)就提出了"日俄同盟论"作为对策。他在1857年表示,将来争夺世界霸权的将会是英国和俄国,由于日本无法单独抵抗欧美列强,所以应向俄国遣使"乞求和亲",结成同盟并受其援助。而在此之前,要"尽量依赖美国,竭力阻止英夷跋扈",接受美国通商及派驻公使的要求,"视美国为一东藩,思西洋为我所属,以俄国为兄弟唇齿,掠夺邻国乃当务之急。"②

另一方面,甲午战前的中国,在对日心态上不但存有传统的大国优势感,而且日本侵占琉球、插手朝鲜等一系列举动,更勾起了不少人对"日倭"的回忆与戒备。③就连参加了兴亚会的中国会员,也对日本的扩张行为与兴亚会主旨之间的矛盾纷纷提出过质疑。如兴亚会参加者王韬主编的《循环日报》,就刊载过《兴亚会宜杜其弊论》一文,指出"日本人创立兴亚会,其志则大,其名则美,而事势之难处,意见之各殊,

---

① 《日本竹添进一上书》,顾廷龙、戴逸主编:《李鸿章全集》32(信函四),安徽教育出版社,2008,第498页。在随后的另一封说帖中,竹添进一郎也称"抑我与中国唇齿相依,我唯和好之密是求,岂有他心。……中国与日本人同其种,书同其文,有旧好之谊,有辅车之势,宜同心戮力以维持东洋全局,然中国相待之约,反不如待西人之优,我所深慨也。"《日本竹添进一说帖》,顾廷龙、戴逸主编:《李鸿章全集》32(信函四),第524页。

② 井上清:《日本帝国主义的形成》,宿久高译,人民出版社,1984,第9页。

③ 刘学照、方大伦:《清末民初中国人对日观的演变》,《近代史研究》1989年第6期。

则非特等于无补空言,且将类于阴谋诡计也。"① 在这样的大环境中,缺乏实质内容的中日"同种联合""人种同盟"之说,自然难有太大的发展。

第二节 人种意识与对华敌意

朝鲜半岛作为日本进入大陆的门户与跳板,在政治、军事上来说无疑具有不可替代的战略意义。打破朝鲜与中国的藩属关系,加强日本在朝鲜的势力,是日本政府必然要解决的问题,此后的中日甲午之战,实质即因此而起。关于这一点,时任外务大臣的陆奥宗光(1844—1897)在其回忆录《蹇蹇录》中就已经表述得十分清楚。② 然而在日方宣传下,如福泽谕吉所说"战争事实虽起于日清两国之间,但寻其根源则是谋求文明开化进步者与阻碍其进步者之战,绝非两国家间之争"③之类的言论流传甚广。就连被世人誉为反战主义者的内村鉴三(1861—1930),在当时也极力向欧美解释道,"日本是东洋之进步主义战士","吾人之目的在于警醒支那,使之知其天职,令其与吾人协力从事东洋之改革",一度将甲午之战描绘为"文明对野蛮""开化对顽固"的所谓"义战"。④

毫无疑问,甲午战争究竟是不是"义战",历史已经为我们作出了回答和验证。实际上,在日方战前与战时各式各样美化战争的言辞中,人种学说也是其将甲午战争"合法化""正当化"的理论工具之一。部分战争支持者们,在白种列强带来的人种危机感中,通过认知和转嫁弱肉强食的社会生存法则,将与中国的矛盾和对立,视作符

---

① 「論説」,『興亜会報告』第十二集,1880 年 11 月 15 日,黒木彬文、鱒澤彰夫編集解説:『興亜会報告・亜細亜協会報告』全二巻,不二出版,1993,第 78 頁。

② 陆奥宗光:《蹇蹇录》,伊舍石译,商务印书馆,1963,第 10-12 页。

③ 福沢諭吉:「日清の戦争は文野の戦争なり」,『福沢諭吉全集』第十四巻,岩波書店,第 491 頁。

④ 内村鑑三:「日清戦争の義」,『内村鑑三全集』2,岩波書店,1933,第 212-221 頁。随着对甲午战争性质的逐步认清,内村鉴三对自己的"义战"认识作了反省,他在 1895 年 5 月寄给美国朋友的信中写道,"一场'正义之战'已经演变为盗贼之战,将此次战争称为'正义'的预言者,现在感到羞耻。"(『内村鑑三全集』36,第 414 頁。)他还指出,"我辈可叹之处,在于国民之不诚实、在于不相信义而倡导义、在于对邻国之关切乃是挂在嘴边而非发自内心、在于侠义心之浅薄。"(「時勢の観察」,『国民之友』,1896 年 8 月 15 日,『内村鑑三全集』3,第 233 頁。)

合物种进化规律的"人种竞争对抗",为自身的侵略扩张行为寻找借口。不同于后来转向重点宣传的"同种联合""人种同盟"论调,这一时期日本对华人种意识的主流充满了蔑视和敌意。

1. "弱肉强食"的殖民逻辑

到明治中期,在多数日本人的对外认识中,世界上的各大洲"皆已成为白皙人种之巢穴,……欧洲人种遍布世界各国已成事实,天下由其肆意逞威施暴。"[①] 这种即将"步人后尘"的生存危机意识,除了带动亚细亚主义等"连带思想"的发展之外,更是刺激了日本人对西方的不满和自身的殖民欲望。福本日南就曾愤慨道,"伟大我东洋亚细亚洲即将灭亡,……由是,人皆曰:'天下乃欧洲人之天下,非白种人不能称之为人'。呜呼!我亚洲之广大为欧洲三倍,生息之民众为欧洲两倍,反而受制于欧人如此。……吾览坤舆之图,愤愤不已,按剑仰天长叹良久。"[②]

其实,很多日本人早就意识到,西方表面上吹嘘的是"优者胜劣者败"的竞争哲学,但实际暗存的是"胜者优败者劣"的强盗逻辑。福泽谕吉在1883年发表的《外交论》中直言,当今世界乃是弱肉强食之时代,"倘若食者为文明之国人,而被食者却为不文明之国人",那么相较两者得失,日本显而易见地应该选择加入"食者行列",成为"猎者""与文明国人共求良饵"。[③] 政论家陆羯南(1857—1907)也认为,"所谓劣等国、劣等人种皆为欧人之断定,我等在某种程度上将彼等称之为劣等国、劣等人种亦未尝不可。至少要与之对抗较其长短,我等绝无甘受'劣等'之无礼称呼之义务。"[④] 在明白这种丛林法则的本质之后,日本就决不能坐以待毙,也必须像西方列强一样成为对外扩张的"狼吞蚕食者"。作为这一思想的反映,从明治20年代起,以海外扩张发展为主题的政治小说开始大量出现。[⑤] 政治家、作家矢野文雄(1851—1931)在

---

① 板恒退助等编:『通俗無上政法論』,友文書屋,1884,第20頁。

② 福本日南:『文稿』,转引自広瀬玲子:『国粋主義者の国際認識と国家構想——福本日南を中心として』,芙蓉書房,2004,第27頁。

③ 福沢諭吉:「外交論」,『福沢諭吉全集』第九卷,岩波書店,1959,第195-196頁。

④ 陸羯南:「国際論」,鹿野政直編:『日本の名著』37,中央公論社,1977,第214頁。

⑤ 例如有『南溟偉蹟』(久松義典著,1887年)、『冒險企業·聯島大王』(小宮山天香著,1887-1888年)、『東洋の佳人』(東海散士著,1888年)、『旭章旗』(須藤南翠著,1889-1890年)等。参见矢野暢『日本の南洋史観』(中央公論社,1979年),第20頁。

其《浮城物语》一书中，就设想要在印度洋占领一小岛，然后以此为据点逐步向非洲扩张，文中写道："西洋人种以地球为功名之地，日本国人以日本为功名之地，岂非不堪痛惜？……我等今将蹂躏全地球，席卷无人之地，为日本开拓数十倍之大版图，以献于陛下。"①

值得注意的是，部分日本人在对西方人种侵略压迫表示不满的同时，却又意图利用本国的"人种特性"将自身的殖民行为正当化。矢野文雄在上述小说中，就把"开拓"目标之一的马达加斯加岛，描述为"其人种不属非洲人种而属马来人种，即与我日本人种大为相似"。②怀揣"我天皇所统治之帝国，幅员太狭矣。予居常憾之，私欲为帝国拓版图"③梦想的福本日南，更是前后两次赴吕宋（现菲律宾）进行殖民考察，认为"吾日本人种在由某人类学者考证为马来人种后裔之前，已有与自古生息于菲律宾群岛之马来土人在容貌、骨骼、性质、情感上相类似者。因容貌、骨骼相似，性质、情感亦类似，两者间岂无同感之情、相爱之心而牵连于彼此之理由哉。"④通过附会或夸大，他将人种上的"亲近性"，连同当地土地富饶、气候温和、相距日本不远等因素，一起视作了殖民扩张的"有利条件"。

从本质上看，随着明治维新后日本国力逐渐增强，类似汉学家内藤湖南（1866—1934）所表达的"彼之银色人种在我金色人种之坟墓所在地亚细亚横行蹂躏，我等岂能无所作为？……亚细亚事务应由亚细亚人支配，欧罗巴事务应由欧罗巴人处理，此谓尽自己之天职"，⑤那种对西方殖民霸权强烈不满的人种对抗情绪，是日本人谋求摆脱列强压迫、实现自身帝国梦想的侧面反映。而其对西方弱肉强食式的"人种进化、人种竞争"论调进行的认知和转嫁，则又催生出了所谓"正当的"殖民逻辑。国家主义者恒屋盛服（1855—1909）称，"余所主张之殖民论，目的仅在于打破此畏惧心，唤起日本人种本来面目之日本魂。换言之，要与欧美人成就同一大业，具备凌驾欧美人之上之豪迈气力。"⑥评论家、思想家高山樗牛（1871—1902）甚至认为，作为"天

---

① 矢野竜渓：『浮城物語』，近事画報社，1906，第29頁。
② 矢野竜渓：『浮城物語』，近事画報社，1906，第29-33頁。
③ 福本日南：『日南集』，東亜堂，1911，第533頁。
④ 福本日南：「殖民の必要並に殖民の場所（二）」，『東京電報』1888年11月20日。
⑤ 内藤湖南：「亜細亜大陸の探検」，『日本人』第63号1890年12月23日。
⑥ 恒屋盛服：『海外殖民論』，博聞社，1891，第1-2頁。

孙人种"的日本人，从历史上看就属于"海上殖民人种"，"本来就是殖民的、征服的、航海的民族"，殖民事业"乃是国民性情的正当表现"，因此对外殖民是日本人的"本性和天职"。①

2. 对华人种蔑视

一方面，明治维新后尽管西学风气日甚一日，但不少日本人依然留恋和喜爱中国文化，凡有中国名士到来都以能攀谈结交为荣，"华人旅居者备承优待，其遇我国（中国——引者注）文人学士尤致敬尽礼。"②清朝首届驻日使节到达日本时，仍是"汉官威仪，见所未见，日人间有从西京、大阪百十里来观者。"③使团一行进驻东京芝山后，日本的文人、儒士、僧侣等各界人士纷纷来访，问字乞诗者"户外屦满、肩趾相接"。④正如少年时代生活于华人聚居区横滨的社会运动家荒畑寒村（1887—1981）所说，甲午战前"支那人原本都是受到极大欢迎与友善的"，普通日本居民即便对于那些巧言兜售商品的中国商贩也"都没有恶意"，"甚至有时还给其更多的亲善和优待。"⑤作家

---

① 高山樗牛：「植民的国民としての日本人」，『樗牛全集』第 4 卷，博文館，1905，第 507-513 頁。

② 黄庆澄：《东游日记》，钟叔河主编《走向世界丛书：日本日记·甲午以前日本游记五种·扶桑游记·日本杂事诗（广注）》，岳麓书社，1985，第 323 页。

③ 何如璋：《使东述略》，钟叔河主编《走向世界丛书：日本日记·甲午以前日本游记五种·扶桑游记·日本杂事诗（广注）》，岳麓书社，1985，第 95 页。此处何如璋的记述或许难免有自我夸大之嫌，但笔者偶见学者郑翔贵在质疑"日本人争睹汉官威仪"的真实性时提出，日本人"欣然有喜色"只是因为"此即（中国）闭门不与我交，予东洋人以力胁之而来者也"，所谓的夹道相迎也只是作为胜利者的"洋洋得意"而已（郑翔贵：《晚清传媒视野中的日本》，上海古籍出版社，2003，第 229-230 页）。不过，核对后便可发现，其论证材料《钦差到东京》，实际为《高丽国事：接待中国钦使并与日本通和事之始》（《万国公报》1876 年第 393 期）的一部分，原文中清楚写明是"高丽使节"，并非何如璋一行，而且此新闻所载的登陆地点是横滨，非何如璋等人登陆的神户。另外，该书几次写道"在清朝派遣公使之前，日本就把中国看成吸食鸦片大国，竟致电清政府提出'勿使服鸦片者来'这仅有的选任驻日公使要求，无礼之至。"但核对史料原文，此语也只是针对中方后续派遣副领事、书记等官员而言（《万国公报》1877 年第 431 期）。尽管当时日本部分存在蔑华思想和情绪乃是事实，但郑先生以此而论述则明显失当。

④ 黄遵宪：《日本杂事诗》，《三河石川英跋》，钟叔河主编《走向世界丛书：日本日记·甲午以前日本游记五种·扶桑游记·日本杂事诗（广注）》，岳麓书社，1985，第 793 页。

⑤ 荒畑寒村：「寒村自伝」上卷，『荒畑寒村著作集』9，平凡社，1977，第 41-42 頁。

生方敏郎（1882—1969）也曾回忆指出，对于普通日本民众而言，从小学习的是汉字和中国典籍，使用的中国风格的屏风、碗碟属于高档家居品，节日里花轿上摆设的多是项羽、关羽等中国英雄人物，中国作为日本文化的母体，"是一种伟大、浪漫与英雄般的存在"。①

但另一方面，清朝中后期中国的一些社会弊端逐渐显露，部分日本人也开始认为，中国已经文化没落、政治凋敝，实为需要严格批判的"反面样本"。早期像汉学者古贺侗庵（1788—1847），就罗列出中国在政治、文化、风俗等方面的"十大弊害"，告诫日本人要以为"殷鉴"。②鸦片战争清朝落败后，日本人受到的震动颇为巨大，儒学者斋藤竹堂（1815—1852）反思道，"宇宙万国，风土自异，孰夷孰夏？而汉土常以中夏自居，侮视海外诸国，如犬羱猫鼠冥顽不灵之物，不知其机智之敏，器械之精，或有出于中夏之所未曾识"，认为中国落败他国的原因，就在于"骄盈陈傲"。③思想家佐久间象山（1811—1864）曾是诚笃的朱子学者，但鸦片战争的结果也让他认识到了中国存在的问题："唯知本国之事，轻视外国，侮之为夷狄蛮貊。却不知彼国熟练于实事，兴国利，盛兵力，妙火技，巧航海，诸事已遥出己国之上"。④1862年乘坐"千岁丸"号到访上海的高杉晋作，看到中国疲敝的实景后大失所望，街道的混乱不洁、难民的惨状、鸦片的泛滥、官员的堕落以及军备的荒废等，都给其留下了非常负面的印象："只提倡固陋偏颇之说，因循守旧，苟且懒惰，空度岁月。"⑤

随着看待和理解世界的视角从"夷狄观"转向"人种论"，日本人对于朝鲜、中国的认识，又在人种意识上表现为对对方的诋毁与蔑视。虽然不少日本人主张，"我邦人与支那人同为东洋同文之人种，于性质风俗上皆有类似之处"，"殷切希望我邦人早日抛却轻侮邻邦之恶念"，⑥但随着国力的增强，部分日本人开始以改革先行者自居，

---

① 生方敏郎：『明治大正見聞史』，中央公論社，1978，第33-34頁。
② 古賀侗庵：『殷鑒論』，竹中邦香出版，1880，第1-23頁。
③ 斎藤竹堂：『鴉片始末』，早稲田大学図書館蔵。
④ 佐久間象山：「ハルマ出版に関する藩主宛上書（嘉永二年二月）」，佐藤昌介等校：『日本思想大系』55，岩波書店，1980，第284頁。
⑤ 高杉晋作：「遊清五録」，東行先生五十年祭記念会：『東行先生遺文』，民友社，1916，第85頁。
⑥「支那決して軽侮すべからざる」，『東京日日新聞』1875年11月28日，芝原拓自等校注：『日本近代思想大系』12，岩波書店，1988，第258-259頁。

所谓"文明、优秀"人种,有义务和权力改造邻邦"野蛮、劣等"人种的思维逻辑不断强化。积极策划干涉朝鲜内政的大井宪太郎(1843—1922)就认为,朝鲜"之风俗如同极为野蛮之非洲人,乃刑法殃及三族之野蛮国",中国"世道人心废绝已久","只知营利,几不分人与畜生之区别"。通过攻击朝鲜人和中国人在人种、民族属性上的"丑陋",以促使对方改革为名寻找侵略理由。①

当时,外国人在日本内地杂居问题曾一度引发广泛关注。除了一些理性的批判声音之外,②还有反对意见认为,即便是正常范围内的杂居、杂婚,也会因西方人种的介入而导致日本民族的消亡。像日本近代哲学之父井上哲次郎(1856—1944),不仅担心外国人会令日本国力衰退、人种消亡,而且"彼较我有优等之智力,遂可执政权,彼一旦执政权,日本人复有安宁?"③指出西方人在日本杂居、杂婚,是关乎日本国家安危的大事。

然而,相对于西方人带来的种种威胁,一些人更反对中国人在日本内地杂居、杂婚。福泽谕吉表示,"支那"下等社会之人"无廉耻之心,生来不知礼仪为何物",一旦日本内地对其开放,其就会如夏天夜晚的蚊子一般蜂拥而至,而伴之同来的,则是不可禁绝的偷盗、拐卖等种种恶行。④一些日本人,除了担心会带来人口、商业等竞争压力外,更害怕因与中国人肤色相同而容易杂婚,从而导致日本人的劣等化:"恐所谓大和民族之某些部分,接受支那贱族之遗传,变更性质,将两千年来受历史感化而形成的大和男儿之忠爱精神、廉洁志操一扫而光。"⑤民友社的论客人见一太郎(1865—1924)称,尽管条约上可允许外国人在日本内地杂居,但"支那人"却不可包括在内,否则其会在制造业、体力劳动、运输、贸易等方面成为日本人的"一大强敌"。尤其在商业中,如"蚂蚁"一般的"支那人","其狡黠、奸猾、强硬、厚颜之程度,日本人根本无法企及。竞争方面,支那人之强处,在于无所不在之下流,日本人之弱点,在

---

① 平野義太郎:『馬城大井憲太郎傳』,風媒社,1968,第150-153頁。
② 加藤弘之:「日本人種改良の辨」,加藤照麿編:『加藤弘之講論集』第1冊,金港堂,1891,第76-107頁。
③ 井上哲次郎:『內地雜居論』,哲学書院,1889,第60頁。
④ 福沢諭吉:「內地雜居の喜憂」,『福沢諭吉全集』第九卷,岩波書店,1959,第406-408頁。
⑤「支那人の內地雜居を論ず」,『日本人』第35号1889年11月18日。

于思想之高尚。"①内藤湖南后来也在报纸上发表评论,认为虽然中国不乏知书达理的"上流士人",但蜂拥而来日本的,却是大量的中国"下等种族",这些浸染了"不洁""罪恶"的"堕落民种",需要耗费大量的国家资源去安置和管理。在利害关系上,允许欧美人在日本杂居,"对我有利而对彼无利",而允许中国人在日本杂居,则是"对彼有利而对我无利"。②

不可否认,当时居住在日本的华侨,的确部分存在着犯罪及不良行为,一定程度上加深了日本社会对中国人的反感。在这样的厌华、蔑华情绪下,诸如"长崎事件"③之类的中日摩擦,都成为煽动日本民族主义的典型事例。相比之下,同期同样是引发外交问题的"诺曼顿号事件"④,随后发酵为日本人对西方人种、文明的进一步憧憬和追求,而"长崎事件"却造成日本人对"顽固不逊"中国的愈发愤慨和敌对。曾根俊虎在给总理大臣伊藤博文(1841—1909)的上书中指出,长崎事件"虽原本只是小事,亦非无故而起。本邦人视清国人与欧美人大为不同,视清国人如牛猪加以轻蔑;清国人亦蔑视本邦人,呼之假鬼子。此乃长崎事件之起因也。"⑤

福泽谕吉在其著名的《脱亚论》一文中说,"今之支那朝鲜不仅于我国毫无援助,且在西洋文明人眼中,由于三国地理相近之故,或会将日本视为同类国家,以评价支韩之标准命令我日本。"因此,"不可等邻国开明而共兴亚洲,莫若早脱其伍,与西洋文明国共进退,于支朝二国,毋以邻国之故而顾虑,如西人待之即可。"⑥学者韩东育对

---

① 人見一太郎:『国民的大問題』,民友社,1893,第227-228页。

② 内藤湖南:「支那人雑居問題」,『内藤湖南全集』第二卷,筑摩书房,1976,第610-611页。

③ 1886年8月,军备占优的北洋舰队停靠长崎,清兵上岸后与当地日本人发生暴力冲突,事后处置有利于清兵。

④ 1886年10月,英国货船诺曼顿号(Normanton)在从横滨开往神户的途中发生沉船事故,英籍船长及部分船员乘小舟自顾保命,导致20多名日本乘客全部遇难,而事后船长等人却并未被有效追责。日本舆论对此大为愤慨,抨击道"在彼眼中未有日本人或日本帝国,一旦逢沉船之危难,乃想何必为猴子一般之日本人冒宝贵生命危险","其船长船员之白皙人种皆免于危害,而我国人悉数死没,乃彼等视我为下等人类之故也。"「豈二十余人のみの不幸ならんや」,『朝野新聞』1886年11月17、18日。

⑤ 曾根俊虎:「奉総理大臣伊藤伯閣下書」,伊藤博文编:『秘書類纂』(外交篇 中),秘书类纂刊行会,1936,第223页。

⑥ 福沢諭吉:「脱亜論」,『福沢諭吉全集』第十卷,岩波书店,1959,第240页。

此就指出，福泽谕吉等人所具有的东亚观，其逻辑前提就是："在西方这个'当代'最高标准的比照下，首先必须把东亚的中国和朝鲜'妖魔化'。只有这样，日本在该地区的利益攫取才会取得正当性与合法性，丰臣秀吉以来取代中国东亚权威地位的'大日本'理想，才庶几有实现的可能。"① 日本人在对华人种意识上的一系列负面认识，其实正是这一逻辑的外在化表现。

3. 海外移民与中日"人种竞争论"

明治初期，日本政府严格禁止民众移民国外。1885年禁令取消后，加上美国各地出现排华浪潮以及美国政府颁布《排华法案》，华工赴美受到限制，日本移民则一度加大了涌入速度。实业家武藤山治（1867—1934）在《美国移住论》中就号召说，"白人近来厌恶支那人。设置拒绝条例，使除该条令发布之前渡美者之外皆不可上陆。日本人如能反之成为白人之最爱，则继承今日之支那人移住彼地乃是最上策。"② 该书还在扉页上画有美、中、日三国人的头像，并配有英文和日文的"人种之争斗"标语，显示出移民问题早早地就被渲染上了人种竞争的色彩（图6）。

图6 《美国移住论》扉页上印有
"人种之争斗"

---

① 韩东育：《福泽谕吉与"脱亚论"的理论与实践》，《古代文明》2008年第4期。
② 武藤山治：『米国移住論』，丸善書舗，1887，第107-108頁。

据统计，从1886年到1890年，平均每年只有200日本人来到美国，但1890年以后人数开始大增，1900年达到24326人。① 虽然像福泽谕吉在鼓励移民时说，日本人"从其身心功能上来看，都绝非懒弱者，亦非无知无能者。脑髓之力与筋骨之力兼而有之，是与欧洲各国人相比毫不逊色之上等人种"②，但因低廉劳动力和人种歧视等原因，同华人一样，人数不断增加的日本移民也遭到了美国人的排斥。到19世纪80年代末期，美国排日运动中就已出现"Japs must go！"（日本佬滚出去！）的口号，1890年在加利福尼亚州瓦卡维尔发生的排日事件成为最早的排日记录。③

在此背景下，旅居旧金山的文人长泽说（1868—1899），就以其切身感受指出，"国家与国家之竞争此前有闻。人种与人种之竞争此前亦有闻。国家与国家之竞争明而显著，人种与人种之竞争暗而迟缓。显著之物人恐之备之，而隐蔽之物则非智者不能见也，故防备者寥寥无几。然其大患深忧实不在前者而在后者"，认为人种竞争要比国家之间的竞争更加危险。④ 在他看来，蒙古人种在古代虽然强盛，但"十五六世纪开始，雅利安种势力开始勃勃高涨"，经过几百年的扩张如今势力已是遍布全球，亚洲范围内只有"我樱花国"日本和"龙旗国"中国，因"立国之基础未如他国之薄弱"而得以暂保独立。然而经过兴衰更替，二十世纪蒙古人种将再次雄视世界，到那时"蒙古种先觉者之我樱花国民职责十分重大"。⑤

甲午战争爆发后，长泽说更是直接把人种竞争置于国家间对抗的角度去考虑，称由于"支那人"和"犹太人"类似，即便是国家消亡，人种的生命力也非常顽强，"要言之，于国家竞争中，彼等支那人原本丝毫不足惧。然而作为二十世纪大舞台上与银色人种角逐、进行人种大竞争之金色人种一族，彼的确不失为令人恐惧之有力者"，因此，在日本向海外移民的"人种竞争中，必须承认支那人为一大有力者，无可置疑。"⑥ 进而，他在《针对支那征伐的人种竞争观察》一文中指出，如果此次战争半途与

---

① 邓蜀生：《美国与移民——历史·现实·未来》，重庆出版社，1990，第296页。
② 福沢諭吉：「米国は志士の棲処なり」，『福沢諭吉全集』第九卷，岩波書店，1959，第444頁。
③ 飯野正子：『もう一つの日米関係史』，有斐閣，2000，第26頁。
④ 矧川生：「近着の書翰四つ」，『亜細亜』第36号1892年2月28日。
⑤ 長澤説：「大衝突——蒙古種族とエリアン種族」，『日本人』第2次第7号1894年1月18日。
⑥ 長澤説：「支那人と猶太人」，『亜細亜』第3卷3号1894年10月21日。

清朝议和，将会"误国、误人种"，"支那征伐非仅为国家问题，实属人种问题"。由于日清之战在根本上关系到"蒙古人种与雅利安人种之存灭问题"，所以正如雅利安人种国家之间相互轧轹一样，"我等亦不必组织蒙古种大同盟或东亚大同盟以抗西力之东渐。真正有必要者，实为将彼之清人与朝鲜人共同征服于我威力下，依据我之号令指挥而行动，依赖我之实力方可抵挡西方之力士。""此次冲突乃防止西力东渐之阶梯，令日本实际成为东亚盟主、东方大力士，与彼之西方力士在五大洲之摔跤场上角逐之第一步。"故而，"欲使我大日本如白种一般，则必须断然实行支那征伐，显现我真正力量于宇内。支那及其以西之亚细亚大陆、台湾、菲律宾群岛自不用说，更要向东西南北扩大我日本，膨胀我同胞，漫延我语言。"①

把甲午战争鼓吹到人种生存高度的还有德富苏峰（1863—1957），他在《征清之真意义》中表示，要继承幕末佐久间象山、吉田松阴等人的"大陆雄飞"遗志，此次战争的目的是"为完成维新兴国之大业，……完成日本帝国统一自卫之路，向外膨胀大日本"。②他推算，作为国家膨胀主体的日本国民，10年后人口数量将是4542万人，50年后人口数量则为7316万人，面对如此成倍增长的人口，就必须解决赖以生存的国土问题。由于向外发展时，"白皙人种受制于气候，我日本国民适应于气候"，所以日本人具备向外尤其是向热带扩张的优势。但是，"我国民在世界各地膨胀之际，勿忘最大敌人不是白色人种，而是支那人种。支那人种于某种意义上而言，与我国民同样、甚至比我国民更能忍受气候之袭击"，因此，如同英法两国在世界上各个地方产生冲突一样，"日清两国民，或谓两人种，将在世界各地产生膨胀之冲突亦未可知。"③

在部分日本人的对华认知上，尽管传统的大国敬畏感已经逐渐淡化，所谓"黄色人种之前途希望不在彼之支那人，而在我樱花国之国民"，④但中国人作为后代繁殖能力、海外移民能力都很强大的"强盛人种""优高人种"，⑤依然是日本不得不面对的强敌。政论家、历史家竹越与三郎（1865—1950）就露骨地说，"支那人乃世界最易繁

---

① 長澤説:「支那征伐に対する人種競争的観察」,『日本人』第2次第16号 1894年10月25日。
② 德富蘇峰:「征清の真意義」,『大日本膨脹論』, 民友社, 1894, 第85-86頁。
③ 德富蘇峰:「日本国民の膨脹性」,『大日本膨脹論』, 民友社, 1894, 第1-17頁。
④ 長澤説:「桑港及び其近傍に於ける三千の同胞」,『亜細亜』第1巻29号 1892年1月11日。
⑤ 日南生:「漢族」,『東邦協会報告』第四 1891年9月6日。

殖之人种，彼等如鼠辈一般几近平方数增长"，已经成为"日本人种""膨胀"的一大阻碍，"支那国民势威如此。若彼等纵泛横溢，任其自由所往，我日本人种将于何处安置新故乡？吾人将于何地开拓'大日本'？……日清国民之争，如英俄之争，英法之争，盎格鲁撒克逊与拉丁人种之争。争乃当然也，必然也，人种的也。"①

与此同时，对于前述中日"同种联合""人种同盟"思想，日本也存在着各种反对声音。1884年中法开战，有批评文章就说："我邦已处文明世界，不问道理利害，以清朝与我同文同种之故而对其抱爱护之情，以法国与我非同文同种之故而不抱爱护之情，此与蛮族因外国人之故而杀害之，袭击之，于道理上又有何区别？"②以福泽谕吉为代表的"谢绝恶友"的"脱亚论"者自然不用多说，更有像竹越与三郎之类激进的扩张主义者，认为如同欧洲各国人种相异一样，日本和亚洲各国的人种差别显而易见，所谓的中日"同文同种"，只不过是"穿凿之词"。③

随着形势的发展，甚至一些初期怀有"兴亚"精神的日本人，也开始转向了对华敌对和对华侵略。1883年，政治家杉田定一（1851—1929）在《兴亚策》中还呼吁，要"将自由之檄文分发亚洲，搅破全亚细亚七亿民众，千百年来姑息卑屈之迷梦，洗雪白色人种侮辱蔑慢之羞辱，开创自由开明之新乾坤。"然而，当其翌年到达上海，目睹中国现状后，便感叹"然其国人，固陋顽冥，不知宇内之大势，沉沦守旧之大梦，任其荏苒，则阻断东洋开化之进程。若东洋开化之进程既阻，吾辈同种之情，邻国之好，焉能袖手旁观忍而不顾。宜进而诱导改良，乃我国之本分。"进而，他在1887年游历了欧美之后，又说道"东洋诸国，尚沉沦于未开之迷梦，落后于天下之大势，故黄色人种将被白色人种吞噬。印度、缅甸、越南、中央亚细亚，已皆近灭亡，事实判然。今独立之国仅有支那、朝鲜、爪哇及我邦等，早晚其杀气必将东来，故东洋之国，应共同联合以挡之。若共同联合难成，西洋先我一步进而取之，东洋之国悉数落入白人腹中。与其葬于白种人之腹，不如我进而取之。"④替日本军方从事间谍活动的宗方小

---

① 竹越與三郎：『支那論』，民友社，1894，第54，62-63頁。
② 「曷為れぞ其れ仏国を咎むるや」，『自由新聞』1884年8月30日，芝原拓自等校注：『日本近代思想大系』12，岩波書店，1988，第291頁。
③ 竹越三叉：「世界の日本乎、亞細亞の日本乎」，『国民之友』1895年4月13日。
④ 雜賀博愛編：『杉田鶉山翁』，鶉山会，1929，第552，583-584，602-603頁。

太郎（1864—1932），1895年1月在给当局提交的《对华迩言》建议书中称，"以中日联合为主盟，救济亚洲之弱邦及已亡之国家，形成与欧洲对峙之势力，以制驭白人之跳梁，此乃当前急务，人无有不知者。我与中国同洲相邻，唇齿辅车之关系颇为密切。人同种，书同文，交通往来千有余年。"但遗憾的是，中国在此重大关头却"不识大势"，不愿与日本"提携"，而两国互相敌视的"感情之冲突"乃是首要原因，为了使中国了解日本的实力，以收"协同之效"，就必须"以势力压制，威服中国是也。"①

总而言之，正如著名民权主义思想家中江兆民（1847—1901）在《三醉人经纶问答》中所喻示的不同政治主张那样，②明治前期日本人的对华态度和理念尚处于多样化的调整重塑阶段。"人种"概念作为具有浓厚政治含义的一种划分符号，在当时充满了各类言论者的主观性。担当东西方"人种竞争盟主"的自我定位，以及本国海外移民受阻所带来的怨恨情绪，都成为部分日本人宣扬对华战争的口实与依据。此外，虽然在本质上，日本人的"兴亚"思想与"脱亚"论调一样，实际大部分都以维护日本国家利益为根本前提，但这一时期"同种联合""人种同盟"声音的沉寂，事实上也从另一方面加剧了日本社会主流对华敌对情绪的增长。

甲午战争前夕，出使法国的薛福成（1838—1894），在为黄遵宪的《日本国志》所作序言中指出："咸丰、同治以来，日本迫于外患，廓然更张，废群侯，尊一主，斥霸府，联邦交，百务并修，气象一新，慕效西法，罔遗馀力。虽其改正朔，易服色，不免为天下讥笑；然富强之机，转移颇捷，循是不辍，当有可与西国争衡之势。其创制立法，亦颇炳焉可观。且与中国缔交遣使，睦谊渐敦，旧嫌尽释矣。自今以后，或因同壤而世为仇雠，有吴越相倾之势；或因同盟而互为唇齿，有吴蜀相援之形。时变递嬗，迁流靡定，惟势所适，未敢悬揣。"③以此观察随后中日两国的实际历史发展，可谓是审视精准。

---

① 宗方小太郎：《宗方小太郎日记》，冯正宝译，吴绳海校，戚其章主编：《中国近代史资料丛刊续编·中日战争》第六册，中华书局，1993，第139-140页。

② 中江兆民：『三醉人経綸問答』，集成社，1887。书中虚构了"绅士君""豪杰君""南海先生"三个不同思想倾向的人物，借三人豪饮鼎谈的形式，阐述、分析了当时日本流行的三种政治外交理念。其中，绅士君提出要民主共和、世界联邦，代表着西方式的民主制思想；豪杰君主张当今世界乃实力主义时代，空谈理论不如向外寻求富强，代表着扩张膨胀的国权主义；南海先生则持二者的中庸之论，代表着渐进稳健的现实主义，但实际上三人的思想中也多有交叉重合之处。

③ 陈铮编：《黄遵宪全集》下，中华书局，2005，第817-818页。

第四章

人种意识与甲午战后中日关系的变化

第一节 日本对华政策调整下的人种论调

1. "三国干涉还辽"与"黄祸论"的影响

甲午战争获胜的日本，迫使清政府签订了割地赔款的《马关条约》，但条约中要求割占辽东半岛一项，严重威胁到了部分西方列强的利益。俄国就在《马关条约》签订的当天（1895年4月17日）发表声明，要求日本放弃占领辽东半岛，并希望德、法两国共同采取行动，称"如日本不接受此项友谊的劝告，俄国正考虑三国对日本在海上采取共同军事行动。"[①] 6天后，俄德法三国驻日公使在东京正式向日本提出照会，要求其放弃对中国辽东半岛的占领。

毫无疑问，作为彼时的日本，绝无与西方三国对抗的实力。消息传到日本后，整个"社会似被一种政治恐慌所袭击，惊愕之余而陷于沉郁，忧心忡忡，好像感到我国的要地即将受到三国炮击一般。"[②] 在三国的强大压力下，日本政府认为"已进至无可再进之地"[③]，被迫最终在向中国索要3000万两白银的"赎辽费"后，接受劝告放弃了辽东半岛。

三国干涉还辽事件的发生，让日本人对国际政治的冷酷性有了深刻的认识。德富

[①] 孙瑞芹译：《德国外交文件有关中国交涉史料选译》第一卷，商务印书馆，1960，第29页。
[②] 陆奥宗光：《蹇蹇录》，伊舍石译，商务印书馆，1963，第188页。
[③] 陆奥宗光：《蹇蹇录》，伊舍石译，商务印书馆，1963，第192页。

苏峰就称,"辽东返回之事,可谓影响了吾之一生。听闻此事以来,吾在精神上几乎变为他人。然而论其究竟,终因实力不足。吾开始坚信,倘若实力不足,则任何正义公道,都不值半文。"① 进而,在随后的几年里,西方列强掀起了瓜分中国的狂潮:德国占据了胶州湾,将山东作为势力范围;俄国强租旅顺和大连,意图将整个东北纳入自己囊中;英、法两国继续深入,进一步侵占中国沿海地区及重要口岸;曾声称专注于西半球的美国,也不甘落后地提出了所谓的"门户开放"政策,开始积极谋划在中国布局。这样的发展形势,一时间使得日本面临的外部环境非常严峻。1898年2月,外务大臣西德二郎(1847—1912)向驻法、意、英、德、俄公使发出训令,称三国干涉以来,日本"处于完全孤立之地位","方今帝国外交最需慎重,一举一动需考虑将来结果及利害得失,……时机到来之时,应随机应变,为实现目标或与一国相互提携、或加入数国联盟而共同行动。我国应常采取中立态度,加强与各国之亲睦关系,保证将来无论发生何等事端,都可自由进退,此为当下之要务。"②

同时,在西方世界甚嚣尘上的"黄祸论",也让日本感到了外交上的危机感。"黄祸论",英语写作"Yellow Peril""Yellow Danger""Yellow Terror"等,顾名思义是指黄种人可能会带来的灾祸。这一起源于欧洲的论说到了近代之后,由俄国无政府主义者米哈伊尔·亚历山德罗维奇·巴枯宁(Mikhail Alexandrovich Bakunin,1814—1876)再度提出。③ 他在《国家制度和无政府状态》一书中,大肆宣扬黄种中国人的发展将会对西方人产生巨大威胁,开鼓噪"黄祸论"之先河。④ 随后,英国历史学家、在澳大利亚担任殖民官员多年的卡尔·皮尔逊(Charles H. Pearson,1830—1894),于1893年发表的《民族生活与民族性:一个预测》中反复表述了有色人种、特别是"黄种中国人"的"可怕",一时在西方世界引起巨大反响。⑤ 而将该论调扩大化、焦点化的是德

---

① 德富猪一郎:『蘇峰自伝』,中央公論社,1935,第310页。

② 外務省編:「独国ノ膠州湾租借関係一件」,『日本外交文書デジタルアーカイブ』明治期第31巻第1冊,第362页。

③ 如日本昭和初期的辞典《大言海》中"黄祸论"词条就指出,"该说是明治十五六年前后,由俄国人巴枯宁提出。"大槻文彦:『大言海』,冨山房,1933,第100页。

④ 巴枯宁:《国家制度和无政府状态》,马骧聪等译,商务印书馆,1982,第108-109页。

⑤ Charles H. Pearson, *National life and character a forecast* (London: Macmillan and Co. Ltd), 1894. pp.42-51.

国皇帝威廉二世（Wilhelm II von Deutschland，1859—1941），他在1895年至1907年与俄国沙皇尼古拉二世（Николай II Александрович，1868—1918）的诸多通信中，极度宣扬了黄祸思想。① 随着其炮制的那幅"构思简单，艺术价值不大"②的《黄祸图》四处流传，西方主要帝国主义国家都开始兴起所谓的"黄祸恐慌"（图7）。

图7　《黄祸图》③

（资料来源：https://upload.wikimedia.org/wikipedia/commons/f/fa/Voelker_Europas.jpg，访问日期：2014年3月2日。）

从这一论调的发展轨迹来看，最初"黄祸"的所指对象是清末的中国，但日本在明治维新后，不仅工业技术等各方面都有了显著提高，甲午一战更显示出了军事力量

---

① 列文编：《德皇威廉二世致沙皇尼古拉二世书信集》，吕浦等编译：《"黄祸论"历史资料选辑》，中国社会科学出版社，1979，第114，118-119，124页。

② 海因茨·哥尔维策尔：《黄祸论》，译者不明，商务印书馆，1964，第219页。该图最初并无名称，只是在余白处写有"欧洲各国民！加入进来，保卫你们的信仰和家园。"（Nations of Europe! Join in Defense of Your Faith and Your Home。）德文与英文词句略有不同。

③ 图片中的基督教天使长米迦勒，带领着代表德国、英国等欧洲国家的众女神准备应战。画像右侧是佛陀和隐约为龙形的火焰，代表着东方。关于西方当时针对日本的"黄祸"图画，可参见飯倉章『黄禍論と日本人——欧米は何を嘲笑し、恐れたのか』（中央公論新社，2013年）。

的强大，其一跃成为列强控制亚洲时不可忽视的重要存在。①据记载，当1901年伊藤博文在英国见到那幅《黄祸图》时，就直言画中象征东方"黄祸"的"龙"和"佛陀"其实是暗指日本。在他看来，"黄祸"如果真的存在的话，那"不是处于无力状态中的中国，而只能是新兴的强国日本"。②事实上，作为"黄祸论"最大鼓吹者的德皇威廉二世，真实意图也是想借此将俄国的注意力引向东亚，并乘机扩大德国在中国的势力和权益，因而其口中的"黄祸"也主要是指代日本。③

尽管已有研究指出，"黄祸论"并未对三国干涉事件的发生产生实质影响，更大程度上仅是德皇介入东方事务的一个借口。④但是，由于几乎在俄德法抗议日本割占辽东的同时，德皇在给沙皇的信中，已有"捍卫欧洲，使它不致被庞大的黄种人侵入，显然是俄国未来的伟大任务"⑤这样的论调，并于1895年9月将那幅《黄祸图》送给了尼古拉二世，从而使得"黄祸论"与德皇的行为有了直接的关联。而且，在当时欧洲方面大量的外交言谈中，也早已透露出对"黄种"日本崛起的恐惧。像德国外交大臣在1895年3月和俄国外交官商谈与日本交涉问题时，就表示"黄种人的联合会构成一种危险"，"日本人和中国人同属黄种人，在中国人眼里看来，日本人已经取得了很大的声望。如果他们能对中国人建立一种保护关系，那就有可能产生一种利害的融合，这

---

① 实际上，"黄祸"概念有着多重含义。如具体可分为：①泛指亚洲人具有对西方文明的威胁力量；②针对亚洲中日两国可能形成的联合力量（日本为主导的情况）；③专指新兴的日本对西方的威胁；④指数量庞大的中国人口对于西方文明的危害性；⑤从亚洲（主要是中国）大量移民进入西方（尤其是美澳两国）的廉价劳动力。参见杨瑞松：《病夫、黄祸与睡狮："西方"视野的中国形象与近代中国国族论述想象》，政大出版社，2010，第70-71页。此外，在不同时期不同国家，人们对于"黄祸"的认知也有差别，如对于20世纪前期泰国的一些反华主义者来说，"黄祸"就代表着来自中国人的威胁。参见孔飞力：《他者中的华人：中国近现代移民史》，李明欢译，黄鸣奋校，江苏人民出版社，2016，第304-306页。

② 飯倉章：『イエロー・ペリルの神話——帝国日本と「黄禍」の逆説』，彩流社，2004，第93-95页。

③ 海因茨·哥尔维策尔：《黄祸论》，译者不明，商务印书馆，1964，第220-227页。

④ 飯倉章：『イエロー・ペリルの神話——帝国日本と「黄禍」の逆説』，彩流社，2004，第52-58页。

⑤ 列文编：《德皇威廉二世致沙皇尼古拉二世书信集》，吕浦等编译：《"黄祸论"历史资料选辑》，中国社会科学出版社，1979，第112-113页。

种利益对全体黄种人来说都是共同的，而与欧洲列强的利益则背道而驰。"①

正因为如此，在三国干涉事件发生后的很长一段时期，"人种差异引发干涉"的看法在日本流传很广。② 根据《明治天皇纪》记载，明治天皇（1852—1912）也在1896年3月看见了那张《黄祸图》："外务大臣陆奥宗光伯爵，献呈德意志皇帝威廉二世所作之黄祸图，言德皇于图中暗讽日本在日清战后如果强盛，则难免成祸，故号召基督教国相互团结共同抗之。"③ 以德国为榜样进行了诸多近代化改革、被称为"东方普鲁士"的日本，在接触到这张画时的感受可想而知。德皇威廉二世的这一举措，令明治政府的君臣们"也许感到了一种绝望，在某种程度上理想中的西洋化与近代化或许已经达到，但在迈向文明国家行列的路程中，却只因不是白人国家就永远难以得到认同。"④ 后来主张对俄采取强硬政策的"东大七博士"之一的寺尾亨（1859—1925）当时就说，"从欧洲人作出其最为忌讳之干涉之举来看，足以知道欧人并未视我如同等，欧美人对同种表示同情，有危难时相救之情，而对异人种却无丝毫同等之感，亦难生同情，一言概之，现今之世界乃人种竞争之世界。"⑤ 作家二叶亭四迷（1864—1909）也在听到三国干涉的消息后，愤然表示"国际公法、仲裁条约在关键之时只是毫无用处的空理空文。欧洲列强虽各有利害扞格，但毕竟为同文同种同宗教之兄弟国家，一旦有事则忘记平时的葛藤，联合对抗共同之异人种异宗教之敌国乃是理所当然之事。"⑥ 甚至到多年后的1913年，历史学泰斗桑原骘藏（1871—1931）也还认为，甲午战后"所谓黄祸两字，开始频繁出现，日本确因三国干涉而大受挫折"，⑦ 仍将两者从因果关

---

① 海因茨·哥尔维策尔：《黄祸论》，译者不明，商务印书馆，1964，第45页。
② 飯倉章：『イエロー・ペリルの神話——帝国日本と「黄禍」の逆説』，彩流社，2004，第45-47頁。
③ 宮内庁：『明治天皇紀』第九，吉川弘文館，1973，第32-33頁。另外，饭仓章指出呈图者不是陆奥宗光，而是西园寺公望。飯倉章：『イエロー・ペリルの神話——帝国日本と「黄禍」の逆説』，彩流社，2004，第96頁。
④ 飯倉章：『イエロー・ペリルの神話——帝国日本と「黄禍」の逆説』，彩流社，2004，第97頁。
⑤ 寺尾亨：「日清戦争中の欧洲列国」，『太陽』第二卷第七号1896年4月20日。
⑥ 内田魯庵：『二葉亭四迷の一生』，青空文庫http://www.aozora.gr.jp/cards/000165/files/49573_43499.html，访问日期：2015年2月1日。
⑦ 桑原隲蔵：「黄禍論」，『東洋史説苑』，弘文堂書房，1935，第19頁。

系上联系到了一起。

事实上，随着与西方不断接触，人种差异所具有的国际政治色彩，也开始在日本人眼中逐渐增强。1883年伊藤博文前往欧洲考察，痛感西方国家以人种、宗教等因素来衡量东西方差异及各国文明高低，"逢东西两洋交涉，欧土各国则连横合作，欺凌孤立之我。其心术毕竟无他，惟在人种与宗教之异同。……彼等保加利亚、塞尔维亚、门的内哥罗、罗马尼亚之类与山中野猿无异，……盖敬爱彼之不开化如山中野蛮者，却不认可我东洋之进步，乃是与彼等无同宗兄弟之谊也。"① 海外移民方面，美国西部地区的排日活动已有时日，尽管影响还较小，但也时常成为日美之间的外交事件。②1897年2月至4月期间，日本与夏威夷政府首次发生移民纠纷，夏威夷政府采取了多项限制日本移民的政策，而日本人此时的数量已达2.6万人，几乎占当地总人口的40%。③除此之外，加拿大、澳大利亚等国也从19世纪末期开始，陆续出现排日性的暴乱、舆论宣传甚至政府法令。对于急于融入西方世界的日本来说，此类由人种差异而感受到的危机感和歧视感，不断刺激着政府上层决策者们的政治神经。

2. 日本对华人种论调的变化

在上述背景下，日本一方面采取对西方让步和协调的方针，另一方面，为了确保自己在华的先得优势，在对华策略上，日本也开始试图改善此前的敌对关系，进而利用各种缓和政策来培养亲日、联日势力。④不可否认，甲午战争的胜利，极大地刺激了日本民族主义情绪的膨胀，正如吉野作造（1878—1933）所说，"大大地激起了我国人的自负心，酿成一反旧态、轻侮邻邦友人的可悲风潮。……尤其引人注目者，是我国在战争中为鼓舞、振奋国民敌忾心而广泛推广了'惩膺猪尾奴'的歌曲，它像一

---

① 伊藤博文：「欧州の見聞につき伊藤博文書翰」，1883年1月8日，芝原拓自等校注：『日本近代思想大系』12，岩波書店，1988，第56頁。
② 戴超武：《美国移民政策与亚洲移民（1849—1996）》，中国社会科学出版社，1999，第60页。
③ 刘世龙：《美日关系（1791—2001）》，世界知识出版社，2003，第153页。
④ 任达：《新政革命与日本——中国，1898—1912》，李仲贤译，江苏人民出版社，1998，第17-26页。

剂过量猛药，使蔑视支那的风潮格外地流行开来。"① 部分日本人主张，此时应该抓住机会，积极参与西方列强对中国的瓜分行动。福泽谕吉就发文表示，既然瓜分中国的端绪已被西洋人所开，那么当前对于日本来说最有益之举乃是尽快加入其列。② 但与此同时，还有另一部分日本人认为，日本在东亚大陆的根基尚浅，面对实力雄厚的西方列强并不占竞争优势，中国如果被瓜分，日本的对外发展将受致命性打击，主张应采取"保全中国"这一相对温和的对华政策。像1896年6月，担任外务次官的小村寿太郎（1855—1911）就提出，想要缓解此前因强硬政策而招致的清国的反感，就必须采取渐进政策，树立清国对日本的信任。进而，要将"开发"清国作为经营中国之急务，游说张之洞（1837—1909）、刘坤一（1830—1902）等地方大员，使之聘请日本军事顾问、选派学生赴日留学，以此来建立长远且巩固的日中结合关系。③

随着日本政府及民间对华策略和认识的调整，此前以"人种竞争对抗"为借口的敌对论调也因此迅速退潮，中日作为"同种"国家应该"相互提携"之说，开始再度流行和兴盛。1898年1月，贵族院议长近卫笃麿（1863—1904），批驳了当时日本人严重"轻侮支那人"的风气，主张日中应该进行"同人种同盟"，指出"东洋前途，最终难免以人种竞争为舞台"，日中"最后之命运在于黄白两人种之竞争，在此竞争之下，支那人与日本人同被白种人视作为仇敌。"④ 同年11月，以近卫笃麿为会长，多个"兴亚"团体合并组成了东亚同文会，该会的"宗旨书"声称："何意前年旻天不吊，兄弟阋墙，而列国遂乘间踏瑕，时局日艰。呜呼，忘忿弃咎，共防外侮，岂非今日之急图耶！"⑤

高山樗牛表示，"日本与支那，作为世界上最后的两个都兰人种国家，岂非应该相互提携、相互拥抱而共命运？支那人为我唯一同胞，……吾人今令支那半死，岂非自

---

① 吉野作造：「対支問題」，『吉野作造選集』7，岩波書店，1996，第287-288页。
② 福沢諭吉：「支那分割到底免る可らず」，『福沢諭吉全集』第十六卷，岩波書店，1959，第214-216页。
③ 外務省編：『日本外交文書デジタルアーカイブ小村外交史』上卷，https://www.mofa.go.jp/mofaj/annai/honsho/shiryo/archives/mokuji.html. 第102-103页。
④ 近衛篤麿：「同人種同盟 附支那問題研究の必要」，『太陽』第四卷第一号1898年1月。
⑤ 东亚同文会编：《对华回忆录》，胡锡年译，商务印书馆，1959，第471页。

断手臂？思虑所至，吾人夸耀之日清之战，岂非远东之奇祸，都兰人种之大不幸？"①汉学家田冈岭云（1870—1912）在《东亚大同盟》一文中提出，唇齿相关的中日两国，要"相互扶持合作，结成黄色人种之大同盟，以将白种人势力驱逐出亚洲。如若今日之大势已非国与国之争夺，而是人种间之竞争，则吾等必须怀有加强同人种同盟、抵抗西欧列强之觉悟。"②还有言论甚至称，"吾人不及今主张黄人同盟，岂不愚哉？彼欧洲列国早已造成白人同盟，以扫荡黄人，其主意已公言不惮。……今若不主张黄人同盟，将恐有叩首于白人之前，任其蹂躏而不能抗拒之也。"③当时，一个叫佐佐木平太郎（生卒未详）的日本年轻人，在致汪康年（1860—1911）的信中，用汉语陈述了自己对东亚局势的看法："勿谓种族争斗属既过去，若一旦有变，彼白人同种结盟必焉。聊（抑）贵邦者，黄色人种之中坚也，故贵邦之盛衰者，则是黄色人种之浮沉也。故若不幸为白人削贵邦之独立权乎，有同文同种同洲之谊敝邦者亦被害明焉。今日不幸将被毒涎于贵邦，际此时同种者奋然力尽于贵邦，以可固吾种之中坚也。"④尽管由于作者"未学清文"，信中的话语多少有些词不达意，但仍可显示出"人种同盟论"在日本对华策略上有着广泛的民意基础。

在实际行动上，日方政府和民间也积极扩大了与中国各阶层的接触。1897年11月，受陆军参谋本部次长川上操六（1848—1899）派遣，陆军大佐神尾光臣（1855—1927）来华拜访张之洞，表示"前年之战，彼此俱误。今日西洋白人日炽，中东日危，中东系同种同文同教之国，深愿与中国联络。"⑤《大阪朝日新闻》的主笔西村时彦（1865—1924），在汉口等地游历访问时称，日本与中国"同洲同种同文同教而同仇同舟，诚为同心一体，是诸公之所深知也。""而开甲午一役者何也？呜呼！甲午之役，

---

① 高山樗牛：「人種競争として見たる極東問題」，『樗牛全集』第4卷，博文館，1905，第379-380頁。"都兰"（Turan），也译作"土兰"。1880年代中欧学术界提出的一种人种划分法，把蒙古人种北亚类型和欧罗巴人种印度地中海类型之间的混合型称为"都兰人种"。

② 田岡嶺雲：「東亜の大同盟」，伊東昭雄：『アジアと近代日本——反侵略の思想と運動』，社会評論社，1990，第57頁。

③《欧洲列国与人道》，《清议报》1900年第59期，该文译自《日本报》。

④ 上海图书馆编：《汪康年师友书札》（四），上海古籍出版社，1986，第3323页。

⑤ 苑书义等编：《张之洞全集》第3册，河北人民出版社，1998，第2112页。当时张之洞因出省视察未在，由江汉关道蔡锡勇（1847—1898）和武昌知府钱恂（1853—1927）代为接见。

旻天不吊，以致兄弟阋墙，亦有二不得已者焉。先是贵国以中华自居，以一小岛夷视敝国，其尊大自喜，不通大势，诚乏于同舟相救之念，不得不一决战，以使贵国知己知彼，以反其本不得已者一也。贵国以朝鲜称东藩，出兵入境，而敝国恐贵国不能保，折入于俄，以为不若扶其独立，以介在于列国环视中也。势之所趋，遂至干戈相见，亦不得已者一也。"他的这番意见，随后甚至被张之洞印发给了"官场士林"而广为传阅。① 罗振玉（1866—1940）曾记述，甲午战后其对日本友人藤田丰八（1869—1929）表示，"中日本唇齿之邦，宜相亲善以禦西力之东渐。甲午之役同室操戈，日本虽战胜，然实非幸事也。"对方听后极为认同，建言"谋两国之亲善，当自士夫始。"罗振玉随即谋划创立"东文学社"，聘请了多名日本人担任语言及各专业学科的教师，希望能以此消除中日两国人士交流上的不便，培养一批掌握日文及相关专业知识的人才，从而达到两国"意志始得相通"的目的。东亚同文会的会长近卫笃麿、副会长长冈护美（1842—1906）也纷纷来华，"日以同文同种之意相劝导，意至诚切，于是两国朝野名人交谊增进。"②

像这样，甲午战后外部局势的变化，不仅让日本社会曾经鼓噪的"义战论"在占地索款的掠夺中销声匿迹，③人种意识所曾营造出的敌对情绪与战争逻辑，也在对华接近策略下，淹没在高涨的"人种同盟"口号中。尤其在1897年至1898年间，日本政府为使中国依附自己，"运用两面开弓的战略，一面是军事的，另一面是非军事的。每一面各有不同的演员，甚少重叠。"尽管这两方面在很多时候缺乏协调，但"军事和非军事的因素却都受整套相同的动机所推动，这包括民族自大、民族私利，和文化上对中国的密切关系和受惠感。在与中国人交往中，日本人总是不厌其烦地强调两国的共同利益。"④其中，先天的、直观的"人种亲近性"，成为日本对华最具鼓动性的宣传点。

当然，日本方面对华态度的暂时转变，并不意味着要放弃攫取在华利益。众所周

---

① 西村时彦：「聯交私議」，『碩園先生遺集』第1册，懷德堂记念会，1936，第4-5, 1页。
② 罗振玉著，罗继祖主编：《罗振玉学术论著集》第11集，上海古籍出版社，2013，第31页。
③ 白井久也：『明治国家と日清戦争』，社会评论社，1997，第169頁。
④ 任达：《新政革命与日本——中国，1898—1912》，李仲贤译，江苏人民出版社，1998，第29页。

知，在甲午战后强烈的师日风气下，清末中国人赴日留学的浪潮可谓蔚为大观。不过，在收留接纳上一度表现出极大热情的日本，实际也是另有盘算。1898年5月14日，时任驻清公使的矢野文雄，致函外务大臣西德二郎，称"将接受我国感化之新人才散布于老帝国，乃今后我势力根植于东亚大陆之长计。进而言之，其从事武事者，不仅效仿日本之兵制，军用器械也将仰望我国，士官等人物之聘用亦将求助我国，清朝军事日本化无可置疑。其理科学生，在器械职工上求助于日本，清国工商业自然与日本产生密切联系，遂为我工商业扩张于清国之阶梯。学习法律文学者，亦将完全按日本制度谋划清国将来之发展。事若至此，我势力布及大陆之事不可限量。而清国官民信赖我国之情亦将胜于今日几十倍。"[①] 至于所谓"保全中国"的论调，正如长期担任东亚同文会干事长的根津一（1860—1927）向日本政府上层所进言的那样，其中相关政策的制定与变化，自然是"根据时宜，各有处法"。[②] 大隈重信更是直接表示，"引领支那人走向文明之责任，乃在于人种相近，文字、感情相同之邻国日本，我日本引导支那最为适当"，[③] 这种名为"联合、同盟"，实为"领导、控制"的本质是不言自明的。

而且，在1897年至1898年西方列强瓜分中国的行动中，日本也丝毫未甘于人后。仅在1898年一年，日本就通过巧取和豪夺，在中国接连获得了诸多权益：4月，迫使清政府做出不将福建省向他国割让的承诺，以确立其在福建的优势地位；7月和8月，又先后与清政府签订《汉口日本专管租界条款》《沙市口日本租界章程》《天津日本租界条款》，划定了其在这几处口岸的租界范围。[④] 对于当时日本的这种外交举动，有中国学者就一针见血地指出，甲午战后日本对华表现出的相对示好，其实只是其整个外交战略中的一部分，而且仅"处于从属地位"。[⑤]

---

① 日本外務省外交史料館:「在本邦清国留学生関係雑纂」，『清国留学生の教育引受の義に関し啓文往復の件』，https://www.jacar.archives.go.jp。
② 東亜同文書院滬友同窓会:『山洲根津先生伝』，根津先生伝記編纂部，1930，第276頁。
③ 大隈重信:「支那保全論」，早稲田大学編輯部編:『大隈伯演説集』，早稲田大学出版部，1907，第33-34頁。
④ 王铁崖编:《中外旧约章汇编》第一册，生活·读书·新知三联书店，1957，第750-751，788-793，796-799页。
⑤ 茅海建、郑匡民:《日本政府对于戊戌变法的观察与反应》，《历史研究》2004年第3期。

第二节 人种意识在中国的形成

1. 人种知识的普及

从 19 世纪 40 年代起,西方人种学知识就陆续传入中国。如道光末年(1847)刊刻的《海山仙馆丛书》收录有《新释地理备考全书》,其中有"千亿之众,分为五种"的人种分类介绍。① 此外,上海墨海书馆出版的《地理全志》中有《人类总论》分卷,② 五大通商口岸发行的《遐迩贯珍》亦曾刊载过《人类五种小论》。③ 日本汉学家冈本监辅(1839—1904)所著的《万国史记》,也在 1879 年出版后不久就传入中国并被不断翻印,在中国知识界产生了广泛影响。书中讲到了"人类大别五种,曰黄色,曰白色,曰黑色,曰棕色,曰铜色,原其始祖,各自不同"④ 等人种学内容,被认为是除西方传教士渠道之外,人种知识早期在中国开始传播的另一重要媒介。⑤ 然而,在中国西学整体停滞不前的大环境下,像魏源的《海国图志》那样,即便是包含人种知识的西方著述被编译出版,关注者往往也是寥寥无几。⑥ 学界大多认为,直到 19 世纪 90 年代后,人种学及相关理论在中国的传播才有了一定的规模。⑦

甲午战争之后,被打痛惊醒的中国人,开始认真关注起西学来,人种知识在其后的几年里得到了迅速且深入的普及。像张之洞就在其大名鼎鼎的《劝学篇》里讲道:"西人分五大洲之民为五种:以欧罗巴洲人为白种,亚细亚洲人为黄种,西南两印度人

---

① 大西洋玛吉士:《新释地理备考全书》,《丛书集成新编》第 97 册,新文丰出版公司,1985,第 730 页。
② 慕维廉:《地理全志》卷八,上海墨海书馆,1853—1854 年。
③ 《遐迩贯珍》,1855 年第 3 号。
④ 冈本监辅:『万国史记』卷一,冈本监辅出版,1879,第 1 页。
⑤ 坂元ひろ子:『中国民族主义の神話』,岩波書店,2004,第 59 页。
⑥ 《海国图志》中翻译了西人的《地理备考》,"至于人数千亿,约分五种,或白,或紫,或黄,或青,或黑",对不同肤色的人种进行了介绍。魏源著,李巨澜评注:《海国图志》,中州古籍出版社,1999,第 425 页。
⑦ 张寿祺:《19 世纪末 20 世纪初"人类学"传入中国考》,《社会科学战线》1992 年第 3 期,第 319-327 页;石川祯浩:《辛亥革命时期的种族主义与中国人类学的兴起》,《辛亥革命与 20 世纪的中国——纪念辛亥革命九十周年国际学术讨论会论文集》中,中央文献出版社,2002,第 999 页。

为棕色种，阿非利加洲人为黑种，美洲土人为红种。（欧洲种类又自有别：俄为斯拉夫种，英、德、奥、荷为日耳曼种，法、意、日、比为罗马种，美洲才智者由英迁往，与英同为白种。同种者性情相近，又加亲厚焉。）……海中之日本（日本地脉与朝鲜连，仅隔一海峡），其地同为亚洲，其人同为黄种，皆三皇五帝声教之所及，神明胄裔种族之所分。"①

伴随师法东瀛热潮的兴起，日本的人类学、社会学著作，成为这一时期中国人系统获取人种知识的主要来源。像日本人类学家鸟居龙藏，曾多次前往中国东北等地区考察，其很多论著被翻译为中文，给当时中国人类学的发展带来了很大影响。②与此同时，大量赴日的中国留学生，也是人种知识的重要接触者与传播者。③1897年11月，上海《译书公会报》第5册刊出的《地球人类区别》（原载于日本的《地学杂志》），是中国最早翻译的日本人类学著作。英国人类学家丹尼尔·威尔逊（Daniel Wilson，1816—1892）的《人类学》日译本，在1902年由黄兴（1874—1916）等人组织的湖南编译社译为中文，成为"人类学"这一学名进入中国的开端。④后期中国人编译、编写的史地类教科书，更是多在叙述范式上模仿日本，常将人种知识作为"总论部分"的必备内容。⑤

2. "黄种"自觉与异样的"黄祸论"认识

深受社会达尔文主义影响的严复（1854—1921），1897年将英国生物学家托马斯·亨利·赫胥黎（Thomas Henry Huxley，1825—1895）的《进化论与伦理学》译

---

① 张之洞著，李凤仙评注：《劝学篇》，华夏出版社，2002，第38-39页。
② 石川祯浩：《辛亥革命时期的种族主义与中国人类学的兴起》，《辛亥革命与20世纪的中国——纪念辛亥革命九十周年国际学术讨论会论文集》中，中央文献出版社，2002，第1001页。
③ 到顶峰时期的1906年，据保守估算人数都有8000人左右。实藤惠秀：《中国人留学日本史（修订译本）》，谭汝谦、林启彦译，北京大学出版社，2012，第30页。
④ 张寿祺：《19世纪末20世纪初"人类学"传入中国考》，《社会科学战线》1992年第3期。
⑤ 当时日本涉及人种知识的主要著作都被介绍到了中国，如矢津昌永的《中学万国地理志》（出洋学生编辑所译，商务印书馆，1903年）、志贺重昂的《地理学讲义》（萨端译，金粟斋译书处，1901年）、有贺长雄的《社会进化论》（萨端译，闽学会丛书，1903年）等。孙江：《肤色的等级——近代中日教科书里的人种叙述》，汪晖、王中忱主编：《区域：亚洲研究论丛 第一辑 跨体系社会》，清华大学出版社，2011，第140页。

述成《天演论》刊出,自此"物竞天择、适者生存"的社会进化生存法则迅速深入人心。胡适(1891—1962)就曾回忆说,"《天演论》出版之后,不上几年,便风行全国,竟做了中学生的读物了。读这书的人,很少能了解赫胥黎在科学史和思想史上的贡献。他们能了解的只是那'优胜劣败'的公式在国际政治上的意义,在中国屡次战败之后,在庚子辛丑大耻辱之后,这个'优胜劣败,适者生存'的公式确是一种当头棒喝,给了无数人一种绝大的刺激。几年之中,这种思想像野火一样,延烧着许多少年人的心和血。'天演'、'物竞'、'淘汰'、'天择'等等术语,都渐渐成了报纸文章的熟语,渐渐成了一班爱国志士的'口头禅'。还有许多人爱用这种名词做自己或儿女的名字。陈炯明不是号竞存吗?我有两个同学,一个叫孙竞存,一个叫杨天择。我自己的名字也是这种风气底下的纪念品。我在学堂里的名字是胡洪骍。有一天的早晨,我请我二哥代我想一个表字,二哥一面洗脸,一面说:'就用'物竞天择适者生存'的'适'字,好不好?'我很高兴,就用'适之'二字。"①

西方人种学说和社会进化论的传入,让国家危机下的中国人有了看待和分析世界的理论工具。唐才常(1867—1900)在《各国种类考自序》中说,"余曩者得见侯官严复《原强篇》,掩卷而痛曰'今之卹然可忧者,其种类乎!其种类乎!……谓民物之于世也,樊然并生同享天地之利。其始也,种与种争,及其成群成国,则群与群争,国与国争,而弱者强肉,智者愚役焉。'"②作为《天演论》译稿的第一个阅读者,梁启超(1873—1929)更是深受其影响,人种学思想成为其后来大量政论文章的立论依据。③他曾感慨道,"自大地初有生物,以至于今日,凡数万年,相争相夺,相搏相噬,递为强弱,递为起灭。一言以蔽之曰,争种族而已。始焉物与物争,继焉人与物争,终焉人与人争,始焉蛮野之人与蛮野之人争,继焉文明之人与蛮野之人争,终焉文明之人与文明之人争。"在此情形下,人种之战终究不可避免,"要而论之,种战之大例,自有生以来至于今日,日益以剧,大抵其种愈大者,则其战愈大。……自此以往,百

---

① 胡适:《四十自述》,中国华侨出版社,1994,第53页。
② 唐才常:《觉颠冥斋内言》,《续修四库全书》(集部别集类第1568册),上海古籍出版社,2002,第431页。
③ 王栻:《严复传》,上海人民出版社,1957,第36-37页。

年之中，实黄种与白种人玄黄血战之时也。"①

进而，在清末反满思想蓬勃兴起之际，很多人也将人种知识引为从事政治革命的理论基础。章太炎（1869—1936）曾自述，幼时读书过程中民族思想渐渐发达，不过虽然愤慨满族欺压汉族，以"异种乱华"为"心里第一恨事"，但也发现"没有甚么学理"。直到甲午以后，"略看东西各国的书籍，才有学理收拾进来"，反满思想才开始有了理论的指导。②刘师培（1884—1919）也称，"今太西哲学大家创为天择物竞之说。物竞者，物争自存也。天择者，存其宜种也。种族既殊，竞争自起。其争而独存者，必种之最宜者也。中国当蛮族入主之时，夷族劣而汉族优，故有亡国而无亡种。当西人东渐之后，亚种劣而欧种优，故忧亡国更忧亡种。"③像这样，尽管当时在理解和解释上有各种差异，但整体上，人种学理论令中国传统中原本强调文化差异的"华夷之辨"有了近代的"民族主义"和"国家主义"色彩，所谓"人莫不亲其种族，此发于自然而无可遏抑者。同民族之人，言语同、习俗同、历史同、地理同，以之建国家，则其民与国休戚相关，利害相同，并力一心，以御异族，故其国强。"④

前文已述，西方将中国人等亚洲人描述为"黄色人种"，其实在某种程度上充满了歧视和恶意。但阴差阳错的是，由于"黄色"在中国传统文化中具有尊贵、高尚的象征，很多与"黄"相关的词汇也多富有正面含义，从而使得中国人对"黄色人种"这一称谓并无太多排斥。部分中国人，还以传统理论来证明"黄种"的中国人为"天下最贵者"。像刘师培在《古代以黄色为重》一文中称，"近代以来，种学大明，称震旦之民为黄种，而征之中国古籍，则五色之中独崇黄色"。他通过大量引用《易》《说文解字》等古籍里对黄色的相关论述，指出"黄色"在中国开辟之初，就拥有相当高贵的含义。⑤那些视"黄帝"为自己祖先的反清革命者，很多更是都喜欢将"黄"字加

---

① 梁启超：《论变法必自平满汉之界始》，张品兴主编：《梁启超全集》第一卷，北京出版社，1999，第51，54页。

② 章太炎：《东京留学生欢迎会演说辞》，汤志钧编：《章太炎政论选集》上册，中华书局，1977，第269页。

③ 刘师培：《中国民族志》，《刘师培全集》第一册，中共中央党校出版社，1997，第626页。

④ 效鲁：《中国民族之过去及未来》，《江苏》1903年第3期。

⑤ 刘师培：《古代以黄色为重》，张先觉编：《刘师培书话》，浙江人民出版社，1998，第19-20页。

进自己的名字，以此来表明自己的汉族认同，激发同胞的民族自尊观念。像黄轸就更名为黄兴，陈天华（1875—1905）取笔名思黄，秦力山（1877—1906）取笔名巩黄，而章士钊（1881—1973）的笔名则有黄藻、黄中黄、黄帝子孙之一个人等。①

在"黄种"自觉日益高涨的同时，西方指责黄色人种充满威胁的"黄祸论"，也成为中国人需要面对的一大问题。不同于国力逐渐强盛、扩张势头明显的日本，中国常是因人口众多、愚昧落后而被指责。加之清末以来，中国出现了华工向美洲、澳洲等地的移民浪潮，以及破坏和反抗列强利益的义和团运动等事件，这一系列"令人不安的现实"，更令宣扬者们在鼓吹"黄祸"时有了足够的理由。长期担任清朝海关总税务司的罗伯特·赫德（Robert·Hart，1835—1911），就担心中国人的觉醒将是巨大的威胁："这个种族，经过数千年高傲的与世隔绝和闭关自守之后，被客观情况的力量和外来进犯者的优势所逼，同世界其余各国发生了条约关系，但是他们认为那是一种耻辱，……这个种族已经酣睡了很久，但是最后终于醒了过来，它的每一个成员都在激起中国人的情感——'中国是中国人的，把外国人赶出去！'"随着中国人的慢慢觉醒，"五十年以后，就将有千百万团民排成密集队形，穿戴全副盔甲，听候中国政府的号召，……这个运动对于世界其余各国不是吉祥之兆。"②

很显然，西方宣扬这一论调的目的，实质只是在于协调列强在华矛盾、继续保持对华压制，即所谓"黄祸云者，非进攻欧洲之谓，乃使欧人不能管辖亚洲之谓也。"③ 对于"黄祸论"的无稽与荒谬，像辜鸿铭（1856—1928）、孙中山（1866—1925）等许多中国人都进行过驳斥。④ 而且，对于"黄祸论"在政治外交上的危害，很多中国人也有较为清醒的认识："而吾族则酣歌于漏舟之中，鼾息于岩墙之下，一听人之仇雠我、鱼肉我，茫然曾不思所以御之。其自鸣为先识忧国之俦者，则又怒气交愤，外强中干，叫

---

① 黄兴涛、陈鹏：《近代中国"黄色"词义变异考析》，《历史研究》2010年第6期。关于清末民族主义的塑造问题，以及"黄种"等概念在其中所起的巨大功效，还可参见沈松桥的《"我以我血荐轩辕"——黄帝神话与晚清的国族建构》（《台湾社会研究季刊》第28期，1997年）、孙隆基的《清季民族主义与黄帝崇拜之发明》（载《历史学家的经线》，广西师范大学出版社，2004年）、杨瑞松的《病夫、黄祸与睡狮："西方"视野的中国形象与近代中国国族论述想象》（政大出版社，2010年）。

② 赫德：《论义和团运动及防止"黄祸"之策（其一）》，张振鹍选辑：《"黄祸论"历史资料选辑》，中国社会科学出版社，1979，第146页。

③《论黄祸》，《外交报》1904年第83期。

④ 罗福惠：《清末民初中国人对"黄祸"论的反应》，《近代史学刊》2001年第1期。

号跳踉，如飘风疾雨之不可终日，于事曾靡所裨益，徒使彼主张黄祸者，愈得执之为口实。"①鲁迅（1881—1936）更是指出，对于西方的"黄祸论"，不应陷入自大的臆想："吾尝一二见于诗歌，其大旨在援德皇威廉二世黄祸之说以自豪，厉声而嗥，欲毁伦敦而覆罗马；巴黎一地，则以供淫游焉。倡黄祸者，虽拟黄人以兽，顾其烈则未至于此矣。今兹敢告华土壮者曰，勇健有力，果毅不怯斗，固人生宜有事，特此则以自臧，而非用以搏噬无辜之国。……若夫今日，其可收艳羡强暴之心，而说自卫之要矣。"②

但在当时，如同对"黄种"概念的接受一样，在亟需复兴图强的民族主义语境中，还是有许多中国人将西方抛来的"黄祸"指责，视作一种"他者的肯定"，通过自我变通和想象后，将其转化为了鼓舞民众、振发国威的重要精神口号："尔有黄祸之先兆，尔有神族之势力"③，"终使西人遭黄祸，吁天早出学生军"④，"每谈黄祸我且栗，百年噩梦骇西戎"⑤，"黑鬼红番遭白堕，白也忧黄祸。黄祸者谁亚洲我，我我我！"⑥于是乎，令西方恐惧的"黄祸"成为中国人反击殖民压迫的绝好武器和信心源泉，"在高涨的'黄种'意识，连同方兴未艾的'黄帝'共同始祖说的推波助澜下，'黄祸'成为近代中国以'黄色'为基底的一系列的国族认同符号的成员之一。"⑦

当然，当时的中国人，对于西方宣扬的人种理论并没有全盘接受。⑧从根本上说，

---

① 《读西人黄祸说感言》，《外交报》1908年第5号。
② 鲁迅：《破恶声论》，《集外集拾遗》，人民文学出版社，1973，第31页。
③ 邹容：《革命军》，郅志选注：《猛回头——陈天华、邹容集》，辽宁人民出版社，1994，第219页。
④ 丘逢甲：《送长乐学生入陆军学校》（二首之一），《岭云海日楼诗钞·选外集》，上海古籍出版社，1982，第413页。
⑤ 梁启超：《爱国歌四章》，张品兴主编：《梁启超全集》第十八卷，北京出版社，1999，第5429页。
⑥ 黄遵宪：《出军歌四章》，张品兴主编：《梁启超全集》第十八卷，北京出版社，1999，第5323页。
⑦ 杨瑞松：《病夫、黄祸与睡狮："西方"视野的中国形象与近代中国国族论述想象》，政大出版社，2010年，第103页。
⑧ 如康有为就认为人类的肤色外貌、智慧性情等，主要是与所在地的地理和气候有关，他在谈及中国的"人种改良"时称："若非洲人之黑面银牙，尖腮斜面，脑后颐前，固由传种，亦半由生长热地，居住山谷致之也。南洋诸岛，地近赤道，华人、英人来此，居之岁月，皆为疲损，色变黄黑；又汗出太多，聪明亦减。若印度万里平原，多热少水，故人被日光，积成黑面，目多圆突；其英人久居于是，传至子孙，面变黄蓝。华人之杂婚传子于是者亦然，岂非地气使然哉！若加拿大地当五十度，落机雪山，日照于面，故华人生子多红白明秀；欧洲各国地近寒带，故多白；南意大利、葡萄牙、西班牙在三十余度，地在温带，故面色稍黄。是皆地气所感成。"康有为：《大同书》，姜义华、张荣华编校：《康有为全集》第七集，中国人民大学出版社，2007，第94页。

"西方近代的人种学说之所以引起人们的共鸣,与积弱不振的国势和反满革命的现实条件有莫大的关系。不论介绍西方的人种理论还是其他种类学说,其背后无不蕴含了现实关怀,很少有人从学理层面探究人种问题。"① 譬如对"人种存亡"危机的渲染,更多的是反映了各言论者自身的政治意图和需求,"他们只是在构造一种西方威胁以强化他们的政治利益"。② 康有为(1858—1927)所言"西人最严种族,仇视非类","若吾不早图","则为突厥,黑人不远矣"③,是为其政治改革营造迫切之感;陈天华疾呼"五种人中,只有白色种最强,黄色种次之,其余的三种,都为白色种所压制,不久就要灭种"④,也是在为鼓动革命寻找支撑依据。"他们一方面接受了社会达尔文主义的'弱肉强食、优胜劣汰'的'自然法则',强调生存危机(亡国灭种)的迫切性,以激励人心来唤起改革的决心和意识;另一方面,却也要强调改革必定有成功的希望,因而往往以明确的人种本质论述(黄种为良种),来保证改革绝对不会徒劳无功。"⑤

概言之,"人种""黄种"等概念在中国传播开来后,一大批中国人开始将人种话语置于全球"公理"的语境中去讨论。在"环瀛莽莽,白人执利刃而麾之,籍以獯黑芟红锄棕,骎骎乎及我黄族"⑥ 的危机局势下,无论是主张"变法必自平满汉之界始"⑦ 的维新派,还是后来疾呼"革命必剖清人种"⑧ 的革命派,尽管在满族的"人种认定"上存在分歧,但通过唤起和利用人种意识来铸造民族主义、争取民众支持,却是双方

---

① 李孝迁:《西方史学在中国的传播(1882—1949)》,华东师范大学出版社,2007,第109页。

② 冯客:《近代中国之种族观念》,杨立华译,江苏人民出版社,1999,第71页。

③ 康有为:《京师强学会序》,姜义华、张荣华编校:《康有为全集》第二集,中国人民大学出版社,2007,第89页。

④ 陈天华:《猛回头》,郅志选注:《猛回头——陈天华、邹容集》,辽宁人民出版社,1994,第4页。

⑤ 杨瑞松:《病夫、黄祸与睡狮:"西方"视野的中国形象与近代中国国族论述想象》,政大出版社,2010,第87-88页。

⑥ 陈黻宸:《论今日中国首以简使才为急》,陈德溥编:《陈黻宸集》上册,中华书局,1995,第514页。

⑦ 梁启超:《论变法必自平满汉之界始》,张品兴主编:《梁启超全集》第一卷,北京出版社,1999,第51页。

⑧ 邹容:《革命军》,郅志选注:《猛回头——陈天华、邹容集》,辽宁人民出版社,1994,第205页。

的共同选择。尤其在当时"人种""民族"等概念界限模糊不清的状况下，人种话语"既可用来树立满汉矛盾，也可用来突出黄白对立，后一种划界就不单把满人，甚至连日本人也算在自己人一方"。①受甲午战后日本对华政策的吸引，许多中国人开始寻求一种超越国别的反殖民主义"政治联盟"。就目的而言，"黄祸""黄种"表述所激起的生存危机感与民族觉醒意识，终究要付诸于救亡图存的政治实践，而这一实践的具体指向，自然而然地落脚到了在当时似乎是最合乎大势、且又最振奋人心的"中日人种同盟"口号之上。

3."中国人种西来说"

除了异样的"黄祸论"认识之外，清末的一些民族主义者，在认知和理解西方人种理论的过程中，还试图变通以白种为中心的话语体系，强调黄种与白种之间的"对等关系"，冀望以此来拉开黄种与其他有色人种的距离。康有为在《大同书》中说，"今全地之大，人类各自生发，种族无量，而以优胜劣败之理先后倾覆，以迄于今"。遗存下来的各色人种由于强弱有别，在优胜劣败的规律下，一些弱小种族此后都将被淘汰。但对于"黄种"，他认为"于全世界中，银色之人种横绝地球，而金色之人种尤居多数，是黄白二物据有全世界。白种之强固居优胜，而黄种之多而且智，只有合同而化，亦万无可灭之理。"至于其他有色人种，则仍是不可相提并论的低等人群："故至大同之世，只有白种、黄种之存，其黑人、棕种殆皆扫地尽矣，惟印度人略有存者，亦多迁之四方而稍变其种色矣。""故大同之世，白人、黄人才能、形状相去不远，可以平等。其黑人之形状也，铁面银牙、斜额若猪，直视若牛，满胸长毛，手足深黑，蠢若羊豕，望之生畏。"②梁启超认为，"彼夫印度之不昌，限于种也。凡黑色、红色、棕色之种人，其血管中之微生物，与其脑之角度，皆视白人相去悬绝。惟黄之与白，殆不甚远。故白人所能为之事，黄人无不能者。"他以日本为例称，"日本之规肖西法，其明效也。日本之种，本出于我国。而谓彼之所长，必我之所短，无是道也。"③章太炎

---

① 孙隆基：《历史学家的经线》，广西师范大学出版社，2004，第10-11页。
② 康有为：《大同书》，姜义华、张荣华编校：《康有为全集》第七集，中国人民大学出版社，2007，第43，45页。
③ 梁启超：《论中国之将强》，《饮冰室合集 文集》第二册，中华书局，1989，第145页。

则称，中国与西方在人种上是平等的，黄种与白种有着同样的德性和智慧，"其与吾华夏，黄白之异，而皆为有德慧术知之氓"。① 其他，像书法家陶浚宣（1846—1912）在《地学歌》中所唱的"五方之土中央黄，黄种贵于白，赤棕黑蚩氓"，② 可谓是此类观点的典型表述。

其中，为了营造出与白种同样"先进""高贵"的人种地位，不少人还热衷于相信和宣传"中国人种西来说"。在西方，法国汉学家拉克伯里（Terrien de Lacouperie，1845—1894），是提出该观点的代表人物。他在1894年出版的《古代中国文化西源考》一书中，列举了中国与西方文化的近百种相似之处：在天文历法方面，古代两河流域居民和中国人都采用太阳历纪年法；在语言文字方面，《易经》中的八卦就几乎是古巴比伦楔形文字的变形；在历史传说方面，中国古代关于大洪水泛滥、神农氏等的传说，在古巴比伦都能找到类似的记载。③ 此外，日本学者坪内逍遥（1859—1935）的《上古史》④、山本赖辅（1867—1934）的《新体支那史》⑤ 等著作，也都在叙述中引用了西方学者提出的"中国人种西来说"，进一步推动了这一学说在中国的传播和影响。

"中国人种西来说"的一度流行，契合了中国人急需建构一种民族认同感和民族自豪感的时代需要，为中国人找到"贫弱的中国"与"富强的西方"之间的联系、合理取得与西方白种一样的优势地位提供了绝好的理论佐证。唐才常就引用友人的观点说，"昔者黄帝暮年巡狩昆仑，弓剑桥山留此神明之胄，即《山海经》之白民是已，婆罗门种者，白民之转音，则知黄种白种中西同出一源"。⑥ 光复会创立者之一的陶成章（1878—1912），也在参考了部分西方学说后，认为中国汉族"发源于小亚细亚之巴比伦，而导积于昆仑山之下。越帕米尔高原，溯河源东进，移殖河北，更进越扬子江，

---

① 章炳麟：《原人第十一》，《訄书》，《章太炎全集》3，上海人民出版社，1984，第21-24页。
② 陶浚宣：《地学歌》，《通艺堂诗录》卷2，转引自孙江：《肤色的等级——近代中日教科书里的人种叙述》，汪晖、王中忱主编：《区域：亚洲研究论丛》第一辑，清华大学出版社，2011，第132页。
③ 白河次郎、国府種徳：『支那文明史』，博文館，1900，第28-68页。
④ 坪内逍遥：『上古史』，東京専門学校，1889，第21页。
⑤ 山本頼輔編：『新体支那史：中等教育』，精英堂，1893，第1-2页。
⑥ 唐才常：《觉颠冥斋内言》，《续修四库全书集部别集类》第1568册，上海古籍出版社，2002，第442页。

而繁盛于江南，弥沦澎湃，遂曼延于十八行省"。①

甲午战败以后，中国人期望能像日本一样跻身"世界列强"行列，社会精英们普遍信仰"物竞天择、适者生存"的社会达尔文主义，认为中国之所以衰弱是因为自己不争气，"人必自侮而后人侮之，国必自伐而后人伐之"之类的自省式民族主义，在当时中国的知识界颇为流行。②主张以改善中国人的"人种体质"来达到"强国"目的的人更是痛称："吾支那种族不与外族相竞争则已，苟有之，则无论以兵战，以商战，以工艺战，以学术战，以政治战，以个人战，以国家战，盖未有不处处落后败坏决裂者也。至于今日，为外族之奴隶、之牛马，压制之、鞭挞之，膏血任其吸食，土地任其蹂躏，气息奄奄不可终日。于是支那病夫、支那劣种，殆将成为各国固有之名词。此虽外族痛诋之言，然以吾族现在之形势与天演之公例相证实，亦未见其过也。"③大力宣传"中国人种西来说"的蒋智由（1865—1929），也曾在其所著的《中国人种考》中表明目的，"讲明吾种之渊源，以团结吾同胞之气谊，使不敢自惭其祖宗，而陷其种族于劣败之列焉。"④

总体而言，从19世纪末到20世纪初，中国人对待"中国人种西来说"的态度，经历了一个从欢迎、认同，到否定、摒弃的变化过程，其后，"中国人种土著说"开始逐渐占据了学界的主流。但在当时，无论是"黄种""黄祸论"的异样阐释与接受，还是"中国人种西来说"的广泛传播与流行，都从侧面反映出人种知识在当时的中国社会已经具有了一定的普及深度。在思想认识上，更是甲午战后大批中国人开始担忧国家命运、思考世界局势的一种真实写照。

---

①陶成章：《中国民族权力消长史》，汤志钧编：《陶成章集》，中华书局，1986，第215页。
②王奇生：《亡国 亡省 亡人——1915—1925年中国民族主义运动之演进》，刘杰、川岛真编：《对立与共存的历史认识——日中关系150年》，韦平和、徐丽媛等译，社会科学文献出版社，2015，第75页。
③《国民卫生学》，《湖北学生界》第5期，罗家伦主编：《中华民国史料丛编 湖北学生界 汉声》第4-6期，中国国民党中央委员会、党史史料编纂委员会，1983，第671页。
④蒋智由：《中国人种考》，广智书局，1906，第171页。

第五章

中国对日本"人种同盟"论调的反应

第一节 中日"人种同盟"论调在中国的兴盛

如众所知,"同文同种"一词是形容中日之间具有紧密关系的常见短语。但实际上,其背后所包含的意义却并不简单。在日本,尽管各大辞典均将"同文同种"作为"四字熟语"①而收录,并注明"主要指日中关系",可是随着近些年来中日关系的变动,言及该词的日本人却是少之又少,有人甚至称其几乎沦为"死语"。② 在中国,一方面,虽然"同文同种"一词在多数汉语辞典中并未正式收录,但许多中国人却爱用它来表达自己对中日和平友好的祝愿,如"中日是同文同种的邻邦"③、"中日两国一衣带水,同文同种"④等。另一方面,鉴于近代日本的对华侵略行径,"同文同种"在中国史学界又被视为日本掩盖侵略的愚民工具,还有学者直接将其称为一种"日本输出的鸦片"。⑤ 一本编撰于抗战时期的《国民辞典》中的释义,表明了当时多数中国人对"同文同种"的认识:"日本一面侵略中国,一面喊着中日两国文字相同、种族相同,

---

① 日语中由四个汉字组成的常用短语,类似汉语成语。
② http://www.lang.osaka-u.ac.jp/~sugimura/essays/chinese/essay-chinese-sizige-wenzhong-jiaguo.html,访问日期:2018年8月8日。
③ 雷石榆:《关于汉诗与日本民族诗歌的关系——在历史悠久的文化交流中、诗歌代代相传中日友谊之声》,《河北大学学报》1987年第1期。
④ 方军:《战争最后的证言者》,山东画报出版社,2011,第103页。
⑤ 王柯:《中国民族主义的形成与近代中日关系》,《文化纵横》2014年第3期。

想中国和他亲善，不反抗他的侵略，这是欺骗的口号。"①

尽管有中国研究者表示，"一直以来，'一衣带水，同文同种'是我们对中日关系的基本叙述。"②然而，不同于"一衣带水"这种自然地理位置关系的客观性描述，"同文同种"语意中存在的各种差异，明显具有角度、立场等主观性色彩。但迄今为止，无论是从整体上判断中日"同文同种"③，还是认为中日"既不同文，亦不同种"④，众多学者其实并没有对"同文同种"表述的起源与含义演变进行过深入探究。日籍作家陈舜臣（1924—2015）认为，大概是因为近代日本的"支那浪人"为了表示与中国友好，仿照中国的古语"同文同轨"，新造了"同文同种"一词，并且将原来"同"的含义从动词误作为了形容词。⑤不过，除了日本人理解的"同文"与中国人广义上所指的"同风教、同礼制"概念不尽相同之外，实际上当时表达中日紧密关系的词语还有多种类似组合，如"同俗同州""同文同礼""同洲同文""同教同文"等等。"同文同种"表述的使用频率最高以至最终固化，其实与甲午战后中日"人种同盟"思想的风靡密切相关，其纷杂含义的产生，更是此后两国关系发展的曲折性和多面性的一种折射。⑥

甲午战后日本政府与民间拉拢和发展亲日、联日势力的一系列行动，的确取得了良好效果。像张之洞回复前来拜访的日本参谋大佐神尾光臣时称："台驾来鄂，适先期奏明出省勘堤工，仅派江汉关道及知府钱守接待，深以为怅。回省后该两员禀告阁下来意，极为欣悦。贵国与敝国同种、同教、同文，同处亚洲，必宜交谊远过他国方能

---

① 王穆夫：《国民辞典》，文化供应社，1941，第26页。
② 罗斯摩尔、杉本良夫著，陆留弟主编：《解读日本人论》，华东师范大学出版社，2007，编译者言第1页。
③ 陈水逢：《日本近代史》，台湾商务印书馆，1988，自序第2页。
④ 林明德：《日本史》，三民书局，2005，修订二版序第1页。
⑤ 陳舜臣、陳謙臣：『日本語と中国語』，德間書店，1985，第54-57页。日本常用辞典《广辞苑》，就按动词解释该词称："统一文字和人种。主要指日中关系。亦作同种同文。"
⑥ 有日本学者提出，由于明治时期日本人在学习到西洋文明后，产生出一种强烈的否定"中华文明中心性"意识，而相较于容易带来文化笼罩阴影的"同文"表述，"同种"一词与中华文明的影响没有关系，适合强调中日双方的同质性，故而才喜欢使用。参见盐出浩之：《1880年前后日中报刊的论争——吞并琉球、亚洲及相互印象》，刘杰、川岛真编：《对立与共存的历史认识——日中关系150年》，韦平和、徐丽媛等译，社会科学文献出版社，2015，第27-28页。但是，该观点显然难以解释为何此后"同文同种"作为固定词语不断在日本人口中出现这一历史事实。

联为一气。现在亟愿面商一切切实详细办法，但中国制度督抚不能出所辖省份，而此等事非面谈不可，可否请台驾重来鄂省，俾得面罄敝国真意，是东方大关系事。不胜盼企之至。"①张之洞身边部分有过游日经历的官员，归国后醉心于日本，"与人接谈，言必称日本，气焰万丈，几有不齿与未曾游历日本者相伍之势。"一些曾经反对兵制改革的守旧派，也在见识了日本的军事大演习后，"深刻领悟到变革之必要，殷切催促张之洞应断行改革。"②

如果说李鸿章在签订《马关条约》时，对伊藤博文所言"亚细亚洲我中东两国最为邻近，且系同文，讵可寻仇。今暂时相争，总以永好为事。……应力维亚洲大局，永结和好。庶我亚洲黄种之民不为欧洲白种之民所侵蚀也"③还只是外交辞令的话，那么随着联俄外交失败、国家面临被列强瓜分的危机越来越重，日本对华政策方针的变动以及凿凿有据的"人种同盟"表述，对于彼时的中国人来说无疑具有巨大的吸引力，中日两国在人种上的"同一性"，成为双方接近的重要"先天基础"。

郑观应（1842—1922）表示，"所幸东邻本系同文、同种，近来力图富强，国有人焉，甲午役竣，彼亦深悔自伤同气，徒为他族藉口侵占之端。"由于中国遭列强瓜分却无可依助，"故年来弃瑕释嫌，出肺肝以与华人相语，颇愿联络我豪杰之士，欲为异日缓急之图。此诚不可再失之机械，所以兴东亚而御西欧，存黄种而敌白种者，全在今兹一举也。"④章太炎认为，中国可以依赖的唯有日本，甲午之战只是日本在俄国压迫下的不得已之举，"非其黩武，冀自救也。"作为中国，"为今之计，既修内政，莫若外昵日本，以御俄罗斯。两国斥候，这道于东海，势若檠榜，无相负弃，庶黄人有援，而亚洲可以无蹷。"⑤1897年11月，其在读《日本国志》时感叹："呜呼！天特使日本盛衰兴替之际，前于今三四十祀，其亦哀夫黄种之不足以自立，而故留弹丸黑子以存

---

① 苑书义等编：《张之洞全集》第9册，河北人民出版社，1998，第7446页。
② 神谷正男编：『宗方小太郎文書：近代中国秘録』，原書房，1975，第54页。
③《第一次问答节略》，顾廷龙、戴逸主编：《李鸿章全集》16（奏议十六），安徽教育出版社，2008，第34页。
④ 郑观应：《边防八（甲午后续）》，夏东元编：《郑观应集》上册，上海人民出版社，1982，第825-826页。
⑤ 章太炎：《亚洲宜自为唇齿论》，汤志钧编：《章太炎政论选集》上册，中华书局，1977，第6-7页。

其类也。"①在 1898 年 2 月的《上李鸿章书》中，章太炎又称，"自古强国之形，远交近攻，而弱国则反是。今夫日本，非有深怨于我也，以深怨言，英、法尝犯跸矣。……夫同种之国，孰能表东海者，此易知也。而欧人之扰吾边疆，亦恒在左，非得日本，谁与同命；以一时之怨视之，乃不如白种，是犹兄弟争室而授途之人以狐父之戈也。"②

前文提到的日本人樽井滕吉的《大东合邦论》，其所谓与朝鲜"合邦"、与中国"合纵"的"三国一体化"战略，同样受到了不少中国人的赞同。梁启超为此书在中国出版时所作的序言中表示，如今五洲六种互相雄峙，"黄白两种，势逾冰炭。……故欲策富强，非变法不可；欲卫种类，非联盟不可"。③而毫无疑问，最佳的联盟对象就是业已改革成功的日本，所谓"日本与我唇齿兄弟之国，必互泯畛域，协同提携，然后可以保黄种之独立，杜欧势之东渐"。④1898 年 10 月，日本《太阳》杂志刊登了一份日本民间人士与康有为的访谈记录，当该日人表示期盼中日联合时，康有为答道："吾两国，同种同文同伦同俗同聪明，于地球之中其势至亲，于亚洲之中有辅车之义"，日本尽管此前与中国为敌，但如能"存有追悔之心"，在"白种欺吾黄种，吾与足下皆黄种"的利害关系下，中日两国"共相缔交，患难与共，是其时也。"⑤

其他，像早期维新派的代表人物宋恕（1862—1910），曾在赠送日本学者冈本监辅的诗中，写下"茫茫禹城难黄主，赫赫姬宗不白奴"，感叹白种人在中国霸道横行，只有黄种的日本人才能与其抗衡。⑥参加领导过台湾军民抗日的丘逢甲（1864—1912），离台内渡后思想逐步倾向于变法维新，也开始认为中日同盟是中国摆脱危机的可行途径，他在诗中曾言，"同洲况复是同文，太息鸿沟地竟分。尺籍已成新国土，

---

① 章太炎：《读日本国志》，汤志钧编：《章太炎政论选集》上册，中华书局，1997，第 49 页。

② 章太炎：《上李鸿章书》，汤志钧编：《章太炎政论选集》上册，中华书局，1997，第 54-55 页。

③ 梁启超：《〈大东合邦新义〉序》，夏晓虹辑：《〈饮冰室合集〉集外文》上册，北京大学出版社，2005，第 15 页。

④ 梁启超：《论学日本文之益》，张品兴主编：《梁启超全集》第二卷，北京出版社，1999，第 324 页。

⑤ 千山万水楼主人：「康有為氏との筆談」，『太陽』第四卷第二十一号1898 年 10 月 20 日。

⑥ 宋恕：《赠冈本韦庵先生》，胡珠生编：《宋恕集》下册，中华书局，1993，第 842 页。

短衣谁忆故将军。……犹喜强亚近开会,不须异域怅离群。"① 后来担任"伪满洲国"总理的郑孝胥(1860—1938),当时也曾对人表示:"今中国事急,我辈匹夫虽怀济世之具,势不得展,固也。有机会于此,日本方欲联中国以自壮,如令孝胥游于日本,岁资以数千金,恣使交结豪酋及国中文人,不过年余,当可倾动数万人,下能辅中原之民会,上可助朝廷之交涉。脱诸戎肆毒于华夏,则借日人之力以鼓各省之气。兴中国,强亚洲,庶几可为也。"②

甚至在联日思想达到高潮的戊戌变法时期,时任总理衙门章京的李岳瑞(1862—1927)还记载,光绪皇帝(1871—1908)曾向明治天皇致信以示交好,"先期令总署恭撰国书,依故事拟草上,上阅之,殊不惬意。因于'大日本国皇帝'之上,御笔亲加'同洲同种同文最亲爱'九字。中间词意,亦多所改定。"③ 尽管在对明治天皇的称呼细节上,该史料与清宫档案等所载有所出入,④ 但"其词句与以前同样奉呈者,有所不同。此次国书上大改字句,以示亲交相依之御意。其文句已由皇帝亲自拟定",⑤ 依然可以从中窥知当时中日"人种同盟"论调的影响之大。

此外,当时的维新派人员还提出了大胆的"中日合邦"构想。在康有为的影响下,像刑部主事洪汝冲(生卒未详)、松江府知府濮子潼(1848—1909)、山东道监察御史杨深秀(1849—1898)都曾向光绪皇帝建言献策,主张应与日本"合邦""借才"。洪汝冲在上奏条陈中写道:"故论地形则同洲者先通先合,论种族则同种者宜通宜合,

---

① 丘逢甲:《得颂臣台湾书却寄》,《岭云海日楼诗抄》,安徽人民出版社,1984,第362页。

② 劳祖德整理:《郑孝胥日记》第二册,中华书局,1993,第644页。

③ 李岳瑞:《春冰室野乘》,沈云龙主编:《近代中国史料丛刊》第六辑,文海出版社,1967,第11页。

④ 清宫档案记载为"大清国大皇帝,敬问我同洲至亲至近友邦,诞膺天佑,践万世一系帝祚之大日本国大皇帝好",见中国第一历史档案馆编《光绪朝朱批奏折》第112辑(中华书局,1996年),第383页。日方记载见《王文韶、张荫桓两大臣来访之报告》(日本外务省外交史料馆藏:《日清两国国交亲善之文件》)。另梁启超称,"日本新有割台湾之事,国人咸疏恶之,而上知其变法文明,昔急自立,今欲亲好,于黄遵宪之东来,亲以朱笔改定国书,为同洲至亲至爱之国六字。"梁启超:《光绪圣德记》,张品兴主编:《梁启超全集》第一册,北京出版社,1999,第256页。

⑤ 《王文韶、张荫桓两大臣来访之报告》,日本外务省外交史料馆藏:《日清两国国交亲善之文件》,转引自孔祥吉、村田雄二郎:《罕为人知的中日结盟及其他》,巴蜀书社,2004,第69页。同时可参见茅海建的《戊戌变法期间光绪帝对外观念的调适》(《历史研究》2002年第6期)。

论文教则同文者可通可合。今欧美各国，与我洲异种异文，天之所限，势难联成一气，易启杀机。惟日本则不然，虽以岛夷，国势骤盛，进步之速，欧美惮之。顾急于自见，发难于我，受制俄人，致有唇亡齿寒之惧。"在这一情况下，"为日本者，所亲宜无过中国，以我幅员之广，人民之众，物产之饶，诚得与之联合，借彼新法，资我贤才，交换智识，互相援系，不难约束俄人，俾如君士但丁故事，则东西太平之局，可以长保，而祖宗缔造之业，亦巩如磐石矣。"一再强调"中国之自强，惟在日本之相助"。[1]

1898 年 9 月至 10 月，为进一步加强日本对中国的影响力，刚刚卸任首相的伊藤博文来华访问。[2] 9 月 18 日，康有为特地到日本使馆拜访伊藤博文，向其表示"我皇上锐意图变法，固因贵国与敝邦，同洲、同种、同文、同俗，特见亲睦，欲据以为师法，草泽士民，亦同此志，愿侯爵幸进而教之。"[3] 濮子潼在上递条陈中称，"闻伊藤博文，现因游历来都，拟请皇上优以礼貌，饬总理王大臣密问彼国维新诸政，次第如何而分，款项从何而集，条举件系，朗若列眉。"他表示，"说者谓日人我之仇雠，不当使之借箸。不知日人与我唇齿相依，我制于西，则彼亦不能自保。故甲午一役，闻彼实有悔心，彼将联我以抗西国，我即效彼图自强，不妨消释前嫌，共保同种。"[4] 杨深秀也上奏表示，面对今日之危局，中国除联合美、英、日之外，"别无图存之策"，而恰逢"东瀛名相""伊藤博文游历在都"，更是可以"借才"一用。[5]

戊戌变法失败后，日本更是成为维新派流亡庇身和蓄势再起的重要依托。1898 年 10 月，梁启超在日本报刊上发文，陈述了变法及失败经过，极言中国改革与日本的利害关系，以期能获得日本的帮助，"此仆等所以不能不为秦庭之哭，呼将之助，向深有

---

[1] 洪汝冲：《呈请代奏变法自强当求本原大计条陈三策疏》，光绪二十四年六月。中国史学会主编：《中国近代史资料丛刊 戊戌变法（二）》，上海人民出版社，1957，第 365 页。同时可参见茅海建的《救时的偏方：戊戌变法期间司员士民上书中军事外交论》（《近代史研究》2005 年第 1 期）。

[2] 王晓秋：《近代中日关系史研究》，中国社会科学出版社，1997，第 194-195 页。

[3]《伊康问答》，《闽报》光绪二十四年八月，汤志钧：《戊戌变法人物传稿（增订本）》下册，中华书局，1961，第 641-642 页。

[4]《江苏松江府知府濮子潼折》，光绪二十四年八月初三，国家档案局明清档案馆编：《戊戌变法档案史料》，中华书局，1958，第 13 页。

[5]《山东道监察御史杨深秀折》，光绪二十四年八月初五，国家档案局明清档案馆编：《戊戌变法档案史料》，中华书局，1958，第 15 页。

望于同洲同文同种之大日本也。"①康有为在1899年2月与近卫笃麿的会谈中,称"我两国同文同种,其亲与西欧殊,……东亚大局,我两国有如孪生兄弟。"②1900年初,他又在恳请大隈重信施援"救主"时表示,"若夫东海对居,风教相同,种族为一,则敝邑之与贵国,名虽两国,实为孪生之子。唇齿之切,兄弟一家,存则俱存,将来且为合邦。亡则俱亡,将来同夷于黑人。"③

作为革命党代表的孙中山,在1897年初次接触到日本人时,就表明自己所进行的活动是要"拯救中国四亿的苍生,雪除东亚黄种人的耻辱,恢复和维护世界的和平和人道。"④对于中日的紧密关系,他认为"况当今为竞争生存之时代,天下列强高倡帝国主义,莫不以开疆辟土为心;五洲土地已尽为白种所并吞,今所存者,仅亚东之日本与清国耳。"⑤在此后的很长一段时间内,强调中国与日本在文化和人种上的同一性,有如"日本与中国唇齿之邦,同种同文,对于亚东大局维持之计划,必能辅助进行"⑥之类的话语,都是孙中山拉近中日关系、寻求日本援助时的基调性表达。

领导自立军起义的唐才常,虽然也对日本的扩张行为表示过不满,但仍认为"白种人"居心叵测,"不欲我亚种人忽然突飞于太平洋中",而"日人热心保支,而有异于英、美各国用心"。⑦1898年4月日本"东亚会"成立,唐才常在日本的友人徐勤来信说,"日本处士,仁哉侠哉。日日以亡中国为忧,中国亡则黄种瘠;黄种而瘠,日本危哉!于是上自政府,下逮草野,辈有心抹世之人,创立兴亚义会,冀扶黄种,保亚东,毋尽为俄、德诸雄蚀。"⑧1900年唐才常组织建立"正气会"时,其会章也赫然写

---

① 丁文江、赵丰田编:《梁启超年谱长编》,上海人民出版社,1983,第165页。
② 近衛篤麿日記刊行会:『近衛篤麿日記』第2卷,鹿島研究所出版会,1968,第273-274頁。
③ 康有为:《致大隈伯书》,姜义华、张荣华编校:《康有为全集》第五集,中国人民大学出版社,2007,第165页。
④ 宫崎滔天:《三十三年之梦》,林启彦译,花城出版社,1981,第128-129页。
⑤ 孙中山:《致公堂重订新章要义》,《孙中山全集》第一卷,中华书局,1981,第260页。
⑥ 孙中山:《在东京中国留学生欢迎会的演说》,《孙中山全集》第三卷,中华书局,1981,第26页。
⑦ 唐才常:《日人实心保华论》,湖南省哲学社会科学研究所编:《唐才常集》,中华书局,1980,第192-194页。
⑧ 唐才常:《论兴亚义会》,湖南省哲学社会科学研究所编:《唐才常集》,中华书局,1980,第178页。

道"中日两国,系同文同种之邦,如日本志士愿入本会者,一律列名会籍。"①

在民间范围内,很多普通中国人的认识同样也是如此。如《知新报》刊有文章称,"欧西白人,既据美、非、奥之地,而臣妾红种黑种之人,亚洲半土,亦为俄法英德葡荷西士所分踞。其幸存者,虽有八国,然惟日本得以自立,惟中国可以有为,是黄种之存灭,惟吾日中是赖。不幸甲午之役,同室操戈,授人以柄,中国既岌岌可危,而亚洲大势,亦因以震动。日本诸君,深知其祸,倡为联中之说,创立协会及同文会,志愿宏大,筹画深远,仆闻而伟之。中国之人,上者不讲外交政策,下者不识各国情伪,重以甲午之衅,痛彻于心,未能遽消前嫌。然则协盟之事,权在日本,责亦在日本也。近来日本志士,力持联中之议,如教东文译东书,及阅兵之官员、游学之生徒,皆加意相亲厚,其来华日士,亦极力联络中人,谆谆以同种同洲之义相励。中国士夫,渐知日本之当亲者,未始非会中诸君子力也。"而且,对于当时部分日本人在中国仗势凌人的一些作为,日本方面应该"严游人之约束,勿令生事,以破我二国之和局。中国民智未开,易惑难晓,此辈以数人之小利,坏吾亚洲之大局,甚可痛也。"②

而甲午战后中日两国成立的各类带有"兴亚"性质的团体,其活动中有关中日"人种同盟"的言论也是屡见不鲜。1898年4月,受张之洞派遣赴日联络考察的姚锡光(1857—1921)、黎元洪(1864—1928)等人,参加了日本亚细亚协会的款待宴席。宴会上,姚锡光代表中方讲话:"今东大陆日清两国,原属同文之邦,同种之民,真有唇齿辅车之关系,同心协力,须不可不讲究兴亚之道。至于今益宜两邦之友谊长通,日本幸有亚细亚协会,能讲求此策,诚可敬佩矣。自今我辈亦将致其微力,赞成宗旨。"③1901年4月,由梁启超担任校长的"东京高等大同学校"更名为"东亚商业学校",大隈重信、近卫笃麿等众多日本政界头面人物出席了开学典礼。当日的开校演说称,"共矢血诚,力争种界,以为亚细亚之地。奴主之位,定此须臾,文蛮之分,在乎俄顷。非荟萃两国青年有志,结此团体,交换文明,为亚洲布独立之种子,驰金色

---

① 唐才常:《正气会会章》,湖南省哲学社会科学研究所编:《唐才常集》,中华书局,1980,第199页。

②《福州忧时子致日本亚细亚协会同文会书》,《知新报》第106期1899年11月23日。

③《国闻报》,光绪24年3月13日,转引自孔祥吉、村田雄二郎:《罕为人知的中日结盟及其他》,巴蜀书社,2004,第93页。

人种于地球实业上大争竞场,杜欧罗巴势力之东渐,则黄族中仅日本一自主国。窃闻之,唇亡则寒齿,皮尽则吹毛。将听白人之独有全球,鹢我于弹丸黑子之外乎。"①1902年1月,东亚同文书院举行开院仪式,近卫笃麿作为参会嘉宾表示,日方"完成同文同种之义务",乃是开设此书院的目的。②日俄战后成立的日本对华医疗机构"同仁会",其宗旨宣称"担此大任、施文明幸福于同文同种清国,非仅为私情,实为开发清国人,早日扫灭泰西诸国对清国半开人民之无端加害。"③1907年4月,由日本、中国、朝鲜、印度、菲律宾等国志士组成的"亚洲和亲会"在东京成立,章太炎所作的约章写道:"仆等鉴是,则建'亚洲和亲会',以反对帝国主义而自保其邦族。他日攘斥异种,森然自举,东南群辅,势若束芦。集庶姓之宗盟,修阔绝之旧好,……一切亚洲民族,有抱独立主义者,愿步玉趾,共结誓盟,则馨香祷祝以迎之也。"④

对于欧美指责日本意图扩张的"黄祸论",一些中国人甚至还指出,那无非是西方担心中日会共同强大的一种借口,"彼其意中,以为中国与日本,必有同种之感情,而于白人,必有异类之仇视,一旦见日本之胜俄,则幡然有悟于黄种之非不可兴,而白种之非不可逐,奋然兴起,愿举其国以听日本,而日本亦尽其力以相之,数十年间,遂于日本无异;夫中国之版图与民数,皆十倍于日本,中国而与日本无异,是东方有十日本也,东方有十日本联盟而与欧美为敌,于是而逐去白人于亚洲,于是而侵入白人之欧洲,皆意中之事,……此白人所卧不帖席,食不甘味,日日以黄祸之说鼓吹于其同类者也"。⑤驻意大利公使钱恂(1853—1927)在1909年的奏折中提出,当年德皇送给俄皇《黄祸图》之后,"此图震动一时,而黄祸之说遂遍于欧美。适日俄交战,又黄胜而白败,而东方更为所深忌,同种不同种之严如此,臣愿我国亦于同种上再三加意,勿以阋墙而致忘御辱。"由于列强的对外心态各不相同,中国应该谨慎加以把握判断。而其中,"将来日本面受太平洋美国之前冲,背受胶州湾德国之劲敌,正未知如何

---

① 《开办东亚商业学校记坿开校演说》,《清议报》第 78 期 1901 年 5 月 9 日。
② 『報知新聞』1902 年 1 月 20 日。
③ 『同仁』第 1 号 1906 年。
④ 章太炎:《章太炎选集(注释本)》,朱维铮、姜义华编注,上海人民出版社,1981,第 429 页。
⑤ 《论黄祸专指中国》,《中外日报》1904 年 10 月 27 日。

立国,言之深为黄种寒心,不禁起同种相扶之念。"①

像这样,随着中日人种同盟意识的兴起,"同文同种"在意图借助日本力量的中国使用者的呼应下,渐渐成为双方各界广泛使用的"交际套语"。1910年,日本实业团赴中国参加"南洋劝业会",在一路上与各地高官名流的会见中,中日宾主寒暄致辞里"同文同种"随处可见。在其《赴清实业团志》记载的中方大大小小38次致辞中,"同文同种"之语竟出现了14次之多。以致团长近藤廉平(1848—1921)在回国后的汇报演讲中感叹:"此次渡清足迹所至,领受之赞语祝词中,无有一次不言同文同种、唇齿辅车以及历史紧密关系之语。文章词藻虽偶有不同,但其主旨万口一致。"②

正如有学者指出的那样,晚清国人在不断的外压之下,逐渐开始有了世界观念,在分析解释国际状况时,又多以春秋战国来比拟。③如此一来,周秦故事中"合纵连横"的古老策略,以及由羁縻之道所引申出的"以夷制夷"之法,成为清末政治家们脑中常有的外交思想,而所谓的"人种同盟"之说,恰好又为这一思想提供了更加"科学化"的表述。"自1898年起,'同种'这个词在期刊的文章中出现得越来越多,用在日本身上时,通常表达了希望得到日本的援助以抵制西方对中国的侵犯以及帮助中国在清朝体制内进行改革的愿望。……'同种'在此意义上开始成为这个世纪初的一种泛亚主义的一部分,这种泛亚主义发明并且阐述了一种以种族与文化为认同的亚洲主义,以日本作为它的地缘政治与地理文化的中心。"④军事家蒋百里(1882—1938)后来对此评述道:"日既怀还辽之恨,而感于孤立,乃设法交欢于我。当是之时,已隐然有南北新旧形成两大潮流之势。大约北派则偏于旧,主联俄;南派则偏于新,主联英日。日人得其机,而同文同种之说,乃大倡于一般社会间。"⑤尽管后来中日关系的实际发展,与所谓的"同种联合"理念完全背道而驰,但作为交际套语的"同文同种"一词,

---

① 《使义钱恂奏外交应付宜合各国而统筹全局谨陈各国外交情形折》,王彦威辑:《清宣统朝外交史料》第10册,北京图书馆出版社,2015,第12页。

② 白石重太郎等编:『赴清実業団誌』,博文館,1914,第227页。

③ 王尔敏:《中国近代思想史论》,社会科学文献出版社,2003,第21页。

④ 瑞贝卡:《世界大舞台:十九、二十世纪之交中国的民族主义》,高瑾等译,生活·读书·新知三联书店,2008,第52-53页。

⑤ 蒋方震:《中国五十年来军事变迁史》,来新夏编:《中国近代史资料丛刊——北洋军阀》一,上海人民出版社,1988,第1048页。

却深深地扎下根来，广泛融入中日两国的公共舆论领域，成为修饰和美化双方关系的标志性表述。

更宏观地说，"同种联合""人种同盟"与同时期被大肆宣扬的"亚细亚主义"一样，是近代历史进程中，日本与东亚、西方三者之间交错连动、相互影响下的思想产物。当甲午战后人种概念被频繁引入政治语境，在中日之间固有的文化和生理亲近感下，人种表述成为营造两国紧密关系的典型"喻体依托"。作为我们研究历史的"后见之明"来看，像杨度（1875—1931）那样将中日两国甲午战后"由仇转亲"的原因理解为"岂非以白人之势力弥漫全球，我黄人不能不相提携、相结合，以与争竞而求自立之道乎"，① 无疑太过于简单化和表面化。但是，在甲午战后国内外严峻的实际形势下，建立在人种进化、人种对立这样"公理性话语"基础上的"联合同盟"，的确是当时部分中国人眼中真实而又可行的构想。

第二节 "人种同盟"的实质与中国人的认识深化

正如第四章第一节中所强调的那样，尽管甲午战后日本调整了对华策略，但其一心对外扩张的大方针却丝毫未变。而且，对于甲午战后高涨的中日"人种同盟"之说，日本方面其实也一直存在着反对意见。德富苏峰就表示，"当下所谓率领黄色人种对抗白色人种之说，自然可图片刻之痛快。……然而果真依据此论而付诸行动之时，将是我邦与世界为敌之日"，斥责与白种对决之说是"无谋至此已极"。② 有人直言："单以皮相之观，划清人与日本人同种类，则朝鲜人、爪哇人如何？安南人等如何？皆与之建立攻守同盟以抗白人乎？岂非可笑之儿戏！"③ 政治层中，大隈重信也批评说，脱离了国家利益的"人种同盟毕竟为愚论"，"因日本与支那人种同一而言同盟之说，实乃迂阔不通太甚。"④ 即便在清朝派遣特使、暗表联合之意时，山县有朋（1838—1922）

---

① 杨度：《支那教育问题》，刘晴波主编：《杨度集》，湖南人民出版社，1986，第52，62-65页。
② 德富蘇峰：「黄的悪感」，『国民之友』361号1897年9月10日。
③ 「黄人種同盟の是非得失」，『天地人』1898年2号。
④ 「大隈伯の東邦論」，『天地人』1898年2号。

也建议日本政府,在与清朝保持亲密关系、扩大自身利益的同时,对于可能造成黄白人种之争的"中日同盟"等问题要尽力避免,以免引起西方列强的猜忌。①

至于像前述近卫笃麿提出的人种言论,更是引来了不少批评。有反对意见就指出,"立论于同人种联盟之说,可谓极为危险之论调。"②还有人直接向近卫笃麿汇报了欧洲方面对其言论的反应,称"阁下之日清同盟论,近日成为欧洲报纸论争之焦点。……阁下既身为日本贵族名门第一位之尊,则一举一动皆牵动内外之耳目。即便阁下内心赞同人种同盟之论,但作为阁下公言此事,……必然招致他人敌视。"③在众多的批评声下,近卫笃麿也意识到,自己侃侃而谈的人种同盟论调于政治表达上有所失当。他后来在演讲中曾补充解释称,似乎容易引起误解的"支那保全""人种同盟"之说,实际都以日本利益为先,其中主张虽在枝节上有所不同,"然而大体上与诸君意见一致"。④

其他政治力量方面,像陆羯南就针对戊戌政变后康有为、梁启超屡屡求援的行为表示,"东亚同文会主张的不是政策上的日清关系,而是社交上的日清关系。康、梁是不解国家、人民与政府含义的旧知识分子,他们亡命日本以来,动辄要求日本政府为改革派而侠义出兵,或向民间人士强调'唇齿相依'的关系。然而,其理由却只不过是种族相近、文字相同,这种理由对于两国关系来说是极为薄弱的,不论是政府还是民间都难以答应。"⑤政友会的林包明(1852—1920)强调,不能将日、清、韩之间的关系混同为血肉关系,也不能以人种问题来看待三国关系,他批评说"不详于清、韩二国之国体人情者,欲相与结盟、生死与共。然彼等两国之一诺,实比娼妇之泪还轻。……况今之外交非精神、情谊之消极外交,而乃所谓权势、利益之实力外交。"⑥更有部分激进的扩张主义者直接表明,日本应该率领韩国"席卷辽东之地,越关入北京,

---

① 大山梓:『山縣有朋意見書』,原書房,1966,第251-253頁。
② 『国民新聞』1898年1月11日。
③ 近衞篤麿日記刊行会:『近衞篤麿日記』第2卷,鹿島研究所出版会,1968,第47-52頁。
④ 近衞篤麿日記刊行会:『近衞篤麿日記』第3卷,鹿島研究所出版会,1968,第338-340頁。
⑤ 陆羯南:《社交上的日清》,《东亚时论》第3号1899年1月10日。转引自王美平、宋志勇:《近代以来日本的中国观》第四卷,江苏人民出版社,2012,第73页。
⑥ 林包明:《远东论策——勿策日清韩同盟》下,《政友》第17号。转引自王美平、宋志勇:《近代以来日本的中国观》第四卷,江苏人民出版社,2012,第148页。

南征北伐，蹂躏四余州，号令四亿苍生，完成东亚三邦之联合，以称雄世界。"① 当时，日本《时事新报》上一篇题为《非同文同种》的评论，可谓全盘托出了部分日本人的真实心态："然吾何必对此老大之国，而漫然引同种同文为口实，使列国疑中日间有特别之关系，不免包藏祸心，将渐新旧习之欧美人，再生黄祸之惧。而英人中持异种异教之说以反对英日联盟者，且将以此借口也。以我国旧文物之尚有馀存，偶与中国周旋，以收通商之利益，固无不可；若欲以同种同文云云，就政治而利用之，则无识已甚矣。"②

当然，中国方面，也有很多人对中日"人种同盟"论调保持着冷静态度。1898年夏初，部分维新派和日本人在上海联合设立"亚细亚协会"，一时影响甚大。③ 不过，虽然该会以"联结同洲""同心合力"为创办宗旨，但对于其中的"本会或遇同洲有失和之事，在会诸人皆宜设法排解，使归亲睦"会规，部分日本会员却表示了反对。④ 中方的参加者们，像张謇（1853—1926）、汪有龄（1879—1947）等人，也对日本日后的行动方向并不乐观。张謇在日记中写道："日人以甲午之役，有毫毛之利，启唇齿之寒，悔而图救，亟连中、英。又以为政府不足鞭策，为联络中国士大夫振兴亚细亚协会之举，盖彻土未雨之思，同舟遇风之惧也。独中朝大官昏昏然，徒事媕娿耳。……日人言则甘矣，须观其后。"⑤ 汪有龄也对汪康年建言，"日本虽有日清同盟之议，然我能自强，则日本肯结之亲之。我倘委靡如故，则一有急难，日本亦将从而染指。故自保，实亟亟也。阁下具苦口婆心，望告当道求所以联络日本者，勿仅恃同舟之谊，而徒哀声惨色以结之也。"⑥

针对前述日方《时事新报》的《非同文同种》一文，中方译者曾按语道："日本乙

---

① 松沢哲成：『アジア主義とファシズム——天皇帝国論批判』，れんが書房新社，1979，第84页。
②《非同文同种》，《外交报》第12期1902年第10号，该文译自日本1902年5月2日的《时事新报》。
③《大公报》当时报道称，"是会也，联中日之欢，叙同文之雅，诚亚洲第一盛事，兴起之转机也。"《兴亚大会集议记》，《湘报》第69号1898年5月25日。
④《亚细亚协会创办大旨》，夏东元编：《郑观应集》下册，上海人民出版社，1988，第218页。
⑤ 张謇研究中心、南通市图书馆编：《张謇全集》第6卷，江苏古籍出版社，1994，第407页。
⑥ 上海图书馆编：《汪康年师友书札》一，上海古籍出版社，1986，第1069页。

未以后，愤三国干涉辽东，而倡同种同文之说以潜布势力于我国。及英日同盟成，则又有恐以此招欧人之忌，而著论非之者。前后两说皆非实意，不过外交家之作用耳。"①陈天华在《绝命辞》中的剖析则更为透彻："同盟为利害关系相同之故，而不由于同文同种。英不与欧洲同文同种之国同盟，而与不同文同种之日本同盟。日本不与亚洲同文同种之国同盟，而与不同文同种之英国同盟。无他，利害相冲突，则虽同文同种，而亦相仇雠；利害关系相同，则虽不同文同种，而亦相同盟。中国之与日本，利害关系可谓同矣，然而势力苟不相等，是'同盟'其名，而'保护'其实也。故居今日而即欲与日本同盟，是欲作朝鲜也；居今日而即欲与日本相离，是欲亡东亚也。惟能分担保全东亚之义务，则彼不能专握东亚之权利，可断言也。"②

中国人这种复杂的对日人种意识，无疑来自于对日本侵略性的担忧。后来投靠日本的政客汤尔和（1878—1940）在1902年曾感叹称，日本人已成为黄色人种中的"东方之达者"，"自与英人联盟后，以天纵之骄，放言高论，直弃我而去之。於乎，继今而往，同种同文之语，岂我中国人所能复道哉。嗟！吾兄弟，嗟！吾骨肉，毋自恃焉，毋自馁焉。"③正如当时著名的《时局图》所示，日本在伙同西方列强侵略中国时并不手软，一首《时局图》上曾附有的题词，或许代表了众多中国人内心的实际感受："还有东洋一个如唇齿，都说同文同种两两相依；那里想到他又光射却台湾去，还有层层光，射影入迷离。"④1905年，《醒狮》杂志上刊文，批评一些日本人宣扬的所谓"同种同文同门之说"某种程度上实为灭亡中国之策略。作者指出，像英美两国那样，虽然属于"同种同文"，但遇到利益冲突时各自绝不退让，"强国对强国且如是，强国对弱国更无论也。"一些日本人"刺刺不休"地宣称"同种同文"，正是对中国的呼应者投其所好，"而后得以售其欺也"。因此，对于日本的此种甜言蜜语，中国人要"宜以

---

① 《非同文同种》，《外交报》第12期1902年第10号。
② 陈天华：《绝命辞》，郅志选注：《猛回头——陈天华、邹容集》，辽宁人民出版社，1994，第175页。
③ 汤尔和：《欧洲大哲学家卢氏斯宾氏之界说》，《新世界学报》第一期，光绪二十八年八月初一，姜亚沙等主编：《晚清珍稀期刊汇编》（二），全国图书馆文献缩微复制中心，2009，第102页。
④ 题词原文见《近代史资料》所刊《时局图题词》（中国社会科学院近代史研究所近代史资料编辑部编，1954年第1期）。由于其中夹杂着广东方言，此处引用的是学者牟安世所改的普通话译文。牟安世：《义和团抵抗列强瓜分史》，经济管理出版社，1997，第146页。

为夜叉而惧之，勿以为美人而昵之"。①

随着时间的发展，中国人对日本的人种口号开始产生了越来越多的怀疑。1907年，刘师培在《亚洲现势论》中指出，"欲保亚洲之平和，以谋亚洲诸弱种之独立，则白种强权固当排斥，即日本之以强权侮我亚人者，亦当同时排斥"，②明确表明要反对日本的侵略性。《民报》在日本被禁刊后，章太炎也对日本政府的举措深感失望，愤言"自兹以后，更不烦以'同文同种'酬酢之言，辱我炎黄遗胄矣。"③1911年宋教仁（1882—1913）指出，日本"假同洲同种之谊，怀吞噬中原之心，日日伺吾隙，窥吾间，以数数谋我者，此则真为东亚祸源唯一之主原因。吾中国既往将来之大敌国，吾人不可不知之，且不可不记忆之也。"④曾经对中日两国"并立为强国，为黄帝后裔两柱石"深信不疑的梁启超，在"护国一役以后，始惊讶发现日人之可畏可怖而可恨。'憎日''恶日'与'戒备日'之念，由微末种子培长滋大而布满全脑"，最终意识到中日之间所谓"人种同盟"构想的虚妄性，"他日欲亡我国，灭我种者，恐不为白色鬼，或竟为矮人也。"⑤五四运动期间，戴季陶（1891—1949）等人发表声明，指责日本数十年来采取的是侵略之政策，"从来日本人士之鼓吹中日亲善也，无不以同文同种为说。然日本之传统的政策，则专以压迫同文同种之国家及民族为事。夫国家亲善与雠仇，非与种族之同异，绝无关系；然非纯为种族同异之关系也。证之世界一切历史上之战争，其理自明。"⑥1919年6月，当日本《朝日新闻》记者问及中国"何以独恨于日本尤深"时，孙中山叹道："呜呼，是何异以少弟而与强盗为伍，以劫其长兄之家，而犹对之曰：兄不当恨乃弟过于恨强盗，以吾二人本同血气也。此今日日本人同

---

① 达时：《夫己氏之支那观》，张枬、王忍之编：《辛亥革命前十年间时论选集》第二卷，生活·读书·新知三联书店，1963，第71-80页。

② 刘师培：《亚洲现势论》，李妙根编选：《国粹与西化——刘师培文选》，上海远东出版社，1996，第227-228页。

③ 汤志钧编：《章太炎年谱长编》上册，中华书局，1979，第286页。

④ 宋教仁：《东亚最近二十年时局论》，陈旭麓主编：《宋教仁集》上，中华书局，2011，第137页。

⑤ 吴其昌：《梁任公先生别录拾遗》，夏晓虹编：《追忆梁启超》，中国广播电视出版社，1997，第142-143页。

⑥《张继、何天炯、戴传贤告日本国民书》，中国科学院历史研究所第三所近代史资料编辑组：《五四爱国运动资料》，科学出版社，1959，第213页。

种同文之口调也。……东邻志士,其果有同文同种之谊,宜促日本政府早日猛省,变易日本之立国方针,不向中国方面为侵略,则东亚庶有豸乎"。①后来出任伪职的周作人(1885—1967),也曾在1926年指出,"日本是根本上不会要中国好的。日本借了他的黄色面皮以及借用的汉字,对中国人盛称'同文同种',鼓吹什么中日亲善、中日共存共荣,有好些人都上了他的当,其实这全是靠不住的。"②

中国人对"同种"日本的认识变化,甚至在一些学校的教材中也表露出来。第一次世界大战开始后,日本以对德宣战为名,出兵侵占了中国胶州湾地区,当时出版的《高等小学新国文范本》,就在"人种部分"的正文上方,特地加上了"东望扶桑幸勿戕同种"的眉批。③1927年出版的《新时代地理教科书》写道,"黄种亦称蒙古利亚种,人数最多,分布在太平洋沿岸的,有中华民族,人口四万万,据有最大最古的国家,但因受外力的侵凌,情势很为危殆。在他东邻的日本,叫做人和族,势力最强,可惜对于同种的各族,往往加以压迫,贻[萁豆相煎]的讥评。"④

正如孙中山后期所认识到的那样,所谓的"人种对立"和"人种战争","不是起于不同种之间,是起于同种之间,白种与白种分开来战,黄种同黄种分开来战。那种战争是阶级战争,是被压迫者和横暴者的战争,是公理和强权的战争。"⑤我们不能抹杀一部分人提出此类论调的良好初衷,冯自由(1882—1958)所说的"吾国革命党于革命运动时代,得外国志士之助,为力不少,日本志士其最著者也",⑥在一定程度上确为事实。更何况,在中日两国的普通民众之间,像作家生方敏郎所说其学生时代

---

① 孙中山:《答日本〈朝日新闻〉记者问》,《孙中山全集》第五卷,中华书局,1981,第72,74页。

② 周作人:《中日文化事业委员会为甚还不解散》,钟叔河编:《周作人文类编7·日本管窥日本·日文·日人》,湖南文艺出版社,1998,第661页。

③ 古越、蔡郕编:《高等小学新国文范本》第1册,转引自孙江:《肤色的等级——近代中日教科书里的人种叙述》,汪晖、王中忱主编:《区域:亚洲研究论丛》第一辑,清华大学出版社,2011,第138页。

④ 陈振编纂,王云五校订:《新时代地理教科书》第4册,转引自孙江:《肤色的等级——近代中日教科书里的人种叙述》,汪晖、王中忱主编:《区域:亚洲研究论丛》第一辑,清华大学出版社,2011,第138-139页。

⑤ 孙中山:《三民主义》,《孙中山全集》第九卷,中华书局,1981,第192页。

⑥ 冯自由:《中华民国开国前革命史》上编,上海三联书店,2014,第303页。

与中国同学"相互之间怀着一种同种同文的特殊亲近感和善意"那样,①那种朴实的友好感情无疑也是一直真实存在的。但必须清醒地看到,日本人中当时具有自由民权思想的"兴亚者"毕竟只是少数。在实际的政治活动中,像反对日本侵略亚洲的宫崎滔天②等人,虽然希望以自己的热情实现对华平等援助,然而他们"没有国权主义式的大亚细亚主义者的参与和援助,也终将一事无成"。③作为实力已经独霸东亚的日本,只要其对外扩张欲望不减,则无论是"人种同盟论"还是所谓的"亚细亚主义",归根到底都避免不了侵略性的行进走向,"究竟是做西方霸道的鹰犬,或是做东方王道的干城"④,其答案是显而易见的。

历史学家桥川文三(1922—1983)指出,近代日本人的对华态度,虽然可以大致划为"同盟论""改造论""脱亚论"和"侵略或保护论"四类,但实际上每个人或者每个团体的对华态度都是复杂且变化的,甚至"很多人在情感上敬重着中国文化,但在政治上却属于激进的'保护论'或者'侵略论'者。"⑤相应的,由此而衍生出的各种复杂的对日认识,令中国人在寻求国家独立、摆脱列强压迫的愿望下,对"同文同种"日本的依赖和幻想一直持续了很长时间。事实证明,以超越国家利益的人种同一性来谋求中日之间的"同种联合",以及亚洲范围内的"有色人种联合",显然脱离了各个国家实力不均的现实,最终只能成为弱者无望的幻想,强者绝佳的口实。

百年之前,德富苏峰曾说,"支那与日本,其立国之根基各异,其国民之历史成立过程不同,即支那有支那之传统,日本有日本之传统,支那人即便穿上浴衣、扎上浴

---

① 生方敏郎:『明治大正見聞史』,中央公論社,1978,第112-113頁。

② 孙中山在为宫崎滔天所著《三十三年之梦》作序时说,"宫崎寅藏君者,今之侠客也。识见高远,抱负不凡,具怀仁慕义之心,发拯危扶倾之志。日忧黄种陵夷,悯支那削弱,数游汉土,以访英贤,欲共建不世之奇勋,襄成兴亚之大业"(宫崎滔天:《三十三年之梦》,林启彦译,花城出版社,1981,第1页);当代学者王晓秋评价其为"支持中国革命最真诚的日本友人"(王晓秋:《中日文化交流史话》,商务印书馆,1996,第226页)虽然中国人将宫崎滔天归为"左翼"的观点有一些主观之嫌,但在整体上,还是应该肯定其作为反帝国主义者的精神品质。

③ 趙軍:『大アジア主義と中国』,亜紀書房,1997,第363頁。

④ 孙中山:《对神户商业会议所等团体的演说》,《孙中山全集》第十一卷,中华书局,1981,第409页。

⑤ 橋川文三:「日本人のアジア認識——脱亜論から共栄論まで」,入江昭編著:『中国人と日本人——交流・友好・反発の近代史』,ミネルヴァ書房,2012,第382頁。

衣带也不会成为日本人,就如我等日本人即便戴上高帽、穿上长大衣,也不会变成欧美人一样。"① 郭沫若(1892—1978)也曾作《同文同种辩》一文,通过分析日语的发音、词汇、文法和日本民族的体质、风俗等,得出结论"中日两国并非同文同种"。②虽然德富苏峰、郭沫若等人的判断认识自有其角度和立场,但客观来说,中日两国的确在"文"(语言、文化)和"种"(民族)上存在着差异,一概以"同"来看待两个国家的全部,无疑有失严谨性和科学性。③ 更为重要的是,在主权国家之间的相互交往中,友好与平等是不可或缺的根本基础。正如郭沫若所言,"夫以仁道正义为国是,虽异文异种,无在而不可亲善。以霸道私利为国是,虽以黄帝子孙之袁洪宪,吾国人犹鸣鼓而攻之矣。"④

---

① 德富蘇峰:『支那漫遊記』,民友社,1918,第 423-424 頁。

② 郭沫若:《同文同种辩》,王厚锦编:《郭沫若佚文集(1906—1949)》上册,四川大学出版社,1988,第 6-16 页。当然,受时代等原因所限,郭沫若的论证也有很多地方并不正确,如认为中国人种来自西方,行文中混淆"人种"与"民族"的区别等。

③ 关于分析中日之间差异的著述很多,如陳舜臣『日本人と中国人:「同文同種」と思いこむ危険』(祥伝社,1978 年),此处不再赘述。

④ 郭沫若:《同文同种辩》,王厚锦编:《郭沫若佚文集(1906—1949)》上册,四川大学出版社,1988,第 15-16 页。

第六章

人种意识与日俄战争前后日本的内政外交

第一节 日俄战争前后日本对人种因素的处理

1. "黄祸论"顾虑与对华中立要求

甲午战后,俄国也加快了在中国东北地区的渗透和入侵。这样一来,对于试图进一步在东亚大陆扩张的日本而言,前有"还辽之恨"、今有"争利之忧"的俄国,无疑就成为其对外行动的首要敌人。在舆论中,屡有"西有英狮北有俄鹫,居心叵测不可不防"之类的激愤之语,整个社会也出现了"以卧薪尝胆、对俄报复为口号的军事国民教育"动向。[①] 在当时,日本驻德公使青木周藏(1844—1914),曾送给参谋总长川上操六一块磁石,附诗称"赠君此磁石,磁针常北指,君心亦如之,旦夕朝北思",[②] 可谓生动表明了这一时期日本对俄国的戒备和敌对心理。

随着日俄关系不断恶化,战争一触即发。在舆论方面,西方一些亲俄媒体渲染的以日本为主要攻击对象的"黄祸论",又成为日本政府不得不考虑的一大重要因素。1902年"英日同盟"的签订,很大程度上提高了日本的国际地位和军事力量,缓解了日本的国际孤立感和人种自卑感。英国外交大臣兰斯多恩(Henry Petty-Fitzmaurice,1845—1927)就曾说,"英日同盟虽然不是旨在策动日本政府走向极端,但它引起的而且必然会引起的后果是使日本感觉到它可以和它在远东的大敌进行较量,而不用担

[①] 满川龟太郎:『三国干渉以後』,伝統と現代社,1977,第43-44页。
[②] 吕万和:《简明日本近代史》,天津人民出版社,1984,第166页。

心欧洲会象上次那样进行干涉并夺去它的胜利果实。"① 然而，当战争爆发前"黄祸论"卷土重来之际，其所引发的与全体白种人敌对的可能性，仍令日本方面担心不已。《东京日日新闻》社长、伊藤博文的亲信伊东巳代治（1857—1934），在当时就对德国医生贝鲁兹感叹，"我们日本最大的劣势，就在于是黄色人种。如果和你们一样是白色人种的话，面对贪婪无比的俄国大喊一声将其制止，那全世界都必定会为我们欢呼喝彩。"②

在西方各种对日敌对言论中，除了商业、工业方面的"黄祸论"外，担心受到日本扩张威胁的军事方面的"黄祸论"可谓最具代表性。对于部分西方人来说，不断在东亚扩大势力的日本人，俨然已经成为严重损害白种人利益的"黄种人代表"。而甲午战后日本接收中国留学生赴日学习、向中国派遣军事教官等对华接近行为，则无疑变成了日本联合中国（黄种人国家）反抗白种统治的"真实证明"："东方的某些征兆似乎表明，日本正在成为一个不安分的家伙"，"日本人一定会唤起中国人的希望并煽动他们对白种人的普遍仇恨。"③ 中国义和团运动爆发后，西方列强随即组建联军镇压。尽管最后派兵达2万多人的日本，被英国报纸称赞"真不愧为欧洲列国之伴侣"④，但同时也有不少英法等国的媒体表示出了警惕，担心日本会乘机建立"黄种联盟"性质的中日同盟，使日本在东亚的势力进一步扩大。⑤

俄国受到日本胜利的刺激，甲午战后其舆论中的"黄祸论"变得愈发强烈。"从那时起，俄国政论界的个别人士就有意识地和有计划地运用'黄祸'这一概念"，随着对日关系加剧紧张，"黄祸"口号在俄国以及亲俄的欧洲其他国家被大肆宣传。⑥1904年5月，俄国驻美国大使在美国大造声势说："有谓满洲若属日本，则日本自能整理陆

---

① 鲍·亚·罗曼诺夫：《日俄战争外交史纲1895—1907》上册，上海人民出版社，1976，第231页。

② トク・ベルツ編：『ベルツの日記』上，菅沼竜太郎訳，岩波書店，1979，第368-367頁。

③ 列文编：《德皇威廉二世致沙皇尼古拉二世书信集》，吕浦等编译：《"黄祸论"历史资料选辑》，中国社会科学出版社，1979，第118-119页。

④ 外務省編：『日本外交文書デジタルアーカイブ』明治期第33巻別冊北清事変上，第701頁。

⑤ 外務省編：『日本外交文書デジタルアーカイブ』明治期第33巻別冊北清事変上，第428-432頁。

⑥ 海因茨·哥尔维策尔：《黄祸论》，译者不明，商务印书馆，1964，第115-116页。

师，而欧美各国，必皆为之震慑者。此言不为无见，盖即黄祸之说也，凡有志者，皆当留意及此。华人若经训练，可成劲旅。或谓华人不堪充伍，实言也。华人易受教训，而通国人口，殆有四百兆之众，设中日两国联合，其陆军必能称雄天下而耀武列邦矣。中日两邦，悉为蒙古人种，不第欲振其荣名于远东，且将控制各国。华人易纳人言，而于侵略人土之事，亦甚乐为。诚如是也，岂惟俄国当之，高加索种恐皆不免，抑岂惟欧洲独受其祸，即远而美洲，亦当被其影响也。"①

对于许多日本人来说，在当时"人种二字，乃是解释关于国际、殖民问题之关键"，"同人种相结合，异人种相排斥之情感，乃是人类之先天特性。东方问题，远东问题，南非、古巴、菲律宾之离反，支那人之排斥，布尔战争，皆为此先天感情之发动。无论过去，无论将来，悉是如此。人种问题乃二十世纪继续存在之问题。"② 在派兵镇压义和团时，日本政府中陆军大臣桂太郎（1848—1913）等一班重臣，由于顾虑"欧洲各国与我日本人种不同"等原因可能会引起西方的猜疑，重蹈三国干涉覆辙，其实曾对派兵一事慎之又慎。最后虽然决定出兵，但同时也商定好一定要做好迅速回撤的准备。③ 海军大臣山本权兵卫（1852—1933）还向先期抵达的登陆部队下令，"帝国陆战队之目的在于保护北京及天津之帝国利益与居留人民"，对于涉及到他国部队的态度和行动，应当"谨慎处之"。④ 日俄战争迫近后，作为日本对手的沙俄帝国，代表着"西方"与"白种"，其中所具有的象征意义自然非比寻常。而就战前各列强之间的利害关系来看，日本背后有英美，俄国背后有法国，英法同时与德国为敌，而德国又希望俄国东进。⑤ 在这错综复杂的国际形势中，一旦把控不好，造成与众多列强交恶，不但会阻碍国家西化的进程，甚至可能会置自己于四面受敌的困境，如何谨慎而周全地处理好这场事关存亡的大战，成为摆在日本政府面前的巨大考验。

再者，甲午战后，中国亲日、联日氛围极为高涨，而俄国却借镇压义和团运动之机，侵占了中国东北三省，1903年4月更是撕毁了《东三省交收条约》，从而使得当

---

① 《论俄在远东情形》，《外交报》1904年第88期，该文译自美国1904年5月的《拿呼美报》。
② 高山樗牛：「十九世紀総論」，『樗牛全集』第4卷，博文館，1905，第657-658頁。
③ 宇野俊一校注：『桂太郎自伝』，平凡社，1993，第214-219頁。
④ 『明治三十三年清国事変海軍戦史抄・第一卷・図』，アジア歴史資料センター，A04017224400。
⑤ 井上清、鈴木正四：『日本近代史』，合同出版社，1956，第210頁。

时中国普遍存在着"联日拒俄"的思想。日俄战争爆发前夕，清朝的一些高级官员，如云南总督丁振铎（1842—1914）和巡抚林绍年（1849—1916）就建议，如果俄国侵占问题依靠各国"公断"难成，则"惟有联日拒俄"。① 张之洞也上奏称，"万一俄人窥我蒙古，日本既留兵驻守奉省，则热河一带，日本必不愿邻氛逼其藩篱，我诚能资以饷力，则自张家口以东有警，即可借助于日本以御之，以日本之将校率我之兵，庶几可与俄人一战。"② 甚至就连俄国方面也认为，当日本"排斥"俄国在"满洲"的势力时，"中国会帮助日本人"。③

但事实上，虽然直到日俄即将开战的最后时刻，清朝驻日大臣杨枢（1847—1917）在与日本外务大臣小村寿太郎会谈时，表示"贵国政府能仗义执言，保全东亚大局，……此后仍望贵国政府笃念辅车相依之义，和衷共济，助力相维，曷胜感祷"，此时小村寿太郎还"闻之甚喜，又语枢云：'我国与贵国谊属同洲，自应共维大局，庶免唇亡齿寒，有噬脐之悔也'。"④ 然而仅过了10余天，小村寿太郎即通告杨枢称，（日俄）"万一决裂，我国亦独立主持，不愿他国掺入，并望贵国中立。惟贵国内地须自固守，勿使有变乱，否则他国趁隙启衅，大局更坏。"⑤

就现实状况而论，为避免直接卷入日俄冲突，在自身实力屡弱又无法阻止战争在本国国土爆发的情况下，保持中立其实是清政府在外交上的最佳策略。但是，按照中日两国当时所处的利益关系来看，日本这一举动还是让不少清朝官员感到困惑，"并望我国中立一节，颇有可疑之处。"⑥ 对此，虽然小村寿太郎解释说，要求清朝中立是"我政府先休察得贵国情形，而后有此主见，因恐战局开，贵国内地难免震动，……则英美以有碍各国商务为词，出而干预，事多掣肘。"⑦ 但实际上，关于其中的真正原因，根据1903年12月日本内阁会议的文件记载，除了"有利于继续实施对外扩张政策之

---

① 王彦威纂辑，王亮编：《清季外交史料》第3册，书目文献出版社，1987，第2839-2840页。
② 苑书义等编：《张之洞全集》第3册，河北人民出版社，1998，第1651页。
③ 苏俄国家中央档案馆编：《日俄战争》，吉林省哲学社会科学研究所翻译组译，商务印书馆，1976，第27页。
④ 王澈·《日俄战争期间杨枢致端方函》，《历史档案》1996年第1期。
⑤ 王澈：《日俄战争期间杨枢致端方函》，《历史档案》1996年第1期。
⑥ 王澈：《日俄战争期间杨枢致端方函》，《历史档案》1996年第1期。
⑦ 王澈：《日俄战争期间杨枢致端方函》，《历史档案》1996年第1期。

大方针，缩小作战地理范围，避免战争令国际关系复杂化并影响清朝赔款能力，便于战后之利益划分"等项之外，还明确有对"黄祸论"的担心："白种人恐惧黄种人之跋扈，即所谓恐黄热。近来虽不闻其声，但仍潜藏于欧人心中，动辄发动，恐有彼等在此妄想之下而联合之虞。若日清两国联合对俄开战，此或将成为彼等之借口，遂令恐黄热再炽，以致德法等国干涉。"① 在1904年2月4日御前会议正式决定对俄断交后，日本政府随即安排特使赴美国和英国进行外交及舆论斡旋活动，在小村寿太郎给出使者下达的七条注意要点中，尽全力"预防黄祸论再度发生"一项仍是重中之重。② 也就是说，面对当时国际上喧噪一时的"黄祸论"，日本政府不得不在战争真正到来时调整了对华接近策略，避免使其他列强产生不满转而支持俄国，令战争演变为日本与西方集体对抗的"人种战争"："及其误解之影响及于国际，势必引起各国之忧虑矣。盖此误解者，往往变同情而为反对，易友爱而为嫉妒，若人人若是误解，则各以猜疑嫉妒之心，交集于我，更以俄国黄祸之言，触动于心，增其忧畏，而种种情状，遂纷至沓来，不可禁遏矣。"③

换个角度看，俄国妄图继续强占东北三省的行为，在中国引发了声势浩大的拒俄运动，"到1904年中叶，海外的中国留学生的情感极大地偏向于正在与俄国作战的日本，他们对日本充满了感激之情，而对日本将会进行的霸权争夺的控诉在许多评论中都被（暂时）压制。"④ 上海东亚同文书院的日本学生，研修旅行至偏远的江西南昌、九江等地时，也都听说很多中国人"知道日军对俄军撤兵满洲有贡献，他们都向我们表示感谢。"⑤ 因此，对于日本来说，"亲日仇俄"在中国已经成为一种暗流和趋势，表面上要求清政府在战争中中立，将自己剥离于中国和"黄祸论"之外，既可以不给对手

---

① 外務省編：『日本外交文書デジタルアーカイブ』明治期第36卷第1冊，第42-45頁；另外参见同资料明治期第37卷·第38卷別冊日露戦争Ⅴ卷，第669頁。

② 外務省編：『日本外交文書デジタルアーカイブ』明治期第37卷·第38卷別冊日露戦争Ⅴ卷，第669-670，673-674頁。

③《论日俄战争之真相》，《外交报》1904年第87期，该文译自日本1904年6月14日的《国民新闻》。

④ 瑞贝卡：《世界大舞台：十九、二十世纪之交中国的民族主义》，高瑾等译，生活·读书·新知三联书店，第57页。

⑤ 薄井由：《东亚同文书院大旅行研究》，上海书店出版社，2001，第57页。

挑衅之名，又能获得协助之实，其实也是利害权衡后的最佳选择。无怪乎有学者就称赞，这一举措"展示出了明治政府外交思想的成熟性和国际性。"①

2. 对"黄祸论"的各种应对

除了对华要求中立之外，这一时期，日本政府为了赢得西方国家的理解和支持，消除"黄祸论"的不利影响，在政治外交和舆论宣传上都作出了积极的应对。其中，作为外交特使发挥重要作用的是派往美国的金子坚太郎（1853—1942）和派往英国的末松谦澄（1855—1920）。

派往美国的金子坚太郎，曾任日本农商务大臣、司法大臣等职，不但具有很好的西学教育背景，而且与总统西奥多·罗斯福（Theodore Roosevelt，1858—1919）等众多美国财政界要人有着良好的私交。一次，金子坚太郎和驻美公使高平小五郎（1854—1926）一同与罗斯福共进午餐，当罗斯福表示出对日本可能会变得"自大"、且干出傲慢和侵略之事的担心时，两人"都以显然非常愤激的情绪对黄种恐怖之说进行了猛烈的攻击，他们解释说，在十三世纪，他们曾经不得不同欧洲人一样害怕蒙古人的黄种恐怖，……所以他们就不明白为什么把他们划到野蛮人一类里去。"②滞留期间，金子坚太郎在报刊及公共场合积极发表评论，全力消除"黄祸论"对日本的不良影响。譬如他在一篇名为《亚洲之救赎在于此战》的文章中说，"如果战争失败，五十年来日本为文明开化而付出的辛勤努力，以及和世界上所有国家结成的商业关系将全部毁于一旦"。他将论述的重点，集中在宣扬日本的民主进步与文明开化，以及对东亚秩序和各国商业利益的保护上。③在哈佛大学的同学会上，他发表演讲称，如果今天日本的社会进步和战争胜利是"黄祸"的话，则其"种子"来自于美国，来自于哈佛大学。当初日本听从美国政府劝告而"开国"，此后数十年依照着美国的规范为文明而努力，但未想却因进步之故反被厌恶。他最后说道："吾在此可向诸君断言。虽然我

---

① Ian Nish, *The Origins of the Russo-Japanese War*（London：Longman，1985），p.201.
②《西奥多·罗斯福通讯集》，吕浦等编译：《"黄祸论"历史资料选辑》，中国社会科学出版社，1979，第233-234页。
③ Akira Iikura, *The Japanese Response to the Cry of the Yellow Peril during the Russo-Japanese War*,『国際文化研究所紀要』2006年3月。

等日本人头发为黑色，但其下包藏之脑髓与白种人无异，同为正义公道之理想而运转，虽然我等日本人覆盖胸部之皮肤为黄色，但其内存之心脏与耶稣教国民无异，同为博爱仁慈之热情而跳动。"①

另一特使末松谦澄，曾任日本通信大臣、内务大臣等职，到达英国后主要针对欧洲国家进行了外交和宣传活动。②1905 年 1 月日军攻占旅顺后，他随即在伦敦发表题为《中国扩张之历史回顾》的演说称，亚洲中国等民族昔日的战斗精神已经衰减殆尽，而日本人却对西洋文明持有着憧憬心，故而现今东洋文明的本质绝对不是所谓的膨胀主义，"近来黄祸论和泛亚主义结合之议论不绝于耳，但对于鄙人而言，如同已在其他场合多次阐述的那样，只不过是毫无意义的煽动中伤而已。"③此外，末松谦澄还对"黄祸论大本营"的德国进行了积极宣传。1905 年 5 月，他在杂志《德意志评论》上发表《战后的东洋和西欧》称，"不管怎样，我确信看到黄祸论完全只是一种幻影的那一天将要到来，所谓军事远征形式的黄祸，即亚洲人的一个国家和另一个国家联合起来攻击西欧诸国之类的事情，已经不可能会有。"④

此外，身处日本国内的外务大臣小村寿太郎，也发电文指示日本驻英大使称，应努力让英国明白"我政府尽力于清国之教育，必被黄祸鼓吹者引作有力之证据，然而教育清国、开化其国民，实乃有必要于东洋和平也，非仅为日本之自卫，于各国之远东利益亦极为有益也。军事教育之目的亦同，仅为能使清国维持自身秩序，确保远东和平之故也。"⑤首相桂太郎，在日俄开战期间曾对来访的美国传教士解释说，日本与俄国的战争是"我日本为帝国之安全及东亚之大局，不得已而乃有此举。"日本报纸《国民新闻》进而宣传道，"此次之战，盖为我国之安全与远东之平和而起，决非以人种宗教，絜短而较长也。然则人种之不类，宗教之不同，与此战之缘起，既无所关。"⑥可以

---

① 伊藤隆：『日本の近代 16　日本の内と外』，中央公論新社，2001，第 179 頁。
② 关于末松谦澄的详细活动，可参见松村正義『ポーツマスへの道——黄禍論とヨーロッパの末松謙澄』（原書房，1987 年）。
③ Baron Suyematsu, *The Risen Sun*（London：Archibald Constable& Co.Ltd, 1905）, p.292.
④ Baron Suyematsu, *The Risen Sun*（London：Archibald Constable& Co.Ltd, 1905）, pp.336-337.
⑤ 外務省編：『日本外交文書デジタルアーカイブ』明治期第 37 卷・第 38 卷別冊日露戦争Ⅴ卷，第 669 頁。
⑥《论日俄战争之真相》，《外交报》1904 年第 87 期。

说，强调日本作战的"自卫性""正当性""文明性"，避开人种和宗教等问题，①是日本政府对外进行斡旋时的政策基调。

其他，如著名作家森鸥外（1862—1922），在1904年5月出版的《黄祸论梗概》一书中，对当时德国学者指责日本为"黄祸"的言论进行了批驳，称日俄战争如果日本战败，则白人可以因防"黄祸"于未然而奏凯歌，如果日本战胜，则可以以"黄祸"泛滥为由而最大程度地限制日本，不管何种情况，日本都被置于不利地位。②他还指出，部分西方人在思想深处，就认为日本"胜则黄祸、败则野蛮"。③议员、历史学家田口卯吉（1855—1905）撰著《破黄祸论》，指责"黄祸论""只不过是不知事态真相的杞人之忧，日本人怎会有如此余暇余财做此愚举，……黄祸论完全是无根据之流言。"④更有甚者，像大隈重信就声称，"果然，则欧洲人所恐怖之黄祸者，其所由来固非日本人，亦非中国人，而为自亚细亚北方至其东方之蛮族矣。且俄国久在蛮族之治下，其体血大半化为蒙古鞑靼种属者，安知非方今俄人所以侵略四邻、贪婪无餍哉？由此观之，谓今之俄人为黄祸之本源，有何不可？"⑤大隈重信在保证不与全体白种人为敌的情况下，直接反戈一击，将"黄祸论"的矛头引向了俄国。

除此之外，像学者冈仓天心（1863—1913），还在纽约以英文发表了《日本的觉醒》⑥等论著，通过向西方民众正面介绍日本的传统文化和历史背景，对"黄祸论""日本好战论"进行了反驳。内村鉴三也在英文报刊上发文说，"所谓黄祸，是由于欧洲人害怕日本会比曾经的土耳其带来更大的危害，……但是，日本有着责任感及高尚的自我约束精神，作为一个细心的东方守护者，她绝不允许任何野蛮力量来侵犯。同时，她也是一个欧洲文明的传播者，永远不会武装自己和她的保护者，去反对作为人类生

---

① 日本对"基督教国与异教徒战争论"的对应，可参见松村正义『黄禍論と日露戦争』（『国際政治』第71号，1982年），第44-46页。

② 森林太郎：『黄禍論梗概』，春陽堂，1904，第3页。

③ 森林太郎：『うた日記』，春陽堂，1907，第114页。

④ 田口卯吉：『破黄禍論』，経済雑誌社，1904，第37-52，序言第1页。

⑤ 《日俄战纪》第1编，吕浦等编译：《"黄祸论"历史资料选辑》，中国社会科学出版社，1979，第354页。

⑥ 岡倉天心：「日本の目覚め」，色川大吉編：『日本の名著39 岡倉天心』，中央公論社，1993，第199-264页。

107

命的文明。"① 从发表的时机、内容来看，这些作品与评论都从侧面有力地配合了日本官方的斡旋活动。

就效果来说，日本社会各界的上述活动显然起到了不小作用，像美国的主要舆论就开始倾向同情日本。② 在金子坚太郎滞留美国的一年多时间里，"以罗斯福总统为代表，美国全体国民的80%显著地从亲俄转变为亲日。"③ 金子坚太郎在向日本政府汇报进展时，还转述一名美国议员的看法，"世人常有扬言黄种人之危险者，然依余之见乃煽动宣传耳，无识之人为之迷惑，而有识之士必不在意，此点日本政府无需多虑。"④

早在1897年，德富苏峰就点明了应对西方的方法与诀窍："彼等强调人种之相异，则我等回以人性之共通。彼等高唱宗教之异同，则我等说以人道之一致。彼等担心商业之竞争，则我等释以文明之普及。此乃我邦联系世界、避敌增友之法也。"⑤ 应该说，日本大陆政策与沙俄远东政策的正面碰撞，是日俄战争爆发的根本原因，欧美各国在舆论上支持或反对日本，实际也是出于各国自身的利益考虑，"黄祸论"只不过是各自行为的借口和掩护。即便是貌似最为同情日本的美国，像总统罗斯福就也曾直言，"关于日本人是一种与我们完全不同的种族而俄国人与我们是同一个种族的说法，对我没有很大的影响。"⑥ 英国报纸有文章指出，"其在美国，绝不为黄祸之词所惑，则以美人之敏慧，确知其与美祸之声相同，不过欲使各国生猜忌日本之心，而加阻力于日本之举动，盖实虚伪之声也。"⑦ 对此，中国方面也有人点明，"日俄开战，日本连战连胜，黄祸论又起。欧陆诸国不待言矣，即英美人素表同情于日本者，亦往往于新闻杂志中

---

① Akira Iikura：*The Japanese Response to the Cry of the Yellow Peril during the Russo-Japanese War*，『國際文化研究所紀要』2006年3月。

② 美国的舆论变化，可参见塩崎智『日露戦争　もう一つの戦い——アメリカ世論を動かした五人の英語名人』（祥伝社，2006年）。

③ 松村正義：『国際交流史——近現代の日本』，地人館，1996，第155頁。

④ 外務省編：『日本外交文書デジタルアーカイブ』明治期第37巻・第38巻別冊日露戦争Ⅴ巻，第677頁。

⑤ 德富蘇峰：「黄的悪感」，『国民之友』361号1897年9月10日。

⑥《西奥多·罗斯福通讯集》，吕浦等编译：《"黄祸论"历史资料选辑》，中国社会科学出版社，1979，第236页。

⑦《论黄祸其二》，《外交报》，1904年第83期，该文译自英国1904年5月16日的《伦敦泰晤士报》。

附摭其黄祸之论，然则黄祸论之消长，若与日本武功之大小为比例。"①但不得不说，对西方"黄祸论"的及时反应与周密应对，的确使日本在引导国际同情上占据了优势，为日俄战争的胜利营造了重要的舆论支持。

3. 对人种意识的利用

早在甲午战争之时，为日本军方提供各种情报的宗方小太郎，就将中国民众的思想特点拿捏得十分清楚。他在1893年所写的《中国大势之倾向》中说，"予明治十七年初冬游中国，以后举反旗者虽不少，但不如今日之盛。前之叛乱者殆无名义而叛，今之叛乱者无不以恢复明祀为名义。其故何在？曰：'恢复明朝'一语最易煽动民心，又为民心之所向故也。"因此在这一背景下，"今背叛朝廷者多为人民饱尝弊政之余而开始种族竞争者也。"②甲午开战后，他在为山县有朋率领的第一军所起草的告示中"开诚忠告十八省之豪杰"，"满清氏元（原）塞外之一蛮族，既非受命之德，又无功于中国，乘朱明之衰运，暴力劫夺，伪定一时，机变百出，巧操天下。当时豪杰武力不敌，吞恨抱愤以至今日，盖所谓人众胜天者矣。今也天定胜人之时且至焉。……夫贵国民族之与我日本民族同种、同文、同伦理，有偕荣之谊，不有与仇之情也。切望尔等谅我徒之诚，绝猜疑之念，察天人之向背，而循天下之大势，唱义中原，纠合壮徒，……以逐满清氏于境外，起真豪杰于草莽而以托大业，……时不可失，机不复来。古人不言耶？天与不取，反（而）受其咎。卿等速起。勿为明祖所笑！"③

到了日俄战争时期，虽然在涉外关系上，日本政府一直比较谨慎，像中国的拒俄运动开始后，在日中国留学生组建了"拒俄义勇军"准备参与对俄作战，但"军队成立仅五日，神田警察即来干涉"，其中原因就是日本政府顾忌到"此事于国际上有碍。"④但实际上，这一时期，日本方面混淆"人种"的指代内涵、夸大所谓"黄白人种

---

① 《论黄祸之说不合于学理》，《警钟日报》1904年7月23日。

② 宗方小太郎：《宗方小太郎日记》，冯正宝译，吴绳海校，戚其章主编：《中国近代史资料丛刊续编·中日战争》第六册，中华书局，1993，第129页。

③ 戚其章主编：《中国近代史资料丛刊续编 中日战争》第七册，中华书局，1996，第180-181页。

④ 《留学界记事》，《浙江潮（东京）》，1903年第4期。汪监督指汪大燮（1859—1929），时任留日学生监督。

对立"矛盾、借机为其政治军事行动谋取便利的例子比比皆是。

在对华舆论方面,"日人更大为宣传,以同种亲善为口号,博中国人之好感,普通人视日本敌俄,几认为纯出于仗义执言之美德,则世皆直日而曲俄。"① 上海《大陆报》译载的一则日本文章就称,"呜呼!哥萨克者,为清国之敌,为韩国之敌,并为日本帝国之敌,且不特为三国之敌而已,实为世界平和之敌。清也,韩也,朽弱已极,无能为矣。然则能为世界平和为人道幸福而芟除此狞恶兽性之哥萨克者,其唯扶桑三岛乎?"②

尤其在中国东北战场上,日本更是多次利用文化和人种意识,煽动、激化中国民众的仇俄心理为其服务。对俄开战前夕,日本驻北京公使馆翻译小村俊三郎(1870—1933),假借"长白侠士""辽海义士"之名,用汉语文言文写了一篇2000多字的《檄东三省士民文》,其中宣称:"日本与我中国同文同种,形势唇齿,见我中国之贫弱不振,而受俄人之凌侮,思拯诸危亡之域而共保太平之局,引为天职,誓不敢隳越。而今俄人窥窬东省,逼胁朝鲜,蔑视与国之利权,扰乱东亚之局面,此不特中国存亡所关,抑且日本安危之决实繫于此。俄与日本势不两立,日本与俄义不并存。……凡我东省士民,无论其团练乡勇或前此中国目为匪党者,其宜乘此天与机,仰托神佑,共发雄心。或修矛从军,或毁家捐赀,众志成城,力固疆圉,一鼓作气,剪彼凶顽。总以接应日本掣俄之臂为要,……而其待日本,则聊以腹心,任以耳目,或为向导,或为间谍,接济粮秣,共给房屋,凡其有所缺乏,则必代为设法,有所需要则必出力襄助。主客相待,联为一气,表里相助,互为策应。"③

战争开始后,日方大量雇佣东北境内的中国人进行侦查、运输等军事活动,有时甚至直接策反和收编战区内的马贼势力,以所谓文化和人种上的"大义名分"先后组

---

① 胡汉民:《胡汉民自传》,传记文学出版社,1982,第12页。
② 宫本平九郎:《哥萨克患》,《大陆》1904年,第1号,第4页。
③ 黑龍会:『東亜先覚志士記伝』上,原書房,1966,第801-805页。对于这篇檄文所起到的煽动作用,或许可以从日方自鸣得意的记载中窥知一二。1904年4月,日军特别行动班成员松本菊雄(生卒未详),同悍匪冯麟阁的心腹李在田(生卒未详)交涉,试图招抚对方为日本服务。一见面,匪性十足的李在田就开出条件,称不见军饷武器则其他诸事免谈,然而当日人出示了上述檄文后,其竟然被感动得泪流满面,表示一定尽全力帮助日本。黑龍会:『東亜先覚志士記伝』上,原書房,1966,第806-808页。

建"东亚义勇军""满洲义军"等来助其作战。如"满洲义军"就由日本人亲自组织训练,强悍骁战,被俄军视为眼中钉。①日军少将桥口勇马(1862—1918)控制下的辽西巨匪冯麟阁(1866—1926)部队,在日俄战争期间与俄军交战30多次,毙伤俄军官兵达千余人。1904年10月,日军在辽阳南部首山屡攻不克,危急关头凭借冯麟阁等部的偷袭才得以取胜,事后日军甚至还奏请天皇授予其宝星勋章。②这些军事武装刺探情报、破坏路桥、消灭小股部队,给俄军造成了很大的威胁,为日军作战提供了有力的支援。③尽管俄军也并未遵守中立规定,在利用中国人方面也存在着招募马贼等行为,但就像日本人评价的那样,"不知是因为同文同种的日本人更容易合作,还是厌恶俄军侵略本国国土,以致俄军操纵马贼的活动始终成效不大。"④日军在战争中进行间谍活动的"特别任务班",也坦言其损失要小于甲午之战,因为有着"同文同种关系","战区内的中国人,无论官民,都对日本表示同情"。⑤

同时,表面要求中国"严守中立"的背后,日方其实也在积极活动,暗地促使清政府用实际行动帮助自己。1904年1月4日,外务大臣小村寿太郎分别致电驻华公使内田康哉(1865—1936)、驻天津领事伊集院彦吉(1864—1924)、上海领事小田切万寿之助(1868—1934),要求他们适当地根据时机针对清政府及地方大员进行游说,使中国"表面上保持严正中立,但实际发挥牵制俄国之作用,在不破坏中立之情况下,间接援助我国。"⑥接到命令后,像内田康哉就去拜见了军机大臣庆亲王奕劻(1838—1917),交谈中奕劻对日本为"远东和平"及"清国保全"而战十分"感动",表示会在山海关、承德、天津以及其他军事要地配置适当的防御措施,不向俄

---

① 黑龍会:『東亜先覚志士記伝』上,原書房,1966,第815頁。
② 刘景岚、姜莹:《民国期间东北匪患产生的日本因素探析》,《东北师大学报》〈哲学社会科学版〉2010年第3期。
③ 島貫重節:『戦略・日露戦争』下册,原書房,1980,第323-331頁。
④ 渡辺龍策:『馬賊——日中戦争史の側面』,中央公論社,1984,第37頁。
⑤ 东亚同文会编:《对华回忆录》,胡锡年译,商务印书馆,1959,第265,282页。
⑥ 外務省編:『日本外交文書デジタルアーカイブ』明治期第37巻・第38巻別册日露戦争Ⅰ,第734頁。

国提供煤炭、粮食等物资，而且一旦日俄战争爆发，将"给予日本秘密之援助"。[①]

日本还积极拉拢清朝其他亲日官员，通过宣扬"同种提携"口号来"操纵清国"为其服务，其中主要的活动对象，是时任北洋大臣、直隶总督的袁世凯。早在1902年，日本军方就与袁世凯有秘密接触，商定在侦察俄国军事行动方面互相配合，袁世凯手下"驻在满洲及山东各地中国将校所获得之情报"，要由日军汇总后"分送日本参谋本部及中国直隶之总督"。[②]这项协议，整个日俄战争期间都一直被贯彻执行。在袁世凯的协助下，每天东北各地清朝谍报员报送直隶总督府的情报，通过其身边的日本军事顾问坂西利八郎（1871—1950），迅速转达到日军大本营，使日方在刺探情报、军事布置上得到了极大方便。以致日军自己也承认，"我参谋本部，表面上保持了支那严正中立的体面，而实际上则以日清合作的方式，令其对我多做友好事情。"[③]

对于中国人而言，由于"久受俄人凌虐，故当日俄战争期中，一般皆怀兄弟急难之义，虽云中立，在精神上及物货上均为日本之助。"[④]大批人将对沙俄的痛恨，转化为对"同文同种"日本的同情。杂志《江苏》上就有文称："盖人种之竞争，于二十世纪为尤烈，而他种之逼来，又适促同种之结合。日本今日倡同种之说于中国，虽与俄人之斯拉夫统一、德人之日耳曼联合政策稍有异同，而其迫于世界之大势，实有不得已之苦心，则不可诬之事实也。是故今日之战，我中国不能不表同情于日本，而图扩张黄种之势力，以阻亚利扬人东渐之路，否则日本以独力任此重任，其胜败不可知，而我国人无位置于民族中矣。"[⑤]日俄战争后期，俄国政府曾通告各国称，"中国未能恪守中立，屡次违背，偏袒日本"，[⑥]在某种程度上的确反映了当时的实情。

[①] 外务省编：『日本外交文書デジタルアーカイブ』明治期第37卷·第38卷别册日露戦争Ⅰ，第737页。

[②] 东亚同文会编：《对华回忆录》，胡锡年译，商务印书馆，1959，第282-283页。

[③] 佐藤铁治郎著，孔祥吉、村田雄二郎整理：《一个日本记者笔下的袁世凯》，天津古籍出版社，2005，第361-362页。

[④] 王芸生编著：《六十年来中国与日本》第四卷，生活·读书·新知三联书店，1980，第214页。

[⑤] V.G.T.生：《日俄开战与中国之关系》，《江苏》第八期1904年。

[⑥] 郭廷以编著：《近代中国史日志》下，中华书局，1987，第1219页。

第二节 日俄战争"人种意义"的表与里

1. 有色人种的期望

从一开始,日俄战争就被渲染上了强烈的"黄白人种战争"色彩。对于"五洲四入白人囊,复执长鞭趋亚陆"①危机下的亚洲各国来说,日本的成败,"关乎"全体黄色人种的安危。开战之前,就如"皆谓日本为黄色之侏儒耳,必不堪与俄之巨人开战"②一样,其实大多数人都不相信"小个子黄种日本人"能战胜强大的俄国。像清朝官员孙宝瑄(1874—1924)曾一度表示,"二十世纪中,黄白二种交争,世界上黄种之强者惟有日本。一黄孤立,安能敌诸白?日本其危哉!"③就连日本人自己,也在日俄战争到来前"宛如穷鼠噬猫,尽管内心做好了准备,但不安的阴影还是笼罩在每个人的心头。"④作家押川春浪(1876—1914)曾这样描写当时日本人的心态:"虽然日本自古算是勇猛之国,但在地球表面上,不过远东一岛国而已,俄国为欧洲乃至世界第一大国,面积相当于吾国数十倍。况且彼等为自称世界优等人种之白色人种,我等于其眼中,乃是被称为劣等人种之黄色人种。无论在兵力、国力或者智力上,当时欧美人士中,有谁会预想到日本之大胜?如果有,恐怕仅是一些达观之士。日本全体国民,即便准备宁死不屈,但实际内心无疑充满着危机。"⑤

然而战争开始后,日本却以弱胜强接连得胜,最终令人难以置信地打败了俄国。这一场胜利,是有色人种几百年来第一次打败白色人种,这在"白种优越论"一统天下的当时,给整个东西方思想界带来的冲击是巨大的。对于中国来说,尽管日本的胜利并未带来任何实质性的改变,但中国人的"人种自信"却被充分激发起来。所谓"日夜望我祖国赫怒兴师,洒濯国耻者,今虽未能偿其志,然竟假我同种之国,一雪

---

① 杨度:《湖南少年歌》,刘晴波主编:《杨度集》,湖南人民出版社,1986,第 95 页。
② 《论黄祸其二》,《外交报》,1904 年第 83 期。
③ 孙宝瑄:《忘山庐日记》上册,上海古籍出版社,1983,第 754-755 页。
④ 生方敏郎:『明治大正見聞史』,中央公論社,1978,第 145 页。
⑤ 押川春浪:「警戒すべき日本」,『冒険世界』1910 年 12 月号。

斯辱，大张挞伐，僭彼师徒，大快慰！大快慰！"① 前述孙宝瑄在听到日本作战胜利的消息后，也喜出望外地说"此一战也，日本果而胜，即为黄人抗制白人之起，端使欧洲碧眼黄髯之徒，不敢正视我亚东。日本哉，日本哉！馨香祷祝之，愿一为黄种伸肩昂首也。"② 即便是在被日本殖民占领的台湾，也不乏为日本欢呼的人，像诗人林资铨（1877—1940）就作诗云，"雄师血战报秦仇，夺取辽阳壮志酬。我为亚东黄种贺，免教犬马役非洲。"③

典型的就如《东方杂志》那样，从创刊期开始，在每篇谈及日俄战争的文章里几乎都出现了"黄种"这个词。"'黄种'曾是一个贬义词，现在却成为一个时兴的词，专用来描述胜利了的日本人及同种的中国人。"④ 其中，《祝黄种之将兴》一文，明确表达了中国人的这种情绪："自人类战胜诸动物以来，以杂色人与白色人较，则杂色人败，以白色人中之闪弥斯族含弥斯族与亚利安族较，则闪含二族败。以亚利安中之拉丁族与条顿族较，则拉丁族败。寻其大例，则一切人不如白人，而白人诸种以后起者胜，于是以支拉夫人为白种中之最后起，彼拉丁条顿二种人，且岌岌乎有从桃之虑。其他诸族，不足言矣。俄人既得此历史之诚证，知其种为天下之至优，疑惧既捐，局量自远。""若吾中国，则固自以为黄种之随红种黑种而去，势已必然，举事建谋，均属诬妄，由是其信益深，其志益潦。而其像益近，是黄白种人之限非天限之已限之也。夫彼此之限，使谓出于政教由于历史，则人尚能竭力以修改之。至谓由于种族则天之所命而茫然自失者，固其理也，而不图俄日之战所发明者，乃黄白之例不可尽信，而君权民权则在所必争。"最后，作者还号召国民不要妄自菲薄，将来必定"黄种之兴其可量哉"。⑤ 另一篇社论《论中国民气之可用》也说，"五洲交通以来，白人横行世界，既奴红、黑、棕三族，亚洲黄种，亦为所蚕食，几无立锥之地。论者谓：白人殆天之骄子，非他种所得望其肩背。自日俄交战，俄罗斯以四十余倍之地，三倍之人，历数

---

① 社论：《大快慰大快慰》，《俄事警闻》1904年2月11日。
② 孙宝瑄：《忘山庐日记》上册，上海古籍出版社，1983，第810页。
③ 林资铨：《闻日本占领辽阳感作》，全台诗编辑小组编撰：《全台诗》第29册，国立台湾文学馆，2013，第183页。
④ 李安山：《中国民族主义的催生与困惑——从〈东方杂志〉看日俄战争的影响》，《国际政治研究》2006年第1期。
⑤ 《祝黄种之将兴》，《东方杂志》1904年第1期。

年之经营，据形胜之要地，竟为区区日本所大困，种族强弱之说，因之以破。凡吾黄人，其亦可以自奋矣。"①

20世纪初，正是全球各民族独立和民主革命广泛发生之时，日本的胜利，犹如黑夜中的一盏明灯，为处在追寻国家自由、反抗殖民压迫困局中的弱小民族点燃了希望。在亚洲，"从日本战胜俄国之日起，亚洲全部民族便想打破欧洲，便发生独立的运动。……所以日本战胜俄国的结果，便生出亚洲民族独立的大希望。"②一时间，日本被视为"黄色人种的长兄"和驱除西方殖民势力的"先锋"，成为有色人种心中民族复兴的希望。像在越南，就兴起了反抗法国侵略、追求民族独立的"东游运动"。从1905年到1908年间，先后大约有200多名越南学生来到日本，进入东亚同文书院和振武学校学习。③越南民族革命家潘佩珠（1867—1940）曾回忆说，"余想现时列强情势。非同文同种之邦。谁肯助我者。中朝已让我越与法。况今国势衰弱。自救不暇。惟日本为黄种新进之国，战俄而胜，野心方张。往以利害动之，彼必乐为我助。纵秦兵不出，而购械借资，必易为力。"④

在印度，第一任总理贾瓦哈拉尔·尼赫鲁（Jawaharlal Nehru，1889—1964）回忆少年时代时提到，日俄战争成为影响他人生的一件大事，"日本的胜利激发了我的热情。我每天等着看报上的新消息。……民族主义思想充满了我的心怀。我念念不忘印度和亚洲摆脱欧洲的束缚，取得自由。我梦想着勋绩，我拿着剑，为印度而战，为印度的自由而效力。"⑤二战后作为法官参加了东京审判的拉达·宾诺德·帕尔（Radha Binod Pal，1886—1967）也回忆说，"作为有色人种的日本，与北方的强大的白人帝国主义战斗并取得了胜利，这个消息使我们的心大为振奋。我们走过白人面前时故意昂首挺胸。我还记得自己和老师及同事们一起，每天打旗提灯参加游行的情景。我在对

---

① 崇有:《论中国民气之可用》,《东方杂志》第1期。
② 孙中山:《对神户商业会议所等团体的演说》,《孙中山全集》第十一卷,中华书局,1981,第403页。
③ 陈辉燎:《越南人民抗法八十年史》第一卷,范宏科、吕谷译,生活·读书·新知三联书店,1973,第189页。
④ 潘佩珠:「潘佩珠自判」,内海三八郎著,千岛英一、櫻井良樹编:『潘佩珠伝』,芙蓉书房,1999,第250页。
⑤ 尼赫鲁:《尼赫鲁自传》,张宝芳译,世界知识出版社,1956,第18页。

日本憧憬的同时获得了对祖国的自信，内心十分兴奋。我开始思考印度的独立了。"①诗人泰戈尔（Rabindranath Tagore，1861—1941）后来还称赞，不断成功和发展的日本，代表着"亚洲僵死外壳"下蕴藏着的"生命和力量"。②

对于其他非白种国家来说，日本的胜利同样带来了无限想象，"土耳其的对外强硬，埃及国民精神的勃兴，回教徒的觉醒运动，以至伊朗、泰国等国，都多少受到了刺激。"③当时，孙中山由欧洲坐船路过苏伊士运河，许多当地土人告诉他，"'我们新得了一个极好的消息，……以前我们东方有色的民族，总是被西方民族压迫，总是受痛苦，以为没有出头的日子。这次日本打败俄国，我们当作是东方民族打败西方民族。日本人打胜仗，我们当作是自己打胜仗一样。这是一种应该欢天喜地的事。'"④埃及等地的阿拉伯人，认为虽然自己属于"褐色人种"，但是胜利了的"黄色人种"日本人，依旧可以成为包括他们在内的各有色人种苦难生活的救世主。⑤这一时期，有关日本打败俄国的电影，也在亚洲受到了空前的欢迎，"印度人、缅甸人、泰国人、安南人、中国人、南洋人等等皆来观看，一解多年心头之恨。电影中俄军败走的情形，自然令白人威风扫地。彼等以此知晓白人非不可敌也，反抗之心油然而起。自此，亚洲乃亚洲人之亚洲之新思想蔓延于东洋世界。"⑥就连远在美国的黑人们，得知日本战胜的消息后也"甚为欣喜"，"彼等所喜者，与仅为对于某强国之虐待臣民，有谋国民的生存，出于奋斗，遂表其同情者不同，乃对于有色人种，战败白色人种，因而喜跃欲狂也。"⑦许多黑人运动领导者都对日本持以敬意，进而掀起了一股强烈的亲日、联日热潮。⑧

---

① 王向远：《日本右翼言论批判："皇国史观"与免罪情结的病理剖析》，昆仑出版社，2005，第187页。

② 泰戈尔：《日本的民族主义》，《民族主义》，谭仁侠译，商务印书馆，1986，第28页。

③ 徳富蘇峰：『七十八日遊記』，民友社，1906，第343頁。

④ 孙中山：《对神户商业会议所等团体的演说》，《孙中山全集》第十一卷，中华书局，1981，第403页。

⑤ 杉田英明：「近代アラブ文学に現れた日本像と日本人像」，平川祐弘、鶴田欣也編著：『内なる壁——外国人の日本人像・日本人の外国人像』，阪急コミュニケーションズ，1990，第60-62頁。

⑥ 桑原隲蔵：「黄禍論」，『東洋史説苑』，弘文堂書房，1935，第21頁。

⑦ 浮田和民：《论日本对于东洋之主张》，《外交报》第10卷第34期1910年。

⑧ ジェラルド・ホーン：『人種戦争——レイス・ウォー 太平洋戦争もう一つの真実』，藤田裕行訳，祥伝社，2015，第74-88頁。

2. 冰冷的现实

从本质上说，交战的日俄两国虽然立场截然对立，但根本上却都是对中国领土和利权的争夺，对于日本的扩张举动，中国人也并非没有提防和戒备。随着日军在战场上接连获胜，清政府的一些官员就担心，日本或将取代俄国全面占领东北。安徽巡抚诚勋（1848—1915）认为，"无论日胜俄退，俄胜日退，欲彼一胜退敌之后，举东三省拱手奉我，坐享其成，固必不可得，万一有此义举，其所索偿之权利必非意想所及。"① 大理寺少卿盛宣怀（1844—1916），在致吏部尚书张百熙（1847—1907）的书函中说，"日俄交战关系全球大局，俄胜白种愈骄竟无办法，日胜东方振兴，但恐玩视中国，派兵代守。甲午所索辽东之地及旅大海口仍未必能还我。至不占土地之权口头言语，强国与弱国交际，往往如此。然此时兵力不足，自当一意承认。将来战局结束，仍赖各国互相牵制方能真正保全。"②

果然，同俄国人一样，日军每占领一处，皆以征服者的姿态横行霸道。其不但强迫中国人在宅前悬挂太阳旗、要求路人向守城日军行鞠躬礼，而且还在经济上无孔不入地强征捐税，"凡日用所需之物，无一不捐"，动辄以"战胜余威相凌"，把中国人视为"被征服者""亡国之人""劣等民族"，极尽欺压侮辱之能事。③ 曾长期在中国东北传教行医的英国传教士杜格尔德·克里斯蒂（Dugald Christie，1855—1936），在《奉天三十年》一书中写到，日本把俄国势力排斥出局后，"在经历了战争的恐怖和残酷之后，再次过上和平生活的中国人，存在着一种普遍的幻灭和极度失望。……因为经常的战争折磨，满洲农民真心地把他们当做兄弟和值得信赖的人加以欢迎，如今，日本人有与他们建立永久友谊的天赐良机。"然而那些日本士兵和民众却只是认为，打败了大国俄国的日本，是崇高的、无与伦比的，"他们不是作为可信赖者，而是作为胜利者，把中国人当做被征服者加以蔑视。"④ 革命元老吴玉章（1878—1966）也曾指出，

---

① 王彦威纂辑，王亮编：《清季外交史料》第3册，书目文献出版社，1987，第2839-2840页。
② 夏东元编著：《盛宣怀年谱长编》下册，上海交通大学出版社，2004，第805页。
③ 潘俊峰、杨民军主编：《是总结，还是翻案——兼评〈大东亚战争的总结〉》，军事科学出版社，1998，第55-56页。
④ 杜格尔德·克里斯蒂著，伊泽·英格利斯编：《奉天三十年（1883—1913）：杜格尔德·克里斯蒂的经历与回忆》，张士尊、信丹娜译，湖北人民出版社，2007，第164页。

"人们由于对沙俄的痛恨，还把同情寄予日本方面，听见日本打了胜仗，大家都很高兴。现在看来，这是多么幼稚可笑！两边都是帝国主义，都是侵略中国的敌人，为什么还有厚薄之分？"①

对于日本来说，日俄战争的胜利，无疑给其带来了极大的人种自豪感和优越感。"日军在日俄战争中的大捷，日本国家才开始为全世界所注意，遂至一跃而举世闻名。就中白色人种之以异常惊奇的眼光来注视日本帝国的跃进，其情况实在是超过了日本人的想象。"②但是，国际政治中西方占据主导地位的局面，仍让部分日本人对现实有着清醒的认识。正如德富苏峰所言，欧美中真心爱我日本者，几乎未有一人，我等与其在人种、宗教、风俗、习惯上之纽带皆无。日本乃广阔世界之一异客、一孤鸟。一旦日本固执己见，采取违反世界利益之行动，世界将随时出现"反对日本同盟""十字军"或"攻击日本同盟"，故今日对日本最重要之物乃是世界之同情。③日本人尤其深知，这一场"鼓舞了有色人种的胜利"，在统治有色人种的西方列强眼中未必是好事。小说家德富芦花（1868—1927）认为，"一方面白种人的嫉妒猜忌，至少也是不安，将如黑云一般向日本涌来，另一方面，其他有色人种听见日本胜利的号角，将如触电一样昂起头来。日本立于两者之间，该将如何呢？如误一步，胜利即变成亡国之端，成为世界未曾有之人种大战之原因。"④政治学者浮田和民（1860—1946）也指出，对于西方人来说，"又因日本人能应用西洋文明技术，已收实效，倘支那印度及非洲人等，同一有为，则将来有黄祸或黑祸之杞忧。"⑤

事实上，在部分欧美人看来，日本的行为已经对西方的殖民统治构成了威胁（图8、图9）。法国某海军大将在战前曾直言，"予惟预祝俄国获胜耳！若日本获胜，则迟早之间，越南各地，不为我有。"⑥英国海军上将布里奇（Cyprian Bridge，1839—1924）在恭维日本海军胜利的同时也提道：我非常敬佩日本人，但是"我对他们没有社会的

---

① 吴玉章：《辛亥革命》，人民出版社，1961，第55-56页。
② 东亚同文会编：《对华回忆录》，胡锡年译，商务印书馆，1959，第1页。
③ 蘇峰生：「世界の同情」，『国民新聞』1905年6月18日。
④ 德富蘆花：「勝利の悲哀」，『黒潮』1906年第1号。
⑤ 浮田和民：《论日本对于东洋之主张》，《外交报》第10卷第34期1910年。
⑥ 《论日俄战事》，《外交报》第75期1904年2月23日。

或者道德的亲近感。我宁愿同任何白种人生活，即使是俄国人，也不愿同他们生活在一起。"英国的一些报纸，也哀叹日本军事力量的强大，如《每日纪闻》评论说，"白种人被黄种人打败，肯定会有害于白种人在亚洲人眼中的威望。"① 评论家茅原华山（1870—1952）回忆，日俄战后其曾去某英国人家中做客，对方告诉他"日本初胜俄国，……英人及欧洲人皆为之喝彩。然日人以破竹之势连战连胜，以至知其势不可辱。欧洲人不得不再做思量。俄人虽然可恨，但毕竟为白种。此种感情不由涌上心头。"②

图8　当时欧洲报刊上的漫画：《无题》③

（资料来源：飯倉章『黄禍論と日本人——欧米は何を嘲笑し、恐れたのか』，第135頁。）

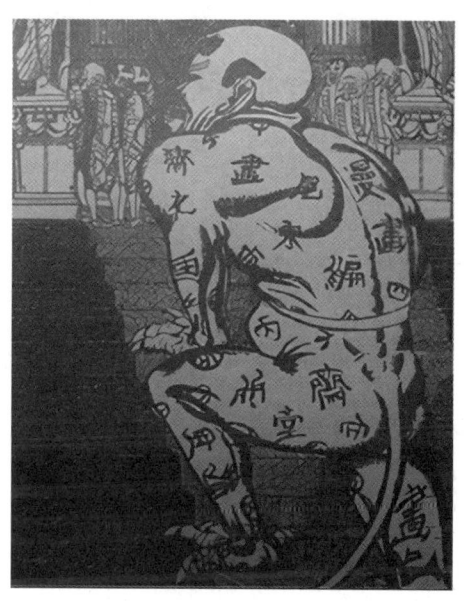

图9　当时欧洲报刊上的漫画：《作为答谢，"黄祸"来访了！》④

（资料来源：飯倉章『黄禍論と日本人——欧米は何を嘲笑し、恐れたのか』，第123頁。）

---

① 查尔斯·库普乾：《化敌为友：持久和平之道》，宋伟等译，北京大学出版社，2017，第138-139页。

② 茅原廉太郎：『日本人民の誕生』，岩波書店，1946，第139頁。

③ 该图的说明文字写道，"亚洲国民惊叹于体操指导者日本的实力，也开始锻炼身体，试图和日本一样"。从左边开始依次为印度、中国、伊朗、日本、土耳其。刊于1904年11月15日。

④ 1905年初日本攻陷旅顺后，德法舆论一片哗然。象征着"黄祸"的尖牙利爪、面目狰狞的怪物，开始踏进欧洲宫殿。刊于1905年1月19日。

在"黄祸论"上不断大做文章的德皇威廉二世，于日俄缔结《朴茨茅斯条约》后，深感日本势力扩大的威胁。除了对扮演调停角色的美国表示责难之外，当日本民众对条约结果不满，以致有舆论扬言要与美国开战时，他甚至还授意德国驻美大使向美方表示，愿意将德国军队纳入美国麾下，与美国共同防御黄种日本的侵略。[①] 针对日本和中国有可能结成的"联盟"，日俄战争期间担任俄国远东战区总司令官的阿列克谢·尼古拉耶维奇·库罗帕特金（Алексей Николаевич Куропаткин，1848—1925）也表示出了恐惧和不安。他认为，"虽然日本已经在战争中取得胜利，但是仍然在急促地扩充它的兵力，而中国则正在日本军官的指导下按照日本的式样建立一支庞大的军队。在很短的时间内，中国和日本即能够把一支一百五十多万人的军队开进满洲，如果这支军队是来对付我们的，那它就会继续推进，从俄国手里夺去西伯利亚的许多地方，使俄国沦为第二流国家。"[②] 1908年，英国上议院在讨论英俄同盟问题时，有高官称"日本胜利的结果使得东洋民族开始迅速勃兴，……在不久的将来，欧洲诸国为了不失去在亚洲大陆的既得权益必须同心协力采取保护措施。"故此，英俄同盟的成立，可以拯救"英日同盟所带来的危害"。[③]

对于这种情况，山县有朋在1907年提交的意见书中表明，"日本与欧洲强国开战取得胜利，绝非证明有色人种强于白人，倒不如说是证明学习伟大欧洲文明后的有色人种打败了落后于文明潮流的白种人。无识无虑之多数有色人种对此未能明白，唯以为日本人为有色人种，我等亦为有色人种，看到日本战胜世界最强国之白人取得空前大捷，乃想我等必然无理由再默忍白人之跋扈跳梁，此思想如今遍布亚洲与非洲。"他明确指出，日本的胜利与所谓的"人种斗争"没有丝毫关系，而由此引来的西方对日本的"猜疑"与"忌惮"反而更令人担心，日本接下来要做的事情，乃是尽快修复与俄国的敌对关系，继续扩张在中国东北的势力。[④] 1905年9月，日俄双方在没有中国参与的情况下签署《朴茨茅斯条约》，将俄国在东北的大部分权益划与日本。随后，日本又

[①] 三輪公忠：『日本・1945年の視点』，東京大学出版社，1986，第120頁。
[②] 库罗帕特金：《俄国军队与对日战争》，吕浦等编译：《"黄祸论"历史资料选辑》，中国社会科学出版社，1979，第288页。
[③] 朝河貫一：『日本之禍機』，実業之日本社，1909，第5-10頁。
[④] 大山梓：『山縣有朋意見書』，原書房，1966，第304-307頁。

迫使清政府签署《会议东三省事宜条约》，将攫取的权益合法化。在这样的事实面前，清政府欲借日本之手收复东三省的幻想破灭，"联日拒俄"的外交策略彻底宣告失败。1907年，日本同法国签署《日法协约》，商定互相承认对方的殖民特权，并答应法国取缔在日本活动的"东游运动"。1909年，日本政府将潘佩珠及上百名东游留学生驱逐出境。对此悲愤不已的潘佩珠，在写给外务大臣小村寿太郎的信中，严词批评日本曲于强权抹杀公理，与法国殖民者狼狈为奸、沆瀣一气，指出日本虽同为亚洲人、黄种人，却对欧美人卑下讨好，不论是非一概奉承，"卑黄种尊白种"，"贵西人贱东人"。①

显而易见，在帝国主义列强之间的利益交错中，被压迫的有色人种想要谋求日本的帮助，可谓是与虎谋皮。比起所谓"解放有色人种"的"高尚使命"，日本政治层更为关注的，无疑是现实的具体利益。此种政治心态，就如德富苏峰所说的一样，"我大和民族，绝非要成为黄色人种同盟之霸主与白色人种对抗，毋宁说此种妄想，就如以前吾人极力排斥一样，如今，将来都是要排斥的"，日本"担当黄人重荷之责任"的最终目的，是要"和白种人齐心协力，诱导、启发他们，最终令其适得其所。"②在日俄战争胜利的影响下，为了吸收和参考西方殖民者经验，更好地服务于今后的"大陆统治"，日本国内还出现了大量有关中东地区问题的论文和书籍，如《保护国经营之典范埃及》③、《埃及中的英国：韩国经营资料》④等等。俨如大隈重信所表示的那样，"埃及之经营对于我之韩国保护政治而言甚有参考价值"⑤，有色人种寻求自由独立的理想期望，在日本所着眼的实际目的面前，只能是一厢情愿的幻想。

当时，国文学者芳贺矢一（1867—1927）的《国民性十论》，是论述日本人特性的一本畅销书。书中列举了日本国民具有的十种优点，在论述"温和宽恕"一项时，还特意提到了来自西方的"黄祸论"。在作者看来，那只不过是"西洋人对日本人误解太甚"而已，所谓"好武"的日本人会像成吉思汗一样侵略欧洲之说，更是"杞

---

① 「安南王族本邦亡命関係第一巻」，アジア歴史資料センター，レファレンスコード：B02032273300。
② 德富蘇峰：「黄人の重荷」，『蘇峰文選』，民友社，1915，第892頁。
③ 加藤房藏：『保護国経営之模範埃及』，京華日報社，1905。
④ 井上雅二：『埃及に於ける英国：韓国経営資料』，清水書店，1906。
⑤ クローマー：『最近埃及』上巻，大日本文明協会，1911，序言第12頁。

人忧天",其原因"根本在于人种之厌恶"。① 还有一些日本人,坚持认为"日本之主义,最初即非驱逐西洋人于东洋,又非中途反覆,代西洋人而侵略东洋,惟以自国之独立及发展,为终局目的,与其他文明诸国,戮力同心谋平和进步也。"② 但事实上,日本在"压制"西方侵略的同时,转而又成为了新的侵略者。1921年,作家芥川龙之介(1892—1927)到中国旅行,当行至东北奉天(今沈阳),看到成群结队的日本人时,不禁感叹"自己差一点就要赞同黄祸论了"。③ "九一八事变"后,对于日本变本加厉的扩张,以致有些日本人自己都承认,"从前之黄祸论是被寻衅,而新近之黄祸论却是因我方寻衅而起"。④ 从历史结果来看,侵略扩张野心极度膨胀的日本,最终毕竟未能自圆狡辩,成为所有受其戕害国家眼中不折不扣的"祸源"。从这一层面来说,欧美各国所谓的"黄祸论","实即'日祸论'之别名。"⑤

---

① 芳贺矢一:『国民性十論』,富山房,1908,第230页。
② 浮田和民:《论日本对于东洋之主张》,《外交报》第10卷第34期1910年。
③ 芥川龍之介:「雑信一束・十九 奉天」,『芥川龍之介全集』6,筑摩書房,1979,第105页。
④ 清沢洌:『世界再分割時代』,千倉書房,1935,第104页。
⑤ 周之鸣:《黄祸即日祸论》,独立出版社,1944,第1页。

■ 第七章

人种意识与一战后日本的对外心态及行动

第一节 日本的"人种道义"

一战结束后,为解决战争遗留问题、重新划分势力范围,各战胜国于1919年1月在巴黎召开了媾和会议。日本对此也相当重视,派出了以元老西园寺公望(1849—1940)为首的64人代表团。日本最初的参会目的,主要在于"山东权益问题"和"南洋诸岛权益继承问题",对于其他与自己利益关系不大的议题,只是抱着"不参与"或"顺应大势"的态度,以致被西方与会国戏称为是"沉默的伙伴"。① 即便是对于美国总统托马斯·伍德罗·威尔逊(Thomas Woodrow Wilson,1856—1924)设立国际联盟的计划,日本一开始也并不积极。甚至因为担心"在国际间人种偏见尚未被完全去除之现状下",以白人国家为主的国际联盟"可能对帝国产生重大不利影响",日本政府曾秘令代表团,要尽量使威尔逊的"十四条原则"延期成立。而且,"为消除人种偏见对帝国之不利,只要情况允许,都应努力采取适当保障措施。"②

不过,考虑到要解决多年来的西方对日移民排斥问题,争取日本人在国际上的平等地位,日本代表团酝酿、提出了"人种差别废除议案"。1919年2月13日,日代表牧野伸显(1861—1949)在国联委员会会议上发言称,应在国联盟约第21条的信教自由条款中补充加入如下内容:"各缔约国应尽快约定将种族平等作为国际联盟基本

---

① 外务省编:「連合国ノ日本ニ対スル出兵要望及巴里連合国会議ニ関スル件」,『日本外交文書デジタルアーカイブ』大正6年第3册,第162-163页。

② 小林龍夫编:『翠雨荘日記』,原書房,1966,第286页。

纲领，对于国际联盟全体成员之国民，不论其种族或国籍，均不在法律或事实上设置差别对待。"①

对于本国提出的"人种差别废除议案"，日本民众普遍抱有期望，右翼巨头头山满（1855—1944）等人，还联合各政党及相关团体，发起了声势浩大的声援运动。②像1919年2月7日，各政党及民间人士召开"期望人种差别废除同盟大会"，政友会的代表就发言称，"不去除古来各类战争重要起因之人种偏见，则难以期盼永久之和平。今日本民族代其他不幸之民族提此倡议，吾等当众志成城，以为政府代表团之后援。"③部分人坚信，"我参会委员断然提出人种议案，乃是合情合理，在标榜正义人道之和会上，任何一国委员都无正面拒绝之口实。如有拒绝，则无异于暴露彼等之自相矛盾、自私自利，彼等行动之伪善。"④与代表团随行的近卫文麿（1891—1945），在巴黎和会召开前发表了《排斥英美本位之和平主义》一文，称"希望欧美痛悔前非，改变傲慢无礼之态度，除撤去针对黄种人所设之入国限制外，亦应在正义人道上改正针对黄种人差别待遇之一切法律规定。"⑤驻美大使石井菊次郎（1866—1945），同期也在纽约演说称，为了将来各国在"反社会主义、反布尔什维克主义"问题上能够齐心协力，就应该要承认人种平等。⑥

日本政府在巴黎和会上提出此项人种议案，无疑包含着情感自尊和对外宣传的因素。在海外移民问题上，相比于中国政府的举措无力，日本一直在努力充当所谓的"名誉白人""准白人"，以谋求有别于"劣等黄种中国人"的待遇。⑦1901年，澳大利亚联邦政府成立后，颁布了"白澳政策法案"，计划用语言测验法作为限制有色人种

---

① 外務省編：「巴里講和会議経過概要」，『日本外交文書デジタルアーカイブ』大正期特集，第203頁。为了减少西方的抵触情绪，日方在发言中没有把"种族平等"表述为"Racial Equality"，而是换成了"Equality of Nations"（民族平等）。

② 外務省編：「巴里講和会議ニ於ケル人種差別撤廃問題一件」，『日本外交文書デジタルアーカイブ』大正8年第3冊上卷，第437頁。

③ 「人種的差別撤廃同盟大会」，『大阪朝日新聞』1919年2月7日。

④ 『萬朝報』1919年3月31日。

⑤ 近衛文麿：「英米本位の平和主義を排す」，『日本及日本人』1918年12月15号。

⑥ 外務省編：「巴里講和会議ニ於ケル人種差別撤廃問題一件」，『日本外交文書デジタルアーカイブ』大正8年第3冊上卷，第475-478頁。

⑦ 外務省編：『日本外交文書デジタルアーカイブ』明治期第30卷，第166頁。

第七章 人种意识与一战后日本的对外心态及行动

移民的一项措施。法案制定后,日本先向英国,随后向澳大利亚政府提出措辞强硬的抗议,声称"日本人属于一个文明水平比黑人、太平洋岛国人、印度人或其他东方人要高得多的帝国",把日本看成"在道德上、文明上和中国以及其他人口较少的同一水平的国家",意味着对日本的"轻蔑"。① 也就是说,作为已经跻身"世界五大国"之列的日本,一方面不甘忍受与其他黄色人种一样遭受白色人种的歧视;另一方面,却又要借此来向西方展示自己在亚洲黄色人种中的领导地位。② 在部分与会国看来,这称得上是"日本最为认真看待的重要声明之一"。③

然而,日本的提议首先遭到了澳大利亚的强烈反对。由于一战期间日本在太平洋地区大肆扩张势力的行为,本来就令澳大利亚如坐针毡,再加上当时澳大利亚国内正因外来移民等问题,反对党对政府大加攻伐,使得澳方代表对日本的人种议案非常敏感。出席会议的总理比利·休斯(Hughes,1862—1952)就称,在道义上理解日本,但"澳洲有澳洲之舆论及立场,余对此不得不慎重考虑",坚决反对通过该议案。④ 随后,英法等国也流露出了保留态度,像法国就表示,在盟约中添加宗教条款和人种条款并非不对,然而"目前两者都删除掉为最佳"。连最初曾表示支持的美国总统威尔逊,也因国内种族主义团体和政敌对其外交政策的抨击,开始意识到日本人种议案引发的各方分歧,有可能会成为其建立国际联盟的巨大障碍,从而也改变了先前的态度。⑤ 在此情况下,日本代表于4月11日的第15次会议上作出让步,放弃了将"人种平等"写入国联盟约的要求,仅希望将"承认各国民平等及公正对待各国民"一句写入盟约的序言部分,但该建议依然遭到英美各国的否决,最终仅将日本提出议案一事写入会议记录而作罢。⑥

---

① 王孝洵:《澳大利亚排华原因初探》,《世界历史》1994年第2期。
② 永田幸久:「第一次世界大戦後における戦後構想と外交展開——パリ講和会議における人種差別撤廃案を中心として」,『中京大学大学院生法学研究論集』第23卷2003年。
③ 中国社会科学院近代史研究所译:《顾维钧回忆录》第一分册,中华书局,1983,第195-196页。
④ 外務省編:「巴里講和会議経過概要」,『日本外交文書デジタルアーカイブ』大正期特集,第343頁。
⑤ 若槻泰雄:『排日の歴史』,中央公論社,1972,第142,144頁。
⑥ 外務省編:「巴里講和会議経過概要」,『日本外交文書デジタルアーカイブ』大正期特集,第607-611頁。

对于满怀希望的日本人来说，这样的结果实在是"千秋之恨事"。① 近卫文麿失望地表示，"合理的人种平等提案，因由实力不足的日本提出而被葬送，反之无理的门罗主义，因由强大的美国主张而被堂而皇之地写入联盟规约"，这是巴黎和会"强权法则的最露骨表现"。② 学者唐启华（1955— ）指出，相较于中国在巴黎和会谈判表现上的可圈可点，日本一方所获得的结果却是差强人意。虽然日本费尽心机，取得了《凡尔赛和约》山东条款，维护了面子及国家荣誉，又得到北洋政府签约的承诺，但中国代表团却在民意舆论压力下，最终拒绝签订对德和约，山东问题遂成令日本苦恼不已的"悬案"。加上山东问题完全违背威尔逊的十四条原则，美国国会没有批准对德和约，与北洋政府签订的"中日密约"随后也被公开出来，日本的国际形象更是大受损伤。人种议案被否决，以及西方巨头主导和会的情况，都加深了"日本尚未被白人列强圈认可的自卑感"。如果巴黎和会上中国的外交行动算是"失败"的话，"日本方面却看不到有什么'外交胜利'的喜悦，日本民族主义者反而感受到相当的挫折感"。③

开创东方学研究的爱德华·沃第尔·萨义德（Edward Wadie Said，1935—2003）早已指出，种族主义是近代西方人看待东方时的歧视性思维之一。④ 即便进入到20世纪后，西方对日本的人种偏见，其实也并没有因日本"飞速的进步"而有所减少。像西方对八国联军"远征"中国这一事件的漫画描绘中，德、英、美等西方列强常常被塑造为征服"愚昧东方"的英雄，而日本的形象却往往被忽略、歧视甚至丑化。在许多西方人看来，"日本的参与只是宏大主旋律之下的一个小插曲，虽然日本出兵最多，但这不仅无助于体现文明征服野蛮、西方征服东方的伟大主题，反而打破了文明与野蛮的东西方格局，扰乱了许多西方人对于世界的分界观念。"⑤ 1902年英日结盟后，有很多英国海陆军官曾公开表示厌恶黄种的日本人。⑥ 在当时英国的外交文书中，也经常

---

① 大隈重信：『人種問題』，早稻田大学出版部，1919，序言第10页。
② 近卫文麿：『戦後欧米見聞録』，外交時報社出版部，1920，第47-48页。
③ 唐启华：《巴黎和会与中国外交》，社会科学文献出版社，2014，第376-377页。
④ 爱德华·W·萨义德：《东方学》，王宇根译，生活·读书·新知三联书店，1999，第260页。
⑤ 施爱东：《中国龙的发明：16-20世纪的龙政治与中国形象》，生活·读书·新知三联书店，2014，第132-133页。
⑥ 列文编：《德皇威廉二世致沙皇尼古拉二世书信集》，吕浦等编译：《"黄祸论"历史资料选辑》，中国社会科学出版社，1979，第124页。

可以看到对日本人在人种意识上的贬低和蔑视。①1911年，伦敦举行了讨论人种问题的"第一次世界种族大会"，有西方参会者就发言称，"人类的任何真诚的朋友要是不能看到在黄种人和白种人之间实际上存在着很大的距离，以及因此在他们之间有斗争和仇视的可能性，那将是一种不可饶恕的轻率。"②

在英美等大国主导下的巴黎和会上，尽管日本被承认是一个强国，"但是在西方的心目中，它仍然是亚洲的一部分。"③和会从3月底起，为了所谓的"保密"，美、英、法、意四国首脑开始举行四巨头会议，将日本完全排除在外。日方对此表示不满，抗议称"与日本有关的事项自不待言，即使是一般问题，不与日本全权代表进行商议，希勿作出决议"。④尽管后来在讨论山东问题和俄国问题时，日本得以出席会议，但其由此而产生的被疏离感和被排斥感却是无法抹去。此外，在具体利益的分配上，诸如日本对中国山东权益的争夺，也使日本与其他列强的关系遭到了破坏，以致有"西方人坚信日本是'黄色普鲁士'"。1919年夏，英国外交大臣与日本驻英大使谈论日本在中国的行为时表示，日本坚持在中国的要求是不明智的，不但会引起中国的敌视，而且还使英国产生忧虑。⑤

在一战后国际新秩序的形成过程中，美国式的"理念外交"、苏联式的"意识形态外交"、中国式的"革命外交"，共同成为摆在日本面前的三大外交模式难题。⑥尤其是西方列强开始标榜建立的帝国主义体系下的和平框架，令日本明目张胆的掠夺式旧外交开始在世界舆论中难以立足。这一变化，使得意欲扩张的日本人"已经意识到民族主义动机，只能通过'人道正义''世界改造'这样一个框架来表现"，而为了打

---

① 参见Paul Gordon Lauren：*Power And Prejudice：The Politics And Diplomacy Of Racial Discrimination*（Boulder and London：Westview Press，1988），pp.50-108.

② 司皮勒编：《第一次世界种族大会种族关系问题论文集》，吕浦等编译：《"黄祸论"历史资料选辑》，中国社会科学出版社，1979，第295页。

③ C.L.莫瓦特编：《新编剑桥世界近代史》第12卷，中国社会科学院世界历史研究所组译，中国社会科学出版社，1999，第464页。

④ 猪木正道：《吉田茂传》上，吴杰等译，上海译文出版社，1983，第190页。

⑤ 玛格丽特·麦克米兰：《大国的博弈：改变世界的一百八十天》，荣慧、刘彦汝译，重庆出版社，2006，第235页。

⑥ 参见服部龍二『東アジア国際環境の変動と日本外交1918-1931』（有斐閣，2001年）。

破欧美霸权、维护日本利益,所谓的人种问题就"几乎成为唯一能公然表述的民族主义话题。"①

的确,日本在巴黎和会提出人种差别废除议案之前,还从未有一国的最高政府代表在参加国际活动时提出过此种要求,日本口头上呼吁"人种平等"的行动,一定程度上帮其在部分弱小国家树立起了良好的形象。②当人种议案几将不被通过时,日本政府还曾试图联合同样有人种平等诉求的犹太人团体,以及匈牙利、保加利亚、土耳其等国的言论机构为其声援。③中国虽然与日本矛盾十分尖锐,但对于日本提出的人种议案本身,还是表现出了支持的态度。相对于其他参会国或反对、或"缄口不言",而当会议上日方代表珍田捨巳(1857—1929)向中国代表团投来求助目光时,中方表示,虽然正式意见需要请示国内政府,但对于日本的此项提议,"中国政府与人民,均极所关心",对其议案所持有的理念"自表同情"。④在中国国内,民众也对日本提交人种议案的行动给予了相当高的评价,"人种差别撤废问题实为亚细亚将来的问题,此点中日两国共同利害,……中日两国人民极应奋起为要。"⑤得知人种议案被驳回后,一些中国人还不无遗憾地称,"人类历史上的第一次尝试,以国际法保障种族平等并迈出推广人权方面的重要一步,就这样在西方主要强国的反对下流产了。"⑥

对于巴黎和会人种议案被否决这一系列事件中日本人的心态和感受,我们固然应该以"了解之同情",承认其确实存在着近代国家发展上的挫败感和屈辱感。但从本质上说,日本提出的人种议案,追求的只是"日本人与西方人的平等"。像对人种问题极为关注的大隈重信就认为,基于人种差异而产生人种差别是不合理的,但并不是所

---

① 有马学:『日本の近代4「国際化」の中の帝国日本』,中央公論新社,1999,第180-181頁。

② 眞嶋亜有:『「肌色」の憂鬱——近代日本の人種体験』,中央公論新社,2014,第175-176頁。

③ 外務省編:「巴里講和会議ニ於ケル人種差別撤廃問題一件」,『日本外交文書デジタルアーカイブ』大正8年第3冊上卷,第453頁。

④ 张一志编:《近代中国史料丛刊三编第十六辑 山东问题汇刊》上,文海出版社,1986,第161页。

⑤ 《人种问题之中日合同运动》,《晨报》1919年3月4日。

⑥ 森格尔:《当西方还不想谈论种族平等时——一段尚未披露的有关1919年中国"五四"运动的序曲》,申人译,《现代外国哲学社会科学文摘》1995年第1期。

有国家和民族都是平等的，由于各国家、各民族的社会发展阶段及文明进步程度不同，所以在人种待遇上也应有所区别。就当前来看，能够向白种人要求平等待遇的民族，除日本之外尚不存在。中国这样的"文明尺度下的落选者"尚处于低级阶段，国家各方面也都未能达到完全独立，自然难以获得西方人的认可。至于其他有色人种国家，也应该暂时"隐忍"和图强，在人种问题上与日本"同舟赴难"。① 对于美国那些欢呼日本带来了"人种平等曙光"的黑人，日本更是敬而远之，生怕与其的交涉活动会给日本的人种地位带来负面影响。② 就像当年政论家高山樗牛曾宣扬的那样，"吾人所谓之帝国主义，乃是不给属国及殖民地之异人种、异民族与我国人民同样之权利，是通过权力关系在此等异国人与本邦人之间设定主从差别之主义也。"③ 大多数日本人之所以对"人种差别"耿耿于怀，只是由于自己被西方视为"二等、三等国民"而产生了屈辱和愤怒，与真正的"人种平等"追求还相去甚远。④

对于日本这种呼吁"人种平等"的"道义行为"，陈独秀（1879—1942）指出，"日本人这种提议，我们当然是根本上赞成的。但……我们黄人既然对于白人要求平等待遇，我们黄人自己对于黄人，先要平等待遇。若是我们黄人对于黄人的什么在中国的特殊地位，和在朝鲜的主属关系，不能打破，还有什么面孔向白人要求平等待遇呢？"⑤ 到了后期，他更是称，"联合亚洲的黄人，抵抗欧美白人的鬼话，我们绝对不相信。因为黄人待黄人，比白人待黄人还要残狠十倍。日本人在东三省和山东的情状，

---

① 大隈重信：『人種問題』，早稲田大学出版部，1919，序言 2-9 頁，第 90-99 頁。

② 眞嶋亜有：『「肌色」の憂鬱——近代日本の人種体験』，中央公論新社，2014，第 175-176 頁。

③ 高山樗牛：「帝国主義と植民」，『樗牛全集』第 4 卷，博文館，1905，第 514 頁。当然，需要顺带说明的是，由于明治末期"对外实行帝国主义，对内实行立宪主义"是当时日本自由主义者最为支持的主张，因此作为日本人的立场来看，"帝国主义"并不是一个贬义词汇。石川祯浩：《梁启超与文明的视点》，狭间直树编：《梁启超·明治日本·西方——日本京都大学人文科学研究所共同研究报告》，社会科学文献出版社，2001，第 116 页注释。

④ 实际上，在一些日本上层政治人物的眼里，"台面"底下的人种问题并非是那么重要，很多人甚至在日常生活中本身就是典型的"恃强凌弱"的"人种主义者"。眞嶋亜有：『「肌色」の憂鬱——近代日本の人種体験』，中央公論新社，2014，第 206 頁。

⑤ 陈独秀：《人种差别待遇问题》，《独秀文存》卷 1，上海书店出版社，1989，第 599-600 页。

比从前俄人、德人怎么样,这就是个明白的榜样。"① 同盟会早期会员王拱璧(1886—1976)曾感叹,"余游东瀛三岛,恰似被盗苦主游观盗窝,无论何处,皆可发见其赃物盗谋;又似老幼被虏偶入虏居,得见烹翁之羹,醢儿之脍,鼎镬杂陈,脩虏饔飧,纵使神精麻木,意老疏懒、亦思呼号家人御盗伐虏。我国人有希望与日人亲善者,是犹未游观盗窝,真知灼见其赃物盗谋也;是犹开门揖盗,肉袒降虏也。晚近无色人种对于有色人种之欺凌虐待,可谓无所不至矣。有色人种具有抵抗无色人种之资格者,舍黄种人又谁属?联合黄种人抗白祸,固大同以前之要图。日人虽寡、亦黄种;我何忍弃之以弱我指臂?乃日人自入德国门下,随'威廉一世'学步;向'俾斯麦'唔呀学语,迄于今而扰害东方、搅乱世界之运动、已为日人本诸天职天性之常课。莠谷不可共庯,薰莸岂能同器?不予日人以德国失败之教训,则余辈希望之大同,终不可得而几也。"②"如此次日人向巴黎和会提出之'人种无差案',为余十五年来之希望。今独无望于日人者,因就第一、第二两层天性观日人,皆足为大同魔障也。"③

当然,像吉野作造等日本人,也认识到了日本在人种问题上的两面性,针对巴黎和会时日本国内掀起的所谓"人种差别废除声援运动",他就批评说,"今日我国法制对于朝鲜人有明显差别待遇一事乃是不争之事实,……试举一例,朝鲜人子弟完全被排除于日本人儿童学校之外,……如此学童问题,并非日本责难旧金山当局时所能公然夸示之事。"④ 明确指出日本在朝鲜、中国台湾、东北等统治地区,采取了差别性的两面政策。二战后出任过首相的石桥湛三(1884—1973),在当时也说,"不管中国人如何,朝鲜人如何,只要日本人能够在白人之间获得对等待遇便得以满足,这种想法是利己的,卑劣的。"⑤

就如宫崎滔天批评的那样,日本的所作所为其实没有脱离"崇强凌弱"的本质。

---

① 陈独秀:《共同管理》,《陈独秀文章选编》上,生活·读书·新知三联书店,1984,第396页。
② 王拱璧:《〈东游挥汗录〉冠辞》,窦克武主编:《王拱璧文集》,河南大学出版社,1991,第19页。
③ 王拱璧:《〈东游挥汗录〉冠辞》,窦克武主编:《王拱璧文集》,河南大学出版社,1991,第20页。
④ 吉野作造:「人種的差別撤廃運動者に与ふ」,『中央公論』1919年3月。
⑤ 石橋湛山:『石橋湛山全集』第5巻,東洋経済新報社,2010,第108頁。

日本人"称支那人为'清国奴',而对白人则毕恭毕敬,唯恐失其欢心,对支那人,恰如对待奴婢一般,一开口便是'清国奴'如何如何。经常都是对弱者强硬、对强者卑谦之态度。"①"如人种议案,作为问题乃是一好问题。唯我国所言之人种议案,甚不彻底,令人遗憾。以我之见,若以解放朝鲜、台湾之决意而高呼、而提案、而游说,则定能成为彼等标榜之人道主义之范本,引发几多反响。更者,还有望前可制俄、德、奥匈之过激军备,内可得受此思想感染之广大劳动民众,后可对因殖民地民怨四起而头痛不已之彼等列强,产生一种伟大之权威。……然而回想我民族,只会对弱者称霸,对东洋同胞无礼。如若因果报应、天地自然回转,有朝一日落得亡国之惨运。此天惩也,慈悲之铁拳也。国人不尝此悲惨,对朝鲜人,对台湾人,以及支那、南洋、印度之同种族,无以唤起真诚之同情。只有这样,方得谈论人种问题之资格,与世界人类握手之资格。"②

另一方面,尽管日本在与西方列强谈及人种问题时处于弱势地位,但仍会全力利用现代外交策略、政治手段为其争取相应的利益。巴黎和会日本的主要目标是要求接管德国在山东的各种权益和占有德属赤道以北的南洋群岛。相比之下,"人种平等"的重要性显然要更小一些。史学家清泽洌(1890—1945)就指出,"人类的生存问题并不像黄白黑肤色那样简单",在制定国家政策的时候,需要脱离情绪化的"感情"和"义愤"。面临着生存问题的日本,如果在巴黎和会上坚持要求将"人种平等"内容写入公约,"反而只会把问题变复杂"。③巴黎和会前近卫文麿那篇充满火药味的《排斥英美本位之和平主义》一文,就被认为是妨碍日本与西方协调的轻率之举,受到了元老西园寺公望的严厉斥责。④当人种议案遭到否决时,部分日本人不满政府外交上的软弱与退让,主张要强硬地"退出国际联盟"⑤,然而首相原敬(1856—1921)等高官就认

---

① 宫崎滔天:「東京より」,宫崎龍介、小野川秀美编:『宫崎滔天全集』第二卷,平凡社,1976,第41頁。
② 宫崎滔天:「東京より」,宫崎龍介、小野川秀美编:『宫崎滔天全集』第二卷,平凡社,1976,第119-120頁。
③ 清沢洌:『世界再分割時代』,千倉書房,1935,第19-22頁。
④ 岡義武:『近衛文麿——「運命」の政治家』,岩波書店,1972,第13-14頁。
⑤ 小林龍夫编:『翠雨莊日記』,第444-445頁;外務省编:「巴里講和会議ニ於ケル人種差別撤廃問題一件」,『日本外交文書デジタルアーカイブ』大正8年第3册上卷,第478-486頁。

为，人种议案"并非是值得退出国际联盟之问题"，只要适当地"保持体面即可"。① 陆军魁首宇垣一成（1868—1956）也在日记中写道，"形势若允许，则退出国联运动乃是痛快且有利于帝国之事。然周围形势不利，则必须隐忍放弃人种问题，将山东问题置于国联管制之下。不可迂阔如意大利般固执己见而误大事。"② 同样，作为巴黎和会日方主要发言人的牧野伸显，后来也在回顾录中直言，人种问题虽然也算是根本问题，但其更关心的是国际联盟的成立。③ 对于巴黎和会日本提出人种议案的"功效"，当时有中国学者就认为，精明的日本政府提出此议案，乃是"特暗示威尔逊乔治诸氏，使对青岛问题，知所让步而已。"④ 清泽洌也指出，"当时和如今"都有舆论认为，日本"真意是想在山东问题上取得有利立场"，因为如果美国一旦反对了人种议案，则在山东问题上自然会有所让步。⑤

1924 年美国开始讨论颁布排日法案，一时间很多日本人又开始高呼"亚细亚主义""有色人种同盟"等口号。⑥ 孙中山就此问题接受日本记者采访时说，"初无特殊之感想，此在日本毋宁视为最良之教训，须为黄色人种而觉醒之绝好机会，此外，余殊无所感也"，日本应该"忍受耻辱，退而静谋亚细亚民族之大结合，俟黄色人种之团结完成，然后讲求对于此次屈辱之方策。"当被问及美国的行为正当与否时，他表示不愿明答，"盖恐引起日本并吞高丽是否正当之反问也。"⑦ 同年 8 月，中国国民党发布《本党忠告日本国民书》，抨击日本取缔华工的政策，指出美国排日是施之于不同种不同文之国，而日本则专以相同政策施之于同种同文之中国，凌轹同种，豆萁相煎，较异种为尤烈。日本人所唱亚洲人种大团结，别有用心，决无诚意。"中日两国为同文同种，理有团结亲善之精神，其实日本之对中国全无诚意，例如对待中国之劳动者，加

---

① 原奎一郎编：『原敬日記』第八卷，福村出版株式会社，1965，第 187 页。
② 宇垣一成：『宇垣一成日記Ⅰ』，みすず書房，1968，第 199 页。
③ 牧野伸顕：『回顧録』下，中央公論社，1978，第 173 页。
④ 孟宪章：《世界最近之局势 第二卷 巴黎和会》，北京师范大学，1926，第 116 页。
⑤ 清沢洌：『日本外交史』下卷，東洋経済新報社，1942，第 387 页；信夫清三郎编：『日本外交史 1853-1972』Ⅱ，毎日新聞社，1974，第 298 页。
⑥ 详见本书第九章第二节。
⑦ 孙中山：《与日本广东通讯社记者的谈话》，《孙中山全集》第十卷，中华书局，1981，第 134 页。

以暴民取缔，吾人不能无疑之。日人受美国禁止移民，朝野反对，夫己所不欲，何施于人，愿我亲爱之日本国民一致鞭挞政府，俾有以觉醒之也。"①

1926年在日本长崎，翌年在中国上海召开了两次"亚洲民族大会"。就会议的主旨而言，是要"消除阶级、肤色、宗教之差别，推进全人类之幸福"②，但实际状况远非宣传的那么美好。作为活动主导的日方，像在长崎会议时，就因顾忌到会激发朝鲜的民族意识、危及自身的殖民统治，最初并不允许朝鲜代表出席大会，而诸如中国提出的"二十一条"撤回议案、印度提出的印度民族独立议案，也都被其以各种理由搪塞或驳回。实际上，日方主办机构"全亚细亚协会"在成立之初就已直言，其目的不在于与西方发生实质性对抗，而仅在于"以此次机会为契机，以亚洲民族中先进国之日本为中心及柱石，促进亚洲人民觉醒，团结一致，养成实力，防备即将到来之人种祸乱。"③换句话讲，遭到西方人种孤立的日本，召开这种"徒以亲善之空名，作欺骗愚弄之工具"④的会议的核心意图，也只是要表明亚洲国家须听从日本号令，"以日本为中心及柱石"而已。

第二节　日本的"白祸论"

日俄战争后日本势力不断扩大，西方列强出于自身利益，依旧经常在人种问题上针对日本大做文章。1913年，阿列克谢·尼古拉耶维奇·库罗帕特金著书表示，"二十世纪应生之大斗争为何？黄白人种之大斗争也。欧罗巴人与亚细亚人之人斗争也。"面对日本崛起扩张和有色人种觉醒反抗等"人种冲突"危机，欧洲人的前途十分危险："自日本勃起于东方以未，日以扩张军备为务。而中国亦以得欧罗巴及日本指导之故，渐组织新式军队焉。若此者，实欧洲诸国在亚州有经济利害者之一大忧患也。"在他看来，"欧洲各国当此前途危险逼迫之秋，舍弃去相互间之利害的计算，合其精力以抵御他人种外，殆无他策。""盖维持在亚细亚之欧洲势力之平和，为关于全欧之重要问题。

---

①桑兵：《交流与对抗：近代中日关系史论》，广西师范大学出版社，2015，第230页。
②『大阪每日新聞』1926年7月24日。
③『東京日日新聞』1924年7月11日。
④《蔡晓白谈亚洲民族大会之反响》，《申报》1926年7月24日。

欧洲诸国之应各保其地位以资将来之进取，且应一致努力为之准备，谁能有异议哉！唯然，则吾人所忧之黄祸遂绝不能不出现，此又势所必至耳。"①1914年8月《东方杂志》译载的《白种大同盟论》一文中，某英国军官称，"因谓白种人欲握全世界之霸权，则不列颠帝国之盎格鲁撒克逊人，乃至欧洲及北美合众国之白种人，不可不结坚固之团体。……一旦欧洲大战争发现（生），大陆各国，乃至大不列颠，均于太平洋上无立足地。此日本人之机会也，而中国人则必为日本之后援。于是而斐洲之骚乱起，而亚洲亦兴师而出征。……黑种者，具有伟大之战斗力者也。此种战斗力，可以组织军队，又可以缔结秘密社会，今则蠢然思动矣。亚洲者，历史上最大之恐慌所由起也，今则枕戈待旦矣。第一次之角斗，俄人已大为惊骇，此种可惊骇之故事，历史上必将复述之也。"该军官认为，欧洲国家之间如果继续倾轧不已，则"白种人之霸权必失，黄种人之机会乃至。"在对太平洋的海权争夺上，"不列颠及列强，均自退出于太平洋之外，而令强有力之日本舰队，垄断其权利。"②这种情况，就像戴季陶当时所指出的那样，"最近数月以来，欧美排斥黄种之议论日益加增，且唱道之者多为各国军人。……'欧洲同盟''太平洋黄白冲突''白人种大同盟'等议论，无一日绝迹乎欧洲之言论机关者。且不特言论而已，各国之政治方策日以此为转移，亦吾人所可见到者。"③

面对此类充满敌意的言论，随着国力的逐步增强，部分日本人对西方主导人种话语权的状况开始表示出了更多的不满。针对盛行不衰的"黄祸论"，用于表示西方白色人种对有色人种侵略奴役的"白祸"（White Peril）一词，也作为一种反驳和回击被大为宣扬。早在日俄战争时期，冈仓天心就在《日本的自觉》中表示，"假如欧洲诸国民的罪恶感唤起了黄祸的幻影，那么毫无疑问，亚洲痛苦的灵魂是在白祸的现实中哭泣"。④日本派往美国的外交特使金子坚太郎，也在一篇名为《黄祸对于日本乃是良机》的评论中隐约指出，"若东洋苟有祸患，则非黄祸而必为白祸。黄祸乃白皙人种眼中之

---

① 戴季陶：《欧罗巴大同盟论》，《民国》第一年第三号1914年7月10日，唐文权、桑兵编：《戴季陶集》，华中师范大学出版社，1990，第730-743页。
② 钱智修：《白种大同盟论》，《东方杂志》第十一卷第二号。
③ 戴季陶：《欧罗巴大同盟论》，《民国》第一年第三号，1914年7月10日，唐文权、桑兵编：《戴季陶集》，华中师范大学出版社，1990，第750页。
④ 岡倉天心:「日本の目覚め」，色川大吉編:『日本の名著39 岡倉天心』，中央公論新社，1993，第226頁。

妄想，白祸却是东洋现存之现实"，"所谓黄祸之叫声，对于欧美各国来讲乃是了解日本实力与理想的最好机会。对于我日本来说，亦是向世界表白自己之光明正大理想、毫无夹杂私欲之最好机会。"①

日本陆军大将宇都宫太郎（1861—1922），在1911年批评"白祸"称，白人"势力东渐日益激烈，全世界面积之百分之八十五都已归其垄断，'摩洛哥、的黎波里'两地之沦落，为吾人眼前之事实，白人梦想之白人非洲、白人美洲、白人澳洲等几乎成为现实，彼等最终希望之白人世界，不久亦将进入实际之操作议程。今日，我帝国为生存之计，于自大自强政策上完全占有支那乃是最佳之选。"② 政论家永井柳太郎（1881—1944）在《白祸论》一文中声称："世间若有所谓侵略人种，则白种人首当其冲"，"人种反感如若蔓延，非有色人种之罪，乃白种人之过也。"③ 一战后期，欧洲战场上的20多万德国、奥匈帝国战俘，被俄国遣送到了远东西伯利亚地区。但沙俄帝国覆灭后，该地区一度陷入无序状态，一战时宣战的敌人德国，转而成为日本战略上的考量重点。当时部分日本上层，就考虑要防备这种西方军事上的"白祸"，避免德国利用西伯利亚地区的战俘乘机报复和东进。④ 1924年，国家主义者、"中国通"长野朗（1888—1975），出版《受白祸困扰的支那：通往亚细亚联盟之路》一书，详细论述了西方白色人种征服中国等东方有色人种的情况，指出当前"白祸"的侵袭已经愈加严重，有色人种必须尽快觉醒，建立亚细亚联盟进行自救。⑤

从宏观上说，一战后日本的对外政策存在着两种思想流派，一种是以"币原外交"为代表的自由主义，承认新形成的国际秩序，主张与英美进行协调合作；另一种是以"田中外交"为代表的积极主义，认为英美的目的在于维持既得利益现状，日本必须打

---

① 伊藤隆：『日本の近代16 日本の内と外』，中央公論新社，2001，第180頁。
② 『上原勇作関係文書』，转引自スヴェン サーラ：「岐路に立つ日本外交：第一次世界大戦末期における『人種闘争論』と『独逸東漸論』」，『環日本海研究』(8) 2002年12月。
③ 永井柳太郎：「白禍論」，『新日本』第二巻第二号 1912年。
④ スヴェン サーラ：「岐路に立つ日本外交：第一次世界大戦末期における『人種闘争論』と『独逸東漸論』」，『環日本海研究』(8) 2002年12月。
⑤ 長野朗：『白禍に悩む支那：亜細亜聯盟へ』，燕塵社，1924。

破英美主导的秩序制约。①同样，这两种思想也在日本的人种意识上体现出来。

一方面，对于与西方"妥协、协调"时如何在人种问题上展开博弈、利用，一些日本人可谓是深知其中的要旨。宇垣一成就称，"对同一人种、民族要大大鼓吹内部的团结协同，对外界则要宣传表面上的国际主义、四海皆同胞主义。"②当时，美国政论作家洛斯罗普·斯托达德（Lothrop Stoddard，1883—1950）在其《有色人种的勃兴》一书中提出，为了抑制有色人种的觉醒和反抗，白种人应该仅占据南北美洲、欧洲和非洲，而将亚洲和西伯利亚划分给有色人种居住，以此保持当时世界格局的平衡和安定。③对此，宇垣一成表示，"尽管不甚满足，但彼等对吾人之立场多少有些同情，对此加以利用乃是当务之急。"在他看来，利用白种人恐惧的黄色人种蔓延问题，日本如能乘机在东亚大陆进一步扩大势力，则不失为一种获得实际利益的良策。④

实际的政治运作上，除了前述巴黎和会上对人种问题的处理之外，在华盛顿会议时期，一部分日本人曾因不满美国对日本的压制，主张用移民话题作为牵制讨论"中国问题"的"有力武器"。英国外交部门就曾称，"日本通过提出人种差别、移民问题，手中掌握了可以随时推翻华盛顿会议的力量。"⑤但权衡再三，日本政府中避免与西方直接发生人种意识冲突的意见依旧占据了主流，像外务省欧洲局就提出，"若如巴黎和会般提出人种差别废除问题，仅能刺激澳洲等国之反感"，令对方猜疑日本意在搅乱会议。时任外务次官的埴原正直（1876—1934）也认为，此时如果重提移民问题的话，"必然会与参会诸国发生冲突"。⑥

---

① 重光葵：《日本侵华内幕》，齐福霖等译，解放军出版社，1987，第16-17页。"币原外交"：1924年6月至1927年4月、1929年7月至1931年12月，币原喜重郎（1872—1951）历任4届内阁的外务大臣，对外政策以"妥协与协调"为特征。"田中外交"：1927年4月至1929年7月，田中义一（1864—1929）组阁并兼任外务大臣，对外政策以"强硬与武力"为特征。

② 宇垣一成：『宇垣一成日記Ⅰ』，みすず書房，1968，第393頁。

③ Theodore Lothrop Stoddard：*The Rising Tide of Color Against White World-Supremacy*（New York：Charles Scribner's Sons，1920）.

④ 宇垣一成：『宇垣一成日記Ⅰ』，みすず書房，1968，第393頁。

⑤ 麻田貞雄：『両大戦間の日米関係——海軍と政策決定過程』，東京大学出版会，1994，第119頁。

⑥ 麻田貞雄：『両大戦間の日米関係——海軍と政策決定過程』，東京大学出版会，1994，第118頁。

但另一方面，也有很多日本人认为，在这个弱肉强食的时代，人种差异所引起的争斗始终不会消除。早在1903年，宇垣一成就在日记中写道，"个人之竞争进化为部落之竞争，再进化为国家、宗教之竞争，观之于历史已是明了无误。今后之竞争乃是人种之竞争。要言之，支配世界者并非只有白人。我等东洋黄色人种奋起后，白色人种亦将接近联合，百年后不免成为黄白人种竞争之趋势。吾等对此必须保持清醒，谋划今后百年之大计。"① 日本法西斯主义大本营"国本社"的社长、日后一度出任首相的平沼骐一郎（1867—1952），对西方白色人种抱有极强的不信任感。他曾对山县有朋说，"如今虽是追随欧美之世道，但实为不可。白色民族绝不会容纳有色人种为其伙伴，将来必起民族之争，时机一到白色人种则联合起来征伐有色人种，能与之对抗者唯有我日本民族。"② 主张"天皇主权说"的代表人物上杉慎吉（1878—1929），将日本鼓吹为有色人种前进的标杆，"日本人进一步，彼等进一步，日本人退一步，彼等亦退一步"，在西方白种人的紧逼下，领导亚洲各国打破"白人专制"，乃是日本极其重大的责任。③ 国家主义者满川龟太郎（1888—1936），在其《东西人种斗争史观》一书中称，"证明亚细亚人绝非劣等未开之民族，打破白人之偏见与迷信，乃是今日之急务"，而为达到这一目的，就迫切需要亚洲同种国家在改革、独立后，共同成立"亚细亚联盟"。④ 当时成立的一些政党和团体，其行动纲领中诸如"要将有色民族从白人帝国主义的铁锁下解放出来，以期在人种平等、资源平衡的原则上创建世界新秩序"，"期待以道义性外交在国际范围内确立国家生存权，在全世界范围内解放有色人种"之类的表述也是屡屡可见。⑤

作为日本对外扩张先锋的军队，更是有观点认为，西方所宣扬的"黄祸"，毋宁称之为"白祸"更加妥当。所谓"东洋近代之外交史，其全篇之构成骨干，乃是白色人种之东洋侵略史。彼等口中所唱之正义、人道、和平，实以保存自国利益为目的，

---

① 宇垣一成：『宇垣一成日記Ⅰ』，みすず書房，1968，第6頁。
② 平沼騏一郎回顧録編纂委員会：『平沼騏一郎回顧録』，平沼騏一郎回顧録編纂委員会，1955，第119頁。
③ 上杉慎吉：『日米衝突の必至と国民の覚悟』，大日本雄弁会，1924，第78-79頁。
④ 満川亀太郎：『東西人種闘争史観』，東洋研究会，1924，第90頁。
⑤ 堀幸雄：《战前日本国家主义运动史》，熊达云译，社会科学文献出版社，2010，第59，108页。

彼等针对未开化地区之行动,充满威吓、欺瞒和掠夺。彼等为打破当前白种文明之困境,将来必然再向东亚伸出侵略之魔手。黄色人种对于白祸之东渐不可不防。"①进而,"回顾亚细亚之现状,除我帝国之外真正具备独立国实质者皆无,无不国内政治紊乱,国力疲敝,国民文化低下且急缺对抗白人之气力。若如中华民国,苦于白祸却常又利用其来对抗我帝国。此等状态永远持续,则亚细亚之支配权终将被白人所夺。亚细亚民族应舍小异、求大同,以亚细亚盟主之我帝国为中心团结一致,将对抗白祸作为眼下之急务。"②

1933年,近卫文麿在杂志 King 上发表《改造世界现状！——清除伪善之和平论》一文称,"领土分配的极为不公","存在破坏人种、语言统一的政治限制","重要原材料的不均衡"等"国际间存在的不合理状态",是造成世界战争的根本原因。他写道,"翻开历史来看世界各国领土的消长及民族兴亡的轨迹,就能明白今日地球上国家民族的分布状态既不合理,也非确定不变。实际上,地球三分之二以上的人口和两大大陆落入少数白人支配之下,只不过是百年以来的事情。"那些反对战争的"伪善的和平论","对于满足此世界现状的国家来说是绝好的托词,但对不满于现状的国家来说却是难以忍受的。"他最后表示,日本在中国东北地区的行动,既是为了"发展满蒙",也是为了"自身生存","欧美有识之士要好好反省,……停止对日本的非难攻击,应该回到正义人道的立场,去寻找实现世界真正和平的方案。"③

近卫文麿等人的这种思想理论,成为日本人为自身侵略扩张行为辩解的一大基本论调。对于日本政府在"九一八事变"后的构想,可以通过其外务省在1930年代发布的一系列声明来了解。比较著名的是外务省发言人、情报部长天羽英二(1887—1968)在1934年4月间发表的"天羽声明",它集中反映了当时日本帝国主义妄图独占中国、称霸东亚的外交政策。天羽英二表示,希望西方能承认目前亚洲的变化,如果有人破坏日本与中国及其他国家关系,必将产生与维持东亚和平相悖的结果,而日本则对此不能漠视不顾。④该声明的实质,被认为是对"凡尔赛—华盛顿体系"下西方

---

① 陸軍省調查班:『白禍に備へよ』,陸軍省調查班,1932,第1-2頁。
② 陸軍省調查班:『白禍に備へよ』,陸軍省調查班,1932,第31-32頁。
③ 『昭和大雜誌・戦前篇』,流動出版,1978,第28-34頁。
④ 外務省編纂:『日本外交年表竝主要文書』下卷,原書房,1978,第284頁。

在华秩序的挑战，是一种以日本为中心的变相的"亚洲门罗主义"。

随着日本挑起"九一八事变"、建立"伪满洲国"、退出国际联盟等一系列行动，标志着此前其奉行的"协调外交"走向了终结。历史证明，对西方进行协调与对抗，对东方（东亚）进行渗透与侵略，是近代日本外交中两条交织前行的主线。上述人种意识上的反应与表现，正是其外交实态的生动写照。英国哲学家、历史学家伯特兰·阿瑟·威廉罗素（Bertrand Arthur William Russell，1872—1970）曾一针见血地指出，日本人"表面上希望白人能平等对待自己，但实际自以为远胜于所有白人。其内心真正的愿望不但是与白人平起平坐，而且更要凌驾于白人之上。"这种充满悖论的对外认识，"源于日本人有两个互相矛盾的野心，他们一方面希望扮演反抗白人统治亚洲的斗士，另一方面，又希望与白人一道聚餐于欺凌弱国的盛宴。"① 时至今日，部分日本人竟然还以曾经首次在国际舞台上提出过"人种平等议案"而自吹自擂，将之作为可以炫耀的道义资本。② 还有一些学者，声称"黄祸论"是"毫无根据之物"，近代世界历史完全是一个"白祸的历史"，将白人侵略扩张势头压制住、并使"白祸"最终走向消亡的功臣，正是"远东日出之国——日本"。③ 但显而易见，日本仍是将所谓人种问题上的各种"正义"，用作本国对外侵略扩张的堂皇借口。

第三节 "隐约之间诱导牵引支那"

如前所述，在日本的各种"对华亲善论"中，主张中日两国作为黄色人种需要联合同盟的论调一直存在。1905 年，政治学者高田早苗（1860—1938）在天津发表演说称，"以余之浅见，日本国民先觉，知我国中国之利害皆系相同，然后使中国国民亦觉，知此道理是也，世人皆称中日两国同文同种，又同宗教，是以万无相反之理。"④ 因此，涉及到日俄战后中国东北地区的归属问题时，"倘或中国一时未能防御，则我日本

---

① Bertrand Russell, *The Problem of China*（BiblioBazaar, 2006）, pp.94-95.
② 滨口和久：『世界で最初に国際社会に人種差別撤廃を提案した国·日本』，http://www.data-max.co.jp/2013/09/30/post_16455_hmg_1.html，访问日期：2018 年 8 月 16 日。
③ 宫崎道生：『世界史と日本の進運』，刀水书房，1981，第 211-218 頁。
④ 《大公报》，第 1052 号 1905 年 6 月 5 日。

唇齿相关，亦不得不代中国暂行护卫之。"①1908年"二辰丸"②事件发生后，为缓和中国人的反日情绪，日本控制下的《盛京时报》就开脱道："中日两国，同处于亚东，隔一衣带水，唇齿之依，辅车之形，休戚相关，决匪浅鲜。况当此种族之界日剧，宗教之畛域益分，中日同文同种之语，岂外交家之口头禅哉？"③自1913年后，作为日本在华喉舌的日属报刊，其数量开始超过此前长期占优势的英文报刊，日本人控制的其他大众传媒业，也进一步快速膨胀。随着日本对中国社会舆论的干扰、控制力不断增强，"日中亲善""同文同种""以亚抗欧"等论调，都成为其对华宣传的基本口径。④

一战爆发后仅5天，元老井上馨在致首相大隈重信和元老山县有朋的信中说，"此次欧洲大难对日本国运之发展乃大正新时代之天佑，日本国必须以举国一致之团结享此天佑"，以便确立"对东洋之利权"，取得与西方列强并驾齐驱的世界地位。对此，众多元老、将军都表示"深有同感"。⑤1914年8月，针对内乱依旧的中国，山县有朋在给日本内阁提交的意见书中也称："按世界之近况，人种竞争逐年激烈。……白人与有色人种之竞争今将更加激烈，最终发生冲突亦不难意料。当欧洲大乱停息，欧洲大陆政治经济恢复秩序后，各国再度瞩目东洋权益之日，或是白人与有色人种激烈竞争、白人共同与我有色人种为敌之时。……支那近来屡受异人种侵略，在反抗白人之斗争中，不难想象与我日本有同样之感受。支那人必深知四千年来未曾有受制于白人之事，若晓以情理、说服劝导，使之幡然醒悟信赖帝国，则未必不可期也。"⑥当然山县有朋也很清楚，露骨地宣扬"日支有色人种同盟"，影响日本与欧美各国的关系，"乃政治家最应警戒之举"，但作为实际的对华操作策略，还是要"以人种问题之趋势劝导袁世凯之后"，再给予其财政上的有力援助，于"隐约之间诱导牵引支那"，方能"徐图

---

①《大公报》，第1053号1905年6月6日。

②1908年2月，澳门商人通过日籍货轮"二辰丸"走私军火，被清军在澳门附近查获，但日方利用外交手段强硬抗议，最终迫使清廷赔偿损失并鸣炮谢罪，此事迅速激起了中国各地的抵制日货运动。

③《中日交涉感言》，《盛京时报》1908年4月16日。

④桑兵：《交流与对抗：近代中日关系史论》，广西师范大学出版社，2015，第126-165页。

⑤井上清：《日本帝国主义的形成》，宿久高等译，人民出版社，1984，第319页。

⑥大山梓：『山縣有朋意見書』，原書房，1966，第342-343頁。

帝国将来之大计"。①1916年10月寺内正毅（1852—1919）内阁成立后，另一元老松方正义（1835—1924）在提交的《对支政策意见》中，批评此前大隈重信内阁提出的"二十一条"等对华政策是"一时之权谋诡策"，不仅使"本应为帝国之外廓的支那成为敌人，而且使帝国之信用失坠于世界"，称"当今黄白人种之问题，已非学理之空论，乃经世之实际问题。考量我日本帝国之前途，如何使我黄色人种先导者日本尽其天职，乃当下紧要之问题。"而作为解决方法，就要在与西方列强协调的同时，通过建立日中之间的"利益纽带"，达成"日支之亲善。"②

曾在护国战争期间担任云南军政府顾问的今井嘉幸（1878—1951），曾指出，所谓的"列强分割说""列强共治说"等对华策略皆对日本有害无益，而"最善之策"的"支那自治说"，也因中国国内目前缺乏有魄力的中心人物而难以实现。不过，由于在将来最有希望的改革派"新分子"心中，已经有了"人种自觉意识"，这成为日中两国亲近、提携的重要基础。鉴于"黄白人种斗争已是必至之事实，日支毕竟具有必须相互提携之命运"，因此他极力主张，"面对即将到来之人种斗争，支那要与日本联合防备白人袭击"，才能实现"大亚细亚主义之真谛"。③

虽然在表面上，日本政府也经常表示不可公开倡导中日"同种联合""人种同盟"之说，称"人种与地理，非两国命运之必然联结，将支那之休戚等于帝国之休戚之推论十分危险"，甚至还有可能再度引发西方的"黄祸恐日之惑"。④然而，像一战期间，日本乘西方无力东顾之际，其实际对华继续大力宣传着所谓的"黄白人种对抗"论调。1918年5月，日本国会代表团访问中国，发表了蓄意煽动人种情绪的演说，"他们演说的要点是说，欧洲国家战后将要加紧控制中国，所以黄种人现在应及时联合起来反对。"⑤1919年"五四运动"爆发后，日系报纸《济南日报》发表社论称，"五四运动"期间参与反日活动的齐鲁大学的学生，是"受英美之贿赂，仗外人之护庇，恣意横行，

---

① 大山梓：『山縣有朋意見書』，原書房，1966，第343-345頁。
② 德富猪一郎：『公爵松方正義傳』坤卷，公爵松方正義傳記發行所，1935，第925-930頁。
③ 今井嘉幸：「人種的争闘を背景としての日支提携」，『新公論』1917年8月号。
④ 外務省編纂：『日本外交年表竝主要文書』上卷，原書房，1978，第425頁。
⑤ 保罗·S.芮恩施：《一个美国外交官使华记——1913—1919年美国驻华公使回忆录》，李抱宏、盛震溯译，商务印书馆，1982，第270页。

违抗官府",同时指责"西国教士乃其政府之走狗,借端唆事,离间我同种同文之中日"。① 该报还称,要注意欧洲国家对亚洲国家侵略所带来的痛苦,美国人现在正试图挑拨中日之间的感情,务必要注意消灭英国和美国在中国不断提高的影响,因为该影响的扩大只能对黄色人种造成伤害。日本和中国是同属黄色人种的兄弟,中日携手解决双方之间的误会,不仅有利于两国的利益,也有利于整个亚洲的利益。②

从中国这一方来看,如众所知,孙中山等资产阶级革命派,在辛亥革命后多寄中国复兴的希望于日本,"黄白人种问题""日中提携"等"亚细亚主义"内容,是他们常用的对日交涉表述。③ 在《中国存亡问题》一文中,孙中山就说,"中国而无发展之望则已(已),苟有其机会,必当借资于美国与日本。无论人才、资本、材料,皆当求之于此两友邦,而日本以同种同文之故,其能助我开发之力尤多。……中国于日本,以种族论为兄弟之国,于美国,以政治论又为师弟之邦。"④ 包括孙中山后来所作的《大亚洲主义》著名演讲在内,其所言"同种"的中日两国应该紧密合作、共同抵御西方殖民侵略之类的话语,对其后继者影响甚大。

袁世凯当权后,身处日本的部分国民党人,为了讨袁行动能够获得日本支持,主动将两国关系置于"同种"语境下考虑,称"自十八世纪种族主义勃发以来,黄白冲突,嚣腾人口,袁氏之素所持媚欧政策,与日本大有不相谋之势",故而"袁贼之存亡,东亚之祸福也。"通过列举欧洲国家之间"同种互助"的事例,表示"此吾国人所以有事于改革,而又不得不以将伯之道望日本矣。"⑤ 担任孙中山翻译的王统一(1884—1957),在得知日本提出"二十一条"后,认为"日本的要求大体得当。袁政府应尽速答应其要求,谋求日中亲善,相互提携,以致力于东亚和平。"对其原因,他解释道:"世间往往误解吾人一派之真意,有人认为似乎以破坏为能事。然而吾人常

---

① 《五月七日以来之齐鲁大学》,《申报》1919年6月8日。
② Anti American statements from a Japanese owned Chinese papers at Tsinan-fu, 1919.7.3. 美国国家档案馆微缩资料,转引自高莹莹:《一战前后美日在华舆论战》,《史学月刊》2017年第4期。
③ 关于孙中山与日本之间的紧密关系,学界研究较多,此处不再展开,可参见俞辛焞的《孙中山与日本关系研究》(人民出版社,1996年)、李吉奎的《孙中山与日本》(广东人民出版社,1996年)。
④ 孙中山:《中国存亡问题》,《孙中山全集》第四卷,中华书局,1981,第94—95页。
⑤ 何海鸣:《讨袁计划书》,中国社会科学院近代史研究所近代史资料编辑组编:《近代史资料》总61号,中国社会科学出版社,1986,第150页。

常悬念者，是如何建设健全之国家，谋求国利民福，绝非为一时之好事或破坏而行动。而且，中国要完成健全之发展，并充实和发展国力，必须有同文同种之国、关系最为密切之先进国日本之指导。我相信，只有日中关系愈益亲善，相互诱导启发，在未来黄白人种竞争之际，才不致蒙受其压迫。"王统一还表示，"吾等同志目前在日本者甚多，但真正同生共死者极少，日本待吾等同志甚厚，实为感谢之至。"①

其他，像戴季陶认为，"亚洲人种之国，今日仅存者，惟日本与我二国耳，而我国即在欧洲人种领土扩张之漩涡中。苟日本不与我国联络，以共谋黄种之存立，全世界皆将为白皙人种之领分，日本之危亡亦且迫矣。世界强大之国八，英、俄、法、德、意、奥、美、日也，日本为此八强国之一，其他之七强国，则皆欧洲人种之国也。以亚洲人种之一强国，与欧洲人种之七强国抗，其欲争存于今日之世界也，难矣。……合中日两国之力，以与欧洲人种之列强抗，欧洲人种之国，未有不翻然改其侵略主义为联合主义者。""故大而言之，中日两国之联络，为黄白人种联合之起点；小而言之，则中日两国联络，亦可以保全东亚之大局。"②1916年7月，黄兴在上海大摆宴席招待侨居的日本人，席间高谈西方白种压迫亚洲黄种的"白祸论"。在他看来，由于白色人种针对黄色人种的反感与压迫，在一战结束后会愈发激烈，因而中日两国急需通力合作，以更坚决的"提携"态度维护双方利益。③

日本对华侵略进一步扩大后，国民党各派系在谈及中日"和平交涉"的必要性时，依然多以中日"同种"作为立论依据之一。④蒋介石（1887—1975）在对日策略上，就经常以孙中山的对日思想为理论指导，屡言"中日携手"的重要性。⑤蒋介石的心腹张群（1889—1990）曾称，自从他与蒋介石加入同盟会之后，始终服膺孙中山的"大亚

---

① 俞辛焞、王振锁编译：《日本外务省档案——孙中山在日活动秘录（1913年8月—1916年4月）》，南开大学出版社，1990，第724页。

② 戴季陶：《强权阴谋之黑幕》，《民权报》1913年4月3日，唐文权、桑兵编：《戴季陶集》，华中师范大学出版社，1990，第636页。

③ 吉野作造：「日支親善論」，『吉野作造選集』8，岩波書店，1996，第215页。

④ 赵英兰主编：《派系与外交——民国时期对日外交思想研究》，吉林大学出版社，2005，第314页。

⑤ 彭敦文：《30年代蒋介石对日思维——以〈敌乎？友乎？——中日关系的检讨〉一文为中心的考察》，《民国档案》2009年第2期。

洲主义"，以促成中日合作亲善为基本方针，蒋介石在抗战前后所制定的对日政策中，很多都本此原则。① 汪精卫（1883—1944）也在讲话中表示，"中国对于任何友邦，都愿意在平等互助原则之下，保持增进友谊与和平的关系，何况对于在地理上文化上种族上和我国有密切关系的邻国日本呢？"② 像这样，在很长一段时期内，中国所面临的内政外交，常被一些国民党人提升至"白色人种殖民压迫"与"黄色人种自由解放"这一具有世界性意义的高度，顺理成章地将日本视为"同一阵营"的伙伴。

但对于日本来说，利用中国的对日人种亲近感与依赖幻想，煽动"异人种对抗""同人种联合"这样泛亚主义情绪的真实用意显而易见。历史家、政治家小寺谦吉（1877—1949）在其被中国译者称为"吞并中国论"的《大亚细亚主义论》一书中宣称："我日本国，今既厄于内外情势，不得已与列强并驰于帝国主义之中。则于东亚和平负有维持之责。故于中国问题将作其轴干，为之盟主，以拯之于皙人种压力之下，保其国土，启其文化，裕其民生，以全同文同种、唇齿辅车之义。相信相助，以共建亚洲新文明，更扩而充之，使生于斯长于斯之黄色人民，皆得独立，享其自由。"③ 在"抗击白种侵略"的幌子下，日本被鼓吹为有"权利""改造和保全中国的东亚黄种盟主"。同样，即便在经济方面，"同文同种"的日本也"有必要""有责任"积极介入："嗣以外人在中国日益活动，日本当局者不忍袖手其旁，乃由有志者陈说中日合办事业之必要，极力促其实现。所陈之理由，即中日两国人为同文同种，易于相亲，又中国多未开发之利源，日本尚未有合同事业以利用之，若出日本人之企业能力，利用中国资本，于中国经营合同事业，诚为一举两得，适合时宜之良策。此等论调，喧传于日人之口，且同时战后满洲经营之急务一语，几为日本人之口头禅"。④

吉野作造指出，"提倡日中两国亲善论者，往往含糊其词。或是因同文同种之故而要亲善，或是因欧美诸国白色人种压迫黄色人种之故而要共同协调，以各种言辞强说日中两国提携之必要。"但是，在两国利益不一致的情况下，所谓的"提携"不过是

---

① 张群：《我与日本七十年》，中日关系研究会，1981，第 1 页。
② 薛代强总编辑：《中国外交年鉴民国二十四年一月至十二月》，正中书局，1936，第 156 页。
③ 小寺谦吉：《大亚细亚主义论》，丘引夫等译，民铎杂志社，1917，第 7 页。
④《中日合办事业与其经营者》，日本实业之日本社：《日本人之支那问题》，中华书局编辑所译，中华书局，1919，第乙 30 页。

"抽象之空论"。① 人种论调听上去似乎很有道理，可是由于它无视历史的变化及两国现实，最终只能是"假以白色人种为敌，将黄色人种强行捏合的苦肉计。"②

毫无疑问，中日两国的爱好和平者，能够认识到"持侵略政策者，为日本军阀派政府，日本人民无与也。"所谓"以共谋人类之真正幸福，而保东亚之平和。岂非中日两国之幸耶，岂非黄色人种之幸耶？"③ 即便对于以"阶级划分"视角来看待日本帝国主义的中共方面来说，同样认为"中日两国决不是自古以来就成为敌人，恰恰相反，中日两国事实上曾经做过长期的朋友。"④ 虽然面对"同文同种"日本的侵略，中国人奋起反抗，但"也并不是仇视所有的日本人"。⑤ 全面抗战开始后，豫鄂边区日本反战同盟的成员坂谷义次郎（？—1944）在文章《同文同种，中日亲善》中指出，中日两国一衣带水，然而战火使两个国家的人民都陷入灾难的深渊，日本只有改弦更张停止战争，才能真正做到"中日亲善"。⑥ 由中共主要负责的国民政府政治部第三厅，也在对日宣传资料《敬告日本国民》中表示，"中日两国同为东亚邻接的同文同种友邦。两国人民之间原本并没有什么仇恨，根本没有进行战争的必要"，而真正负有战争罪责的，是"谋取官职、追求利润、独揽政权"的"日本军阀"。⑦ 遗憾的是，在日本对外侵略扩张的大潮下，上述珍贵的声音，终究还是一种无力的呐喊。

---

① 吉野作造：「日支親善論」，『吉野作造選集』8，岩波書店，1996，第 215 頁。
② 吉野作造：「我国の東方経営に関する三大問題」，『吉野作造選集』8，岩波書店，1996，第 311 頁。
③ 中华民国全国学生联合会：《全国学生联合会致日本黎明会书》，中国科学院历史研究所第三所近代史资料编辑组编辑：《五四爱国运动资料》，科学出版社，1959，第 282-283 页。
④ 李凡夫：《中国与日本》，1937 年 5 月，李凡夫文集编辑委员会：《李凡夫文集》，广东人民出版社，1993，第 2 页。
⑤ 柳乃夫：《中日问题读本》，一般书店，1937，第 2 页。
⑥ 赵晓泮：《从反战同盟五支部到日军 46 人集体暴动》，《党史博览》2007 年第 6 期。
⑦「日本国民に敬告す」，アジア歴史資料センター，レファレンスコード：B05014004500。

第八章

日本侵略加剧与对人种意识的利用

第一节　形形色色的人种论调

1. "满蒙地区人种异质性"

众所周知，在近代日本的对外扩张构想中，中国的东北部地区（即其惯称的"满蒙地区"）一直占有极为重要的位置。1921年5月，日本原敬内阁制定的《对满蒙政策》就声称，"满蒙与我领土接壤，于我国防及国民经济之生存，具有极为重大之紧密关系，现今无需赘述。以上述两大利益为重点，在满蒙扶持我方势力，乃是我国对满蒙政策之根本。"[①]随着日本在东北亚的势力一步步稳固并扩大，其手段由最初的"插手"，过渡为扶持代理人进行控制，到1920年代末，又从间接策划"满蒙独立"，转变为直接进行军事侵略。尽管在"九一八事变"爆发后，日本关东军的主张与政府的意图并不合拍，但纵观前后日本对华侵略的事实，双方的差异充其量只是在行动时间和行动方式上有所不同而已，其设法占有"满蒙地区"的目标是一致的。

在这一背景下，日本针对"满蒙地区"而发出的人种论调，明显充满了扩张性和侵略性。早在1907年，日本东洋史学家白鸟库吉（1865—1942）就表示，"即便从人种、国情方面考虑，蒙古民族将来也必定与我国发生紧密联系"，在日俄战后大力"经营满洲"的形势下，"西边存在与我提携之国民，将会给我国带来巨大便利"。因

[①] 外務省編纂：『日本外交年表竝主要文書』上，原書房，1978，第523页。

此，日本对蒙古民族的调查研究，除了学术上的意义之外，还可以"诱发我国民对蒙古民族的好奇心"，进而为今后日本的"经世政治"提供方便。①

随着此后日本侵略步伐的加快，大量带有研究性质的书籍也开始为政府的行动摇旗助威。出任"蒙疆新闻社"理事长的细野繁盛（生卒未详）称，"原本所谓满洲、蒙古，实为种族之称谓，并非支那之领土。"满洲、蒙古、西藏、新疆不是中国传统意义上的十八内省，因此"满蒙地区"并不属于中国。汉族虽然扎根居住，但这些地区在"人种、语言、风俗、历史方面都甚为疏远。"②学者井上哲次郎（1856—1944）在《满蒙问题与日本》中称，"满蒙不是支那的领土，自民族上观察，属于日本人系统。"旭范彦（生卒未详）的《日本的大陆建国》妄言，"满蒙是满蒙人的满蒙，支那人不过是侵入的一种流氓。满蒙人是日本人的同胞，中华民国对满蒙不正主权者，彼在满蒙行使主权，是欺天下辱日本。"③稻叶岩吉（1876—1940）在《满洲国史通论》中表示，"如今满洲国境内自古生存着的诸民族，虽部分多少有些差别，但大体上是同一民族，与支那的汉族属于完全不同的系统。"④

在日本军政界，这一理论更被进一步渲染发挥。毕生为策动"满蒙独立"费尽心机的川岛浪速（1865—1948），在1926年的演讲中说，"使支那与蒙古适得其所，将亚洲各民族从奴隶状态下解救出来，使其重放国家之光辉，领导其打破白人不正义之侵略束缚"，进而使全世界充满和平正义，乃是大和民族之理想、之天职。⑤制造"九一八事变"的首要分子石原莞尔（1889—1949），认为"满蒙并非汉族之领土，其与我国关系实为更加密切。以民族自决而言，满蒙乃是满洲族及蒙古人之地，比起汉族，倒不得不应承认满洲蒙古人更接近于我大和民族。……依据日本之力，开发满蒙，维持其治安，方能期望满蒙得以迅速持续之发展。"⑥日本操纵建立"伪满洲国"

---

① 白鸟库吉：「蒙古族民族の起原」，『白鸟库吉全集』第四卷，岩波书店，1970，第23-24页。
② 細野繁勝：『満蒙管理論：支那の本質と列国の対支政策検討』，巧芸社，1928，第282-284頁。
③ 李贻燕：《日本侵华排外教育的铁证》，《日本评论》1932年第1卷第1期。
④ 稲葉岩吉：『満洲国史通論』，日本評論社，1940，第20頁。
⑤ 川島浪速：「對支竝に對滿蒙の根本的經綸」，『時局微言』，政教社，1932，第141-142頁。
⑥ 石原莞爾：「現在及将来ニ於ケル日本ノ国防」，稲葉正夫等編：『太平洋戦争への道 開戦外交史 別卷資料編』，朝日新聞社，1988，第78頁。

后，面对国际联盟的调查和指责，日方代表松冈洋右（1880—1946）在演说中称，《李顿报告书》对"满洲"人种构成的认识是明显错误的，"诸如满洲完全处于支那主权下的说法，是对事实和历史的歪曲。……满洲国人的大多数与支那人有明显的差异。构成满洲人口大半的是被称为满洲人的民众，即来自旧满洲族的子孙、昔日与满洲族同化的支那人以及蒙古人。"①

2."成吉思汗即源义经"

源义经（1159—1189），原本是日本镰仓初期的武将，因受自己的异母兄、镰仓幕府初代将军源赖朝（1147—1199）的猜疑排挤，最后走投无路自杀身亡。作为一个有名的悲剧英雄，关于他的各种故事长期在日本流传，其中"源义经未死"之类的内容，是一些小说、戏剧的常见题材。②甚至还有传说称，源义经当时并未自杀，而是从日本北部渡海逃到大陆，化身为成吉思汗后再度叱咤风云。到了近代以后，这一所谓"成吉思汗即源义经"之说，也在日本向大陆侵略扩张的大背景下，开始被一些人大肆宣扬和渲染。

牧师、阿伊努族研究者小谷部全一郎（1868—1941），1919 年利用担任日本陆军翻译之便，对"满蒙"及西伯利亚地区的古迹进行了一番考察（图10）。其归国后写成的《成吉思汗即源义经》③一书，出版后很快就引起了日本民众的兴趣，短时间内竟然重版 10 余次，一度成为日本大正末期的畅销书。虽然该书因其内容荒诞无稽，未在日本史学界得到认同，④但正如"源义经入夷说"迎合了 18 世纪末德川幕府将北部"虾夷地区"（今日本东北部、北海道地区）纳入统治的行动一样，⑤由于"成吉思汗即源义经"这种说法，非常符合当时日本社会"以满蒙为生命线"的论调以及日本人远渡大陆、征

---

① 外務省編纂:『日本外交年表竝主要文書』下，原書房，1978，第 265 頁。

② 根据统计，相关的文献记录至少有 600 多种。参见岩崎克己『義経入夷渡満説書誌』（岩崎克己出版，1943 年）。

③ 小谷部全一郎:『成吉思汗ハ源義經也』，富山房，1924。

④ 像《中央史坛》杂志社在 1925 年 2 月，就邀请史学专家撰稿，专门出版了临时增刊《成吉思汗非源义经》对其进行驳斥。

⑤ 菊地勇夫:「義経『蝦夷征伐』物語の生誕と機能——義経入夷伝説批判」，『史苑』第四二卷第一・二号 1982 年。

服世界的"英雄主义"情怀,所以迅速成为部分日本人侵略东亚的又一"大义名分"。

图10　小谷部全一郎拍摄的位于乌苏里斯克(双城子)的"义经碑"

(资料来源:小谷部全一郎『成吉思汗ハ源義經也』,富山房,1924,挿図第6頁。)

这一点,从那些小谷部全一郎支持者的言论中就可以看得很清楚。如日本金泽联队区司令部的步兵大尉伊藤方(生卒未详)就称,"洞察列强之形势,于世界和平之美名下强逞横暴,正义亦无立足之地,吾等观之实乃无限感慨。不由地冀望上天将此大英雄赐我日本帝国。"① 此外,右翼中坚分子大川周明(1886—1957)、甘粕正彦(1891—1945)等人,也积极表示了支持意见。其中原因,正如有日本学者指出的那样,为事精明的他们之所以"相信"这样荒诞的故事,就是因为小谷部全一郎的主张可以被视为"日本领导亚洲的根据"。② 而且,由于小谷部全一郎在东北亚地区的实地调查活动,得到了日本陆军的大力支持,因此,即便是小谷部全一郎本人无意,但其事实上也成为日本对外侵略扩张的舆论推动者。

更有甚者,一些人还鼓噪"满清王室"是"源义经后裔"的说法。日本江户时代的国学者森长见(1742—1794),曾在《国学忘贝》一书中写道,"今西土有清朝编集《图书集成》一万卷",其中清帝作序,曰"朕姓源义经之裔,其先出清和,故国号清。清之号者,乃清和帝之清也。"③ 尽管经后人考证,《图书集成》是一本不足为信

---

① 松山巖:『うわさの遠近法』,講談社,1997,第293頁。
② 松山巖:『うわさの遠近法』,講談社,1997,第294-295頁。
③ 森長見:『国学忘貝』卷下,酒田市立光丘文庫藏。

的伪书，但该论调产生的影响却一直留存下来。①1930 年代，这一传言被进一步发挥，像学者浅野利三郎（生卒未详）就极力鼓吹"满蒙一体"，称清朝的祖先是蒙古人，蒙古人的祖先是日本人，从而荒谬地论证"满洲国"合并外蒙古的必然性，为扩大侵略制造理论依据。②

被称为"蒙古通"的政客佐佐木安五郎（1872—1934），还经常提倡"日蒙同祖论"以及"日本人种源流希伯来人说"，用以鼓吹日本在大陆的扩张政策。③1942 年，"蒙古自治邦"最高顾问大桥忠一（1893—1975）上任后，对蒙疆地区进行了巡视，声称"蒙古人无论就人种系统而言，或是就语言性质而言，或是就民族性格而言，乃是最接近日本人之民族。吾深信，散居于世界各地之蒙古系统民族，之所以几乎毫无例外地带有显著亲日倾向，原因就在于有此血缘之纽带。"④为了培养亲日分子、挑拨蒙古族人和汉族人的关系，达到分离并控制内蒙古地区的目的，日本政府还极力鼓励和引诱内蒙古各界人士前往日本参观、留学。1929 年 4 月，中国国民政府驻日使馆在给外交部提供的一份秘密报告中称，"近年来，日本人常在黑龙江及内蒙古一带劝诱蒙人来东留学，表面以援助求学为名，里面颇有阴谋。即到东后，用种种方法养成其亲日排汉之思想。"其宣称"蒙古民族为忽必烈之后裔，而日人亦为忽必烈之后裔；日人当初因受汉人之压迫，故迁来日本，今既为世界强国，不忍使同种之蒙古人受汉族之虐待，势必援助蒙古，使能独立；蒙古人亦应有兴蒙灭汉之决心……至于金钱枪炮，日人当全数供给。"⑤

当然，除了在人种分类上牵强附会、混淆视听的"日满同祖论""日蒙同祖论"等

---

① 如 1826 年，日本儒学者野田笛浦（1799—1859）在与中国漂流商船船员交谈时还问："我邦越前人，前年漂到满鞑奴儿干地方，观门户神画源判官义经像云云，世或称贵邦太祖为源判官后，不知贵邦有传之者乎？"『得泰船筆語』上卷，紀藩瓢葉館藏。
② 浅野利三郎：『満洲国外蒙古併合論：其の歷史地理的研究』，宝文館，1939，第 346-347 页。
③ 石川祯浩：《辛亥革命时期的种族主义与中国人类学的兴起》，《辛亥革命与 20 世纪的中国——纪念辛亥革命九十周年国际学术讨论会论文集》中，中央文献出版社，2002，第 1014 页。
④ 大橋忠一：「蒙古視察の感想」，『蒙古』1942 年 4 月号。
⑤ 《日人引诱蒙人来东留学》，国民政府档案，中国第二历史档案馆藏，转引自徐志民：《近代日本对伪蒙疆政权留日学生政策初探》，中国社会科学研究会编：《跨世纪中日关系研究》，社会科学文献出版社，2010，第 31 页。

论调之外，如同操纵建立"伪满洲国"后宣扬的"五族协和"那样，随着日本对东亚侵略的扩大，根据亚洲各地区的差异，以"民族"为视角的侵略思想和政策也同时存在。① 像1933年10月，陆军大佐松室孝良（1886—1969）在《关于蒙古国建设之意见》中提出，许多亚洲民族对日本的大亚细亚政策持有疑虑，如果日本将满洲国作为生命线来建设的同时，再以同样方法建立蒙古国，就可一扫亚洲各民族对日本的疑虑。而且"蒙古国的成立，必将促使甘肃、新疆等地的回族兴起建立回回国，进而使西藏通过蒙古与日本相提携，这样环绕支那本土外侧，将形成以日本为中心的满洲国、蒙古国、回回国、西藏国的环状联盟，迫使中国不得不与日本结盟。此外，通过该环状联盟，可以对外蒙、中央亚细亚、波斯、印度、安南等地在政治及民族上产生极大影响。最终促使亚细亚民族兴起，使帝国真正成为亚细亚盟主，完成亚细亚复兴使命，成就雄飞世界之梦想。"②

但实际上，日本帝国主义根本不会允许所谓相关"人种""民族"的活动触犯其利益。以"对蒙政策"为例，"九一八事变"后，关东军为了达到制造混乱、迅速占领的目的，曾支持了内蒙古东部地区一些王公及上层人士的"蒙古独立"运动。然而，当日本"满蒙独立国"建立计划具体化后，蒙古人的"独立""自治"活动开始与日本的既定方针发生背离，关东军于是转而采取各种措施，控制蒙古人的活动和发展。③ 像在1932年2月设立"兴安省"时，关东军就提出，"不能使用诸如蒙古省之类的能够唤起民族意识的名称。"④ 在绝密文件《对内蒙措施要领》中，关东军参谋部在"实施要点"中明确指示，"为收揽内蒙的人心起见，努力笼络王侯和人民，特别是力求通过有势力的喇嘛，贯彻日满两国政策的本意，进行各种工作，使他们自己意识到依靠日满的必要，从而进一步酿成与满洲国采取共同行动的趋势。"⑤ 1936年制定的《指导蒙

---

① 山室信一：『思想課題としてのアジア』，岩波書店，2001，第113-135頁。
② 松室孝良：「蒙古国建設に関する意見」，島田俊彦、稲葉正夫解説：『現代史資料8 日中戦争1』，みすず書房，1976，第451頁。
③ 金海：《日本在内蒙古殖民统治政策研究》，社会科学文献出版社，2009，第20-32页。
④ 関東軍司令部：「満蒙建設に伴ふ蒙古問題処理要綱」，小林龍夫、島田俊彦解説：『現代史資料7 満洲事変』，みすず書房，1977，第368頁。
⑤ 关东军参谋部：《对内蒙措施要领（绝密）》（1935年7月25日），复旦大学历史系日本史组编：《日本帝国主义对外侵略史料选编（1931—1945）》，上海人民出版社，1975，第168-169页。

古的基本方针》也提出，要使蒙古人牢固铭记自己是满洲国的成员，"以建国精神为基调，实行举国一致、五族协和。"针对满洲国外的蒙古人，要进行亲善拉拢，以利于日本向新疆方面逐渐扩展，但"不能为此目的而允许国内蒙古民族的摆脱满洲的分裂运动。""汉蒙两个民族，……应在作为五族核心的日本人的热情指导下，逐渐达到融洽协作，以促进有色人种的大团结。"①日方的上述政策，其实本质上都可以说是在"维护内蒙原有制度，利用蒙古王公贵族继续对蒙古族人民进行统治；离间蒙汉民族关系，竭力把蒙古民族的剽悍性格利用于镇压反抗和对外侵略。"②

3. "同种同教"的西藏

从19世纪末起，位于中国西部边陲的西藏，也开始受到部分日本人的关注。随着当时日本佛教界大举向中国传教、培植势力的"清国开教运动"的开展，东本愿寺僧人能海宽（1868—1903）、寺本婉雅（1872—1940）等以"求经""开教"为名，首开日本人入藏和侵藏的先河。此后，日本又巧妙地利用与西藏的宗教联系，通过策划达赖喇嘛派遣视察员到日本考察等手段，企图实现所谓的"日藏邦交"计划。对此，中国学者秦永章（1963— ）的《日本涉藏史——近代日本与中国西藏》一书已经进行了比较细致的分析，非常值得借鉴和参考。③

具体在人种意识方面，早在甲午战后的1898年，日本外务省间谍成田安辉（1864—1915）就给外务大臣报告，称日本应以与西藏人"同种"为由，给达赖喇嘛传达日本的"好意"，提醒英、俄对西藏的威胁，进而培养其亲日感情。1906年12月，僧人寺本婉雅给达赖喇嘛提交了一篇用藏文撰写的呈文，称在当时已经建国的22个国家中，最为强盛的是日、中、英、德、法、美、意、俄八国。如果以人种分类，除中日两国是黄色人种外，其他6国都是白色人种。日本与中国是一衣带水的佛教国家，东洋的安危系在中日两国的肩上。他建议达赖喇嘛要自强富国，在清朝的统治下

---

① 满洲国史编纂刊行会编：《满洲国史（分论）》，东北沦陷十四年史吉林编写组译，黑龙江省社会科学院历史研究所，1990，第966-967页。
② 解学诗：《伪满洲国史新编》（修订本），人民出版社，2015，第258页。
③ 秦永章：《日本涉藏史——近代日本与中国西藏》，中国藏学出版社，2005，第12-262页。

寻求温和的发展，不能相信白种人，而应该相信同一人种、同一宗教的日本。①

自1902年"英日同盟"签订以后，日本政府基于与英国外交关系上的考虑，在20世纪的前20年，尤其是1911—1920年间，在与西藏发生政治联系方面保持了较为谨慎的态度，双方的交往没有太大进展。但日本开始全面侵华后，随着形势的变化，日本人开始再度关注起西藏的战略价值。不少人认为，由于西藏地处亚洲腹地，以西藏为跳板，可以为今后渗透整个中亚奠定基础，而且西藏是藏传佛教中心，对西藏的控制，还将对在整个藏传佛教地区扩展日本势力起到事半功倍的作用。在这一背景下，日本一方面接近和拉拢西藏宗教上层，间接地利用藏族人为其活动，另一方面，像日本关东军和外务省，还直接派遣特务、聘用宗教人士及学者潜入西藏为其服务。1933年7月，关东军的喇嘛教对策顾问多田等观（1890—1967）撰文强调，日本与西藏是"同种同教"，双方务必要"亲善""提携"。他还在一篇题为《西藏及西藏人的文化》的文章中说，"西藏人对同一人种的日本人有相当的亲近感。日本是佛教国家，西藏也是佛教国家，而且是同一人种，从这一点上，藏人特别信任日本，想与日本互相提携。"今后，作为"提携"的一环，日本"应该为尚未开发和体验到机械化好处的西藏文化而尽力。"② 毕业于间谍培养机构"兴亚义塾"的西川一三（1918—2008），也在侵华策略上提出，满洲、蒙古、宁夏、甘肃、新疆、青海、西藏等地，分别是满族、蒙古族、回族、藏族等民族的故乡，只不过中原的汉民族千百年来一直对其进行着"防范和压迫"。其中，蒙古族和藏族与日本人同属"乌拉尔阿尔泰系"人种，有着兄弟般的情感，理应"相互帮助提携"。更重要的是，在政治上"制伏支那之西北民族者可以制伏全中国。制伏新疆省者可以制伏亚洲。以西北民族为包围圈进攻支那乃是一大策略，同蒙古族、藏族结友，构筑包围汉民族之体制，乃是解决支那事变之关键。"③

以上日本方面宣传的各式"人种论"，受到了中国部分分裂主义和投降主义分子的迎合。出任"伪满洲国"总理的郑孝胥，在《满洲建国溯源史略》中称，"按诸史乘，满洲者，古来不能发现隶属中国为其领土之事实也。因与汉民族，全然异其种族之通古斯及其他民族，有被统治之历史而已。是则中国人所谓边境之异民族，全然

---

① 秦永章：《日本涉藏史——近代日本与中国西藏》，中国藏学出版社，2005，第74、114页。
② 秦永章：《日本涉藏史——近代日本与中国西藏》，中国藏学出版社，2005，第219页。
③ 西川一三：『秘境西域八年の潜行』（上），中央公論社，1990，第22页。

独立，与中国本部，无何等关系。"①进一步，郑孝胥把历史上居于东北地域的族群分为"肃慎—挹娄—勿吉—靺鞨—渤海—女真—清朝之系统""濊貊—扶余—高句丽—室韦之系统""东胡—鲜卑—契丹—蒙古之系统"三类，认为除了第三类蒙古系统外，其他两系统"都与日本民族同样，隶属通古斯种，皆均与汉人种全然相异之民族"。②内蒙古的一些反动上层王公，为一己之私利，频频勾结日军，歌颂日本侵略者是"东亚黄种民族中之文明先觉者，实有黄种各民族导师之资格。"③西藏部分分裂主义者，也对日本的引诱拉拢表示出积极回应。雍和宫住持喇嘛、西藏驻京代表丹巴达扎（生卒未详）等人，在日本外务省及参谋本部的安排下访日后，表示"日本人与满、蒙、藏同属一个人种，自古笃信佛法。位于东亚的强大日本，可以说是所有佛教国家的镇护之国，也是我们最可信的大盟主。日本大概不会对西藏具有像中国、英国、苏联那样的占领欲望。尤其是通过大东亚战争，日本已经得到了自己需要的领土，这是我们完全信赖日本的理由……现在日本发出了驱逐英美在东亚的势力，抵制苏联，建设世界新秩序的宣言。西藏也希望身处共荣圈内，得到永久保全。"④

综观历史，日本在对外侵略扩张时，根据不同情况宣扬"某某同种论"，一直是其常见的策略和手法。受西方人种学的影响，明治时期日本出现了解释日本人来源的"人种更替说"⑤，在一些历史文献及相关挖掘考证下，古代朝鲜和日本"两国初为一域，并非他境"，"日韩之人种言语同一"⑥的"日鲜同祖论"也开始流

---

① 郑孝胥：《满洲建国溯源史略》，吉林省图书馆伪满洲国史料编委会编：《伪满洲国史料》（一），全国图书馆文献缩微复制中心，2002，第464页。

② 郑孝胥：《满洲建国溯源史略》，吉林省图书馆伪满洲国史料编委会编：《伪满洲国史料》（一），全国图书馆文献缩微复制中心，2002，第473页。

③《蒙古代表诣见国联调查团之问答》，1932年5月4日，《蒙古代表对国联调查团陈述之意见》，转引自黄时鉴：《日本帝国主义的"满蒙政策"和内蒙古反动封建上层的"自治""独立"运动》，《内蒙古大学学报》〈社会科学〉1963年第1期。

④ 秦永章：《日本涉藏史——近代日本与中国西藏》，中国藏学出版社，2005，第233页。

⑤ 该说主张日本人祖先原本来自海外，征服原住民后成为现代日本人的主体，具体分为"阿伊努说"和"克鲁波克鲁（korpokkur）说"。

⑥ 星野恒：「本邦ノ人種言語ニ付鄙考ヲ述テ世ノ真心愛国者ニ質ス」，『史学会雑誌』第11号1890年10月15日。

行。① 评论家山路爱山（1865—1917）就曾表示，"从大处着眼来看，日韩原本就是同种同文，祖国相同，语言系统也相同"②。随着其后日本侵略朝鲜的步骤加速，其中原本具有的学术探究意义被逐渐扭曲和滥用。1906年4月，日本《太阳》杂志有文称，"于日本古代史上，韩国确凿无疑为日本之殖民地。故而是同一人种，即便是从骨相学上而言，韩人与日本人亦是相同。"③ 日本吞并朝鲜后，民族学家鸟居龙藏甚至表示，兼并朝鲜乃是"正确之事"，"日鲜人实为同一民族，古时我等远祖本在一处，两者关系亲近如家人。……我等通过日鲜合并，彼此同归母亲之国。"④ 朝鲜和日本在人种上具有关联性、同一性的学术性论说，最终演变为日本吞并朝鲜的绝佳口实。

毋庸多说，此类人种论的特殊作用在于，通过强调先天的自然属性，进而激发出排他性的亲近感，可以使言论者的政治行为更加隐蔽、顺畅。在部分日本人看来，无论对象是谁，塑造出"同一人种"的身份，都能够有力地显示日本对他国、他民族的殖民统治，与"异人种"白色人种的殖民统治相比有"本质"的区别。例如，日本侵占中国台湾后，在统治策略上，时任台湾事务局委员的原敬就认为，由于"与支配欧洲异人种完全不同"，如果利用台湾与日本"人种、文化的类似"特点而进行同化，不完全按照西方那种殖民地方式统治，最终将会对日本更加有利。⑤ 不可否认，从后期效果来看，诸如"台湾及琉球居民，虽较之大和种族为别种，但如精密观察，便可知其源为同一"⑥ 之类的言辞，都为日本在台湾美化殖民统治、培育奴化思想提供了极大的理论便利。

---

① "日鲜同祖论"的详细论述，可参见小熊英二『単一民族神話の起源——〈日本人〉の自画像の系譜』（新潮社，1996年），第87-103页；芳贺登『批判近代日本史学思想史』（柏書房，1974年），第119-126页。需要指出的是，也有部分日本人对"日鲜同祖论"持反对意见，但这倒不是出于反对侵略朝鲜的立场，而是认为"日鲜同祖论"中认为"日本皇室来自朝鲜半岛"之类的观点，辱蔑了日本至高无上的"国体"和"皇室"。金光林：「『日鮮同祖論』を通してみる天皇家の起源問題」，『新潟産業大学人文学部紀要』2002年第11号。

② 山路愛山：「韓国の政党及其領袖」，『太陽』1900年8月1日号。

③「対韓意見 伯爵大隈重信君談」，『太陽』1906年4月1日号。

④ 鳥居龍藏：「日鮮人は『同源』なり」，『鳥居龍藏全集』第12卷，朝日新聞社，1976，第538-539頁。

⑤ 伊藤博文編：『秘書類纂 台湾資料』，秘書類纂刊行会，1936，第32-33頁。

⑥ 文学社編輯所編：『中等小地理 本邦之部』，文学社，1900，第18頁。

此外，全面侵华开始后，部分日本人为了贬低中国文化、打击中国人民的抗日信心，还炮制出中国文化"外铄论"、中华民族"东来说"等论调，试图从心理上征服中国人民，实现其侵略、奴役中国的野心。像一些人以中国古书中"后稷生于扶桑""盘古生于大荒"等语句为依据，就附会臆造出了所谓的"中国人种东来说"，称日本才是中国人种的"起源之地"。概而言之，进入20世纪，日本关于"满（洲）、蒙（古）、回（疆）、（西）藏、（朝）鲜"的学术研究迅速崛起，这种对中国边疆历史地理的研究热潮，无疑与日本对外侵略扩张野心的膨胀密切相关。卢沟桥事变后，日本的一些文人学者，在德国纳粹战争理论的启发下，也将对外战争看成"总力战"，在"思想战""宣传战"等方面做了深入的理论研究和阐发。他们所发表的诸多文章和著作，表面上看似在探讨中国边疆各民族的民族特性、历史演变和发展前途，但实际上却为日本侵略者煽动民族分裂、制造侵略口实提供了理论依据，成为日本对外"文化侵略"的重要参与者。

对于日本人的上述言论，中国人也进行了坚决的反击。像中央研究院历史语言研究所所长傅斯年（1896—1950），在"九一八事变"后撰写的《东北史纲》一书中，详细阐述了东北地区自古以来就是中国领土的历史依据，明确指出"东北与中国北部在远古为同种"，驳斥了日本"满蒙在历史上非支那领土"的谬论。① 针对所谓的"中国人种东来说"，历史学者吴泽（1913—2005）指出，这一论调"没有半点科学依据"，"是日寇法西斯民族侵略主义的荒唐胡说"。② 另一学者尹达（1906—1983）也表示，"这一说法首倡于日本人，为了要证明中国民族是从日本来的这句话，就根据着汉代或汉以后的人的记述，以为中国民族之上古的帝王都生于东方。但是，这些记载并不是什么有力的证据，拿它们来附会一套，未免有些可笑。考古学和人类学上的材料已经告诉我们这种说法只是一种无聊的谎言。""中国社会不是孤立的，在某一时期或某一地区受到外来的种族或民族的影响，种族或民族的混合，以及种族或民族文化的

---

① 傅斯年：《东北史纲》，上海古籍出版社，2012，第2-13页。在民族研究方面，20世纪30年代开始，伴随中国各地考古遗址的大量发现，也有部分学者提出了中国国内各民族是多元发展的观点，主张民族起源"多元论"。

② 吴泽：《中国人种文化起源论》，中山文化教育馆编：《民生史观研究集》，中华书局，1944，第70页。

交流都是不可避免的事;但是,这并不能否认基本上中华民族及其文化之来源有其独立和自别的特点。"①

1937年以后,日本又开始盛行所谓的"东亚协同体"理论。该理论主张中国、印度、越南、菲律宾、泰国等国家,要以日本天皇为协同体的最高存在,紧密围绕着在"核心国"日本的周围。然而,正如当时深谙日本外交的"日本通"高宗武(1905—1994)所言,日方所谓的"东亚新秩序""东亚协同体",其实是与日本民族之外的任何亚洲民族都不能两立、并存的侵略主义思想。尽管日本的"东亚协同体"论调有"反民族主义论"和"超民族主义论"两种,但在本质上,"无论是'反'或'超',都认为任何亚洲民族主义的发扬,(均为)'东亚协同体'的阻碍。"②

而且在实际的操纵中,在所谓的"同种"表面之下,日本对待其他人种、民族的态度与待遇也并非一样。以"食物歧视"为例,随着侵华战争后期日本逐渐困窘,"伪满洲国"也实行了粮食配给制度,"配给的粮食是分开的:日本人白米,朝鲜人白米、高粱米各一半,中国人高粱米。而且,除了日本人,如果吃米饭就要受到法律制裁。"在一些学校,虽然部分日本学生出于好心,将自己的米分给其他民族的同学吃,但就如学校里的日本教师所言,"理想中的民族协和与现实的差距,仅靠学生自身是无法消除的。"③在"伪满洲国"政府内部,"日系"的薪俸上也远比"满系"的要高,有时一般的同等官阶竟然相差40%左右。有"伪满洲国"官员就抱怨:"我们既然是一个复合民族国家,就要一德一心,各民族就该一律平等。为什么在薪俸上,日本人要享受特殊待遇?"而日方总务厅长等则回应称,"要想一视同仁讲平等,须先看看能力平等不平等。日本人的能力大,当然待遇要高;何况生活程度也不同,日本人生来就是吃大米的,满洲人吃高粱米就是上上的。"④对于这些,可借用一名在"伪满洲国"生活过的日本人的话来佐证:"不是以与拥有异质文化的民族的共存为目标,而是将自己的文化强

---

① 中国社会科学院历史研究所中国史学史研究室编:《尹达史学论著选集》,人民出版社,1989,第317-318页。

② 高宗武:《日本真相》,湖南教育出版社,2008,第233页。

③ 水口春喜:《"建国大学"的幻影》,董炳月译,昆仑出版社,2004,第8页。

④ 孙喆甡:《伪满宫廷见闻琐记》,中国人民政治协商会议全国委员会文史资料研究委员会编:《文史资料选辑》第八十六辑,文史资料出版社,1983,第214-215页。

加给其他民族，自居为指导民族使之服从。——在持这种态度的日本人这里，真正的民族协和不可能实现。无论是怎样的恩惠或善意，如果试图用外力强加给他民族，便成为侵犯该民族自主性的行为，结果也不可避免地伤及自身。日本失败与'满洲国'崩溃的历史用事实表明了侵犯其他民族的自主性将会受到怎样的报复。"①

第二节 人种论调与奴化宣传

1. 日本的奴化宣传

对华侵略扩大后，日本为了进一步维持占领和拉拢人心，开展了诸多奴化中国民众的宣传，其中人种论调仍是重要的说辞之一。在日本军政界，其在中国赤裸裸的强盗行径，常被鼓吹为所谓"打破白色人种横暴跋扈之现状，从白色人种之奴役压迫下解救占世界人类大半之有色人种"的"义举"。②海军将领加藤宽治（1870—1939）认为，只有"同文同种"中日之间的结盟才能粉碎西方在亚洲的占领，"中国将会因为种族的团结服从日本的领导，正像朝鲜已经表现出来的那样"。毕竟，他们都属于"主人民族""友人民族"以及"寄寓民族"。③日军陆军大将松井石根（1878—1948）声称，"中国只有与日本合作，才能生存，不然若与日本作对，乃自取灭亡。1905年，日本若是不击败帝俄，则帝俄必沿满洲而得中国，沿朝鲜而入日本，今日之中国、日本，或皆在俄国统治之下亦未可知，而黄种人将如非洲之黑人一样，被白人所压迫。"④日军攻陷南京后，首相近卫文麿表示，"接到南京陷落的捷报，在我们为这必然的胜利欢欣鼓舞之前，站在同文同种的5亿民众的立场，我们不能不为他们不可救药的迷妄而悲哀。国民党政府无论是外交上还是实际行动上都走到了反日的极限。而他们却没有对其后果承担责任。放弃首都，政府分裂。很显然，就在其正沦落为一地方军阀的今天，仍

---

① 水口春喜：《"建国大学"的幻影》，董炳月译，昆仑出版社，第11页。
② 栗原彦三郎述：「我が北支駐屯軍司令部の対支基礎的観念」，『北支の眞相を談る』，出版地不明，1935，第24頁。
③ 理查德·J·塞缪尔斯：《日本大战略与东亚的未来》，刘铁娃译，上海人民出版社，2010，第23页。
④ 高宗武：《日本真相》，湖南教育出版社，2008，第240页。

丝毫无反省迹象。因此，我们不得不重新考虑我们的方针。"①曾担任奉天总领事的外交官林久治郎（1882—1964）发文称，此次战争"并非是作为同文同种两大国的日支两国民之间的本质斗争，其性质宛如抱有深切慈爱之心的父兄持鞭惩戒做了不良行为的子弟，如有反省悔悟则鞭子自然收回，而且又会复原为圆满的家庭关系。"②1938年1月，海军大将、内务大臣末次信正（1880—1944）在同记者的谈话中表示，"远东白色人种的利益在日本代表团面前应自行让位。中国、满洲国和日本应当建立政治上、经济上和思想上的联盟……。我坚信，黄色人种将获得上帝预先准备授予它的一切，白色人种的霸权即将结束。"③

一些战争支持者，此时也多为日本军国主义摇旗呐喊。诗人高村光太郎（1883—1956），在其诗《沉思吧，蒋先生》中对蒋介石"呼吁"，"想想那异色人种的苦肉计，他们是要我们兄弟阋墙。在应该抵御外侮的时候，你却蛊惑民心，举起了抗日的刀枪。只要有抗日思想，东亚和平就没有指望。先生难道不喜欢东亚的和平与共荣吗？那又为什么和异色人种结成盟邦？"④宫崎滔天的长子宫崎龙介（1892—1971），对日本的军事行动也是积极支持，称对华战争为纠正国民政府错误外交政策的"义战"，日中两国是"民族解放中命中注定的战友"。他在《与蒋介石书》中"告诫"蒋介石，"勿将支那民族委与白人之手，勿将其卖作白人之奴隶"。⑤头山满更是声称，"日本与支那数千年来，同文同种，在地理上、民族上、人情上都处于必须提携融合的立场。时至今日还要赘言日支亲善之语实在是可叹。离开日本，支那能和哪个国家真正提携？日本与支那好似大作之夫妇。是夫妇就应做到令诸国羡慕般和睦。"⑥

---

① 笠原十九司：『日中全面戦争と海軍——パナイ号事件の真相』，青木書店，1997，第214-215頁。

② 戸部良一：「日本人は日中戦争をどのように見ていたのか」，『外交史料館報』第29号2016年3月。

③ 安徽大学苏联问题研究所、四川省中共党史研究会编译：《苏联〈真理报〉有关中国革命的文献资料选编 第三辑（1937.7-1949）》，四川省社会科学院出版社，1988，第401页。

④ 王向远：《"笔部队"和侵华战争：对日本侵华文学的研究与批判》，昆仑出版社，2005，第145页。

⑤ 戸部良一：「日本人は日中戦争をどのように見ていたのか」，『外交史料館報』第29号2016年3月。

⑥ 吉田鞆明：『巨人頭山満翁は語る』，感山莊，1939，第412頁。

为稳定社会秩序、更好地控制基层,日军还组织成立了"宣抚班"等组织,进一步深入到占领区各地进行宣传(图11、图12)。在内容上,其大多试图通过"宣抚演讲"的形式,欺骗和裹挟中国民众要与同种的日本为"复兴东亚"而奋斗:"我们日本军队是不把你们这样的善良的中国民众作为敌人的。我们的敌人,只是怀有错误思想的中国的军队。请看,你们的皮肤和我们的皮肤有什么不一样吗?你们的眼睛和我们的眼睛有一点不同的地方吗?诸位和我们日本人都是兄弟民族。你们和日本人流着相同的血液。我们日本人希望和你们中国手拉起手来。"①

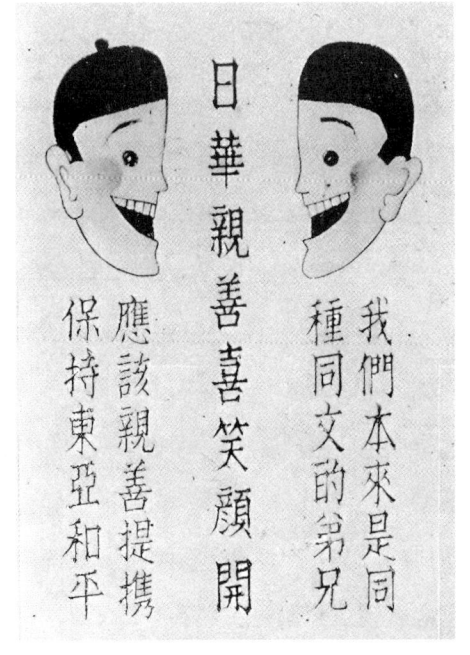

图11 日本华中派遣军的宣传示例图

(资料来源:中支派遣军报道部『对支宣传实施参考』,出版地不明,1939,插图第4页。)

图12 占领南昌后,日军宣抚班在原来的抗战宣传画上张贴标语

(资料来源:齐红深编著《日本侵华图志》第22卷,山东画报出版社,2015,第202页。)

以华北地区为例,在北平,日军曾挨家挨户发放《谨告中华民国学生书》,上面

---

① 小岛利八郎:《宣抚官》,转引自王向远:《"笔部队"和侵华战争:对日本侵华文学的研究与批判》,昆仑出版社,2005,第161页。

写道:"至于此二次东邻日本以正义而出师于中国内地,诸君更当清楚,日本出兵为扫除万恶党化军阀,拯救无辜同胞于衽席之上,得与我们共享东亚民众应享之幸福,决不是为仇恨我大亚细亚一部分民众而出师……更希望诸君拿着理智的头脑,作最清楚的判断,再拿世界有色人种及五色人种之大势来审视,那么我们黄色人种应该怎样去联合东亚民族,应该怎样去携手,大亚细亚主义应该怎样去早日实现……我们日满华早日携手,作共存共荣的急策,当然是更刻不容缓的事了"。①

在河北省,南宫县的宣抚班曾发布告称,"处今日世界态势之下,现在我黄色人种之课题为'亚细亚者亚细亚人之亚细亚也',故我等优越民族,因人种的协同,所当为一大团结。……孙逸仙先生晚年,亦以大亚细亚主义为标准,其所择之国家,第一即为日本,可以甘苦相共"。②完县的宣抚班,一次以一个日本青年给中国青年写信的方式,"真诚地"表达了希望和中国人民友好的"愿望":"我虽然是一个日本青年,永久是站在中日一种兄弟般的立场上希望两大民族的命运,是一致的……我常唱着中国名人所做的黄族歌,第一句是不是说'黄族应享黄族权,亚人应种亚洲田'……所以说我们亚洲人!黄种人,打算永远保持我们的亚洲,必须黄种人大家联络起来,才能发挥伟大的力量,奠定大亚洲民族共存共荣的永安的乐土。……以后希望中日两国的青年,拿着协助亲善的态度,携手猛进,彻底肃清共党,共建设东亚新秩序的伟业"。③

为了达到更好的鼓吹和麻痹效果,日军还利用电影等新式媒体和手段来吸引中国民众。在一些地区,日军宣抚班就放映如《成吉思汗》之类的影片,借以宣扬"黄种人"的光辉历史:"……看,成吉思汗的军队是多么悍勇,这一把建设大亚细亚焰火,不但是东亚人的一页光辉历史,同时也是使世界人士震骇的黄种人可以自豪的史实"。④在唐山,日军宣抚班在放映电影的同时,还大量散发传单,称"现在日华两国

---

①《谨告中华民国学生书》,《全民报》,1937年12月30日第2版,转引自黄东:《塑造顺民:华北日伪的"国家认同"建构》,社会科学文献出版社,2013,第170页。

②《敬告担任大东亚第八路军将士诸君》,《新民报》,1939年4月20日第6版,转引自黄东:《塑造顺民:华北日伪的"国家认同"建构》,社会科学文献出版社,2013,第171页。

③《完县宣附班敬告青年》,《河北日报》(保定),1939年8月11日第2版,转引自黄东:《塑造顺民:华北日伪的"国家认同"建构》,社会科学文献出版社,2013,第171页。

④《一页黄种人的光辉史记》,《国民杂志》第2卷第4期,1942年4月,转引自黄东:《塑造顺民:华北日伪的"国家认同"建构》,社会科学文献出版社,2013,第172页。

虽分为两国,然上古之祖先确系同文同种之民族,全都一样!"①

2. 投降者的附和

人种论调不但是日本方面欺骗和裹挟中国民众时的常用口号,同时也是其吸收和拉拢汉奸等投降者做其帮凶时的思想控制工具。进而,这一套说辞也成为投日分子为日本侵略行径及自身卖国行为进行粉饰的重要表述。②

担任伪教育总署参事的梁亚平(生卒未详),在《劝告华侨与渝府诸公》一文中称,"友邦日本的宣言是说建设东亚新秩序,只希望中国分担其责任,并(无)侵略领土损害主权的野心,所谓建设东亚新秩序,那是指着铲除欧美的旧秩序而改写我们东亚人之新秩序而言,正与孙总理所说的大亚细亚主义全是一个意思,而且与日本为友,更是先总理的遗训,决不允许我们背道而驰的。……须知时至今日所谓中日之战已成过去的名词,全然失其意义了,今日之战乃黄白两大种族的生死关头之战"。③还有一些人,宣称"同文同种"是亚洲人民反对殖民主义的基础:"自从中国成为苏俄英法美之走狗,东亚兄弟便陷入了令人扼腕、两败俱伤的冲突中。中日两国,同文同种,唇齿相依,在危难时期互帮互助。英法使我们的民众陷入贫困,使我们的财富消耗殆尽。"④

伪山西省昔阳县政府知事,为了配合日军的"华北治安战",在下发的《告民众书》声称:"我国自卢沟桥事变四年以来,经友邦赞助指导,政治渐渐登上轨道,民众思想,日渐改善,趋于纯正。都明了毒恶的共匪,足以祸国殃民;盲目抗战的蒋权,足以亡国灭种;民众有了深刻的觉悟,受了新秩序之洗礼"。由于积贫积弱的中国,多

---

① 《唐第一宣附班返唐放映电影》,《新民报》,1939年2月6日第6版,转引自黄东:《塑造顺民:华北日伪的"国家认同"建构》,社会科学文献出版社,2013,第170页。

② 目前一些研究,也开始倾向将与日寇的非抵抗交涉,不用"投降"而用略微中性的"合作"一词来表示,即称之为"对日合作者"。参见卜正民:《秩序的沦陷——抗战初期的江南五城》,潘敏译,商务印书馆,2015年。

③ 梁亚平:《劝告华侨与渝府诸公》,《国民杂志》第4期 1942年4月。

④ 《日伪上海特别市政府关于青年团应协助中国文化服务站工作的训令及有关该团宣教资料》,上海市档案馆藏,转引自卜正民:《秩序的沦陷——抗战初期的江南五城》,潘敏译,商务印书馆,2015,第32页。

年来倍受英美等国的凌辱,"友邦日本看见中国到了一发千钧之时,如果视而不救使同文同种之国家,横遭惨祸,不但与素抱亲仁善邻扶危抑霸之王道有亏,并且也将感到唇亡寒齿之危势,于是派出正义之师,恤灾救黎,替我们中国来驱除党共的匪类,以期唤醒久已沉醉睡梦之我国民众,共同建设东亚新秩序,达成东亚共荣圈。"①山西省崞县开办的保甲长训练班所用讲义称,"吾国民众因过去受抗日教育之影响及事变以还共产党乘机努力于获得民众灌输共产思想,遂造成其抗日亲苏认贼作父之荒谬心理。于是卢沟桥事起中日开战,以同文同种兄弟之邦而演其同室操戈之惨剧。此不特鹬蚌相争,授苏联以渔人之利,实亦作茧自缚陷吾民于灭亡之路。试看劫后余生其生活之惨状,概可窥见一斑矣"。②

在湖北地区,伪湖北省省长何佩瑢(1880—1942)多次发表演说和文告,宣扬"友邦与我国原属同洲同文同种,现在友军倡导建设东亚新秩序,同谋东亚永久和平,确认中国为兄弟之邦,应即劝谕各县地方人民,实行日华亲善"③。"中日两国,在习惯上、文化上、地理种族各方面,都是不能分离的。……中日两大民族苟能提携合作,协力反共,即善邻之实可现,东亚新秩序之建设可期"④。伪武汉治安维持会发文表示,"日本与我国为密切之邻邦,唇齿相依,利害与共,我们要抵抗白种人在远东的种种侵略,必须中日人民密切合作,使东亚两大国得共存共荣"。⑤伪沔阳县维持总会也称,"本来中日两国,是同文同种的兄弟之邦,负有互相提携的天然义务,所以,只应为友,不应为敌"。⑥

在学校的教育环节中,日伪向学生灌输称,"东业各国,都处在外人的威胁之下。推求其原因,不外以下两点:第一,对外从来不知道团结互助,共御外侮;第二,对内每每自相纷扰,与人以可乘之机。……中日满都是东亚民族中最优秀的份子;首先

---

①兰林:《昔阳县公署为第二次治强运动告民众书》,《晋铎》第7号1941年8月1日。
②《匪民分离工作》,《日伪忻县保甲长讲习所编印的〈保甲长讲义〉及〈山西省户口调查补充办法〉及〈崞县保甲教科书〉》,日伪山西省公署B48-3-15,山西省档案馆藏。转引自江沛:《日伪"治安强化运动"研究》,南开大学出版社,2006,第251页。
③《何省长在湖北省第一次县政会议闭会训词》,《湖北省政府公报》第1期1940年2月14日。
④何佩瑢:《省长告宜昌、沙市民众书》,《湖北省政府公报》第4期1940年6月20日。
⑤《武汉市民今后应有之认识》,《武汉报》1939年3月19日。
⑥《沔阳县维持总会告民众书》,《武汉报》1940年8月8日。

团结，负起领导东亚民族共同维护东亚和平之责任，原是应尽的天职；何况同文同种，同在外人的窥伺之下，唇齿相依，休戚相关，即使为自身打算，也必须实行亲善，才能共存共荣。"①"资本主义国家的经济侵略和共产主义的东进政策，集中于我东亚，将使我黄色人种陷于万劫不复之地。我东亚人民，应当及早觉悟，力图亲善，联合一致，以与外来势力抗衡，树立我东亚和平基础，这是吾人所应特别努力的。"②一些日籍教师，有的更是直接向学生宣扬奴化精神，鼓动青少年产生亲日、崇日、媚日的奴化思想。如北京四存中学的一名日籍教师就向学生灌输称，"国家犹如一个人的生命，也分青壮老年。日本是国富民强，正处在青壮年时期，从明治维新后，一战胜清，再战胜俄，三战胜德。中国历史上虽曾有过汉唐的全盛时代，但事逾千年，青壮年期已经过去了，已逐渐走到了衰老阶段。日本和中国一衣带水，同文同种，正在挽救帮助中国复兴。"③

　　汉奸组织新民会，于1938年元旦向大批民众分发了一些用红纸条写的宣传口号，让他们贴在门上作为装饰，上面写着"支持中日友谊""反共救国""中日同根同族""团结一致、复兴东方民族"等标语。④为附和日军的占领统治，新民会声称"亲仁善邻，古有明训，唇亡齿寒，势所必至。日本吾国之仁邻也，吾国唇齿之邦也，党府竟忘亲善之义，而昧唇齿之势，岂不谬哉。中日两国同文、同种、同教，同立国于亚洲之东，相距不过一衣带水之隔，此天然应互相提携之兄弟邦也。"⑤"中日事变之所以发生"，其中原因除了"西洋势力之羁绊"之外，还有一点就是因为"国民政府认识上之错误"，以致使"同种同文之邻邦久处相争相剋之立场，互疑互忌，不亲不睦。"⑥

---

① 《中日满亲善与东亚和平》，（伪）教育总署编审会：《高小修身教科书》第三册，1939，第27–28页。

② 《国民与国交》，（伪）教育部编审会：《高中修身》第一册，1939，第218页。

③ 中国人民政治协商会议北京市委员会文史资料研究委员会编：《日伪统治下的北平》，北京出版社，1987，第117–118页。

④ 小代有希子：《躁动的日本：危险而不为人知的日本战略史观》，张志清、李文远译，广东人民出版社，2015，第102页。

⑤ 宋介：《新民会大纲说明》，（伪）新民会中央指导部，1938，第19–20页。

⑥ 新民会：《首指部发表"拥护建设东亚新秩序宣言"》，北京市档案馆编：《日伪北京新民会》，光明日报出版社，1989，第210页。

新民会下设的"新民青年运动实施委员会",于1938年3月组织北京学生参加作文比赛,在公布的《北京市各公立私立中等学校论文比赛办法》中,指定了诸如"中日亲善之意义""东亚之将来""中日同文同种之史实"等众多为日本侵略行径粉饰的题目。① 华北地区的新民会,"将中小学一律冠以新民二字,并在都市设立日语学校。一般中小学教科书都已经修改,……在国语一科更极力说明中日同文同种,并称誉日本人的美德。……凡此奴化思想俯化思想之教育措施不一而足"。② 甚至当年李大钊所作的《黄种歌》——"黄种应享黄海权,亚人应种亚洲田。青年!青年!切莫同种自相残,坐教欧美着先鞭",③ 此时也被歪曲包装成了对"中日同种合作"精神的颂扬。④ 新民会给中小学校学生编写的《亲日歌》中写道:"同文同种又连疆,兄弟谊重感情良。为弟贫弱兄富强,全赖我兄来帮忙。中日挚手共相将,东洋和平便发光。中国百姓得安康,皇军救我恩莫忘……。"⑤

另一汉奸组织大民会,在成立旨趣书中称:"吾人详察世界形势,中国将来若无日本之协力提携,不特不足以求前途之发展,恐无以谋苟且之生存。往日中国军阀跳梁,各霸一方,陷人民于水深火热。自国民党专政,既联欧美,又结苏俄,领鸩自甘,焦土不惜。而我同文同种之中日两国,遂至反友为仇,而处于相反之地位。夷考欧美诸国之侵入中国,已逾百年,把持海关,割略要港,若非日本据东亚一隅,以资威胁白人,则中国全境早已与印度安南同一命运。……日本文化素称先进,财力尤甚富裕,民心亦极坚强,诚足之为吾人善邻借镜以我之广大领土与日本之文化精英互相结合,且有日本深爱中国之志士仁人热心参加,则东亚两大民族共存共荣,互相提携,力图

---

① 新民青年运动实施委员会:《北京市各公立私立中等学校论文比赛办法》,北京市档案馆编:《日伪北京新民会》,光明日报出版社,1989,第118-119页。
② 《通讯》,《冀声月刊》第2卷第1-2期合订本,1942年8月31日,转引自江沛:《日伪"治安强化运动"研究》,南开大学出版社,2006,第256页。
③ 《黄族歌》,《李大钊全集》第二卷,河北教育出版社,1999,第360页。
④ 李树领:《李大钊〈黄种歌〉为啥被人当作汉奸歌?》,http://dangshi.people.com.cn/n/2013/1120/c138896-23601326.html,访问日期:2022年9月10日。
⑤ 崔征:《日本侵略者在沦陷区实行奴化教育》,《白下文史》第十一辑,1994,第115页。

亲睦，前途正未可限量。"① 伪维新政府机关报，对大民会的纲领发表社评时也称，今日中国"事实上离不开日本的指导与监护、提携……日本系老大哥，坐第一把交椅，其处心积虑，在为有色人种作屏障，为有色人种争地位，必一致拥护此老大哥，增加其勇气，减少其顾虑，然后始能胜任。"② 1939 年，大民会还刊印了《中日同文同种考》宣传册，通过考证"中日历史同源"，极力鼓吹"同文同种的民族，更应该同心同德"。③（图 13）

图 13　江苏省溧水县城门大民会的宣传标语

（资料来源：某日本兵私人相册的《满洲出动纪念写真帖》，http://news.qq.com/a/20110225/000785.htm#p=1、http://www.lsxww.net/article-14403-1.html，访问日期：2022 年 8 月 1 日。）

除此之外，形形色色的帮会组织，为了自身的利益，也在日本的恩惠和支持下，充当了侵略的鹰犬、帮凶。依靠国民党和日本帝国主义势力发展起来的一贯道，初期还改称为"东洋道"。日本大规模侵华后，又开始鼓吹"中日同种""中日亲善""日蒙亲善"等论调，称日本侵华乃是"天数使然"，谬言"日本人是秦始皇派往东海取长生不老药的徐福所带领的五百童男童女的后裔，原来是一家人，现在日本人是回家

---

① 上海市档案馆编：《日本帝国主义侵略上海罪行史料汇编》上编，上海人民出版社，1997，第 336-337 页。
② 邵雍：《抗日战争与中国社会》，合肥工业大学出版社，2010，第 85 页。
③ 大民会总本部宣传部：《中日同文同种考》，1939，扉页。

来了。"①1938 年 9 月,红十字会镇江分会的会员发表宣言称,"此次战争,乃系吾人同族同种之中华军阀与邻邦日本之同室操戈。党阀受第三国际之挑拨,而起仇日抗战之心",扬言要"驱逐惩诛""人类大敌蒋介石"。该宣言出笼后,被日本宪兵下令广为散发,并在广播电台中反复播送。②1940 年,洪帮汉奸分子在所编《海底》一书的卷首,公然宣称要以"兴亚反英"作为洪门"新的时代精神"。中华洪门联合会也提出,要把"我们洪门中人所抱负的民族主义范围,……扩大为东亚民族主义",把洪门狭义的民族思想转到亚细亚主义方面。1942 年,日本右翼分子大川周明出版《美英侵略东亚史》一书,鼓吹"大东亚战争"是"解放亚细亚有色民族的正义战争",洪帮内一批汉奸随即鹦鹉学舌,把中国近代史上洪帮的反洋教斗争,称为"中国民间第一次兴起的反对英美侵略的义师",大谈近代英美对中国的"土地侵略、经济侵略、文化侵略",却只字不提甲午战争以来日本帝国主义对中国的野蛮侵占。③

3. 投降者的人种认识局限

对于一些上层的对日投降者而言,"黄白人种对立""有色人种解放"等人种说辞,更在思想认识上对其起着一种建构国家生存理论的作用。在延续了近两年的伪政权南京"维新政府"内部,像立法院院长温宗尧(1876—1947)就认为,国民党所持的亲英美立场,代表了一种奴役中国的殖民主义心态。在所谓的"东西两极大同"认识上,温宗尧甚至要比当年的梁启超走的更远。他声称人种的差异超过了其他所有差异,殖民主义代表了一种种族主义式的关系,而日本对中国的行为,不能被解释为侵略殖民活动,因为日本人和中国人是同一人种,"不管谁援助谁,中华民族的尊严和身份之恢复,都将不可避免地基于黄种人的文化,而不是白种人的文化。"同样的,出任伪教育部长一职的顾澄(1882—1947)也主张,像国民党那样与西方白种人联盟的行为,是把自己置于殖民控制之下,而与日本"亲善合作"才是中国此时的唯一途径。人种问题使"亲善合作"变得非常重要,它将有助于推进中国的民族解放,而不仅是区域和

---

① 邵雍:《抗日战争与中国社会》,合肥工业大学出版社,2010,第 46 页。
② 邵雍:《抗日战争与中国社会》,合肥工业大学出版社,2010,第 47 页。
③ 邵雍:《抗日战争与中国社会》,合肥工业大学出版社,2010,第 74 页。

谐的进程。①

还有一些人，宣称"同文同种"是亚洲人民反对殖民主义的基础："自从中国成为苏俄英法美之走狗，东亚兄弟便陷入了令人扼腕、两败俱伤的冲突中。中日两国，同文同种，唇齿相依，在危难时期互帮互助。英法使我们的民众陷入贫困，使我们的财富消耗殆尽。"②伪政权的官员还宣传，"所谓建设东亚新秩序，那是指着铲除欧美的旧秩序而改写我们东亚人之新秩序而言，正与孙总理所说的大亚细亚主义全是一个意思，而且与日本为友，更是先总理的遗训，决不允许我们背道而驰的。……须知时至今日所谓中日之战已成过去的名词，全然失其意义了，今日之战乃黄白两大种族的生死关头之战"。③

投日后的汪精卫，也经常在"人种解放"上大做文章。日本对美开战后不久，他就煽动称，"此次战争若不幸而为英美所败，则整个东亚民族，将随印度民族及非洲的黑色人种，美洲的红色人种，澳洲的棕色人种，同受奴隶的待遇，整个东亚将永久为英美的次殖民地，没有翻身的希望。反之，如果战胜了英美，则百年以来的侵略势力，一扫而空，东亚得到解放，中国得到自由平等。"④在另一篇讲话中，他又说，"百年以来英美两国挟其军事侵略，经济侵略，双方并进之国策，美洲的红种，非洲的黑种、澳洲的棕色人种，次第受其摧残，不但国土丧失，连人种也几于沦亡。亚洲的黄种，亦同样受其厄运。"在他的鼓吹下，配合日本为建设东亚新秩序而发动的"大东亚战争"，不仅可以取得黄色人种的彻底解放，进而"奠定世界人种解放的基础"，而且可以使"整个世界的地图，从此将洗却凄惨的颜色，显出光明璀璨的异彩。"⑤1943年，日本迫于形势决定向汪伪政权"归还"租界。部分投降者就认为，自己真正实现了孙

---

① 卜正民：《中国日占区的事仇民族主义》，卜正民、施恩德编：《民族的构建：亚洲精英及其民族身份认同》，陈城等译，吉林出版集团有限责任公司，2008，第196，213-216页。

② 《日伪上海特别市政府关于青年团应协助中国文化服务站工作的训令及有关该团宣教资料》，上海市档案馆藏，卷号R-1-689。转引自卜正民：《秩序的沦陷——抗战初期的江南五城》，潘敏译，商务印书馆，2015，第32页。

③ 梁亚平：《劝告华侨与渝府诸公》，《国民杂志》第十六期1942年4月。

④ 汪精卫：《大东亚解放战》，《政治月刊》第3卷第1期1942年1月。

⑤ 《扫除英美的流毒》，（伪）宣传部编：《汪主席和平建国言论集续集》，中央书报发行所，1942，第359-360页。

中山民族主义所强调的废除不平等条约。华北伪政权还就此事举行了热烈的庆祝大会，称日本之所以"归还"租界，就是因为日本主张黄种人应该互相提携，"黄种人用真诚协助黄种人"，只要中日团结奋斗，那么"中国复兴有望了"。①

不少对日投降者所信奉和利用的人种论调，确实使他们更容易对付西方的各种人种歧视和不平等条约。但必须看到，人类历史总是不断向前发展的，20世纪20年代以后，新成立的社会主义国家苏联，主张贯彻国际主义原则，实行彻底的民族自决，以美国为首的西方帝国主义列强，也开始有意识地建立、维持一个可以避免战争、保护其既得利益的世界秩序。在这一形势下，世界列强之间的各种公约、协议，如"华盛顿会议"签署的《九国公约》等，虽然实质上仍损害了中国的主权和利益，但至少都会在正式行文中表示"尊重中国的主权与独立"，有时部分条约还对日本在中国的扩张进行限制，对其他列强在中国的特权施加制约，这些无疑都具有一定的积极意义。

中国一些投降者的"事仇民族主义"（collaborationist nationalism）之所以失败，并非因为它所倚赖的民族观念鲜有响应，而是因为其理论主张的建构，与大多数中国民众所亲历的社会现实相去甚远，与日军的烧杀抢掠这一有目共睹的事实形成无可辩驳的鲜明对照。南京"维新政府"那样关于民族独立的理论主张，虽然是将矛头指向了国民党的民族主义妥协行为，但是终究"又掉进了日本提出东亚解放运动时设置的治权陷阱：民族实现解放的那一刻，就要被超越。"②换句话说，作为日军和各伪政权宣传"日中亲善"的支撑内容，上述建立在人种话语基础之上的诸多理论，根本上都是以日本的利益为前提，其中屡屡显露出来的，实质仍是中日双方"骨子里"的不平等。赤裸裸的侵略现实，与空洞口号之间形成的巨大落差，是其难以逃避的致命缺陷。③正所谓"惟亲善之道，不系于同文同种之关系如何，而在于两国间之平等互惠，否则夺我之资源，辱我同胞、侵我国土者，皆为寇仇，勿论有如何关系，为求我民族生存计，

---

① 卜正民:《中国日占区的事仇民族主义》，卜正民、施恩德编:《民族的构建：亚洲精英及其民族身份认同》，陈城等译，吉林出版集团有限责任公司，2008，第219页。"治权陷阱"在原文中为"hegemonic trap"。

②《庆祝友邦交还租界》，《新民报》1943年8月2日。转引自黄东:《塑造顺民：华北日伪的"国家认同"建构》，社会科学文献出版社，2013，第172页。

③ 参见菊地俊介:「日本占領下華北の在留邦人雑誌に見る『日華親善』の矛盾」，『社会システム研究』第38号2019年3月。

自当讲求任何必要手段,以捍卫我国家也"。①

对于这一问题的本质,一些日本人其实也看得非常清楚。哲学家三木清(1897—1945)指出,"日本行动的意义被认为是将支那从白人帝国主义中解放出来。没有这种解放,则东洋的统一无法实现。但是,……在驱逐白人帝国主义时,驱逐的应该是帝国主义而不是白人。……日本自己也同样不能成为帝国主义。"② 长期在华驻留的外交官米内山庸夫(1888—1969)也坦言,世界大势"其基础是民族主义,渐次成为民族对峙之形式"。在东亚地区,民族对峙有两种形式,"一为东洋人与白人之对峙,二为东洋各民族之对峙"。在第一种形式中,东洋人"想要把白人的势力,从东洋驱逐出去,建设东洋人的东洋。这是觉悟的东洋人,都抱有此心,也是大多数人所赞成的思想"。但第二种形式,也就是东洋各民族的关系问题,却是"极为复杂"。中日关系的特殊之处,其中有一点就是已经超越了所谓的"黄白人种"对立。导致中国人看待欧美时,不再拘泥于人种差异,"有时倒反情愿居于白人之下,而不愿居于同种之黄色人之下。甚至说出远交近攻的话来,中日亲善之难实现,即在于此。"③

---

① 霍实:《中日两国"同文同种"之历史观》,刘百闵、周伊武编辑:《日本评论》第9卷第3期1936年10月15日。

② 三木清:「東亜思想の根拠」,『三木清全集』第15卷,岩波書店,1967,第312-313頁。

③ 米内山庸夫:《世界之大势与中日两民族》,《译丛》第1卷第5期1941年6月。

第九章

二战期间参战国的人种意识面相

第二次世界大战期间，对于日本而言，除了主要侵略对象中国之外，美国、苏联、德国这三个大国，无疑也是其政治、军事等方面的重点针对或关注对象。本章与第十章，通过考察日本与美国、中国、苏联、德国之间的相互关系，聚焦人种意识在各国相关对外政策及行动中所起到的作用和影响，进一步分析日本人种意识所展现出的唯利性和投机性。

第一节 美国对日本的"人种敌意"

自开始和日本交涉以来，美国人眼中的日本人形象，经常是一个肯定与否定混杂的矛盾体。据说当年叩开日本国门的伯理，虽然其部下有人认为日本人是"世界上最有礼貌的国民"，但伯理本人却公开表示日本人是一个"说谎、善于寻找借口的伪善"的民族。有学者更进一步指出，"彬彬有礼"与"伪善"这种分裂式的日本人形象，成为百年来美国人看待日本人的一个固定模式。[1] 当19世纪晚期"中国作为一个国家似乎古老得不可救药，作为一个民族也令人厌恶时，日本被美国人认为是亚洲文明中最有希望的民族。相反，当日本不受美国尊敬（20世纪初）时，中国便受到美国的称赞。于是，出现了同一种族不同分支之间彼此朝相反方向在种族阶梯上下变动的新鲜奇

---

[1] シーラ・ジョンソン：『アメリカ人の日本観——ゆれ動く大衆感情』，鈴木健次訳，サイマル出版会，1986，第3頁。

观。"①

从国家关系上看，全力欧化的日本明治政府，对于美国等其他西方国家，基本上一直采取着联合、协调的方针。而太平洋彼岸的美国，在占据夏威夷和菲律宾等地之前，除了保护自己的贸易和投资之外，也尚未在东亚形成具体的政治主张。尽管移民排斥和"黄祸论"等问题已经出现，但还没有影响到双方的根本利益，所以这一时期的日美关系，称得上是"充满了友好的气氛"。②对此，陆奥宗光就曾说，"美国是一向对我国抱有深厚友谊和善意的国家。"③这种情况，甚至一直维持到日俄战争时期，在当时，"日本自始至终依赖于英、美政府和两国的金融资本，没有这些援助，战争连半年也打不了。"④

在19世纪末的最后几年里，美国将夏威夷纳入自己版图，通过美西战争占领菲律宾，在对华方针上提出"门户开放""机会均等"政策，其在亚太地区的势力日渐增强。日俄战争结束后，逐步确立了强势地位的日本，利用战争中攫取到的权益，企图独霸中国东北南部，这使得想在该地区进一步扩张势力的美国感到十分不满。从1905年到1909年，美国在中国东北的贸易额下降了25%，其提出的收购"南满铁路"等计划也遭到了日本的抵制。为了防止美国插手中国东北，日本甚至与兵戈相见不久的俄国先后签订了四次密约（1907年，1910年，1912年，1916年），旨在联合俄国来对抗美国。像这样，随着双方各种利益冲突加剧，美国对日本在东亚的扩张开始转向抑制，彼此政治、军事上的防备情绪也逐渐加深（图14、图15）。以日俄战争结束为分水岭，两国进入了"妥协与斗争"并存的"新时代"。⑤

---

① 迈克尔·H·亨特：《意识形态与美国外交政策》，褚律元译，世界知识出版社，1999，第76、78页。
② 入江昭：「日米敵対意識の源泉」，『国際政治』34，1967，第1-4页。
③ 陆奥宗光：『蹇蹇录』，伊舍石译，商务印书馆，1963，第48页。
④ 井上清：《日本帝国主义的形成》，宿久高等译，人民出版社，1984，第197页。
⑤ 池田十吾：『第一次世界大戦期の日米関係史』，成文堂，2007，前言第1-2页。

图 14 《黄白之争（日本人和美国人之间的激烈争执）》

（资料来源：《小日报》（插图附加版），1906 年 12 月 16 日，赵省伟、李小玉编译《遗失在西方的中国史：法国彩色画报记录的中国 1850–1937》下，中国计划出版社，2015，第 371 页。）

图 15 《面对支那的日美》①

（资料来源：『新公論』，明治四十一年一月号，原载《洛杉矶泰晤士报》。）

进入 20 世纪后，美国的排日运动开始扩大化。如 1901 年加利福尼亚州和内华达州向中央政府提交了限制日本移民的议案，1906 年旧金山当局对日本学童一度实行了隔离政策。进而，针对日本移民大多从事农业的特点，1913 年美国加利福尼亚州制定了《外国人土地法》（Alien Land Law），其中规定没有市民权的外国人，不能在当地拥有土地以及租赁土地 3 年以上，这项法律逐渐蔓延到西北部其他各州，到 1922 年时有 11 个州都制定了类似的政策。最终，1924 年美国国会正式通过《排日移民法案》，规定除外交官等情况之外，每年仅允许少量日本人进入美国，其余不能取得美国公民权的外国人一律禁止入境。尽管这些法案，从名义上来讲是针对所有的"非白色人种"，但由于日本人是进入美国的最大有色人种人群，因而明显具有强烈的排日色彩。②

作为政治状况的反映，日美两国都出现了大量以"黄白人种对立"为背景的战争小说。在美国，曾担任过孙中山首席军事顾问的美国人荷马李（Homer Lea，1876—

---

① 已经将朝鲜收入囊中的日本，又将手伸向中国，但却被美国按住。
② 若槻泰雄：『排日の歴史』，中央公論新社，1972，第 99-111，155-186 頁。

1912），于 1909 年出版了《无知之勇》一书，在当时影响甚大。^① 书中分析了美国的防御力和日本的攻击力，称黄种的日本人将会成为美国最危险的敌人，预言两国开战后的五个月内，华盛顿州、俄勒冈、南加利福尼亚等地将被日军包围，两周之内旧金山就会被攻破。^② 在很长一段时期内，美国市面上出现的反日书籍，"大多站在人种偏见的立场上，低级且具有煽动性。"^③ 这种日美之间即将开战的疑虑与不安，从当时美国报纸刊登的一首名为《加利福尼亚危在旦夕》^④的歌中可以窥见一斑：

  羊羔一般的美国国民/ 在与和平鸽玩耍/ 不知不觉间/ 大难临头/ 如果不把日本佬驱逐出去的话/

  连一只小虫也爱惜/ 在充满慈爱的声音中/ 在无任何军备防范时/ 日本佬穿过金门桥/ 淹没了海岸/

  敌人舰队在马格达莱纳湾/ 他们虽然满面笑容地工作/ 实为夺取加利福尼亚/ 到处都是东乡^⑤/ 决不可相信日本佬/

日美之间利益冲突日益明显后，美国对日本的人种偏见，开始更多地夹杂了对日本在亚洲势力坐大的恐惧。美国一直明白，不同于早期所排斥的中国移民，日本移民身后有其强大的国家机器作为后盾。1906 年 10 月，美国国务卿罗脱（Elihu Root,

---

 ① 该书不但在欧美风行，而且在日本也多次再版，并有『日米戦争』（池亨吉訳，博文館，1911 年）和『日米必戦論』（望月小太郎訳，英文通信社，1911 年）两个译本。

 ② Homer Lea：*The Valor of Ignorance*（New York and London, HARPER& BROTHERS PUBLISHERS, 1909）.

 ③ 秦郁彦：『太平洋国際関係史』，福村出版株式会社，1972，第 86 頁。例如有：《日本威胁》（Frederick McCormick, *The Menace of Japan*, 1917）；《有色人种的勃兴》（Lothrop Stoddard, *The Rising Tide of Color Against White World-Supremacy*, 1920），《新日祸》（Sidney Osborne, *The New Japanese Peril*, 1921），《我们必须和日本开战吗？》（Pitkin Walter B., *Must We Fight Japan?*, 1921）等。当然，欧洲作为"黄祸"思想的发源地，同时期针对日本的"人种敌视"书籍也有很多。参见平川祐弘、鶴田欣也編著『内なる壁——外国人の日本人像・日本人の外国人像』（阪急コミュニケーションズ，1990 年）。

 ④ *LA Examiner* 1916.7.30. 转引自五明洋：『アメリカは日本をどう報じてきたか』，青心社，2004，第 127-128 頁。

 ⑤ "东乡"指东乡平八郎（1848—1934），日本元帅、海军大将，因在日俄战争的对马海战中，一举击败俄国的波罗的海舰队而名扬世界。

1845—1937）在一份备忘录中，分析了日美移民问题的严重性及后果。他悲观地提出，移民问题或将引发美日战争，日本有可能在美国有能力拯救亚洲舰队和巴拿马运河完工前采取行动。在日军席卷菲律宾、夏威夷甚至美国太平洋沿岸各州以前，美国无力阻止日本人的进攻。虽然美军最终会把日军赶出北美大陆，但却无力进一步报复日本，美国将失去其太平洋贸易并且威信扫地。[1]

对日本的人种偏见和戒备，同样得到了美国部分主张在军事、外交上采取强硬政策的政治家和军事家的支持，像1907年美国舰队的环球航行，就在一定程度上含有向日本示威的性质。[2]在美国海军内部，由于与日本隔海相对的这一地缘政治环境，使得海军上下一直都对日本抱有强烈的戒心。美国海权理论奠定者阿尔弗雷德·塞耶·马汉（Alfred Thayer Mahan，1840—1914），就经常把太平洋上的海权和日本移民问题挂起钩来。他在给友人的信中表示，尽管美日都不想进行战争，但日本移民问题引发的冲突是无法解决的，因为那是"人类无法抑制的原始本性"。他认为，如果美国保持着强大的海军，而日本陷于财政困难，那么日本还会去尽心尽力管好它的人民，"但如果我们的海军削弱了，而日本人的国库充实了，那么它在不得民心的时候就没有必要这么做了。当两国人民因为利益冲突走向对立，那么和平只有依靠武力才能维持。"[3]在马汉心中，日本海军带来的"威胁"以及日本移民带来的"危险"，不可分割地交织在了一起。他在1910年写道："太平洋沿岸实际上暴露在一个比其他人都要危险得多的敌人面前。相对大西洋，由于门户开放政策带来的不可预见的问题，以及我们在太平洋地区的居民对日侨的激烈偏见，这里存在着更为迫切的战争的危险。"[4]

---

[1] 刘世龙：《美日关系（1791—2001）》，世界知识出版社，2013，第204页。

[2] 海因茨·哥尔维策尔：《黄祸论》，译者不明，商务印书馆，1964，第90、85页。此次美国舰队的航行事实上对日本的确起到了一定的威慑作用。内森·米勒：《美国海军史》，卢如春译，海洋出版社，1985，第197-198页。另外，此次美国舰队船身涂为白色，因与半世纪前的"黑船来航"相对照，日本人将其称为"白船来航"。而日本在舰队访问横滨港时表现出的热烈欢迎，则被认为是"显示了日本人从心底惧怕美国的心理"。西尾幹二等：『新しい歴史教科書』，扶桑社，2001，第258-259页。

[3] 麻田贞雄：《从马汉到珍珠港——日本海军与美国》，朱任东译，新华出版社，2015，第20页。

[4] 麻田贞雄：《从马汉到珍珠港——日本海军与美国》，朱任东译，新华出版社，2015，第21页。

1906年旧金山当局对日本学童教育隔离事件，使本已紧张的美日关系再次恶化，进而一度引发战争恐慌。美国陆海军联合委员会还匆忙起草了一份保护菲律宾免受日本进攻的计划，将日本纳为了潜在的敌对目标。从1911年开始，美国针对不同国家制定了一系列的战争计划，并标以不同颜色，其中最重要的就是针对日本的"橙色计划"，而上述认为日本具有"军事"和"人种"双重威胁的观念，也被吸收进了"橙色计划"之中。一战爆发后，总统威尔逊在决定参战的各种战略权衡中，就有白种联合起来戒备"黄种日本"这样人种意识方面的理由。[1] 20世纪20年代，很多美国海军将领认为，"日本一旦掌握了亚洲大陆的资源与人力，其控制下的黄色民族就会统一起来，有色人种的大浪将不可避免地涌向太平洋东岸，而美国的安全、白色人种的优势都将受到威胁。"[2] 1937年，日本开始全面侵华后，美国公布了德皇威廉二世1908年的一段谈话记录。威廉二世在其中多次强调，"日本人是恶魔"，征服了中国、统治了亚洲后的日本将是"世界最大的灾难"。美国通过重提当年历史，警示日本将为"黄祸"的意图十分明显。[3]

众所周知，美国的建国史，本身就是一部印第安人和黑人遭受种族主义摧残的受难史。在"盎格鲁·撒克逊人种"占据主流的美国社会，其种族主义情绪由来已久。随着欧洲以外的移民日益增加，"美国滋生了越来越普遍的排外情绪，从宗教偏见到经济原因，直至发展到带有种族主义特征的排外行动。"[4] 不难理解，尽管美国人的对日认识和对日情感会因人而异，但就整个国民而言，当涉及切身利益或国家利益的取舍时，一切针对日本人的负面评价必定会被渲染、放大。诸如日本人的饮食、服饰，以及"相片结婚"[5]等行为习惯，往往都会成为排日主义者口中非难的对象。从具体数字上看，日本移民在1907年的顶峰期，也只有区区3万人，尚不到来美移民总数的3%。而且，日本移民的回流率很高，从1908年到1924年美国颁布排日法案，其间约有16

---

[1] 三輪公忠：『日米関係の意識と構造』，南窓社，1974，第90-96页。
[2] 麻田貞雄：『両大戦間の日米関係——海軍と政策決定過程』，東京大学出版会，1994，第340-341页。
[3] 清沢洌：『世界再分割時代』，千倉書房，1935，第106-108页。
[4] 邓蜀生：《美国与移民——历史·现实·未来》，重庆出版社，1990，第29页。
[5] 移居海外的日本男性，通过介绍人与日本国内女性交换照片相亲，双方同意后女方前往男方处结婚、生活。

万日本人来美,约有7万人离美。尽管他们聚居在美国的西边沿海地区,造成一个日本人"大举进犯"的假象,但实际上即使在加利福尼亚州,日本人也从来没有超过该州总人口的3%。正如一位经济史学家所说,"就那么几个日本良民竟然会莫名其妙地激起如此之甚的仇恨和恐惧,实属罕见"。① 还有学者指出,按照1924年排日移民法的计算,美国当时"根本没有必要排日,因为1890年在美国的日本人仅有2039名,每年限额为40名,排日仍然是种族主义作祟。"②

日美开战后,美国加大了对日本的研究力度,但受战时各种偏见的影响,其中很多关于日本国民性的研究,在研究方法与过程上都存在着局限性,研究者极易掉进一种"种族中心主义"的思维陷阱中。有学者指出:"所有有关日本人性格结构的描述都存在一种种族中心主义,它很好地迎合了战争时期的社会需要,即对日本人的性格特征做出某种'科学的'结论。种族主义的解释无论在社会方面还是在科学方面在那时都是不受欢迎的,但这种'性格结构'的解释却行得通,因为它以文明的方式对日本的国际和国内行为进行了'解释'。"③ 对日开战后,美国舆论调查局对美国人心目中的日本人形象展开调查,被调查者根据自己的喜好程度选择最能体现日本人形象的词汇,结果排在前四位的都是负面形象,"背信弃义的"(占73%)高居第一位,其后依次是"阴险的"(占63%)、"残虐的"(占56%)、"好战的"(占46%)。④

随着战争的进行,不仅"珍珠港事件"让美国人对阴险狡诈的日本人愤恨不已,而且日军残害美国战俘的行为,更让美国人相信日本人就是"劣等的异类"。美国媒体无一例外地将所有日本人描述为心智不成熟的儿童、野蛮人、虐待狂、疯子或是机

---

① 托马斯·索威尔著:《美国种族简史》,沈宗美译,南京大学出版社,1993,第212页。
② 戴超武:《美国移民政策与亚洲移民(1849—1996)》,中国社会科学出版社,1999,第70页。
③ Hadley Cantril, *Public Opinion* 1935—1946(Princeton: Princeton University Press, 1951),p.501. 转引自张晓莉:《占领时期美国对日文化改革与民主输出》,社会科学文献出版社,2013,第36页。
④ John Embree, *Standard Error and Japanese Character: A Note on Political Interpretation*, *World Politics*, Vol.2, No.3(Apr.1950),p.442. 转引自张晓莉:《占领时期美国对日文化改革与民主输出》,社会科学文献出版社,2013,第42页。

器人。在非人化的比喻中，日本人普遍被描绘成"猿""患黄疸病的狒狒""猿人"。①战争期间，众多美国人将德国人看作是纳粹独裁的受害者，或者至少是与自己一样的同类，却将日本人描绘成毫无人性可言的种族，"西方人认为他们是在同残暴的异类作战"。②美国战争情报局（OWI）调查了美国电影对于战争的表述手法和态度，其分析报告指出，好莱坞电影界认为，"德国人是绅士，与自己是同一人类。德国士兵富有才能，遵守纪律，爱国心很强。""虽然德国人在道德上有所堕落，但好莱坞并不喜欢将其描述为行为残暴的民族"。而与之相比，"日本兵欠缺军人特质，几乎无一例外地残酷，冷血无情。虽然日本兵性格强韧，但从不在良心上自责"，"日美发生战争，是由于日本方面破坏了近代战争的规则"。③

战争形势下，美国对境内日裔移民的不信任感和敌意感也逐渐上升。1942年2月，总统富兰克林·罗斯福（Franklin D.Roosevelt，1882—1945）授权军队可以将日裔移民从军方指定的"军事地区"内赶走，"安置"在其他地方。1942年3月至11月间，10万多日本移民被强制移送到加利福尼亚州与阿肯色州一带荒无人烟的军事限制区中，这是继奴隶制以来，美国历史上对境内居民进行的最大规模的人身自由权利剥夺。此外，美国还向中南美洲各国政府施加压力，迫使各国也将众多日裔移民送往美国接受监禁。而且与这种人种歧视形成鲜明对照的是，同样属于"敌方阵营"的美籍德国人和意大利人，却没有受到此类怀疑或惩罚。④

当然，任何事物都具有多面性，我们不能将日本人"标签化"的同时，也要考虑

---

① 约翰·W.道尔：《拥抱战败：第二次世界大战后的日本》，胡博译，生活·读书·新知三联书店，2009，第186页。更多可参见John W.Dower 的 *War Without Mercy*：*Race and Power in the Pacific War*（New Rork：Pantheon Books，1987）.

② 道格拉斯·福特：《太平洋战争》，刘建波译，北京联合出版公司，2014，第147-151页。

③ シーラ・ジョンソン：『アメリカ人の日本観——ゆれ動く大衆感情』，鈴木健次訳，サイマル出版会，1986，第30-31頁。

④ 曾在1942年下达拘捕令的罗斯福总统，1944年公开为日裔美国人的忠诚辩护。1944年底，美国最高法院宣布，拘留那些具有美国公民身份的日本人属于违宪行为。1976年，福特（Gerald Rudolph Ford，1913—2006）总统公开承认，将日裔美国人关押在难民营是一种错误的做法。1981年，美国总统委员会宣布，关押行动"并非出于军事必需"，而是由于"种族偏见、战争因素和失败的政治领导"所导致。最后，美国国会在1988年作出正式道歉，并对幸存受害者追加赔偿，每人赔偿2万美元，总数达16亿美元。

到其国民性特点在具体现实中产生的作用。例如,美国将无辜日裔居民强行隔离关押的做法,的确在人道方面缺乏理性的考量。但在战时的特殊环境下,美国对居美日本人的怀疑也并非没有根据。资料显示,二战爆发前夕,尽管日美关系已经十分紧张,但在美的日本人仍然表示会效忠天皇,支持日本的对外战争。仅夏威夷的日本移民,就分五次共捐献军费近 280 万美元,纽约的日本人在第四次捐款中就交纳军费近 160 万美元。① 这种客观现实与主观情绪的交杂、发酵,成为美国对日人种敌意一步步加大的重要原因(图 16)。

图 16　《等待家里的信号》②

(资料来源:迈克尔·亨特、史蒂文·莱文《躁动的帝国 2:太平洋上的大国争霸》,宗端华译,重庆出版社,2015,第 131 页。)

第二节　日本对美国的"人种仇恨"

明治维新后,随着西化政策效果日益明显,众多日本人认为,率先以武力逼迫日

---

① 陈致远:《多元文化的现代美国》,四川人民出版社,2003,第 141 页。
② 该漫画发表于 1942 年 2 月 13 日。意指从同一个模子里铸造出来的居美日本人,其实全是潜藏的"第五纵队",无论是否取得美国国籍,他们对美国都不忠诚,手持炸药等待着大洋彼岸祖国的号令。

本"开国"的美国非但不是敌人,反而是结束自己闭关落后状态的"恩人"。福泽谕吉就称,美国人的到来,使日本开始真正认识到西洋文明的先进,"宛如在我民众心头点燃火焰,燃烧起来后便再不可熄灭。"① 相对于其他西方国家,美国不仅是位于人种等级金字塔顶端的"理想之国",在感情印象上更是一个"文明开化的先进国""自由之圣地"。② 明治维新"三杰"之一的木户孝允(1833—1877),随同岩仓使节团到达美国后,在给日本友人的信中写道:"市街模样尽管早有所闻,与想象别无大异,但其学校及工场之先进仍实难用拙笔尽述。"③ 画家三宅克己(1874—1954)早年游历过美国,对美国文化产生了无限憧憬,感叹"当我再次离开日本的时候,我便有了不回日本的念头,如果可以的话,希望就这样永住美国,甚至加入美国国籍也可。"④ 日本上层的领导人和知识分子,对美国及美国的生活方式公开表示强烈的好感,美国被描述为"人间天堂",美国的自由被赞美成既令人羡慕又值得仿效的东西。日本政府发行的教科书把富兰克林和林肯树为典范,教育孩子向他们学习,其程度远远胜过对本民族英雄的崇拜。对此,有美国学者就评论说,"也许从来没有哪一个民族像明治时代的日本人那样,给自己灌输了如此之多的美国生活方式。明治时代迁居美国的那批日本人的子孙后代,则一直把赢得美国人的接受和尊敬作为奋斗的主要目标。"⑤

日俄战后,日美关系开始乌云笼罩,但日本上层却非常明白美国对其的重要性。1907年,伊藤博文写信告诫外务大臣林董(1850—1913),称"日美友谊之障碍在于劳动问题与移民问题",由于两国部分人的言辞不慎及其他列强挑拨,"形势日益于我不利",因此"不可让日美关系如今日这般放任自流,我当局者应尽全力以图两国之亲交"。⑥ 1910年,在修改《日美通商航海条约》的谈判后期,外务大臣小村寿太郎表示,"在日美关系中,贸易最有价值,劳工移民问题不能与之相比。……控制移民的现

---

① 福沢諭吉:「文明論之概略」,『福沢諭吉全集』第四卷,岩波書店,1959,第4頁。
② 亀井俊介:「『自由の聖地』——十九世紀の日本におけるアメリカ像」,加藤秀俊等編:『日本とアメリカ——相手国のイメージ研究』,日本学術振興会,1977,第83-144頁。
③ 木戸公伝記編纂所編:『木戸孝允文書』第4,日本史籍協会,1930,第319-320頁。
④ 三宅克己:「思い出づるまま」,『日本人の自伝』19,平凡社,1982,第110頁。
⑤ 托马斯·索威尔:《美国种族简史》,沈宗美译,南京大学出版社,1993,第202页。
⑥ 外務省編纂:『日本外交年表竝主要文書』上卷,原書房,1978,第283頁。

行政策可被视为国策,不必担心将来改变。"①原敬也在1914年谈及外交政策时指出,"日俄同盟或俄法日英同盟之说,皆为一时之物,不足为恃。一旦与美国有事,欧洲丝毫不可依靠。故而即便作出部分牺牲,也应采取缓和日美关系之方针。"②一战以后,日本对以美国为首的西方,更是明显地采取了"协调外交"的方式,像在决定向苏俄远东及西伯利亚地区出兵前,经过"外交调查会"历时半年多的反复讨论,以首相原敬为代表的政治家们仍主张,"为避免孤立,征得美国同意是出兵的绝对必要条件。"③

这样的外交方针,也体现在对人种问题的处理上。1908年,日本外务大臣与美国驻日大使通过一系列的文书协议互换,达成"绅士协定"。其中约定,日本拒绝向试图移居美国的日本劳工签发护照,并承认美国有权拒绝接纳移居其他国家的日本人。一战结束后,为阻止加州议会提出的排日修正案通过,日本表示愿意采取有效措施,禁止日本女性通过"相片结婚"来移居美国。1920年9月至1921年1月期间,日本驻美大使币原喜重郎与美国前驻日大使莫里斯(Roland Sletor Morris,1874—1945)先后进行了23次会谈,日方最终表示,为平息美国日渐激烈的排日运动,今后愿意更加严格地执行"绅士协定",即便是在美日本人的亲属,也禁止其移民赴美。

但对于国力强大起来的日本来说,人种问题上受到的歧视和排斥,确实又反向引发了整个社会对美国的不满。正如主张"东西文明调和"的大隈重信所说,"我国作为东洋文明之代表,已处于将西洋文明介绍到东洋之地位。能调和东西文明,进而融合世界文明,带来人类和平,谋求人道完美,实乃我国民之理想,我日本帝国之天职。"④随着对外战争屡次获胜,所谓"这种堂堂雄姿,充分预示日本将继承白种人文明之后,担任未来新文明新世界的中心命运"⑤的自负心,激发着部分日本人民族主义情绪不断膨胀。特别是一战结束后,美国为遏制日本在东亚及太平洋地区的进一步扩张,先是在华盛顿会议上通过缔结《五国海军条约》使日本在军舰建造和主力舰保有量上处于劣势,签订《九国公约》否定了一战期间日本在中国获得的特权地位,随后又提出

---

① 刘世龙:《美日关系(1791—2001)》,世界知识出版社,2013,第198页。
② 原奎一郎编:『原敬日記』第四卷,福村出版株氏会社,1965,第51页。
③ 加藤周一:《日本文化论》,叶渭渠等译,光明日报出版社,2000,第319页。
④ 大隈重信:『国民読本』,丁未出版社,1910,第194页。
⑤ 东亚同文会编:《对华回忆录》,胡锡年译,商务印书馆,1959,第3页。

《四国条约》变相地埋葬了"英日同盟",在日本人看来,从开国以来"一直对日本有着特殊友好感情并不惜给予支援的美国,转而态度一变,充当了对日本施加压迫政策的急先锋。"①

在这一背景下,美国对日移民排斥等人种问题,成为日本对美抗争的重要依据。1907年,日本在制定第一次《帝国国防方针》时,将原来的"守势国防"改为了"攻势国防",提出"对于妄图侵害我国权之国家,至少在东亚应采取攻势。"其中对于美国,认为虽然应该与其保持"友邦"关系,但"从地理、经济、人种及宗教等方面观察,他日难免不发生剧烈冲突。"②元老山县有朋在1911年向内阁提交的《对俄警戒论》中称,"日美间战争决裂之事,今日虽尚不可想像。但世界形势数年来急转直下,难知何时会发生何等变化。况近来美国之太平洋政策,往往与帝国之利权相抵牾。若以今日之势发展下去,早晚会有发生相互冲突之虞。"③后来担任日本海军大学校长、海军中将的佐藤铁太郎(1866—1942),在1912年撰写的《国防计划》中指出,日美在移民问题和中国利益问题上的冲突,使得两国的对抗已经成为严重问题。④1923年,日本政府再次修改了《帝国国防方针》,开始把美国定为军事上的头号敌国,称"帝国不久将来之国防,应以与我发生冲突可能性最大且有强大国力及军备之美国为目标。"⑤作为日美必然开战的依据,其中就提及:"加利福尼亚州对我国人之排斥,已渐渐波及其他各州,愈来愈根深蒂固。夏威夷之移民问题亦不容乐观。此类起因于经济问题与人种偏见之多年纠纷甚难解决,利害之冲突,感情之隔阂,将来想必会越来越大。……如此下去,与我帝国发生冲突乃是必至之势。"⑥

---

①服部卓四郎:『大東亜戦争全史』,原書房,1982,第3頁。
②防衛庁防衛研修所戦史室:『大本營海軍部・聯合艦隊』1,朝雲新聞社,1974,第112-113頁。
③大山梓:『山縣有朋意見書』,原書房,1966,第336頁。
④麻田贞雄:《从马汉到珍珠港——日本海军与美国》,朱任东译,新华出版社,2015,第42页。
⑤防衛庁防衛研修所戦史室:『大本營陸軍部1』,朝雲新聞社,1967,第246頁;島貫武治:「第一次世界大戦以後の国防方針、所要兵力、用兵綱領の変遷(下)」,『軍事史学』第9巻第1号1973年6月。
⑥島貫武治:「第一次世界大戦以後の国防方針、所要兵力、用兵綱領の変遷(下)」,『军事史学』第9巻第1号,1973年6月,第66-67頁。

与美国一样，日本这一时期出版的战争故事读物，也多将美国作为假想敌人，内容常以日本最终大败为结局，明显具有激发国民对外情绪、振奋尚武精神的意图。[1]像海军中佐水野广德（1875—1945）就在《下一战》一书中声称，"若美国国民之傲慢一如既往，我帝国军备之欠缺不加改进，则太平洋岂能平静，帝国之基础安能长久？此乃著者最欲询问帝国国民之处也。"[2]该书反映了当时部分日本人对白种人傲慢的愤恨，强调日本人自我意识、主张黄种人对抗白种人的思想主题随处可见。

1924年美国正式出台的排日移民法案，更被视为对日本的极大侮辱。《日本时报和邮报》发表社论称，"如果移民法排斥所有的移民，或将日本同其他国家同等对待，日本也不会对此愤怒不已。但让日本气愤的是移民法的一个条款，它并没有直接提到日本，但受影响的仅仅是日本一个民族，这就给日本贴上了劣等种族的标记。"许多日本人认为，排日移民法因其不公平的条款，使得"日本人不再是人，而是狗"。[3]驻美大使埴原正直在给美国国务卿休斯（Charles Evans Hughes，1862—1948）的信中说，"关键之处是日本身为一个主权国家，它有没有获得他国的正式尊重或关注，……（排斥移民条款）所呈现的是不把日本当做一个国家看待，在美国人民眼中，日本人已被丑化为一文不值，弃之亦毫不足惜。"[4]

尽管很多日本人心里明白，美国对日本的人种歧视，与日本针对中国这样弱国的歧视相比，其实在本质上并无不同。[5]然而，众多对美国怀着"开国之恩人""亲友兄弟之国"感情的日本人，除了在"学理"和"法理"上无奈地自我安慰之外，[6]在情感上依然受到了深深的打击和刺痛。娶了美国妻子的著名教育家新渡户稻造（1862—

---

[1] 例如有：『黄禍白禍未来之大戦』（千葉秀浦、田中花浪著，服部書店，1907年），『遺恨十年日露未来戦』（原田政右衛門著，武侠世界社，1913年），『日米開戦：夢物語』（国民軍事協会著，中央書院，1913年），『次の一戦』（水野広徳著，金尾文淵堂，1914年），『日米若し戦はば』（佐藤鋼次郎著，目黒分店，1920年）。

[2] 水野広徳：『次の一戦』，金尾文淵堂，1914，第5頁。

[3] 戴超武：《美国移民政策与亚洲移民（1849—1996）》，中国社会科学出版社，1999，第70页。

[4] 安德鲁·戈登：《日本的起起落落：从德川幕府到现代》，李潮津译，广西师范大学出版社，2008，第218页。

[5] 米田實：「日米問題」，朝日新聞社編：『時局問題批判』，朝日新聞社，1924，第180頁。

[6] 米田實：「帝国の重大時機と国民の国際的常識」，『中央公論』39卷9号1924年8月。

1933），曾经以英语撰书将日本的武士道介绍给西方，是一名典型的亲美论者。但美国排日移民法案的出台，对于他来说犹如一个"晴天霹雳"，以至于他表示"我心被深深刺痛，感受到无比屈辱，仿佛我民族从受尊敬之地位被突然推入世界贱民之列一般。……将来此情感隔阂不消，我绝不踏入美国半步。"①

政治学者美浓部达吉（1873—1948）曾指出，移民排斥问题与国家的强大程度密切相关。"遗憾的是，日本在国力上、至少在经济力上，绝对不是美国的敌人。不管被怎样侮辱、怎样遭遇不敬，除了隐忍之外别无他法。即便是日本想要去侮辱对方，也没有那样的实力。"②但实际上，美国排日法案出台后，日本国内仍是群情激奋，各地都举行了大规模的反美集会，要求政府抗议该条例、甚至对美宣战的呼声此起彼伏（见表1）。一时间，诸如"国民对美会""对美同志会""大亚细亚会""东亚联盟协会""大日本国粹普及会""爱国义会"等右翼反美团体相继成立，一度消沉的亚细亚主义思想，也在有色人种对抗白色人种的语境下被再次点燃。像国粹主义色彩浓厚的《日本及日本人》杂志，就在当年接连发行了"对美公愤号""大亚细亚主义"等特辑，刊载了大量以抗议美国、呼唤亚洲人种联合为主题的政论文章。③（见表2）报纸《国民新闻》，甚至将排日法案正式实施的7月1日宣布为"国耻日"，称"七月一日，乃是日本外交政策由东向西画大弧线之日，是同美国诀别、与亚洲兄弟联手之日"。④作家武者小路实笃（1885—1976）发文称，日本的命运以1924年为转折点走向了"疯狂"，虽然此前日美开战的可能性还停留在"未来战记"之类的幻想里，但从1924年7月1日后，人们已经开始切肤感受到了这种危机爆发的现实性。⑤曾经把美国和日本比作"恋爱中的男女"的内村鉴三，此时也怒不可遏，号召国民要抵制美货，不移民美国，不接受美国援助，不阅读美国作品，不去美国人的教堂，称"美国拥有之物仅为金钱。除去金钱几乎一无所有。没有像样的哲学，没有像样的美术。曾经之高贵精神

---

① 麻田貞雄：『両大戦間の日米関係——海軍と政策決定過程』，東京大学出版会，1994，第309頁。
② 眞嶋亜有：『「肌色」の憂鬱——近代日本の人種体験』，中央公論新社，2014，第200頁。
③ 『日本及日本人』第48号1924年5月15日，第58号1924年10月5日。
④ 三輪公忠：「徳富蘇峰の歴史像と日米戦争の原理的開始」，芳賀徹等編：『西洋の衝撃と日本』，東京大学出版会，1973，第202頁。
⑤ 眞嶋亜有：『「肌色」の憂鬱——近代日本の人種体験』，中央公論新社，2014，第195頁。

如今消失殆尽。作为文明国可以说是低劣而贫穷。"他甚至与绝交多年的国家主义者德富苏峰尽释前嫌,并在给其的信中表示,"即便与美国开战也不足惧"。① 就连曾任驻美大使的石井菊次郎也悲观地认为,移民排斥已经转变为人种问题,对日美两国来讲"没有比这再难解且重大的问题了",极有可能诱发太平洋上"古今未曾有的大争斗"。②

表 1　1924 年日本国内反对排日移民法案的主要活动③

时间	事件
4 月 17 日	・东京商业会议所就排日问题向外务大臣建议 ・日本力行会学生就对美问题向外务省请愿
4 月 18 日	・海外协会中央会作出决议,抗议移民政策
4 月 19 日	・日美关系委员会召开临时会议,商讨排日问题对策 ・海外协会中央会理事永田稠访问外务大臣,就排日问题提交请愿书 ・日本基督教联盟常议员会召开临时会议,致电美国国务卿
4 月 21 日	・东京 15 家新闻报社发表共同宣言反对移民法 ・移民协议会召开临时总会,商讨解决移民问题
4 月 22 日	・全国商业会议所联合会在京都召开,讨论排日问题 ・海军劳动组合联合会致电美国总统及劳动联合会长,希望取消排日法案 ・国民新闻社在东京召开对美问题演讲会,听众 3000 人
4 月 25 日	・全国水平社代表阪本清一郎等,将敦促美国国民反省之决议书递交美国驻日大使
4 月 27 日	・水平社全国大会在大阪召开,商讨对美问题
4 月 28 日	・大阪、京都的 6 家报社,在京都召开对美问题市民大会
5 月 10 日	・第 15 回总选举,护宪三派大胜
5 月 18 日	・对美问题青年国民大会在上野公园召开
5 月 25 日	・在京 15 区在乡军人会,在靖国神社召开对美问题演说大会
5 月 28 日	・两院相关议员召开会议,决定对美议会提出抗议

---

① 平川祐弘:『人類文化史第六巻　西欧の衝撃と日本』,東京大学出版会,1973,第 194-195,179-180 頁。

② 石井菊次郎:『石井菊次郎遺稿——外交随想』,鹿島平和研究所,1967,第 37-38 頁。转引自眞嶋亜有:『「肌色」の憂鬱——近代日本の人種体験』(中央公論新社,2014 年),第 194-195 頁。

③ 児玉正昭「アメリカ一九二四年移民法の成立に対する移民県の動向——福岡県を中心に」,三輪公忠編著:『日米危機の起源と排日移民法』,論創社,1997,第 136-137 頁。

续表

时间	事件
5月31日	·日本就排日法案向美国提出严重抗议 ·一名日本男子在美国大使馆旁,为抗议移民法案而切腹自杀
6月5日	·东京、大阪的15家主要报社,就排日问题发表共同宣言 ·对美国民大会在两国国技馆举行,听众约2万人
6月7日	·30多名黑龙会成员,拔刀闯入帝国宾馆舞会现场,发表抗美言论
6月8日	·在青山会场,为抗议排日而自杀者举行国葬 ·东京电影界决定停止购买、放映美国电影,并于7月1日在全国推行
6月18日	·内务大臣通告各地方官员,制止反美的过激行为
6月20日	·日本海员组合及海员协会,在神户举办对美问题演说会
6月24日	·日本基督教联盟会在大隈会馆召开临时集会,发表抗议宣言
7月1日	·对美国民大会在东京增上寺召开,听众1万余人

表2 1924年10月《日本及日本人》"大亚细亚主义"特辑中的相关文章[①]

文章题目	作者	文章题目	作者
《大亚细亚主义的确立》	大石正巳	《亚细亚民族的结合》	柳原义光
《何为大亚细亚主义》	殷汝耕	《亚细亚乃亚细亚人之亚细亚》	西田卯八
《亚细亚枢机的把握》	后藤新平	《亚细亚主义与日本的对外政策》	角猪之助
《东洋文化的基调》	镜野黄洋	《大亚细亚洲的片鳞》	木村繁三
《关于亚细亚联盟》	尾崎行雄	《世界一家与亚细亚主义》	岩出光隆
《东洋的宗教及哲学》	井上哲次郎	《大亚细亚主义的根底》	赤堀又次郎
《以此观之于大亚细亚主义》	田中治六	《关于亚细亚主义之感想》	布施辰治
《亚细亚文明之改造》	神谷卓男	《为了民族生活的公正》	武藤贞一
《我的大亚细亚主义》	岛地大等	《大亚细亚主义与日本国民的大使命》	片仓藤次郎
《大亚细亚主义及其使命》	田中龙夫	《世界不安与东亚联盟》	泽村晴夫
《亚细亚人的亚细亚及日本的使命》	石田钲吉	《期待黄人文化泽被世界》	齐藤澄雄

---

① 『日本及日本人』第58号 1924年10月5日。

续表

文章题目	作者	文章题目	作者
《为了亚细亚文明的新生》	石坂养平	《"我等之亚细亚主义"原理论》	木村卯之
《亚洲国家亲交之要谛》	后藤朝太郎	《大亚细亚主义如何实现》	岩永三省
《对于"大亚细亚主义"》	信夫淳平	《亚细亚主义与排西主义》	鹫尾义直
《有色人种自觉之秋》	郑然圭	《大亚细亚主义之本论》	森谷秀亮
《盟主的资格》	片山孤村	《欧美文明与亚细亚主义》	桑原册郎
《大东洋主义的意义及界限》	稻毛诅风	《祖国主义、大亚细亚主义》	池谷观海
《东亚人的世界还是西欧人的世界》	中村久四郎	《大亚细亚主义的文化使命》	藤野岩友
《亚细亚文明的权威主张》	石崎东国	《亚细亚联盟的基调》	和田三郎
《大亚细亚主义的实行》	根本正	《大亚细亚主义乃是大日本主义》	蕨槢堂
《统一融合后的新文化》	八代城山	《亚洲的灵气》	中岛气峥

在移民排斥与日美战争的关系上，石原莞尔更是指出，将来世界最终大战的中心是日本和美国。美国是白人文明的代表，日本人是黄人文明的代表，但实力日益增强的美国，相继推出的"门户开放""机会均等"等政策，与日本的大陆扩张方针必然会在东方发生冲突。他根据"既得利益国"与"非既得利益国"理论，把美国对日本的限制看成是"不人道"的行为，指责美国嘴上讲人道，但内心却认为人道只适用于白人，而将其他人种视作牛马。因此，对于这样的人种歧视行为，日本要"大力为正义助长气焰"，"以人道大义教授彼等顽固之白人"，如果最终白人无法教化，就"必须将彼等恶鬼通通从地球上消灭干净"。① 研究指出，活跃在20世纪30年代后期日本外交政坛的革新派官僚，部分曾于排日最高潮时在美国工作，切身的屈辱感深刻影响了这些人的对美认识。一名执行偷袭珍珠港任务的海军第八战队的参谋，在其日记中回顾了日美交涉历史，认为此次与英美交战并非是一朝一夕之故，其中原因，除了中国问题和海军限制问题之外，就还有"令我受屈辱之差别待遇"的移民问题。② 更有像大

---

① 关静雄编著：『近代日本外交思想史入門——原典で学ぶ17の思想』，ミネルヴァ書房，1999，第202-203页。

② 廣部泉：「『排日移民法』と日米関係の展開」，川田稔、伊藤之雄编：『二〇世紀日米関係と東アジア』，風媒社，2002，第120页。

川周明这样的右翼分子，一生以驱逐白人殖民势力、树立日本对亚洲及世界的统治为目标。在其眼里，日本当初被迫"开国"，是由于"欧美人以世界乃白人之世界，以欧美以外之世间万物大抵皆为白人利益而存在之自负心及思想，借助所谓文明之利器，杀到了东洋"，因而在逻辑上，受尽欺压、忍辱负重的日本对美宣战，便具有了"踊跃而起，打倒盎格鲁·撒克逊之世界幕府"的正义性。①

再以日本昭和天皇裕仁（1901—1989）为例，其曾在二战后回忆说，"（巴黎和会）日本主张之人种平等议案不被列国所承认，黄白差别感依然残存，如加州移民之排斥，足以引起日本国民之愤慨"，认为人种问题是日美开战的重要"远因"之一。②裕仁的这类人种意识，无疑是当时日本人对世界形势认识的真实反映。从裕仁少年时代所受的教育环境来看，国粹主义者杉浦重刚（1855—1924）的人种意识又有着非常重要的影响。杉浦重刚曾为裕仁讲授"帝王学"长达7年之久，前后授课200多次，而其讲义的一个重要基调，就是宣扬"世界唯一主义，即日本扩张主义"，所谓"欧美各国乃属于'雅利安种'之同一民族……，我日本帝国须有将来以自力与雅利安各民族对抗之觉悟"。杉浦重刚对裕仁称，世界人种中只有黄白两个人种"建立了强大的国家，拥有先进的文明"，近代以来"欧洲人渐渐东进，白种人企图压倒黄种人。……远东唯有我日本帝国，才有可能遏制西人东侵。此外，美国也……实行了帝国主义，并逐渐向东扩张夺取了夏威夷和菲律宾，现今他们又想把通商特权扩展到支那和满洲。由此可见，世界历史是黄白两人种竞争角逐的历史，……白人大叫黄祸，我们则憎恨白祸。"③对此，专门研究天皇史的学者襧津正志（1908—1986）指出，由于杉浦重刚的一贯思想是"以儒教为根本的皇室中心主义、政治主义、与外国竞争主义、世界唯一主义、军国主义"，因此，头脑中被灌输如此思想达7年之久的少年裕仁，"假如没成为军国主义者，那真是不可思议。"④

---

① 大川周明：『米英東亜侵略史』，第一書房，1942，第7，1頁。
② 寺崎英成、マリコ・テラサキ・ミラー編著：『昭和天皇独白録——寺崎英成・御用掛日記』，文芸春秋，1991，第20頁。
③ 猪狩又藏編：『倫理御進講草案』，杉浦重剛先生倫理御進講草案刊行会，1936，第881，884頁。
④ ねずまさし：『天皇と昭和史』上，三一書房，1981，第16頁。关于昭和天皇在对外战争中的作用与责任，可参见Herbert P.Bix 的 *Hirohito And The Making Of Modern Japan*（New York：Harper Perennial，2001）.

面对西方，日本人的人种意识从协调、容忍，逐渐到愤慨、反抗的前后变化，在德富苏峰的身上体现得十分明显。从1913年开始，德富苏峰就开始高唱"打倒白阀"，但"所谓打倒白阀，乃是与彼等于平等之中共享生活之必要顺序而已"，"请勿误解，吾人非欲统帅其他有色人种与白种人相争"，"很遗憾，吾人未有以亚细亚之代表者与白皙人种抗衡之野心。"① 一战期间，他在推行"亚洲门罗主义"时，仍谨慎地表示，"吾人无将白人驱逐出亚细亚之偏狭意见，最多只是避免与白人产生麻烦，清除白阀之跋扈而已。"② 但也同时提出，"吾相信，打破白阀，兴起黄种，救治东西方人种的民族的不平等，恢复其均衡，实乃吾日本帝国之使命，大和民族之天职。"③ 而到了1930年代后期，其言论中就出现"我等已做好准备"，"以眼还眼，以牙还牙，乃是对美唯一之方法"等语句，开始流露出强烈的打倒英美的意图。④

一言概之，在一战后的"凡尔赛—华盛顿体系"下，日美两国围绕着移民问题而产生的"社会性、文化性的相互倾轧"，成为与"太平洋地区地缘政治关系"（海军军缩问题）、"亚洲大陆权益"（中国问题）等矛盾同等重要的一个问题。⑤ 研究政治外交时，尽管我们很难对决策者的心理认知与外交政策之间的关系给出明确的量化分析，但众多研究表明，在特定的外部条件限制下，一个国家领导者的世界观、政治个性，以及他们在外交领域所受到的训练，对外部环境的敏感度等因素，都会极大影响其国家的外交判断与行动。部分身处"人种问题困境"的日本人，也认为人种排斥的深层原因，是出于"生理的、本能的、动物的感情"，"常常难以用道理来解释"。⑥ 历史学家桥川文三指出，1930年代以后，取代"协调外交"、主张对外强硬的"田中外交"在某种程度上获得日本国民的支持，虽然其中掺杂着国际形势等复杂因素，不能将之简单地归结为人种意识。然而西方人种歧视对于日本人的刺激，变相地成为日本法西斯主义加速发展的催化剂。在国内经济、社会矛盾加重，对外扩张受到压制的大

---

① 德富蘇峰：『時務一家言』，民友社，1913，第472-473頁。
② 德富蘇峰：『大正の青年と帝国の前途』，民友社，1916，第402-403頁。
③ 德富蘇峰：『大正の青年と帝国の前途』，民友社，1916，第642頁。
④ 澤田次郎：『近代日本人のアメリカ観——日露戦争以後を中心に』，慶応義塾大学出版会，1999，第166頁。
⑤ 五百旗頭真編：『日米関係史』，有斐閣，2009，第86頁。
⑥ 眞嶋亜有：『「肌色」の憂鬱——近代日本の人種体験』，中央公論新社，2014，第215頁。

背景下，日本社会普遍表示出了对西方的不满和抗拒。"将日本拉入泥潭的强大好战主义、侵略主义冲动，绝非可以按照合理的方式进行解读。宛如纳粹一样，日本出现了某种超越人类理性的恶灵。对于纳粹来说，那是一种出自于雅利安人种优越论的神圣信仰，但对于日本来说，反倒更像是被白种人事实上的优越感所刺激，在累积到几近绝望的压抑感中，产生出的一种错乱信念。"①另一学者麻田贞雄也认为，虽然"移民矛盾对于日美两国来说，绝非是有关国家生死命运的问题"，但是国与国之间的外交，"并不仅仅依据合理的计划而进展，特别是日美这样在人种和文化传统等方面不同的国家之间，双方交涉中的主观印象、偏见，以及思维意识等心理因素起着非常重要的作用。""移民问题即便得到解决，也并不能缓解日美之间其他事关生死的对立点"，但是，作为日本制定外交政策时的心理要因，移民问题的确是日美关系逐步走向破裂过程中的"一个值得思考的话题"。②

对美开战后，在狂热的民族主义情绪下，曾经占据日本人种意识等级顶端的美国和英国，又戏剧性地重回低贱的"夷狄"之身，开始被仇美者们咒骂为"鬼畜米英"。与之有关的词汇、事物，更是一概遭到排斥。像曾经作为"日美亲善"象征而赠送给日本市民的"洋娃娃玩偶"，因其金发碧眼的形象与"鬼畜美国兵"相似，转而成为充满敌国气息的"假面亲善使"。在一些中小学校，学生们被命令将家中的西洋玩偶悉数上交，统一在校园里对其用竹枪刺杀或施以"火刑"毁灭。③日语中的英语外来词，也开始被视为敌人"轻佻浮薄"的精神污染而遭到排斥，大量已经用惯的英语词汇被改换成不伦不类的"爱国日语"。④甚至由于美国的简称"米"字容易和"产米之国"日本相混淆，英国的简称"英"字有辱"英灵"以及当时首相东条英机（1884—1948）"英名"之故，部分日本人还主张在其国名前加上侮辱性的"犭"部首，写成"犭美""犭英"来表示人种上的憎恶。⑤

---

① 橘川文三：『黄禍物語』，筑摩書房，1976，第169頁。
② 麻田貞雄：『両大戦間の日米関係——海軍と政策決定過程』，東京大学出版会，1994，第273，316頁。
③ 朝日新聞テーマ談話室編：『戦争——血と涙で綴った証言』下巻，朝日ソノラマ，1987，第305-306頁。
④ 如"カレーライス"（咖喱米饭）被改成"辛味入汁掛飯"（からみいりしるかけめし），"サクソフォーン"（萨克斯管）被改为"金属製曲がり尺八"（きんぞくせいまがりしゃくはち）等等。
⑤ 山中恒：『撃チテシ止マム——ボクラ少国民 第三部』，勁草書房，1980，第411頁。

日本学者子安宣邦（1933—）指出，"某种话语将充满血腥的统治正当化，进而，又将复仇的冤恨理想化了。这种话语首先是'文明'。当'文明'过剩地叙述政治对立，如命运注定的对立一样讲述出来时，这个文明话语的背后会出现'人种'一词的。'文明'乃至'人种'都是为了20世纪的战争这一政治对立的最终实行而给自己准备并且使用的话语。在这些话语之下，人们的激情被激发起来，人们的憎恨被一一表现出来。……以'人种'叙述历史、叙述战争，意味着这种话语聚集起来的憎恶和冤恨保留在自己手里，进而塞到下一代的记忆里去。"[①] 在太平洋战争中，日美双方无论是报刊杂志这样的大众媒体，还是整个社会心态，都有意识地强调了人种的差异性。这种强调使得"人种憎恶煽动了战斗的残忍性，其残忍性反过来又助长了人种憎恶。通过渲染对方的非人性而与之产生心理上的距离，不仅在战场上，就连远离战场的战略家们所制定的杀戮作战计划，也变得非常容易进行。"[②]

但另一方面，正如前文已经说明的那样，日美关系的恶化以及战争的爆发，源于两国在政治、经济、军事等多方面的对抗，单纯地强调所谓"人种意识"或"移民问题"，无疑是犯了主观化和片面化的错误。同明治以来诸多对外认识与行动一样，日本对外观念和思维中的人种意识因素，仍最终受现实国家利益这一主线的影响和牵动。也就是说，同美国的对日人种意识一样，在日本对美人种意识的发展变化中，人种相关问题的提出或放大，某种程度上只是两国全盘利益矛盾的折射。因此，如后所述，这一时期日本对人种意识的宣传和利用，依然难以掩盖其长期以来常见的唯利性和投机性特征。

第三节　中国的"人种地位"

与日本人明治维新后迅速摆脱殖民命运不同，近代中国人的苦难屈辱，一直持续到了二战结束。曾经租界林立的上海，作为"人种贵贱"区分"验证地"的典型代表，

---

① 子安宣邦著，赵京华编译：《东亚论——日本现代思想批判》，吉林人民出版社，2004，第115页。

② ジョン・W.ダワー：『容赦なき戦争：太平洋戦争における人種差別』，斎藤元一訳，平凡社，2001，第46頁。

无疑凝聚了大批中国人在殖民抗争中的真实感受:"上海完全是外国人的上海,不久中国就会不知不觉地变成外国人的中国。……十年来添了许许多多美丽的花园和舒服的别墅,里面住的又都是黄头发、蓝眼睛的人。……总而言之,他们西洋人是贵族,中国人是他们的奴隶;他们西洋人是享乐者,中国人是供给他们的生产者。"①即便是与日本矛盾逐渐激化的美国,说起美国对中国的人种歧视,恐怕也无需多费笔墨。自1882年签署《排华法案》以后,美国方面表达出的歧视,就成为中国人不得不接受的一大耻辱。1889年,美国最高法院甚至还裁定《排华法案》合乎宪法,声称中国人属于另一人种,"他们不可能被同化",与当地居民"格格不入,单独群居,固守其本国风俗习惯",如果对这一"东方人入侵"不加限制,将会构成"对我们的文明的威胁"。②虽然中国方面曾多次向美国政府提出反对和抗议,但在自身国力孱弱的现实下,中国人的人种地位根本不可能得到提高。像1920年代,学者闻一多(1899—1946)曾赴美留学。尽管彼时的美国,已算是中国人眼中仅有的几个"友善外邦"之一,但闻一多仍对遭受到的人种歧视愤慨不已。他在给家人的信中甚至说,"总之,彼之贱视吾国人者一言难尽。我归国后,吾宁提倡中日之亲善以抗彼美人,不言中美亲善以御日也。"③

  二战全面爆发后,作为"盟友"的中国人,依旧是英美等国的歧视对象。1941年12月,缅甸的英国官员扣押了一艘满载美国援华物资的船只。由于这是中国参战后得到的第一批物资,象征意义极大,但英美方面在该事件中的一些举措和态度,令国民政府最高统帅的蒋介石感到屈辱和愤怒,"英人之盗行与自私,实驾于德倭而上之,其蔑视中国贱视有色人种更甚"。④1942年初,亲信熊式辉(1893—1974)所率访美军事团遭到的冷遇,也让蒋介石意识到人种歧视问题将会使中美合作的道路更加曲折,他

---

① 陈西滢:《"乌龟坐电车"及其他》,倪墨炎选编:《浪淘沙——名人笔下的老上海》,北京出版社,1999,第95页。

② 亨廷顿:《谁是美国人?美国国民特性面临的挑战》,程克雄译,新华出版社,2010,第42页。

③ 闻一多:《致父母亲》,1923年1月14日,《闻一多书信选集》,人民文学出版社,1986,第118页。

④《蒋介石日记》,1941年12月25日。转引自齐锡生:《剑拔弩张的盟友:太平洋战争时间的中美军事合作关系(1941—1945)》上册,社会科学文献出版社,2012,第21页。

在致美国总统罗斯福的电文中指出,"盟邦关系中最令人无法容忍的就是白种人的种族优越感"。①

蒋介石对于人种平等待遇的需要,一方面是出于自身情感上的尊严和荣誉,一方面也是冀望从政治上以盟国的对华人种平等来对抗汪精卫政权的宣传攻势。如前所述,汪伪政权历来所大肆渲染的就是,唯有"同种"的日本才能"亲善提携",以真正的平等精神对待中国。而在这场充满人种色彩的全球大战中,"蒋介石能够向日本提出的最有力的反驳和争取中国民心的方法,就是白种人真正把中国黄种人当成是平等的盟友。""蒋介石最不愿意看到的局面,就是被别人讥笑为白种人的小喽啰。"②蒋介石夫人宋美龄(1897—2003),作为抗战时期重要的对美活动家,"美国的种族歧视和对中国请求援助的鄙夷,是深深刺痛她心灵的两件大事。"③在1943年访美期间,她曾邀请一些美国重要议员共进晚餐,并于宴席间尖锐地提出了排华问题,强调取消排华政策必将大大激励中国人民。④当后来美国方面开始提出废除《排华法案》的议案时,宋美龄非常高兴,她在给蒋介石的信中说,"对我国际地位极有关系,此议案如通过,则心理上之影响及效力较租借法案更有历史价值。"⑤

当然,在公开的人种意识表述上,蒋介石还是顾全了大局。他在1942年2月访问印度时,就困扰英国的印人反英运动问题,对印度总督林里斯哥(Linlithgow,1887—1952)表示,因为掺杂了反抗殖民的民族斗争因素,所以导致盟军在东南亚殖民地作战时"力量就大为减弱"。由于此次战争中宣传战的力量极大,敌人可以直接或间接地询问殖民地人民,"你们为什么作战?为什么牺牲?"因此,"在殖民地作战要用七八分宣传战,二三分军事战","印度今后最重要的问题,厥为如何使印人愿意作战而不

---

① 齐锡生:《剑拔弩张的盟友:太平洋战争时间的中美军事合作关系(1941—1945)》上册,社会科学文献出版社,2012,第29-31页。
② 齐锡生:《剑拔弩张的盟友:太平洋战争时间的中美军事合作关系(1941—1945)》上册,社会科学文献出版社,2012,第35页。
③ 齐锡生:《剑拔弩张的盟友:太平洋战争时间的中美军事合作关系(1941-1945)》上册,社会科学文献出版社,2012,第292-293页。
④ 宋李瑞芳:《美国华人的历史和现状》,朱永涛译,商务印书馆,1984,第74页。
⑤ 刘毅政编著:《宋美龄评传》,华文出版社,2000,第220页。

为敌人所利用。"① 在会见甘地（Mohandas Karamchand Gandhi，1869—1948）时，蒋介石讲道，"我中国革命就是欲联络世界被压迫各民族，推翻残暴的帝国主义，……先生（指甘地——引者注）说白人的统治，处处相同，诚哉此言，然我有色人种定须以自己的方法求解放。"原是有色人种之一的日本，虽然日俄战后被寄予解放有色人种的希望，但结果事与愿违，反而变本加厉地对待东方弱小民族。因此，"世界人类苟欲完全解放，中印两大民族必先得自由与解放而后可。……日本侵略成性，假使希望它来解放东方民族，必重蹈过去的错误。"② 在与尼赫鲁会谈时，蒋介石也谈道，"中印两国人口甚多，土地甚大，而且都在亚洲，同受别国的侵略，两个民族假使真正能够联合起来，就是全世界的白人团结一致，也没有法子再来压迫我们。反过来说，假使两国不能联络，而四周都是虎视眈眈的帝国主义者，两国就永远没有独立自由的希望。……此时是我们合作开始最好的时机，所以我亲自到印度来与先生商量此事，并愿与甘地先生长谈，原因也就在于此。最重要的一句话，就是中印两大民族必须联合起来，方能求得解放，方能与全世界的白种人奋斗，如此多则十年，少则五六年，就可达到我们革命的目标。"③ 日军攻占新加坡后，首相东条英机曾称，"拥有数千年历史及光辉文化传统的印度，如今也处在挣脱英国暴虐压制而参加大东亚共荣圈建设的绝好时机。帝国期望印度作为印度人的印度，恢复其本来地位，对其爱国之努力将不惜给予援助。……印度民众到了是作为印度人的印度担负建设共荣圈的光荣任务，还是永远在美英桎梏下呻吟的最后抉择关头。"④ 在这样的鼓吹面前，蒋介石对于有色人种解放与抗击日本侵略之间关系的阐述无疑是正确的。然而，从与甘地、尼赫鲁等人的谈话中仍可以看出，蒋介石思想中的"黄白人种斗争"观念同样十分强烈。

日美开战后，美国当局为了让中国民众对战争的意义有更为一致的认识，进一步坚定抗日意志，竭力将第二次世界大战宣传为一场意识形态之争，即"自由世界"与

---

① 秦孝仪主编:《中华民国重要史料初编——对日抗战时期 第三编 战时外交（三）》，中国国民党中央委员会党史委员会，1981，第357页。

② 秦孝仪主编:《中华民国重要史料初编——对日抗战时期 第三编 战时外交（三）》，中国国民党中央委员会党史委员会，1981，第418-420页。

③ 秦孝仪主编:《中华民国重要史料初编——对日抗战时期 第三编 战时外交（三）》，中国国民党中央委员会党史委员会，1981，第429页。

④ 服部卓四郎:『大東亜戦争全史』，原書房，1982，第389-390页。

"极权世界"之间的战争。但随着对日作战的推进,美国方面越来越意识到人种意识在战争中的重要性。在新加坡战役前夕,美国国务院的一名官员表示,日本占领新加坡会意味着"白种人,特别是英帝国和美国的威信"将在整个亚洲受损。对于中国人来说,日本在新加坡的胜利会"对在中国形成有利于日本的解决方案的任何行动都产生相当大的推动作用"。支持日本人的中国人的信念会得到进一步肯定,而其他中国人则会对白人国家的耐力失去信心。[1]1942年4月,美国驻华大使高斯(Clarence Edward Gaus,1887—1960)提醒国务卿说,"中国普遍不满西方人对待华人所表现出来的种族歧视和差别待遇"。[2]战争情报局也认为,种族主义问题势必将削弱美国在海外匡扶正义的道德威望:"从国际视角来看,美国将很难在国内维持肤色屏障的同时,领导黄色的亚洲以及黑色、白色、棕色的南美。"[3]美国方面交给英国的一份机密提案称,"阻止日本将太平洋战争宣传为'大东亚战争'非常重要",盟军要在日常报道中避免一些带有种族歧视的言辞,尽力缓和实际存在的人种差别矛盾。[4]美国不少高官认为,如果中国和印度离开对日作战,那么日本作为亚洲人指导者的地位,毫无疑问将会更加巩固,"如此一来,反法西斯同盟的对日作战将会在逻辑上变得非常古怪。"[5]

鉴于美国国内存在大量针对黑人的种族歧视事实,当时美国政府上层也有人无法消除黑人被日本鼓动的担心。[6]1943年6月,底特律市因种族歧视问题引发大规模骚乱,政府出动军队6000多人才最终镇压下去。参军入伍的非裔士兵,除了各种常见的待遇上的歧视外,在战场上也往往只能从事一些修建工事、装卸货物类的基础性工作。

---

[1] 入江昭:《权利与文化 日美战争 1941—1945》,吴焉译,中信出版集团,2019,第45-46页。

[2] *Report from Ambassador Gauss to the Secretary of State*,April 25,1942. 转引自齐锡生:《剑拔弩张的盟友:太平洋战争时期的中美军事合作关系(1941—1945)》上册,社会科学文献出版社,2012,第36页。

[3] Justin Hart, *Empire of Ideas: The Origins of Public Diplomacy and the Transformation of U.S.Foreign Policy* (Oxford: Oxford University Press, 2013), p.94.

[4] Gerald Horne, *Race War! White Supremacy and the Japanese Attack on the British Empire* (New York: New York University Press, 2005), pp.5-6.

[5] クリストファー・ソーン:『太平洋戦争における人種問題』,市川洋一訳,草思社,1991,第44頁。

[6] クリストファー・ソーン:『太平洋戦争における人種問題』,市川洋一訳,草思社,第40-42頁。

美国谴责日本种族歧视的战时宣传，反而加深了这些士兵对国内种族隔离政策的纠正渴求。① 在日美战争爆发之初，美国红十字会还曾一度拒绝接受黑人献血，虽然后来红十字会迫于压力改变了政策，但仍将所收到的血液按不同种族分类。美国政府的一份报告对此指出，"这会产生最深的怨恨"。②

事实上，轴心国方面的德国和日本，也都针对美国的黑人问题进行过特务策动工作。③ 为了煽动美国黑白人种相互对立和仇恨，日军针对黑人士兵，就大肆宣传其在美国国内的困苦生活以及低下的社会地位，并以三K党（Ku Klux Klan）为具体实例，攻击美国白人欺压黑人的种族主义丑态。④ 反过来，针对美军白人士兵，日军又称美国国内的黑人吃喝享乐借机逍遥，白人却最终充当了战争的炮灰，借此来煽动白人士兵的厌战情绪。下面列举的两幅日军宣传画（图17、图18），一幅针对黑人士兵，指出其在奥运会上被白人驱使参加比赛，在战场也被白人驱使扛枪送死。另一幅针对白人士兵，示意其在前线受死受累，但在国内后方黑人却乘机得势，甚至连自己的女友也沦为黑人的玩物。⑤

图17 被白人驱使的黑人

---

① 迈克尔·亨特、史蒂文·莱文：《躁动的帝国2：太平洋上的大国争霸》，宗端华译，重庆出版社，2015，第126页。

② 詹姆斯·M.斯科特：《轰炸1942，美国人的珍珠港复仇之战》，银凡译，民主与建设出版社，2016，第70页。

③ ジェラルド・ホーン：『人種戦争——レイス・ウォー 太平洋戦争もう一つの真実』，藤田裕行訳，祥伝社，2015，第156-158頁。

④ 恒石重嗣：『大東亜戦争秘録——心理作戦の回想』，東宣出版，1978，第221頁。

⑤ 恒石重嗣：『大東亜戦争秘録——心理作戦の回想』，東宣出版，1978，挿図頁。

图 18 被黑人凌辱的白人女性

像这样，美国实行多年的对华移民排斥政策，无疑也成为日本方面绝佳的攻击对象。1943 年 1 月 11 日，日本东京华语广播电台评论指出，"如今美国政府同蒋介石政府达成协议，你们或许会认为在美华人已经赢得了同其他盟国同等的待遇，殊不知这是美国对重庆政府玩耍的笑里藏刀的鬼把戏。事实恰恰相反，美国让大批华裔青年从戎作战，而他们却不得不把他们的妻子扔在中国，因为美国的移民法禁止她们入境美国，这就是美国对待一个与它共同奋战的盟友的态度。"同年 2 月 26 日，《日本时报》也讽刺称，"美国人根本就不需要中国人，他们只希望中国人为他们扛枪打仗，当炮灰，他们的移民法禁止中国人到美国，更剥夺了在美华人入籍的权利。如果美国政府真正期待给予中国人合法的待遇，为何不废除剥夺中国人享有财产合法权利的外国人土地法及不能与白人通婚的种族歧视法？"面对日本的这种宣传，有美国参议员就向国会发出警告："我们排斥和羞辱中国朋友的立法被日本的宣传利用了。叫我们气短的是，这些宣传有根有据。"[①] 当 1943 年日本组织各仆从国和傀儡国召开"大东亚会议"，再次打出所谓的"亚细亚主义"旗帜后，包括罗斯福总统在内的美国上层，对日本的人种口号在亚洲的影响以及所带来的煽动性后果可谓是如芒在背。[②] 对于另一"同盟国"英国而言，情况也是如此。战争期间，由于英国在亚洲作战的主要部队是由印度人和非洲人组成，如果向其宣扬战争的目的是"打败日本恢复原有的统治"，那么显

[①] 张介福：《回顾美国〈排华法案〉的废除》，《文汇报》2014 年 6 月 23 日。

[②] ジョン・W. ダワー：『容赦なき戦争：太平洋戦争における人種差別』，斎藤元一訳，平凡社，2001，第 36-39，312 頁。

然从理论上难以说通，因为其中的潜台词就是"欧洲人想要继续对非白人种族进行剥削"。①

美国作家、历史学家约翰·托兰（John Toland，1912—2004）指出，对于日美战争，不管史学家是多么理性，但是作为在当时的大部分的美国人看来，这场战争似乎具有两个层面，一场是在欧洲，与一个西方民族及其纳粹主义交战。一场是在亚洲，与一个求强图存的侵略民族作战的同时，又要在意识形态上和整个亚洲展开斗争。"亿万东方人把日本的战斗看做是自己的战斗，看做是一场种族和肤色的对抗。"战争虽以日本的失败而结束，但其向往的战争目标却逐渐实现，"亚洲终于开始摆脱白人的控制"。② 从这一角度说，尽管日本的战争宣传中，作为道德制高点的"反抗人种压迫""打破殖民统治"等论调自身漏洞百出，但它的确戳中了英美列强无法反驳的逻辑死穴。

在这样的背景下，修改或废除《排华法案》的重要性开始凸显出来。总统罗斯福在公开场合表示，应尽快修正《排华法案》，以平息那些"日本人的歪曲宣传"，以此来证明美国人不仅把中国当作战时的盟友，也把其当作和平时期的伙伴。由于日本利用《排华法案》作为宣传武器，激起中国人对西方国家的愤怒情绪，因此撤销该法案成为反击这些宣传攻势的最佳工具。在撤销法案的听证会上，明尼苏达州的代表指出，"目前的战争不会成为一场种族战争，除非我们想让它成为……只要我们让他们当中最强大的中国和我们保持在同一阵线上，那就绝不会存在一场白人与有色人种之间的战争。因此，在我们面前难道还有比尽一切可能让中国人与我们长期地处于同一战壕中更为重要的议题吗？"③一名退役的海军士官，也在议会的听证会上表示，《排华法案》所起的反作用，相当于日军的"二十个师"。④

1943年12月，美国最终撤销了实施60多年的《排华法案》。不过，修改后的新

---

① 道格拉斯·福特：《太平洋战争》，刘建波译，北京联合出版公司，2014，第147页。
② 约翰·托兰：《日本帝国的衰亡：1936—1945》，郭伟强译，新星出版社，2010，第2，972页。
③ 刘卓、沈晓鹏：《从〈排华法案〉看美国移民政策中的种族主义》，《辽宁大学学报》〈哲学社会科学版〉2004年7月。
④ John W.Dower, *War Without Mercy：Race and Power in the Pacific War*（New York：Pantheon Books, 1987），p.167.

法律给予中国微小的移民配额（每年 105 人），也仅是具有象征意义而已。到 1965 年，美国通过《补充移民国籍法案》，调整了东西方移民限额的比例，规定每个国家一年向美国移民不得超过 2 万人，自此中国人才从"形式上"得到了与其他国家相同的法律待遇。2012 年 6 月，美国正式以立法形式，对包括 1882 年《排华法案》在内的历史上一系列排华法案表示了歉意。虽然美国的"自我纠错"机制在某种程度上值得赞赏，但还是可以清楚地看到，二战时期其对中国"人种地位"的"提高"，更多是出自于一种政治策略上的考量。甚至如后所述，直到今天，美国针对包括中国人在内的"有色人种"的种族主义风气，依然没有本质性的改变。

第四节 苏联的"人种角色"

日俄战争中，日本打败了被称为"欧洲宪兵"的俄国，这代表着黄种人对白种人的一次胜利，让日本人获得了极大的自信。自此以后，虽然俄国作为地缘政治上的一大存在，依然是日本难以掉以轻心的重点防范对象，但在心理上，日本人对俄国人已没有了早期的人种自卑感。1920 年日本出兵远东及西伯利亚地区时，当地俄国白人军队的溃败以及普通民众落难后的狼狈，更让很多日本兵对俄国人产生了轻视心理，甚至那种曾经对"白种女人"抱有的憧憬和向往，也部分转变为"白种女人根本不值得尊重"的污蔑心态。[①]

俄国方面，在传统的"白人优越主义""大俄罗斯主义"下，其对日本的人种歧视也非常强烈。像日俄战争时期，俄国文学作品就多把日本人描述为斜视、满嘴龅牙、胆小如鼠的类人猿。[②]1925 年，日本南满铁路公司调查科，在翻译《远东俄属地区的黄色人种问题》一书时所写的序言中称，"实行帝国政治的俄罗斯，在其亚洲属地依然持有强烈的白人优越感，未曾改变对黄种人的歧视，一旦此地居住的俄国人与外来移民发生利益冲突，就会立即采取排斥、压迫黄种人的政策，大俄罗斯中心主义的帝国主

---

① 橘川文三：『黄禍物語』，筑摩書房，1976，第 135-138 頁。
② 小代有希子：《躁动的日本：危险而不为人知的日本战略史观》，张志清、李文远译，广东人民出版社，2015，第 61 页。

义色彩在远东尤其浓厚。"①

但不同于日美关系，日本和俄国（苏联）之间，在外交上不存在所谓的移民排斥问题。日本建立"伪满洲国"后，将旅居日本的俄国人，视为日本与西方世界联系的宝贵纽带，允许其与日本人、中国人、朝鲜人、蒙古人共同生活在一起。②据统计，在1933年，"伪满洲国"居住着85044名西方人，其中43051名是俄国人，1936年西方移民数降至67335人，但俄国移民数却增长至53603人。③"伪满洲国"当局在日本的控制下，打着"种族和谐"的口号欢迎俄国人的到来，并将其吹捧成日本奉行世界大同主义的有力证据。像在哈尔滨发行的明信片上，还绘有各种俄式建筑物以及日本人与俄国人一起愉快生活的场景。毫无疑问，这些都是为了展示"日本帝国与西方的和谐融洽"。④

二战开始后，由于苏联和美国等资本主义国家在意识形态上的对立，再加上苏德战争的爆发，使得日苏之间的关系变得更加复杂和微妙。长期以来，二战时期日苏关系的研究，一直没有脱离日本"反共"的主题，即所谓意识形态上的截然对立。但随着研究的不断深入，其中一些不为人知的问题逐渐显现出来。像日本在1942年1月的政府会议上就曾提出，"应当维持日苏之间的和平，并尝试阻止苏联同英美势力之间建立更加紧密的关系。如果可能，应尝试在苏联和英美之间进行挑拨"。⑤还有学者指出，因为日本在战败投降后不久，就被美国允许重新进入西方阵营，导致很少有人能想起二战前的日本曾把苏联作为连接东西方的十字路口，并将其作为实现日本"泛亚主义"的核心因素。⑥

---

① 黒竜踏査隊編：『極東露領に於ける黄色人種問題』，南満洲鉄道庶務部調査課，1925，序言第1页。

② 小代有希子：《躁动的日本：危险而不为人知的日本战略史观》，张志清、李文远译，广东人民出版社，2015，第48页。

③ 小代有希子：《躁动的日本：危险而不为人知的日本战略史观》，张志清、李文远译，广东人民出版社，2015，第70页。

④ 小代有希子：《躁动的日本：危险而不为人知的日本战略史观》，张志清、李文远译，广东人民出版社，2015，第74-75页。

⑤ 参謀本部：『杉山メモ』下，原書房，1967，第4页。

⑥ 小代有希子：《躁动的日本：危险而不为人知的日本战略史观》，张志清、李文远译，广东人民出版社，2015，第273页。

实际上，日本很早就有人研究日本和俄国（苏联）在"人种上"的关联性，甚至还提出了"日俄同种论"①之类的观点，但由于与当时日本的对外政策方向偏离太远，并没有受到太多关注。不过，随着国际局势的变化，日本与苏联的"种族关系"，开始有了陈述和发挥的可能。日美开战前的1941年4月，时任日本外务大臣的松冈洋右，在与斯大林（Иосиф Виссарионович Сталин，1878—1953）会谈时就称，日本虽然同德国建立了同盟关系，但由于日本和苏联领土接壤，日本也期待同苏联建立友好关系。日本不会成为苏联军事行动的障碍，如果苏德之间发生冲突，日本将采取仲裁者的立场。日本和苏联不要拘于小节，应该从亚洲及世界的总体战略进行考虑。目前的重要课题，是要将亚洲从盎格鲁·撒克逊的统治中解放出来。日本现在虽然同中国作战，但并不是同中国的国民作战，日本希望将盎格鲁·撒克逊势力从中国驱逐出去，而蒋介石作为英美资本的附庸，却在为英美的资本而同日本作战。松冈洋右同时还表示，虽然自己不赞成政治上和社会上实行共产主义，但也认同一些基本的共产主义观点，坚决反对盎格鲁·撒克逊式的资本主义，希望日苏两国能联合起来，将英美资本主义的影响从亚洲一扫而光。②《日苏中立条约》签署后，据说斯大林还拥抱了松冈洋右，称赞日苏两国同样根系亚洲，并提及自己的故乡格鲁吉亚，强调苏联人也属于"亚洲人种"。③而日本方面，也称赞苏联是一个多民族国家，不像美国那样有着道德肮脏的人种歧视。④

随着日军在太平洋战场上日渐吃力，部分日本人甚至开始构想"日德意苏"四国同盟，希望利用苏联与西方的矛盾以及观念上的"泛亚主义"思想，鼓动其一同建立"东亚新秩序"。一些日本上层人物，像东久迩宫稔彦王（1887—1990），也多次强调日苏都是亚洲成员，因此要团结起来，共同抵抗英美入侵中国。他曾在日记中写道，"日本必须使苏联意识到自己是亚洲的一员，这样苏联就永远不会站到白人那一边"；

---

① 浅野利三郎：『露西亜民族の新研究：日露同種論』，政教社，1924，第184-185页。

② ボリス·スラヴィンスキー：『考証 日ソ中立条約——公開されたロシア外務省機密文書』，高橋実、江沢和弘訳，岩波書店，1996，第115-117页。

③ 小代有希子：《躁动的日本：危险而不为人知的日本战略史观》，张志清、李文远译，广东人民出版社，2015，第46页。

④ 小代有希子：《躁动的日本：危险而不为人知的日本战略史观》，张志清、李文远译，广东人民出版社，2015，第48页。

"斯大林已意识到自己是亚洲的一员，并对此感到骄傲，因此有必要使苏联人民也有同样感受。①具有讽刺意味的是，这样的人种观念甚至也体现在德国纳粹分子的宣传材料中。纳粹分子指责苏联人为"亚洲人"和"蒙古人"，称其"天生的野蛮"导致了他们对共产主义的狂热。和犹太人一样，苏联人属于"劣等民族"。②

毫无疑问，日苏两国都十分清楚对方的真实意图。松冈洋右就直言，"斯大林最不愿意做的事情就是维护日本的利益"。但在日本败势凸显之际，部分日本人还是希望能利用苏联来遏制美国的部分企图，或者将其作为对抗美国的一个缓冲。③随着苏联在苏德战争中逐渐夺回主动权和美军在太平洋上的反攻逐渐激烈，日本的对苏政策，更从当初避免刺激苏联的消极政策，改为谋求日苏邦交好转的积极政策，最后甚至发展到希望利用日苏之间的特殊关系来斡旋德苏媾和。1943年中期以后，日本对苏策略的转变，除了体现在对一些双方长期争论的利益问题（如库页岛北部石油及煤炭的利权）作出妥协让步之外，也明显体现在了舆论宣传中。过去报纸、杂志上经常出现的充满恶意和敌意的攻击苏联的文章，此时几乎完全消失。日本内阁情报局就再三警告舆论宣传界，不许发表刺激苏联的文章。④1944年12月，外务大臣重光葵（1887—1957）在给驻苏大使佐藤尚武（1882—1971）的指示中说，随着德国威胁的消退，同盟国阵营中，特别是苏联和英美之间，其利益冲突会逐渐转向表面化。面对这一形势，此时日本"应该在对苏关系上，延续和发展之前的努力，开拓未来的生存道路。"⑤虽然最后苏联的对日宣战，使日本的希望和构想瞬间化为了泡影，但其眼中苏联"人种角色"的相应变化，仍是其人种意识本质特征的鲜明反映。

---

① 小代有希子：《躁动的日本：危险而不为人知的日本战略史观》，张志清、李文远译，广东人民出版社，2015，第48页。
② 小代有希子：《躁动的日本：危险而不为人知的日本战略史观》，张志清、李文远译，广东人民出版社，2015，第46页。
③ 小代有希子：《躁动的日本：危险而不为人知的日本战略史观》，张志清、李文远译，广东人民出版社，2015，第156-157页。
④ 李凡：《日苏关系史1917—1991》，人民出版社，2005，第156页。
⑤ 外務省百年史編纂委員会：『外務省の百年』下，原書房，1969，第657页。

第十章

日德法西斯的"种族主义"比较

通常认为，20世纪30年代至第二次世界大战结束，对外大规模发动侵略战争的日本和德国，都曾主张"暴力扩张""国家至上""自身种族优秀"等理论，在政治意识形态上表现出了诸多的相似之处。① 然而，就如日德虽都被称为"法西斯国家"，但两者的"法西斯性"却大不相同那样，② 相较于德国，日本的种族主义思想和行为不仅有其自身特点，而且在一些方面甚至还和德国产生了分歧和背离。本章通过对比二战前日德两国种族主义的共性与差异，进一步考察日本法西斯主义与种族主义之间的相关具体实态。

第一节 日德种族主义的共性

1. 鼓吹本民族优秀

在近代日德两国的法西斯思想理论中，一个最为明显的共同特征，就是过度赞美

---

① 朱庭光主编：《法西斯体制研究》，上海人民出版社，1995，第32-46页。
② 如根据《不列颠百科全书》对"法西斯主义"的定义，则会发现当时日本相较于德国，缺少"拥有绝对权利的政治领袖"这一关键因素（美国不列颠百科全书公司编著，中国大百科全书出版社不列颠百科全书编辑部编译：《不列颠百科全书 国际中文版》6，中国大百科全书出版社，1999，第230页）。对于战败前的日本是否可以定义为"法西斯国家"，日本等国的一些学者也存在不同意见（丸山真男：『現代政治の思想と行動』，未來社，1964年），但本文仍依据中国学界主流，认为战败前的日本具有法西斯性质。

和迷信本民族的起源与血统，鼓吹自身在生物属性上的"至高优越"。"种族等级观念之所以具有特别的吸引力，是因为它提供了驾驭世界的一种最现成、最有用的方法。在这个多变的世界上，惟独这种观念最牢固、最稳定：这种观念最容易被大众所理解，也最容易使人去愉快地运用。用不着花费许多时间（也许还徒劳无功）去弄清楚别种文化的精细模式，精英们仅凭种族等级就能稳操胜券，运用便于理解的熟悉词汇，把别的民族、别的国家贬低下去。"① 从根本上说，德日法西斯主义者们正是靠着不断宣扬自身优于他人的"差异"（difference）和"实力"（power），为"对待异己提供了动机和理性"。②

德国方面，法国人戈比诺（Joseph Arthur Comte de Gobineau，1816—1882）的四卷本文集《论人类种族的不平等》以及英国人张伯伦（Joseph Chamberlain，1836—1914）的《19世纪的基石》等宣扬人种贵贱有别的论著，对德国近代种族主义思想的形成影响深远，被认为是20世纪法西斯主义的主要意识形态基石之一。③ 戈宾诺的《论人类种族的不平等》，"提出了种族成份决定文化命运的理论，说明雅利安人社会只是在没有黑人和黄种人血缘时才能保持繁荣，而且一个种族的特征如果经过混血而变得越发不明显，它的文明就越是容易失去生命力和创造性，并陷入腐败和道德败坏之中。"④ 同样，张伯伦也认为，"日耳曼人是最有天赋的，因为他们继承了希腊人和印度-亚利安人的最优秀的品质。因此他们有权做世界的主人。""上帝今天完全指望日耳曼人"。⑤

德国纳粹头子希特勒（Adolf Hitler，1889—1945）上台后，进一步将"雅利安人

---

① 迈克尔·H·享特：《意识形态与美国外交政策》，褚律元译，世界知识出版社，1999，第57页。

② George M.Fredrickson, *Racism: A Short History*（Princeton: Princeton University Press, 2002），p.9.

③ Dorothy Matilda Figueira, *Aryans, Jews, Brahmins: Theorizing Authority Through Myths of Identity*（Albany: State University of New York Press, 2002），pp.50-61.

④ 中国大百科全书出版社《简明不列颠百科全书》编辑部译编：《简明不列颠百科全书》第3卷，中国大百科全书出版社，1985，第309页。

⑤ 威廉·夏伊勒：《第三帝国的兴亡——纳粹德国史》上，董乐山等译，世界知识出版社，1979，第156页。

优秀论"继承和发扬,宣称有着雅利安人血统的德国人将会再次使世界复兴。他在自传《我的奋斗》一书中就提出,"今天我们所看到的人类文化、艺术、科学和技术成果,几乎全都是雅利安人的创造性产物。正是这一事实使人们得出这个并非没有根据的推论:只有雅利安人才是更高尚的人性的缔造者,因而是我们所理解的'人'这个字的原型……如果将人类分成文化的缔造者、文化的占有者和文化的破坏者三种人,那就只有雅利安人才有可能是第一种人的代表。人类一切创造的根基和围墙都来自雅利安人。"他认为,在雅利安人中,日耳曼人,首先是德意志人,具有特殊的重要性,其任务是要在中欧建立一个坚强的日耳曼种族核心,进而作为主宰种族进行统治,征服或消灭那些"劣等"民族和种族。①

近代日本的种族主义思想,虽然不像德国那样有比较系统、完整的思想理论体系,但同样具有"本国或本民族至上主义""由天然的优越者进行统治"等明显的等级差别意识。②历史学家唐德刚(1920—2009)就曾提到日本学者西村成雄(1944—)的观点,称"日本民族很单纯(Homogeneous),在历史上没有多民族共存(Multiracial-Coexistence)的政治经验。因此一涉及对外关系,尤其是对外战争,它的种族优越感(Racial Superiority Complex)就暴露无遗。这种令其他民族受不了的日本种族主义(Japanese Racism),它就是搅乱东亚的根源。"③

明治中期以后,以主张国粹主义的"政教社"的成立为代表,日本社会产生了大量宣扬日本人在精神、气质、品格、文化等方面优越的言论,④随着日本国力的增长,这种国粹主义思潮逐渐演变为"日本人种优秀论"的前奏。政治学者加藤弘之在题为《天地万物皆归吾有》的演讲中表示,日本开国后与西方交往三十余年来,在智力和人口繁殖上都丝毫不输给欧洲人,因此"日本人绝不是劣等人种,……决不能让欧洲人独霸世界,吾深信日本人作为同样之上等人种,是欧洲人横行世界、征服天地万物时

---

① 迪特尔·拉甫:《德意志史——从古老帝国到第二共和国》,Inter Nationes 出版社,1987,第280页。
② 近代日本思想史研究会:《近代日本思想史》第三卷,那庚辰译,商务印书馆,1992,第81页。
③ 唐德刚:《八年抗战史新解杂录》,唐德刚等著:《从甲午到抗战》,台海出版社,2016,第24-25页。
④ 南博:『日本人論——明治から今日まで』,岩波書店,1996,第31-41頁。

之伙伴。"①国权主义者铃木券太郎（1863—1939）就宣称日本人种的体质习惯于外国的自然环境，向外征战很有耐力，认为"我同胞之天资担任对外征伐绰绰有余。驳白人之傲颜、挫白人之隆鼻，岂用漫长一世纪乎？"②他在《试论日本人的特性与天职》一文中更是说，"日本人有长处，有能力，有特性特质，绝对优于其他民种，要加以发挥不可片刻懈怠。日本人有执全世界之牛耳之望，有作为人种界优秀者，裨补世间万物生育之责任。"③学者新渡户稻造，在分析谁更适合"开发"富饶的南洋时认为，白种人生理上适应不了热带气候，而原住的马来人等又是"甚为懒惰之民族"，只有黄种的中国人和日本人最具条件。但中国人又缺乏"政治组织能力"，因此最终只有"政治才能""统治气魄"皆佳的日本人，才能担当完成"开发南洋的使命"。④

不仅如此，"日本人种优秀论"通过学校教育的灌输，更进一步深植于日本民众的脑海里。像甲午战后日本出版的地理教材《小学外国地志》就称，"崇尚礼仪，精于学术技艺，农工商兴盛，广开交通贸易之路，位于人类中最高等，享受快乐生活，吾国民即如是也"。⑤另一本教材《小学地理》也称，"我国民自古忠实勇武，日本种族以此闻名，……国民之中，所谓异种族者，有两万人之阿伊努族，二百五十万人之支那种族，六万人之熟蕃，八万人之生蕃。此类种族接受我国教育，操我国国语，学习我国风俗习惯，每年归化入日本种族者甚多。外人无不羡慕我邦。"⑥昭和初期，由"大日本

---

① 加藤弘之：「天地万物皆帰吾有」，加藤照麿編：『加藤弘之講論集』第1册，金港堂，1891，第216頁。

② 鈴木券太郎：「人種体質論及日本風土」，『日本人』第73号1891年6月2日。

③ 鈴木券太郎：「敢て日本人の特性並に天職と云ふ所のものを稽査一番せん」，『亜細亜』第14号1891年9月8日。

④ 新渡戸稻造：「文明国民南下の大勢」，『新渡戸稻造全集』第四卷，教文館，1969，第473-478頁。这种自我膨胀思想在语言方面也可窥见一斑。以日本人对外国人的称呼变化为例，日本人蔑称中国人的"ちゃんころ"（清国奴）、"チャンチャン坊主"（猪尾巴）等词，甲午战后在日本社会开始广为流传。后来令中国人极为反感的"支那"一词，也从那时起逐渐有了歧视性色彩。日本控制朝鲜后，朝鲜语中的"ヨボ"（여보）一词融入进日本词汇，但语感却从原本表示亲昵之意，转变为"这个朝鲜人、那家伙"，成为针对朝鲜人的歧视用语。日俄战争胜利后，原来俄语中表示"俄国的，俄国人"的"русский"一词，则被音译转化为日语"露助"（ロスケ）（rosuke），用来表示对白种"俄国佬"的嘲弄。

⑤ 金港堂書籍株式会社編緝所編集：『小学外国地誌』，金港堂，1899，第17-18頁。

⑥ 『小学地理』，普及舎編集所，1900，第15-16頁。

国民修养会"编纂的《世界国民性读本》认为,中国、英国、美国等国的国民性,无一例外地都带有相应的缺点和不足,只有日本才充满了"忠孝义勇""清廉洁白""高雅优美"等美好特质,从而构成了日本人独一无二的"大和魂"。①

相应地,在日本许多法西斯分子或团体的言论中,都可以找到"日本人种优秀论"的痕迹。例如,日本法西斯思想代表人物大川周明就声称,"吾等深信日本帝国被上天委以新世界领导者之大命","吾等之任务在于拯救受西欧虐待之国民,……使其获得人类最宝贵之自由权利,不受任何外部不当压迫,发扬其本来文化"。②一些法西斯性质的团体,如黑龙会在其纲领中主张,日本要"阐扬东方文化之大道,进而图东西文明之浑合,以期充任亚细亚民族之领导者"。③犹存社也放言表示,"吾日本民族必当成为人类解放斗争的旋涡中心。因之,日本国家乃是使我们世界革命思想形成之绝对者"。④

特别是在二战时期,日本的人类学研究也不乏出现积极为日本侵略扩张服务的现象。马克思主义"讲座派"代表人物的平野义太郎(1897—1980),为配合日本的"大东亚共荣圈"宣传,称作为优秀人种的日本人,在对占领地诸民族进行统治时,要关注异民族的生活、宗教、习俗,并将原来"安格鲁-撒克逊式"的支配模式,通过"大东亚战争"改变并纳入"大东亚的道义新秩序"。⑤1943年,日本厚生省研究所人口民族部,集结了一批为战争讴歌、协力的人类学学者,编写了长达6卷、约3000多页的《以大和民族为中心的世界政策探讨》报告书。这份作为秘密文件在日本政府内部发行传阅的报告书,核心主张就是日本人具有"原生性""特质性",是统治和领导亚洲(甚至世界)各人种、各民族的"家长"。⑥

---

① 大日本国民修養会編:『世界国民性読本』,日本書院,1928,第1-32頁。

② 大川周明:「君国の使命」,大川周明関係文書刊行会:『大川周明関係文書』,芙蓉書房,1996,第111-112頁。

③ 近代日本思想史研究会:《近代日本思想史》第三卷,那庚辰译,商务印书馆,1992,第96页。

④ 近代日本思想史研究会:《近代日本思想史》第三卷,那庚辰译,商务印书馆,1992,第85页。

⑤ 秋定嘉和:「社会科学者の戦時下のアジア論——平野義太郎を中心に」,古屋哲夫編:『近代日本のアジア認識』,緑蔭書房,1996,第583-640頁。

⑥ 厚生省研究所人口民族部編:『民族人口政策研究資料:戦時下に於ける厚生省研究部人口民族部資料』(復刻版),文生書院,1981-1982。

2. 实施种族主义暴行

在种族主义相关政策的实施上，德国方面可谓表现得最为极端。试图用种族理论来解释人类文明盛衰的种族主义者们相信，如果雅利安人和日耳曼人是文化的创建者，那么犹太人就是文明的阻碍者和破坏者。第一次世界大战是德国现代排犹主义的分水岭，大大激化了德国国内的排犹情绪。战争失败的严重后果为政治极端主义大开闸门，催生了纳粹思想，这种思想反映在种族情绪上，转化成的就是对犹太人的憎恨与迫害。① 希特勒坚信，第一，日耳曼民族要伟大和不朽，先决条件是重建一个新的雅利安种族；第二，这个信念的达成需要将犹太种族完全灭绝。② 在他的煽动和领导下，德国纳粹犯下了消灭犹太人、迫害东方民族（如驱逐和淘汰乌克兰人、戈拉人、莱姆克人和波兰人等）等滔天暴行。据现有资料估计，死于纳粹屠杀的人数大约在1200万至1400万之间，其中仅犹太血统者就有560万到570万人。此外，还有数十万南斯拉夫人和吉普赛人、近300万苏联战俘以及200万波兰和苏联地区的平民，死于纳粹的集体枪杀、选择性饥饿政策以及针对游击队的所谓"剿匪行动"。③

众所周知，日本在民族构成上较为单一。直到江户时代，日本人还是以各自所属的"藩"或者"村"为自我认同单位，以将军、天皇和各大藩主为上层顶点，整个社会形成"士（武士）、农、工、商"四个等级，有着较为严格的秩序划分。在"四民"之下，还有"贱民"阶层，其社会身份是固定的，职业也只能从事如皮革业等特定的"下等"劳役工作。1871年，明治政府对社会阶层制度进行了一系列改革，如允许"华族"④与平民通婚，废止对"秽多、非人"⑤等"贱民"的等级歧视，逐渐开始建立一个"人人平等"的近代国民国家。像1872年开始实行新的户籍制度时，就规定居住北海道的阿伊努人可以注册登记，承认了其在法律上为"日本人"。虽然阿伊努人等少数族

---

① 克劳斯·费舍尔：《德国反犹史》，钱坤译，江苏人民出版社，2007，第7页。
② 克劳斯·费舍尔：《德国反犹史》，钱坤译，江苏人民出版社，2007，第170页。
③ 曼弗雷德·基特尔：《纽伦堡和东京审判之后：1945—1968年日本与西德的"历史清算"》，吕澍、王维江译，上海交通大学出版社，2014，第19页。
④ 1869年地方大名向天皇归还领地和领民（户籍）后，日本政府废除"公卿""诸侯"等称呼，将其统称为华族。华族地位仅次于皇族，享有许多政治、经济等特权。
⑤ 在日本古代就存在的一种"贱民"，身份世代相袭，只能居住在划定区域，从事一些下等工作。

群融入日本社会的过程并不顺利,①但日本国内的"种族主义"表现并不如德国那样强烈,其种族主义性质的暴行,更多地施加在了对外侵略扩张的对象国上。

像在中国,仅以大屠杀暴行而言,日军残害的中国人数量粗略统计就有几百万之多。②其中,种族主义思想起到了极为重要的煽动作用。许多日本兵承认,"日本人特别倾向于炫耀自己在人种上优于中国人"。③有日本战俘认为,"天皇崇拜,其实就是认为天皇是神,天皇的军队是神兵,强调日本民族的优越感。蔑视其他民族、把中国等国家的人不当人看,这种观点,是日军在中国战场上残暴凶恶的思想根源。"④曾在中国山西作战的日本兵近藤一(1920—2021),2003年11月在日本东京高等法院法庭上对过去的暴行做了反省,称其从小受到的教育就是,大和民族是世界上最优秀的民族,因此怎样对待那些身为劣等民族的中国人都不为过,"杀中国人如同杀猪杀鸡一样,是没有罪的。杀他们是为了天皇,为了日本国家。"⑤

此外,人工强制干预民众生育活动的行为,通常也被认为是种族主义的一大表现。德国纳粹掌权后,先后颁布了《遗传病后代预防法》《婚姻卫生法》等法令,对患有遗传疾病的个体,如先天性弱智者、精神分裂症者、遗传癫痫症者等实行强制绝育措施,并禁止疾病患者结婚。同样,日本也于1940年出台了《国民优生法》,对于那些有恶性遗传性疾病等"不健全者"实施优生节育手术,从而"防止及遏制有恶性遗传性疾病人数增长,增加健康者人数,提高国民素质"。⑥尽管由于后来兵源紧张,日本政府放松

---

① 如户籍最初仍被记有"旧土人"等字样,而且与其他日本人不同,阿伊努人直到1890年代才开始被征召入伍。

② 左禄主编:《侵华日军大屠杀实录》,解放军出版社,1989,前言第1页。

③ 法兰克·吉伯尼编著:《战争——日本人记忆中的二战》,尚蔚、史禾译,中央编译出版社,2003,第79页。

④ 中国帰還者連絡会編:『私たちは中国でなにをしたか——元日本人戦犯の記録』,三一書房,1987,第84页。

⑤《东亚三国的近现代史》共同编写委员会编:《东亚三国的近现代史》,社会科学文献出版社,2005,第139页。

⑥ 阿布恒久、佐藤能丸:『通史と史料 日本近現代女性史』,芙蓉書房,2000,第113页。

了对相关法案的执行力度,①但从种族主义的"种族主义思想意识""种族主义偏见"和"种族主义行为"这三点要素来看,②日本的种族主义思想仍与德国有着高度的相似性。

第二节 日德种族主义的各自特征

1. 日德"种族屠杀"的界定视角

我们知道,自近代以来,种族主义一直是地区战争的重要构成因素。尤其在近代欧洲,随着民族主义国家的产生,"人种""民族"之间的差异更成为公开和合法使用战争暴力的遮挡。在过去的整个20世纪,种族屠杀一直是现代化战争的重要具体表现。就本书研究的主要对象日本而言,一方面,学界大部分观点认为,二战期间日本的对外侵略扩张行动充满了种族主义暴力。像澳大利亚学者加文·麦考马克(Gavan McCormack,1937—),就认为日本的行径符合1948年联合国主持下制定的《防止及惩治灭绝种族罪公约》中"种族大屠杀"所定义的标准。德国法学教授克劳斯·马克思(Klaus Marxen,1945—)等人指出,虽然日本和德国在二战中严重侵犯人权的行为在"方式和范围"上有所不同,但"同样是有系统、有计划的"。③部分日本人自己也指出,1937年"南京大屠杀"这一暴行,的确是由于日军的军纪败坏、种族沙文主义以及强烈的报复心理所造成的。④

但另一方面,也有观点指出,战争时期日本军国主义的种族意识和德国纳粹有所不同,日本的种族不宽容和偏执思想没有上升为一种国家政策。像日本前首相中曾根康弘(1918—2019)等人就认为,对于二战中德国纳粹的暴行,确实没有什么辩解的

---

① 有统计指出,在该法律颁布后的1941—1948年期间,实施不孕手术的事例总共只有538件,所规定的"强制断种"案例1件也没有发生。圍井ゆり:「優生思想の社会史序説:明治以降の日本社会を例に」,『人間科学共生社会学』4,2004年2月。

② 皮埃尔–安德烈·塔吉耶夫:《种族主义源流》,高凌瀚译,生活·读书·新知三联书店,2005,第37页。

③ 曼弗雷德·基特尔:《纽伦堡和东京审判之后——1945—1968年日本与西德的"历史清算"》,吕澍、王维江译,上海交通大学出版社,2014,第23页。

④ Herbert P.Bix, *Hirohito And The Making Of Modern Japan*(New York:Harper Perennial, 2001),p.335.

余地，其大量屠杀犹太人的历史事实无法推翻。与之相对，虽然日本当时在亚洲各国也不乏暴行，但日本并没有像德国那样，"对一个民族进行有系统、有计划，并且冷酷无比的杀戮。"①学者石田勇治（1957— ）指出，尽管"南京大屠杀"是日本对外侵略期间所犯屠杀罪行的一种典型表现，但其并非出自于"参谋本部或国家的命令"，而是"现场指挥官的意愿和普通日本人的个人行为"。②荷兰学者伊恩·布鲁玛（Ian Buruma，1951— ）也曾表述过类似的观点："很明显，南京大屠杀是无数小规模屠杀的'登峰造极之作'。但是这种大开杀戒的背后并没有种族灭绝意识形态的支持。"③

以法律视角看，二战后对德日两国进行的战争罪行审判，"纽伦堡审判"注重反人道罪即种族灭绝政策的追究，"东京审判"则注重破坏和平罪即侵略战争罪的追究。由于德国纳粹对犹太人实行了残酷的种族灭绝政策，所以反人道的种族灭绝罪成为其战争罪行的重要特征，而日本虽然也犯有"南京大屠杀""巴丹死亡行军"等重大战争罪行，但与德国纳粹的种族灭绝政策在发生形式上有所不同，所以在判决时反人道罪没有被单列，而是与一般违反战争法规罪放在了一起。④像英国陆军第8战争犯罪调查组的一名上尉，就曾在东京审判的法庭上作证表示，诸如当年日军对南亚加里曼丹岛地区苏鲁克人的大规模杀戮，属于日本宪兵队镇压反抗时的过激行为，"而非日本官方有灭绝这个种族的意图。"⑤此外，二战结束后不久，美国就因自身的战略利益需要放松了对日惩罚力度，像日军731部队进行人体细菌武器试验等罪行都未被列入审判程序，导致"东京审判"本身在很多方面都带有不彻底性，间接影响了日本种族主义相关罪行的裁定，这些都成为部分人对日本"种族灭绝罪"产生界定分歧的原因。⑥

---

① 中曾根康弘等：《冷战以后》，吴寄南等译，东方编译所编译，上海三联书店，1993，第115页。

② 曼弗雷德·基特尔：《纽伦堡和东京审判之后——1945—1968年日本与西德的"历史清算"》，吕澍、王维江译，上海交通大学出版社，2014，第23页；石田勇治：《日德两国种族屠杀研究之比较》，《江海学刊》2001年第6期。

③ 布衣：《罪孽的报应：日本和德国的战争记忆与反思（1945—1993）》，戴晴译，社会科学文献出版社，2006，第134页。

④ 宋志勇：《纽伦堡审判与东京审判之比较》，《东北亚论坛》2015年第2期。

⑤ 远东国际军事法庭第5334号起诉文件：《英国陆军上尉M.J.迪克森报告》，转引自马克·费尔顿：《日本宪兵队秘史》，季我努译，重庆出版社，2017，第115页。

⑥ 东京审判的最大不彻底性表现在政治干预司法，即为了少数国家的利益而回避甚至隐藏犯罪事实，留下了诸多殖民主义体制的痕迹。参见大沼保昭『東京裁判から戦後責任の思想へ』（東信堂，1993年）。

需要指出的是，除了上述"学理"上的探究之外，一些日本人还试图借题发挥，转而为侵略战争暴行进行美化。像保守派学者西尾干二（1935—2024）在1994年3月发表的演说《日本和纳粹的罪行能相提并论吗》中强调称，德国的"纳粹犯罪不是一般的战争犯罪"，"是人道上的犯罪"，而"日本和德国在战争的动机、目的和结果等所有方面上都不相同"，日本犯的只是连战胜国也同样会有的"战争犯罪"。他认为，"日军在中国以及其它前线一定存在战争犯罪的事实。这种场合的战争犯罪通常是伴随着战争的实行而出现的犯罪行为"，与此相比，纳粹犯罪"是与战争行为本身恰恰相反的灾难性的犯罪，是纳粹所追求的某种意识形态的犯罪。把它和日本进行军事行动而产生的犯罪，即战争犯罪同等看待，是不可取的。"①后来曾多次担任首相的安倍晋三（1954—2022）也辩称，"作为我个人本身的想法是，纳粹德国所干的事，其意图、内容和规模与我国进行的战争完全不同"。②

2. 日本人种意识的"自卑"与"自大"

如前所述，在德国纳粹分子眼里，只有身材俊美、白肤金发碧眼的"雅利安人"，是世界上最卓越优秀的人种，才有资格处于生物等级金字塔的顶端，此外的其他人种，都属于"低级或劣等"人种。二战期间，在常见的对"黑种""黄种"等有色人种的歧视之外，德国纳粹出于文化、情感上的厌恶和政治需要，更将种族主义政策的主要实施目标重点指向了犹太人、斯拉夫人、罗姆人等广义上的"白色人种"。

日本在明治维新后，"白种优秀论"成为日本人信奉的真理，随着综合国力的飞速提高，亚洲人等有色人种"理所当然地"沦为其贬低和歧视的对象。但在近代"西方中心主义"和"白种优秀论"盛行的环境下，日本人自身也同样难以摆脱西方的人种歧视（图19）。早期的欧洲人，很多对日本学习西方文明的能力持有怀疑，常在带有偏见的"人类学好奇心"下，将日本人视作"半开化""未开化"的人种。③还有一些人，尽管对日本明治维新后的进步感到惊叹，但与此同时，他们眼中的日本人仍是"住在奇怪的用纸做成的房子里"的"小个子黄种人"，"穿着像睡袍一样的绢制和

---

① 历史研究委员会编：《大东亚战争的总结》，东英译，新华出版社，1997，第318-319页。
② 历史研究委员会编：《大东亚战争的总结》，东英译，新华出版社，1997，第605页。
③ 宮村治雄：『理学者兆民：ある開国経験の思想史』，みすず書房，1989，第98頁。

服"，在本质上依旧是落后的。① 到访日本的欧美人，描述路边见到的日本人"无论肢体还是脑力，全无称道之处。妇人丑陋，男人作为人种虚弱不堪，一副愚笨之相。"② 有人甚至干脆就把日本人比作是一群"穿着长长和服的没有尾巴的猴子"。③ 出于人种上的厌恶感，排斥和反对与日本人通婚的西方女性比比皆是。④ 访问过日本的法国作家皮埃尔·洛蒂（Pierre Loti，1850—1923) 曾写道："我们已经厌恶了的燕尾服，竟然被他们以一种奇妙的姿态穿在身上。他们的身材并不适合穿这种东西。……在我眼里，总觉得他们都与猴子十分相像。"⑤

图19　明治时期西方讽刺日本人"人种低劣"的漫画

（资料来源：清水勲『風刺画で読み解く近代史』，三笠書房，2015，第69頁。）

---

① *Fortune*, 1936.9. 转引自寺島実郎：『二つの「ＦＯＲＴＵＮＥ」——1936の日米関係に何を学ぶか』，ダイヤモンド社，1993，第219頁。
② 石川榮吉：『欧米人の見た開国期日本——異文化としての庶民生活』，風響社，2008，第17頁。
③ 富田仁：『鹿鳴館——擬西洋化の世界』，白水社，1995，第214頁。
④ 眞嶋亜有：『「肌色」の憂鬱——近代日本の人種体験』，中央公論新社，2014，第78-79頁。
⑤ 清水勲：『風刺画で読み解く近代史』，三笠書房，2015，第69-70頁。

为了改变自身的落后，明治时期的日本社会，几乎在各个方面都成为了"改良社会"，"卫生上有衣服食物住居之改良论者，理学上有文字改良论者，模仿上有演剧改良论者，甚至担忧优胜劣败战场上之人种湮灭，亦有频倡与外人结婚之改良人种论者。"① 其中，在"人种改良论"中，有人就认为，尽管学问技艺可以从西洋引入，但都属于末等的皮毛之物，为了将来的生存发展，改良日本人的身体精神才是第一急务。② 明治初期甚至社会上还有传言称，政府为了得到欧洲人种，要把大量日本女子送往欧洲。③ 持"人种改良论"的最著名人物，当数福泽谕吉的弟子高桥义雄（1861—1937），他在 1884 年出版的《日本人种改良论》中提出了系统的改良计划，除了呼吁加强体育、改善衣食住行之外，由于"与西洋人相比，彼既远胜于我，则无暇顾及小得失，为一国之公，为一己之私，求能力遗传之目的，速求良缘，速通杂婚，未尝不可也。"④ 在他看来，无论体力还是智力都要低劣的日本人，要想与西洋人角逐，就急需依靠"人种杂婚"来彻底改变自身的体质。

在中国，虽然甲午战后的国家危机，使得以严复为代表的进化论者也曾提出过"人种改良论"，但整体来说，他们更注重"新民德""开民智""鼓民力"的方式，与高桥义雄等日本人主张的与西洋人大规模杂婚的观点有很大不同。从目的上说，严复等人的强国保种论是救亡图存的一部分，而高桥义雄的人种改良论则是伸张国权的一部分。⑤ 正如福泽谕吉为《日本人种改良论》作的序言所说，"扩张国权乃老朽毕生之目的，为此虽有各种手段，但当前改变国民之不养生最为必要。"⑥ 日本政府中，像主导"鹿鸣馆外交"的井上馨、森有礼（1847—1889）等人，也一度支持过"人种改良论"。井上馨就曾称，"日本如要加入世界，必先从人种改良做起。日本人之弱小躯干根本无法与强壮之西洋人匹敌。将西洋人种引入日本，生育与西洋人同样之人种，乃

---

① 伊東琴次郎：『胎内教育』，博文館，1892，第 5 頁。
② 加藤弘之：「日本人種改良の辨」，加藤照麿編：『加藤弘之講論集』第 1 册，金港堂，1891，第 76-77 頁。
③ 『新聞雜誌』第八十四号，明治六年三月，转引自渡辺浩：『日本政治思想史——十七～十九世紀』，東京大学出版会，2010，第 420 頁。
④ 高橋義雄：『日本人種改良論』，石川半次郎出版，1884，第 103-104 頁。
⑤ 焦润明、焦婕：《高桥义雄与严复的"人种改良"论比较》，《日本研究》2011 年第 4 期。
⑥ 高橋義雄：『日本人種改良論』，石川半次郎出版，1884，序言第 1 頁。

当今之急务，除此之外日本别无富强之路。"①

可以说，在轰轰烈烈的欧化大潮中，日本的"人种改良"等论调明显具有功利性，是其渴望迅速摆脱困境的一种极端表现。然而，持续了近4年的"鹿鸣馆外交"，虽然在一定程度上达到了政府设想的西洋化目标，但在部分日本民众和国权主义者看来，那更像是一种浪费国财、腐化风气的"媚外外交"。灯红酒绿、夜夜欢歌的鹿鸣馆社交舞会上，"黄色人种的独特面容，帽子上装饰着鸵鸟毛、束着细腰的矮个女人，单手微微托起过长的裙摆，合着西洋音乐踏起舞步，也算是日本人为了成为西洋人而做的滑稽且悲哀的努力"，②可谓是一部分日本人在人种意识上的复杂心态写照。

铺天盖地的欧化风潮进行到一定程度，以致要"化我国为欧洲各国，化我国人民为欧洲人民。确切而言，是在东洋制造一新欧洲帝国"，③必然会引起日本国粹主义、民族主义的强烈反弹。1888年，志贺重昂、三宅雪岭（1860—1945）、杉浦重刚等人发起成立的"政教社"，以及其主办的《日本人》杂志，就成为批判过度欧化、宣扬日本人主体性的重要阵地。他们有的从国民性特质出发，提出大和民族的优良本质千百年来流传不息，要继续坚持建国以来的精神与形体；有的从风土环境出发，指出日本特有的山川风物塑造了日本之美，孕育了独特而有知性感的日本人，日本民族具有自己本身的优越性。④应该说，这些作者并非尽是褊狭的国家主义者，他们能理性地看待日本与西方的各自特点，主张日本要选择性地吸收西方文化，这在当时来看是一种相当进步的思维。如志贺重昂就主张，对西学的态度当"以日本国粹之胃，咀嚼西方文化，以消化之，与日本文化相同化"。三宅雪岭也不同意别人说他们是文化保守主义者，"所谓保存，易与守旧混同，此是误解了我们的意思"，日本主义与国粹主义是要将日本文化精华与西方文化的优秀成分结合，"与固守旧物之保守主义相异。"⑤如果

---

① 頭山満：『胆もつ玉』，泰山房，1917，第183页。日本人的身体劣势，尤其体现在身高方面，据德国医生贝鲁兹所言，明治时期日本男性平均身高160cm，女性平均身高147cm，皆低于朝鲜人（164cm）和北方中国人（168cm）。大隈重信撰：《日本开国五十年史》下册，上海社会科学院出版社，2007，第1301页。

② 富田仁：『鹿鳴館——擬西洋化の世界』，白水社，1995，第231-232页。

③ 井上馨侯伝記編纂会編：『世外井上公伝』第三卷，内外書籍，1934，第913页。

④ 南博：『日本人論——明治から今日まで』，岩波書店，1996，第31-41页。

⑤ 盛邦和：《19世纪与20世纪之交的日本亚洲主义》，《历史研究》2000年第3期。

只是一味模仿,"只能将吾国变为劣等欧美之国,将吾民变为劣等欧美人中之劣等种族而已。"①

但正如丸山真男所言,"基于日本国家体制特性的神国观念乃至民族性自恃,建国以来一直一脉相承地在国民的胸膛中回荡着",②客观、有理性的日本人论和日本人种观,随着日本侵略扩张欲望的膨胀,逐渐演变为日本人种优秀论的前奏。③学者加藤周一(1919—2008)在谈及日本文化的特点时说,"日本人的外国观,有两个自古以来就明显存在的模式。其一,是强调日本的落后面,采取将特定的外国理想化的态度;其二,是强调外国的落后面,采取将日本理想化的态度。前一种态度,乃所谓'一边倒'模式,后一种态度乃所谓'国家主义'模式。"④观之于日本人种意识"自卑"与"自大"的两个极端,又何尝不是这一论断的精准体现。

在随后的历史进程中,日本人的自卑与自大仍是其对外人种意识的明显特征。参加镇压义和团时,曾在军中服役的原口统太郎(生卒未详)后来就回想称,"日本兵首次出现在国际舞台上,就像涉世不深的雏儿一般,夹在各国士兵之间,有一种身心胆怯的感觉。"⑤然而当日本在八国联军中发挥了"中坚"作用、其纪律严明的"文明形象"赢得了不少国际赞誉后,像日本《中央新闻》就称,"日本在军事上的进步已绝不落后于白种人,各种法制建设也不仅不劣于欧洲各国,甚至有许多更为进步之处。"⑥作为当时第一大党的政友会,其态度更显得有些狂妄,"当今日本帝国在建国三千年的历史当中处于全新境地……日本进入欧美列强俱乐部,成为世界强权,与白皙人种登上同一舞台……并在每一出戏中都证明我国只有超出其他主角而无劣之者。"⑦

---

① 三宅雪嶺:「偽惡醜日本人」,『真善美日本人』,天佑社,1919,第139页。
② 丸山真男:《日本政治思想史研究》,王中江译,生活·读书·新知三联书店,2000,第270页。
③ 参看本章第一节。
④ 加藤周一:《日本文化论》,叶渭渠等译,光明日报出版社,2000,第322页。
⑤ 原口統太郎:『支那人に接する心得』,実業之日本社,1938,第5页。
⑥《黄白军人》,《中央新闻》,1900年9月6日,转引自王美平:《近代日本的义和团运动观》,《南开学报》〈哲学社会科学版〉2015年第1期。
⑦《主客问答》(二),《政友》第3号,1900年12月10日,转引自王美平:《近代日本的义和团运动观》,《南开学报》〈哲学社会科学版〉2015年第1期。

与西方正式"决裂"的太平洋战争开始后,日本人长期以来形成的人种自卑和自大,转而以排斥、仇视白种人的形式爆发出来。如同侵华战争中对中国人实施的种种暴行一样,冷血残忍依然是日军的一大特性。只是,与对待中国人这样"亚洲人种"时的蔑视心理不同,在西方人种歧视下产生的自卑,令其对美军等白种人的行为,更加有着歇斯底里的报复性特征。在战场上,为了发泄人种憎恨,日军往往会将"金发、白肤"的英美战俘专门挑出来折磨一番。① 仅以数量而言,整个二战期间,日本关押下的美军战俘的死亡比例接近 40%,与之相比,死于德国纳粹之手的美军战俘只有 1% 左右。②

日本这种因被歧视而产生的逆反心理,还体现在对白种战俘的"征服展示"上。俘获英美士兵后,日军有意识地将其分散到各战俘营进行关押和劳役,借此炫耀日本帝国不可战胜的"英武形象"。日军占领北京后,就经常让西方囚徒在中国人的嘲笑声中游街,以此展示自己作为"民族解放者"的光辉形象。而那些被游街者也承认,其所蒙受的耻辱,标志着"西方人统治亚洲时代"的终结。③1942 年,日本驻朝鲜军参谋长要求将东南亚战场上俘获的 2000 名英美战俘移至朝鲜关押,"借此扫除对英美人之崇拜,确立必胜信念""令朝鲜人从现实中认识到帝国之实力"。④ 同年 4 月,日本战俘信息统计署发电称,"我们将要把战俘作为劳工使用,……另一方面也要把战俘作为教育和指导当地民众的反面教材。"7 月,日本战俘信息统计署又给台湾岛上的所有集中营指挥官发去了更为详细的"指导原则":"在台湾岛上的白人战俘,自然要被当作劳工使用,用以扩大台湾岛内的生产。让他们充当劳工所起的作用对于我们统治台湾岛意义远大于原先我们发给参谋长的训令。名义上讲,尽管日本已经统治台湾 47 年了,但是日本还没有把台湾岛上的中国人彻底改造成日本人。可是,让人忧心的事实是,台湾还有相当一批民众希望中国大陆的蒋介石能够取得战争的胜利,他们表面上不敢讲,但是心里这么想。在这样的形势下,要让他们认识到日本真正的实力,我们必须

---

① 道格拉斯·福特:《太平洋战争》,刘建波译,北京联合出版公司,2014,第 150 页。
② 赫尔姆斯:《不义之财:日本财阀压榨盟军战俘实录》,季我努译,重庆出版社,2015,第 2 页。
③ 费约翰:《唤醒中国:国民革命中的政治、文化与阶级》,李恭忠等译,生活·读书·新知三联书店,2004,第 216 页。
④ 茶園義男编:『大東亜戦下外地俘虜収容所』,不二出版,1987,第 187 頁。

让他们用自己的眼睛看到,我们能够奴隶白人。……我们必须要利用一切机会采取一切手段达成这个目标,要广为传播,实时传播,要让台湾的中国人对日本的力量心生畏惧。"① 同样,另一份于 1942 年 10 月 6 日由神奈川县知事发给日本大藏大臣和内务大臣的电报,也表露了使用白人战俘除了榨取经济利益之外,还有提振自我人种意识的意图:"尽管日本公众对于军队和工厂主们使用战俘劳工的事实并不是特别清楚,他们纷纷在猜测这些外国人从何而来……他们知道这些外国人是战俘后,将会感受到大日本帝国的光荣——因为原来高高在上的英国人、美国人竟然被皇军捉到日本工厂里来劳动……这会让我们的国民认识到,大日本帝国是不可战胜的。"②

可以说,相比德国纳粹那种自始至终坚持的种族优越意识,部分日本法西斯分子面对有色人种时的"自大"与"狂妄",面对白色人种时的"崇拜""自卑"与"憎恨",一直是其人种意识中无法克服的矛盾样态。二战时期,一份美国社会人类学家和心理学家的研究报告就直接指出,日本人的心理和文化"似乎是在征服欲和面对西方国家的自卑情结共同作用下形成的"。③

第三节 日德种族主义的背离

受"黄祸论"等学说以及其自身的种族主义思想影响,希特勒在内心深处对"黄皮肤"的东亚人抱有偏见、厌恶。希特勒坚持认为,雅利安人创造了世界文化,是人类的"普罗米修斯","无论何时他的最聪明的前额都会迸发出神圣的火花"。而日本人作为"二流人种",如果缺乏雅利安民族持续的影响力,其文化就会"变得呆板,退却到在雅利安文化浪潮推动下才刚起步的休眠状态中去"。④ 在其《我的奋斗》一书中,大量充斥着针对日本人的种族歧视内容,以致该书后来在日本译刊时,日

---

① 赫尔姆斯:《不义之财:日本财阀压榨盟军战俘实录》,季我努译,重庆出版社,2015,第30-31 页。

② 赫尔姆斯:《不义之财:日本财阀压榨盟军战俘实录》,季我努译,重庆出版社,2015,第45 页。

③ 道格拉斯·福特:《太平洋战争》,刘建波译,北京联合出版公司,2014,第 147 页。

④ 克劳斯·费舍尔:《德国反犹史》,钱坤译,江苏人民出版社,2007,第 171 页。

本官方还不得不进行了大幅删改。① 德国宣传部长保罗·约瑟夫·戈培尔（Paul Joseph Goebbels，1897—1945）在珍珠港事件后记录称，"元首非常敬佩日本人"，但同时也对"黄种人对白种人"表现出的战争优势而"伤怀"。德国人和日本人都自诩为世界的统治民族。因此，双方的互不信任和人种上的彼此蔑视，使得两国结盟无非是为了相互利用而已。日本宣称，作为天照大神的后裔，大和民族的使命不是消灭"劣等"民族，而是驱使他们追随日本抗击西方殖民主义。② 戈培尔认为，"事实上，我们对日本和东亚问题的立场是相当不坚定的，因为我们在种族观点方面的意见是不可调和的。"③

但希特勒的对日种族观，显然不利于德日同盟关系的构建。1934年，德国纳粹文人约翰·冯·里尔斯（Johann von Leers，1902—1965）在向政府高层提交的备忘录中称，"我们不能指望所有的政治盟友都是蓝眼睛和黄头发。政治是非常现实的东西，大众的利益，与种族思想的关系并不大。"他援引一些德国学者的调查结果为依据，声称9.3%的日本人的眼珠为半褐色，82%的日本人发色不是黑色而是深棕色，日本的军政要人多具有"小脸""高鼻梁"等显著的欧洲民族特征，试图说明日本人与北欧民族有着不可分割的血缘关系。④ 对希特勒等人有重要影响的政治学家卡尔·豪斯霍费尔（Karl Haushofer，1869—1946），更是直接表示，"扮演白人种族理论家和思想家的角色，对我们毫无益处……我们决不要这个角色。在政治学领域，没有种族偏见的容身之地。"⑤

事实上，随着后期日本的对外行动逐渐有利于德国，希特勒的对日评价也开始有所变化。例如，他后来虽仍然认为，日本人"就种族而言是缺乏创造力的民族"，但

---

① 眞嶋亜有：『「肌色」の憂鬱——近代日本の人種体験』，中央公論新社，2014，第237-239頁。

② 《德媒：希特勒敬佩日军强悍战力 内心仍歧视黄种人》，http://mt.sohu.com/20150730/n417874490.shtml，访问日期：2018年9月10日。

③ F·C. 琼斯等：《1942—1946年的远东》上册，复旦大学外文系英语教研组译，上海译文出版社，1978，第154-155页。

④ Harumi Shidehara Furuya, *Nazi Racism Toward the Japanese: Ideology vs. Realpolitik*, NOAG, 157-158, 1995, pp.32-33.

⑤ 马振犊主编：《战时德国对华政策》，胡德坤主编：《反法西斯战争时期的中国与世界研究》第九卷，武汉大学出版社，2010，第80页。

又称赞日本人"毕竟很聪明"。日本在远东的侵略行动受到德国自由派报刊的抨击,但他却夸奖那才是日本人的优点。① 希特勒后来还授予1万名居住在德国的日本人"荣誉雅利安人"头衔,宣称他们的待遇远高于其他"非雅利安人"。②

显然,希特勒对日的人种评价变化是策略性的。正如他所言,与黄种的日本结盟,并不违背德国的种族主义理念,"在眼下事关生死的战争期间,重要的是胜利。甚至为此可以不惜与恶魔联手。"③ 而这样的调整,事实上也是为了减轻同盟国方面的人种意识宣传攻势。戈培尔在1942年1月的日记中表示,"美国正在拼命想使我们卷入有关种族问题的讨论中去,特别是关于日本。……我甚至已经禁止德国新闻界提到这些相当棘手和微妙的问题。"他还写道,自己曾被迫采取"有力措施",去阻止在德国进行关于"黄祸"的任何讨论。④

日本方面其实对此也心知肚明。当时,作为日本政府智库的"昭和研究会",在一份名为《三国同盟问题对策》的报告中,自诩了日本在政治意识形态方面同德国的"巨大差别":"日本基于皇道的对外政策是以光照道义的八纮为理想,与德国霸道的行动有质的不同。我民族政策是东洋民族主义,有接纳异民族的宽阔胸怀;而德意的民族政策是雅利安人的民族主义,有强烈的征服异民族的倾向"。⑤ 对于德国这样一个"白种"盟友,日本政府高层同样抱有深深的不信任感,甚至还担心日本同英美开战后,人种的同一性会反使德国站到英美阵营一边。1941年11月5日,在最终决定对英美开战的第七次御前会议上,枢密院议长原嘉道(1867—1944)与首相东条英机的对答,就清楚地表明了日本政府对人种因素的顾虑。原嘉道担心日本参战后,作为白种的德、英、美之间的关系可能会产生变化,由于"德国未曾对美直接宣战,希特勒亦认为日本人是二流人种,故日本对美开战后,一旦德国与英美之间因人种喜恶而达

---

① 格哈特·温伯格:《希特勒德国的对外政策》上编,何江、张炳杰译,商务印书馆,1992,第24页。
② 眞嶋亜有:『「肌色」の憂鬱——近代日本の人種体験』,中央公論新社,2014,第242-244页。
③ 眞嶋亜有:『「肌色」の憂鬱——近代日本の人種体験』,中央公論新社,2014,第245页。
④ F·C.琼斯等:《1942—1946年的远东》上册,复旦大学外文系英语教研组译,上海译文出版社,1978,第154-155页。
⑤ 酒井三郎:『昭和研究会』,TBSブリタニカ,1979,第195-196页。

成一致，则日本很有可能陷于孤立。此种敌意，若因厌恶黄色人种之故而由德国转向日本，则日本有被雅利安人种全体包围之危险。"对此，东条英机也表示认同："正在考虑不让开战之结果成为人种战。利用东南亚武力战斗结果诱导德意两国，避免德英、德美讲和。……无论如何一定注意避免使之成为人种战争。"①

在日德同盟的影响下，尽管日本人对纳粹德国的崇拜一度是"前所未有地热烈"，但实际上，在当时的德国社会，针对日本人的人种歧视却广泛存在。②此外，与德国的排犹政策不同，在日本，不仅认为日本人与犹太人具有同一族源的"日犹同祖论"长期存在，而且在实际的操作中，日本有关部门甚至还曾实施过"河豚计划"等行动，收留和庇护"伪满洲国"、上海租界等地区的犹太人，借以抢占舆论道德高点和获取犹太人的资金、政治支持，这些都明显与德国纳粹的种族主义大相径庭。③

日德双方这种思想上的貌合神离，更被实际的行动操作所证实。例如，日德虽然都敌视英美苏，但在各时期谁是主要敌人的问题上存在分歧。1938年前，德国把苏联作为主要敌人，希望日本参与对苏作战。日本虽然也想吞并苏联远东地区，但由于正全力侵略中国，最终无力顾及对苏作战。1938年后，希特勒为避免在欧洲东西两线作战，与苏联签订了互不侵犯条约，令意图两面夹击苏联的日本大失所望。当德国占领北欧诸国、再度准备进攻苏联时，日本却放弃"北上"而"南进"，于1941年3月与苏联签订中立条约，将主要敌人定为了英美。可以说，从1933年到二战结束前，尽管日德两国签订了一系列的条约，从形式上结成了政治、军事同盟，但却几乎没有真正意义上的战略配合。④

近代日本的种族主义思想，同民族主义、国家主义、军国主义等其他思想理论杂糅在一起，成为其对内强化统治、对外发动侵略扩张的重要意识形态工具。从这一层面来说，日德两国法西斯思想中的种族主义，无疑在作用与影响上具有高度的同质性。

---

① 参谋本部：『杉山メモ』上，原書房，1977，第414-416頁；服部卓四郎：『大東亜戦争全史』，原書房，1982，第124-125頁。
② 眞嶋亜有：『「肌色」の憂鬱——近代日本の人種体験』，中央公論新社，2014，第239-240頁。
③ 参见M·トケイヤー、M·シュオーツ：『河豚計画』，加藤明彦訳，日本ブリタニカ，1979。
④ 工藤章、田嶋信雄編：『日独関係史2 枢軸形成の多元的力学』，東京大学出版会，2008。

然而相比之下，属于"后进帝国"的日本，在面对亚洲（有色人种）和西方（白色人种）时，又因不同的现实状况、心理背景和政治考量，在种族主义的表现及操作上与德国存在着诸多差异。但显而易见，无论其中的"同"与"不同"，都可以使我们更加清楚地观察近代日本对外侵略扩张思想的变动轨迹，认识到日本法西斯主义恃强凌弱、残暴狡诈的本质。

需要提及的是，日本人较为同质的生活特性，以及长期沿袭下来的对外来人群的优越感、戒备感与排斥感，都使得"种族主义"及其思想变种并未在日本完全消失。例如，出任过首相的中曾根康弘，尽管经常因此受到日本国内外的抗议和批评，但仍多次发言称"日本是单一民族"。① 他还以美国的黑人、波多黎各人、墨西哥人等有色人种为例，称这些人群的智商低下。② 在日本国内，居日的朝鲜人虽然已经延续了几代，但仍在就业、住房、养老、医疗等方面，受到不同的差别待遇。20世纪80年代，以朝鲜籍为中心的各国在日外国人，进行了反对在"外国人登录证上"按指纹的运动，就是因为这一要求明显具有国别和种族歧视。③ 直至今天，如部分日本人口中的"第三国人"一词所示，底层的外国人群仍是日本社会中屡遭歧视的对象。④

---

① 冈本雅享:「日本人内部の民族意識と概念の混乱」,『福岡県立大学人間社会学部紀要』,2011年第19卷。
② 岩渊功一:《共犯的异国情调——日本与它的他者》,李梅侣等译,许宝强、罗永生选编:《解殖与民族主义》,中央编译出版社,2004,第198页。
③ 这一制度于2000年被全面废除。
④ "第三国人",一般指日本占领中国台湾、朝鲜时期居住在日本本土的台湾人和朝鲜人。日本战败投降时,在日的台湾人约有1万,朝鲜人约有200万（其中140万后来返回朝鲜）。参见三宅明生、山田賢编著『歴史の中の差別——「三国人」問題とは何か』(日本経済評論社,2001年)。

第十一章

人种意识与二战后日本的历史认识

第一节 日本的"正义"与"受害"

1."有色人种解放论"

二战结束以来,通过列举菲律宾、缅甸、印度、印度尼西亚等亚洲国家的"独立",证明日本发动的"大东亚战争"[①]具有"解放有色人种"的伟大"功绩",是部分日本人为自己辩护的常用宣传手段。著名"老牌右翼文人"林房雄(1903—1975),在《大东亚战争肯定论》一书中,恶意将太平洋战争美化为"败而无悔"的"大东亚战争",抛出的所谓"美国为了'白色太平洋'而战,日本为了'黄色大东亚共荣圈'而战"的观点流传甚广。[②] 政治上层中,像日本前文部大臣奥野诚亮(1913—2016)曾撰文声称,"大东亚战争"是"将殖民地亚洲的亚洲人从白人手中解放出来的东亚解放战争,并非侵略战争。"[③]1995年,值二战结束50周年之际,由众多自民党议员组成的"历史研讨委员会"出版的《大东亚战争的总结》一书,集中反映了当代日本朝野"战争责任否定派"的战争观,其中认为日本发动战争是帮助有色人种战胜白种殖民者、解放亚洲弱小国家的文章比比皆是。历史学者中村粲(1934—2010)在题

[①] 对美开战后,日本大本营联络会议决定称这场战争为"大东亚战争",但当时日本上层曾在命名问题上存在分歧。庄司潤一郎:「日本における戦争呼称に関する問題の一考察」,『防衛研究所紀要』第13卷第3号,2011,第44-46頁。

[②] 林房雄;『大東亜戦争肯定論』,夏目書房,2002,第415頁。

[③] 奥野誠亮:「アジア解放戦としての大東亜戦争」,『民族と政治』1989年3月号。

为《大东亚战争的起因》的讲演中，将战争矛盾从"日本侵略他国"转换为"白色人种压制有色人种"这样的人种矛盾，称"如果那时日本不与美国开战，或许就没有此后东南亚的独立。"①东京医科齿科大学教授总山孝雄（1916—2003）在《从弱肉强食到平等共存时代——西欧侵略亚洲和大东亚战争的意义》中说，"为了实现种族平等，终于发生了大东亚战争，我们在三年半的时间里占领着东南亚各国。然而，由于缺乏实力，结果日本一败涂地。在这种情况的推动下，东南亚各国主张享受与白人平等权利的激情终于高涨起来，白人也无力抵抗，便逐渐允许它们独立。……我们可以自负地说，促其实现这一进步的是我们日本民族作出牺牲的大东亚战争。"②

发起成立"新历史教科书编纂会"的西尾干二认为，日俄战争后，美国对黄种人日本的胜利"抱有拒绝的感情"，所以"美国首先把日本当作假想敌国"，而日美太平洋战争是美国继西部开发的印地安扫荡战，菲律宾征服战之后，白种人征服黄种人的战争延续，因此日美双方的战争责任是"六四开或七三开"，即美国应负六分或七分的责任。③右翼势力"日本会议"代表委员加濑英明（1936—2022）声称，"解放亚洲、解放有色人种的大东亚战争战斗到最后，使得不仅是亚洲，就连非洲也接二连三地诞生出独立国家。"④近些年来，像前东京都知事石原慎太郎（1932—2022）那样的"日本发动的战争只是为了自卫和拯救亚洲，打破白种人的殖民统治"之类的言论更是屡见不鲜。⑤

值得一提的是，在这一问题上，一些东南亚国家的民族主义者，都会因自身的利益和立场而表示出类似论调。参加了东京审判的印度法官拉德哈比纳德·帕尔，坚持"反白人主义"的亚洲民族主义立场。在东京审判法庭上反对其他法官的裁决观点，认为同盟国无权审判日本，还声称日本不仅没有所谓的"战争罪行"，反而作为亚洲有色人种解放运动的发起者应该受到赞扬。⑥职是之故，以"人种解放"视角批判

---

① 历史研究委员会编：《大东亚战争的总结》，东英译，新华出版社，1997，第53页。
② 历史研究委员会编：《大东亚战争的总结》，东英译，新华出版社，1997，第61-62页。
③ 西尾幹二：『国民の歴史』，産経新聞ニュースサービス，2000，第550頁。
④ 『日本の息吹』，2013年12月号，http://www.jcp.or.jp/akahata/aik13/2014-03-14/2014031402_05_0.html，访问日期：2020年6月2日。
⑤ 『朝日新聞』（朝刊）2013年5月18日。
⑥ 東京裁判研究会：『共同研究パール判決書』，東京裁判刊行会，1966，序言第1頁。

东京审判的人,更常会引用帕尔的观点作为论据。像担任过日本文部大臣的藤尾正行(1917—2006),就在一次采访中说,东京审判就是一个旨在夺走日本权力的"种族报复"。① 帕尔曾四次访问日本,每次都受到日本朝野的隆重礼遇。其死后,日本政界和财界的一些别有用心之人,分别在京都灵山护国神社和东京靖国神社修建了"帕尔博士显彰碑"。在两处的纪念碑上,都有帕尔的肖像和相关"功绩"的介绍,建立方所希望表达的意图毋庸多言(图20),这种行为是对历史正义的挑战。

图20 京都灵山护国神社的"帕尔博士显彰碑"(笔者摄)

此外,早在1930年代,不少东南亚国家的政治领导者就对日本所谓的"不断成功"给予了欢呼声,像缅甸的独立运动领导者昂山(Aung San,1915—1947)、印度的苏巴斯·钱德拉·鲍斯(Subhas Chandra Bose,1897—1945)、印尼的艾哈迈德·苏加诺(Bung Sukarno,1901—1970)等,这些人的政治生涯与日本有着紧密联系。虽然当时与日本合作的人数不多,但日本带来的冲击却扩散开来。印尼民族主义运动领导者苏丹·夏赫里尔(Sutan Sjahrir,1909—1966)就曾表示,"日本人获得了东洋人的共鸣""据我所知,我国全体伊斯兰教徒如今都是亲日的。"②

日军在太平洋战争中的初期胜利,瓦解了西方在东南亚的殖民统治,一定程度上

---

① 布衣:《罪孽的报应:日本和德国的战争记忆与反思(1945—1993)》,戴晴译,社会科学文献出版社,2006,第204页。

② クリストファー・ソーン:『太平洋戦争における人種問題』,市川洋一訳,草思社,1991,第16-17頁。

粉碎了白人至高无上的神话。当泰国人看到白人殖民者抱头鼠窜逃离的时候，其长期以来对西方的痴迷和尊敬大为削弱，"看起来白人西方的终结只是个时间问题。"泰国人认为自己不是日本侵略的受害者，反而是"一个新的世界秩序的共同参与者"。[①] 在印度尼西亚，日军将荷兰官吏集中囚禁在指定的集中营里，同时委派大批"印度尼西亚人担任中央行政官吏、州知事和县长。"[②] 一些印度尼西亚的民族主义者说，日本人击败荷兰人，使得"我们印度尼西亚人由此懂得，（我们的）白种主人和一般白种人并不是天生就高人一等的，亚洲人能够很容易地把他们撵走。"在缅甸，部分人称"谁也抹杀不了日本在给无数殖民地人民带来解放方面所起的作用。日本人在太平洋和东南亚的惊人胜利，实际上标志着一切帝国主义和殖民主义完蛋的开始。"[③] 缅甸的一些政客还写诗歌赞颂日本称："新世界、新时代、新缅甸已经出现。团结统一是我们的心愿。独立！独立！独立就在眼前。我们获得了日本人许下的诺言"。[④] 入侵缅甸的日军甚至感到，有了当地民众"箪食壶浆相迎"的亲日热情，维持当地的治安及统治没有太多困难。[⑤] 印度方面，日本所宣扬的"亚洲是亚洲人的亚洲，印度是印度人的印度"，"将白人鬼赶出亚洲"的口号，深深打动了部分印度官兵。[⑥] 日本攻占新加坡后，大批被俘虏的印度军人，在印度民族运动领导者鲍斯的领导下组建为"印度国民军"，与日军共同进攻驻守印度的英军。鲍斯本人更是对日本的"大东亚共荣圈"论调表示肯定，对日本支持印度独立斗争的许诺兴高采烈，称日本有"亚洲意识"，在东亚发挥了"主轴影响"，是亚洲的"领导者"。1942年至1943年，日本在缅甸、菲律宾先后制造傀儡政权，鲍斯对此大加赞扬，说这是日本不妨碍亚洲人民自主，说到做到的范例。[⑦] 他的这些行动，受到了印度各阶层人民的认同和敬仰，以致二战后英国当局审判其领导

[①] 戴维·K.怀亚特：《泰国史》，郭继光译，东方出版中心，2009，第250页。
[②] 王任叔著，周南京整理：《印度尼西亚近代史》下册：北京大学出版社，1995，第893页。
[③] 约翰·亨特·博伊尔：《中日战争时期的通敌内幕（1937—1945）》上册，陈体芳等译，商务印书馆，1978，第12-16页。
[④] 貌貌博士：《缅甸政治与奈温将军》，赵维扬等译，云南省东南亚研究所，1982，第178页。
[⑤] 服部卓四郎：『大東亜戦争全史』，原書房，1982，第319頁。
[⑥] 信夫清三郎：『「太平洋戦争」と「もう一つの太平洋戦争」』，勁草書房，1989，第103頁。
[⑦] 林承节：《苏巴斯·钱德拉·鲍斯与日本》，《南亚研究》1996年第1期。

的国民军军官时,还遭到了印度全国上下一致的反对。①(图21)

图 21　印度德里老城区钱德拉·鲍斯公园内
印度国民军(INA)和日本兵的雕像

(资料来源:http://www.jiyuushikan.org/tokushu/tokushu_e.html,
访问日期:2015 年 12 月 12 日;ASEANセンター編『アジアに生
きる大東亜戦争』,展転社,1988。)

在当时,东南亚的一些民族运动领导者,还利用"对日合作"来进行解放独立斗争。像印度尼西亚的苏加诺等人,就"以同日本人合作作为进一步发展民族主义事业的手段"。还有另一部分人,尽管转入地下活动,但"同时仍与在日本人一边的同志保持联系"。②1943 年 11 月,日本组织召开"大东亚会议",在讨论《大东亚宣言》时,菲律宾代表说,宣言中最显著的特征是"废除人种差别,发扬各国的独特文化和传统,

---

① 培伦主编:《印度通史》,黑龙江人民出版社,1990,第 603 页。
② D·G·E·霍尔:《东南亚史》下册,中山大学东南亚历史研究所译,商务印书馆,1982,第 927 页。当然,也有反过来的情况,像缅甸一些曾协助日军入侵并在政治上占有地位的过激分子,1944 年也秘密着手组织一个全国性的反法西斯人民自由同盟,日本组织并训练的、由昂山指挥的缅甸国民军,1945 年 4 月也倒戈到盟军一边。D·G·E·霍尔:《东南亚史》下册,中山大学东南亚历史研究所译,商务印书馆,1982,第 930,934 页。

相互尊敬和拥护各国的独立"。缅甸代表表示，废除人种差别的条款是其最为感激的一款，这条款的根本精神是"平等、正义、互惠"。当然，这些亲日派们非常明白，"大东亚共荣圈所标榜的领导意识包含了作为盟主的日本对圈内各地域的人种差别观念，日本对亚洲其他民族的优越感是有意无意的社会常识"。① 但在他们看来，能将"废除人种差别"条款适用于日本和亚洲的关系上，则无疑是向本国的民族解放目标又靠近了一步。

二战结束以后，日本通过经济赔偿、合作援助、参加区域性组织等方式，实现了与东南亚国家政治关系的正常化。虽然日本在此间形成的"经济支配"地位，引发了东南亚国家的普遍担心，如一些人就批评日本人为"经济动物""黄皮肤的美国佬"，② 泰国甚至还出现了批判"日本黄祸重新抬头"的杂志特集。③ 1972 年泰国发生抵制日货运动、1974 年田中角荣首相访问东南亚期间各国爆发大规模反日游行等，都是这一状况的反映。但不可否认，整体上东南亚民众对日本的信赖感和友好感一直保持在较高水平。④ 再加上由于时代的发展以及国家层面上各种利益关系的变化，一些东南亚国家政府主导的历史叙述，更是将真实的历史刻意淡化，从而进一步造成普通民众所获知的历史痛感变得越来越弱。像近年竟还有马来西亚人声称，二战时期"日军没有杀害一个马来人"，对当年日本的战争行动表示认可。⑤

当然，首先要明确的是，在第二次世界大战中，虽然英美等国最终加入了对日作战行列，但对于众多亚洲弱国来说，其作为殖民者与压迫者的身份却未根本改变。像在中国抗日战争期间，英美的远东政策一直存在着"对日妥协"和"援华制日"两种倾向，日美战争爆发后，"援华制日"才逐渐成为其主流政策。但所谓的"援华制

---

① 金炅一:《东亚共同体与亚洲的认同：以大东亚共荣圈的事例为中心》，祁进玉、孙春日主编：《东北亚民族文化评论第 1 辑》，学苑出版社，2011，第 19-20 页。

② 张健:《战后日本的经济外交》，天津人民出版社，1998，第 25-26 页。

③ 宫崎道生:『世界史と日本の進運』，刀水書房，1981，第 224 页。

④ 像 2015 年就有调查显示，东南亚国家对日本的好感呈持续上升趋势。Japan Viewed Most Favorably by Publics in the Asia-Pacific Region, http://www.pewglobal.org/2015/09/02/how-asia-pacific-publics-see-each-other-and-their-national-leaders/asian-views-report-05/，访问日期：2018 年 7 月 8 日。

⑤ 井上和彦:『日本が戦ってくれて感謝しています——アジアが賞賛する日本とあの戦争』，産経新聞出版，2013，第 284-287 页。

日",根本原因也"并不是什么国际正义感,或某一领袖人物的对华亲善感,而是英美本身国家利益的要求。"① 而且,期望日本成为远东反共力量的美国,从"九一八事变"到太平洋战争爆发这十年里,美国一直源源不断地为日本大力输血,是日本最重要的外部经济来源。据日本工商省的统计,中国抗日战争全面爆发后,军需品贸易占美国对日贸易的比例还呈递增趋势,从 1937 年的 33.5% 到 1938 年和 1939 年的 34.3%,再到 1940 年的 38.7%。日本发动战争不可缺少的石油、钢铁、飞机、汽车等重要战略物资,绝大部分是从美国进口的。② 1941 年,宣称尊重各民族国家主权自由的《大西洋宪章》出台后,英国首相温斯顿·伦内德·斯客塞·丘吉尔（Winston Leonard Spencer Churchill,1874—1965）还试图把"印度、缅甸以及英帝国的其他部分"排斥在宪章的实施范围之外,称"我们所考虑到的,主要是现在在纳粹桎梏下的欧洲国家与民族如何恢复主权、自治以及国民的生活",③ 其无视殖民地国家权益、竭力维护英帝国海外统治的本意中也并无任何高尚之处。二战后,在越南的民族独立问题上,美国支持法国重新进行殖民统治之类的行为,也使日本人更加相信自己"大东亚战争"的"反殖民主义正义"。④ 历史发展的多面性和复杂性,无疑都给部分日本民族主义者增加了自我辩解的借口。

但事实表明,近代日本与西方列强是敌是友,都取决于日本的利益,反抗白种殖民侵略、解放有色人种之类的说法,从根本上就不能成立。1941 年 11 月,日本陆军在制定的《南方作战及占领地统治要纲》中,明确指出要"避免过早诱发原住民的独立运动,根据各地的差异形势,逐渐在我一贯之方针下进行统治指导",针对占领地的民众,要"首先努力增强其对皇军之信赖观念,进而贯彻东亚解放之真意,使之协助我作战计划,在确保资源、驱逐白人势力等方面加以利用。"⑤ 1942 年春,日本陆军省发言人就"大东亚共荣圈"问题表示,要让日本占领区的民众知道,"日本是他们的兄

---

① 王建朗:《试评太平洋战争爆发前的英美对日妥协倾向——关于"远东慕尼黑"的考察之二》,《抗日战争研究》1998 年第 1 期。
② 孟庆龙:《珍珠港事件的余声与美日关系》,《理论月刊》2015 年第 9 期。
③ 帕姆·杜德:《英国和英帝国危机》,苏仲彦等译,世界知识出版社,1954,第 79 页。
④ 三輪公忠:『日本・1945 年の視点』,東京大学出版社,1986,第 167-171 頁。
⑤ 防衛庁防衛研究所戦史部編著:『史料集 南方の軍政』,朝雲新聞社,1985,第 94-95 頁。

长，他们是日本的弟弟"，而对当地居民过多体恤，会让其在心理上产生一种滥用日本好意的倾向，以致会对日本的统治产生不良影响。①1943年5月31日日本御前会议决定的《大东亚政略指导大纲》中，在"当前不予公开"的条目里，已经写有"将马来、苏门答腊、爪哇、婆罗洲岛、苏拉威西岛作为帝国之领土，将其作为重要资源供给地全力开发，努力掌握民心"。②

例如，对于印度尼西亚，在进攻作战初期，日军通过电台，反复播放曾经被荷兰当局禁止的印尼民族歌曲《伟大的印度尼西亚》（后来成为印尼国歌），空投有利于日方的宣传册，甚至还准备了大量《伟大的印度尼西亚》唱片以及当地的民族旗帜"红与白"（后来成为印尼国旗），将自己包装成解放印度尼西亚人民的英雄。然而，当日军占领爪哇全岛后，就立即着手对当地民族运动进行打压和控制，不但接连发布了多项通告来禁止结社集会，剥夺当地民众的言论自由，后来还明文规定不能使用印尼民族旗帜，节假日时只允许悬挂日本国旗。③日军还组织开展所谓的"三亚运动"等活动，将爪哇民众动员起来为其服务，极力塑造和歌颂日本的"中心形象"与"领导精神"。④当1943年日方转入守势时，日军进一步将"大东亚战争"宣传为一种"圣战"，声称日本人的敌人同时也是印尼人的敌人，日本的破灭意味着印尼的破灭，将印尼民众牢牢捆绑在了自己的战车上。⑤

1943年10月，日本宣布解除对菲律宾的军事管制，菲律宾共和国成立。但当时的菲律宾外交部长直言，这件事情以及条约的签订，对双方来说都是欺骗，因为日本人从来不想给予菲律宾真正的独立，而菲律宾政府也想尽一切可能办法使条约无效。"所

---

① 鲁斯·本尼迪克特：《菊与刀》，吕万和等译，商务印书馆，1996，第38页。
② 外務省編纂：『日本外交年表竝主要文書』下巻，原書房，1978，第584頁。
③ 倉沢愛子：「東南アジアの民衆動員」，大江志乃夫等編：『近代日本と植民地 2 帝国統治の構造』，岩波書店，2005，第248頁。
④ 由于该运动口号的主题词为"亚洲之光日本"、"亚洲之守护者日本"、"亚洲之指导者日本"，每一句都以"亚洲"（Asia）开头，所以就又取其首字母"A"而称作"3A运动"。倉沢愛子：「東南アジアの民衆動員」，大江志乃夫等編：『近代日本と植民地 2 帝国統治の構造』，岩波書店，2005，第248-249頁。
⑤ ジョージ·S·カナヘレ：『日本軍政とインドネシアの独立』，後藤乾一等訳，維新報知社，1981，第123頁。

有这些事，对日本人、菲律宾人或美国人自己来说，都不是秘密。"①参加了1943年"大东亚会议"的缅甸傀儡政权领导人巴莫（Ba Maw，1893—1977），也在二战后揭露说，当时在每个参加会议的"同盟国"代表团背后，都有一个日本官员指导他们该怎么说和怎么做，整个议程都是由日本人事先安排好的，不允许有任何改动。②

新加坡前总理李光耀（1923—2015）回忆道，虽然日本人粉碎了英国人天生优越的神话，但是"没想到日本人以征服者的姿态对英国人称王称霸之后，却对同属的亚洲人显示他们比英国人更加残暴、蛮横、不义和凶狠。在日本占领的三年半里，每当我自己或是我的朋友当中有人被日本兵折磨、殴打或虐待时，我们都不禁深深叹息，恨不得英国人早日回来。新马人民对同是亚洲人的日本人感到失望，幻想破灭了。另一方面，日本人却耻于跟亚洲人认同。他们认为其他亚洲人都是劣等民族，只有较低层次的文化。相反地，日本人却是天照大神的子孙，也是天择的子民，跟蒙昧无知的华人、印度人和马来人完全不同。"③在高压统治下，缅甸人盼望"矮子先生"日本人离开的那天能早日到来，对日本感到失望的一名德钦党的成员说，"我们以前时常对你们说，英国人在吸你们的血。……现在，日本人在这里吸你们的骨髓。"④

更具讽刺意味的是，作为战争宣传，交战中的任何一方都会夸大和赞美自身，贬低和仇恨敌方，但在人种意识上，日本政府却处于十分微妙的境地。一方面，在东南亚地区继续大肆宣扬"反抗白人殖民压迫"这样的论调，无疑有利于日军的攻占与统治。但另一方面，在面对西方时，不当的人种意识宣传又有可能将日本置于与白种国家全面为敌的境地。避免把作战引向到"人种战争"的警戒心态，其实一直在日本领导层中存在。1943年11月，日本在"大东亚会议"炮制出的《大东亚共同宣言》提出，"英美以自国之繁荣而压制其他国家和民族，尤其对大东亚进行了贪得无厌之侵略榨取"，因此发动大东亚战争的目的之一就是要使"大东亚各国与万邦敦睦交谊，消

---

① F·C. 琼斯等：《1942—1946年的远东》上册，复旦大学外文系英语教研组译，上海译文出版社，1978，第72页。

② F·C. 琼斯等：《1942—1946年的远东》上册，复旦大学外文系英语教研组译，上海译文出版社，1978，第143页。

③ 李光耀：《风雨独立路——李光耀回忆录》，外文出版社，1998，第55页。

④ F·C. 琼斯等：《1942—1946年的远东》上册，复旦大学外文系英语教研组译，上海译文出版社，1978，第93页。

除人种差别，广泛进行文化交流，进而开放资源，以贡献于世界之发展。"①但实际上，即便对于这样的"表面文章"，当时日本上层对于是否写入"消除人种差别"一句还曾争论不休。资料显示，尽管陆军省方面要求写入，但其他各部门皆以"不涉及人种问题为上策"而主张删除，或退而改为"寻求人类相爱之义"等语句。②作为反对写入的理由，其中就提及："日本曾在巴黎和会上提出人种议案遭到英美反对，如将此语加入其中或将影响今后之妥协和平"，"不可将此战争转变为人种战争。一旦成为人种战争，战争将变得极为深刻，解决起来亦非常棘手。"③

在这一背景下，尽管日本军部多次指示新闻报刊，宣传上要"不断培养国民对英美的同仇敌忾精神，彻底消除国民对英美的依存心。"④但在具体的操作中，其始终保持谨慎，严格控制着舆论对"战争性质"的宣传。像 1943 年 1 月制定的《新闻等刊载限制事项》就明确提出，"不可将大东亚战争视作为人种战争。"⑤即便是在对外的舆论宣传中，日本也从战争伊始就强调，要"展开世界范围的思想战"，"为针对敌国进行谋略战，确保与轴心国齐心协力，必须排除暗示此次战争是民族战争、特别是有色人种与白色人种之间的战争的各类言行。"⑥1942 年 1 月 15 日，在政务军官集会时，侵华日军华北方面军要求各兵团，"应当明确认识，此次战争并非白色人种与有色人种之间的斗争，而是驱逐近百年来侵略东亚的美英势力以解放东亚的圣战。要粉碎敌方离间日德意轴心国的阴谋，对此应加注意。"⑦

英国史学家克里斯托弗·索恩（Christopher Thorne，1934—1992）认为，"太平洋战争的直接原因的确并非是人种性问题。但它的爆发，间接或直接地提高了许多卷入

---

① 外務省編纂：『日本外交年表竝主要文書』下卷，原書房，1978，第 594 頁。
② 河原宏：『昭和政治思想研究』，早稲田大学出版，1979，第 322 頁。
③ 信夫清三郎：『「太平洋戦争」と「もう一つの太平洋戦争」』，勁草書房，1989，第 294 頁。
④ 三枝重雄：『言論昭和史——弾圧と抵抗』，日本評論新社，1958，第 134-135 頁。
⑤ 赤沢史朗等編：『資料日本現代史 13』，大月書店，1990，第 159 頁。
⑥『日英米戦争ニ対スル情報宣伝方策大綱』，1941 年 12 月 8 日，内川芳美解説：『現代史資料 41 マス・メディア統制 2』，みすず書房，1977，第 368 頁。
⑦ 日本防卫厅战史室编：《华北治安战》下册，天津市政协编译组译，天津人民出版社，1982，第 76 页。

这场战争的人的人种自觉感。"① 然而，如果日本真在"有色人种解放论"下打败了英美等国，东南亚国家的命运又将如何呢？可以想象，人员被奴役、物资被掠夺、文化被压制，必然会像呻吟在日本铁蹄下的朝鲜及中国沦陷区一样，再次陷入新的殖民轮回。东南亚一些国家的民族主义者，把借日本之力推翻殖民统治的过程，看作是争取本国民族独立的必要条件，其错误根源就在于此。像印度鲍斯那样的民族独立向往者，我们在对其爱国热忱给予肯定的同时，也必须批判其"对与日本合作的有害影响以及布满阴霾的前景缺乏清醒认识，以为只要他坚持独立立场，对日本抱有警觉，就能得到所追求的一切，这是盲目的理想主义的自信。"②

学者竹内好（1908—1977）认为，近代日本的对外战争行为具有"二重结构性"，"大东亚战争既是对殖民地的侵略战争，同时亦是对帝国主义的战争。这两个方面事实上是一体化的，但在逻辑上必须加以区分。日本并没有试图侵略美国和英国。从荷兰夺回了殖民地，但并没有企图争夺荷兰本土。依靠帝国主义打倒帝国主义是不可能的，反过来说，帝国主义制裁帝国主义也同样是不可能的。"③ 然而，从本质上说，正如史学家井上清（1913—2001）所指出的那样，"日本一举占领了英、法、荷、美在东南亚的殖民地。日本的占领统治是一种比英、法、荷、美等殖民者更加残酷、只取不予的掠夺。……日本凭'大东亚战争'把亚洲各族人民从西方帝国主义手中解放出来的说法，完全违背事实。东南亚各族人民同旧殖民帝国一起打倒了日本帝国主义，后来也不允许旧殖民帝国卷土重来再当他们的主人，是他们自己解放了自己。"④ 家永三郎（1913—2002）也说，二战期间日本的军事行动暂时切断了欧美的统治、削弱了旧统治者的支配虽然是事实，但那只不过是"欧美帝国主义与日本帝国主义交替后的偶然结果"，日本并非解放了亚洲诸民族，而是"诸民族在抗日斗争这一实践过程中，开始了独立的努力。并非是日本的力量促使了亚洲诸民族的独立，而是亚洲诸民族通过抵抗日本的行动完成了独立。"⑤

---

① クリストファー・ソーン：『太平洋戦争における人種問題』，市川洋一訳，草思社，1991，第22頁。

② 林承节：《苏巴斯·钱德拉·鲍斯与日本》，《南亚研究》1996年第1期。

③ 竹内好著，孙歌编：《近代的超克》，李冬木、赵京华、孙歌译，生活·读书·新知三联书店，2005，第322页。

④ 井上清：《日本军国主义》第三册，马黎明译，商务印书馆，1985，第275-276页。

⑤ 家永三郎：『太平洋戦争』，岩波書店，1968，第208頁。

2. "原爆人种针对论"

1945年8月6日、9日，美国在广岛和长崎投下的两颗原子弹，大大加速了日本投降的进程。然而这一事件所带来的巨大影响，却并非限于军事行动本身。据美国拦截的一份日本外交电文显示，1945年9月13日，日本外务大臣重光葵，就已经开始试图利用"原爆"（原子弹爆炸）问题来进行外交宣传。他在发给日本驻瑞典、瑞士和葡萄牙使馆的电报中说，"日本领导人打算利用原子弹爆炸，来证明日本军队的投降不是因为战斗失利。原子弹爆炸抵消了日本对盟国战俘和平民犯下的无数暴行……由于美国最近一直在宣扬我们对战俘的虐待，我们应该尽一切努力，利用原子弹爆炸赢得宣传优势。"①

特别是在造成的伤害问题上，针对美国总统哈里·S 杜鲁门（Harry S. Truman, 1884—1972）所言"尽早结束战争、减少人员伤亡"的投放理由，日本更是一直存在着许多不满和质疑之声。②部分日本人就提出了"原爆人种针对论"，认为"原爆"是由于西方白色人种对亚洲有色人种的憎恨与偏见而造成的，明显具有人种歧视性，声称美国的"人种差别之屠刀挥向了我们"，日本人"于世界舞台上遭受到了人种差别的杀戮"。③

在世界范围内，对于"美国是否一定要使用原子弹"问题争论已久。④进而，虽然有日本学者也承认"原子弹是以德国为目标而研制，并且在阿登大反攻时就已经考虑

---

① 美国SRS档案1791号，1945年9月15日，转引自赫尔姆斯：《不义之财：日本财阀压榨盟军战俘实录》，季我努译，重庆出版社，2015，英文版序言第3-4页。

② 西岛有厚：『原爆はなぜ投下されたか』，青木書店，1976，第1-10页；竹田恒泰：『アメリカの戦争責任』，PHP研究所，2015，第19-23页。

③ 岡井敏：『原爆は日本人には使っていいな』，早稲田出版，2010，第1，5页。

④ 例如，传统主义者认为，"杜鲁门的行为主要是因为他想要尽快结束与日本之间的战争。"而修正主义者认为，"直至1945年夏，美国官员坚信日本已处于投降的边缘，原子弹是用来强迫苏联放松对从纳粹德国解放的领土的控制。"另一些中间派学者则主张，"投放原子弹首要的且最为重要的意图，是为了在同盟国原计划于1945年11月进攻日本本土之前削弱日本的军事实力。杜鲁门政府希望能够迫使日本投降以结束太平洋战争，但没有预料到会取得决定性的胜利。同样，影响斯大林的行为则是次要问题，但并不是促使美国领导人使用这一战略的关键因素。"道格拉斯·福特：《太平洋战争》，刘建波译，北京联合出版公司，2014，第262-263页；雷蒙德·戴维斯、丹·温：《进攻日本：日军暴行及美军投掷原子弹的真相》，臧英年译，广西师范大学出版社，2014。

对德国使用，因日本人是有色人种之故才被投放原子弹的说法难以成立"，但同时仍保留地表示，"由于日本人是有色人种，故而比起投放于欧洲，美国人在心理上抵抗情绪要小这一因素确实存在。"① 学者桥川文三也认为，原子弹的使用，是日美战争中人种憎恨的一个明例。② 在美国学者柯文（Paul A. Cohen，1934—）眼里，投放原子弹更是"第二次世界大战开始结束的标志，白种人对黄种人进行种族屠杀的一个极其恐怖的实例，或者核时代的开端。"③

上述研究者的不同观点、意见，将"原爆人种针对论"问题进一步复杂化。如前所述，以移民排斥为代表，美国对日本的人种偏见与歧视在当时的确存在，这种情绪在惨烈战争的刺激下，像杜鲁门的"以野兽为对手的时候，必须以野兽的方法对待野兽"的愤怒言辞所示，人种因素很可能在一定程度上间接地影响了美国指导层的判断。④ 再加上日本偷袭珍珠港等事件的发生，使得美国针对本国民众的一些战争动员中，的确常常刻意强调了人种属性的差异，"德国虽然也是敌人，但因为是白种人所以大体上是同一类型，美国人中德裔居民很多，因此其行为大体上可以预见。而日本人……会做什么，我们不清楚。日本人在本质上非常残虐，他们是介于猴子和人之间的一种动物。"⑤ 美国方面此类言论和态度，似乎更加佐证了人种意识与"原爆"之间的关联性。在此后发生的朝鲜战争、越南战争中，美军对当地人民的暴行，也明白无误地显示了美国人具有根深蒂固的人种偏见。⑥

对于美国投放原子弹的真正动机，也许争论还将持续下去，本书在此无意深入探讨。但事情的关键在于，当第二次世界大战从帝国主义掠夺战争转变为世界人民反法西斯战争之后，维护和平正义是比选择战争手段更为重要和先决的问题。毫无疑问，我们必须牢记"原爆"带给日本普通民众的惨痛伤害，今后应以减少、废除核武器为全人类的准则和目标。但与此同时，作为痛定思痛后的反省，如果无视战争本身的是

---

① 西岛有厚：『原爆はなぜ投下されたか』，青木書店，1976，第1-10，380-381頁。
② 橘川文三：『黄禍物語』，筑摩書房，1976，第144-145頁。
③ 柯文：《历史三调：作为事件、经历和神话的义和团》，杜继东译，江苏人民出版社，2000，第8页。
④ 荒井信一：『原爆投下への道』，東京大学出版会，1985，第7頁。
⑤ 橘川文三：『黄禍物語』，筑摩書房，1976，第196頁。
⑥ 橘川文三：『黄禍物語』，筑摩書房，1976，第232-235頁。

非因果，单纯地谴责战争的残酷性，强调自身的受害性，最终只能演变为对历史责任的开脱和狡辩。

1996年3月，长崎市的"原爆纪念馆"开馆，该市发表的长崎《和平宣言》表示，"不对侵略和加害的历史进行反省，全面禁止和销毁核武器的呼声就难以得到响应"。然而，随后举办的"加害展览"，却受到了日本社会多方面的非难和攻击，以致举办者不得不删除了"不利于"日本的照片和陈列，并将解说词作了多处修改或删减，如把有关日军的"侵略"措辞，改成"扩大势力范围""军事行动"等中性词语。①直到今天，在日本广岛、长崎的"原爆纪念馆"中虽然摆满了令人触目惊心的陈列品，但其中的文字说明和解说词，却在字里行间一味地提示世人，日本才是那场战争"最大的受害国"、广岛和长崎才是那场战争"最不幸的城市"，避而不言日本给其他国家造成的重大损害。②

此外，以"原爆"为话题、曾经风行一时的日本"原爆文学"，同样大量存在着以狭隘自我感受为表达主题的作品。对此，有中国学者就尖锐地指出，"片面突兀原爆问题的'受害情结'忽视二战时期的'侵略本质'，片面描写本土'受害立场'忽视战争中的'加害身份'，片面指责原爆的非人道性忽视侵略本身非正义性，凡此种种，无不是日本文化的暧昧性的产物。广岛6000米上空美国投下的原子弹，和重庆600米高空日本投下的炸弹，在本质上都是对人类尊严的践踏。"③

第二节 "日本人论"与不灭的"神族意识"

由于日本处于一个较为隔绝的海岛环境中，因而在人类学研究领域，人们对于"日本人源于何处"这一问题曾长期争论不已，相继出现了"人种交替说""双系统

---

① 李建军：《战争罪责岂能转嫁——驳日本右翼的"英美与日本同罪史观"》，《贵州大学学报》（社会科学版）2003年第6期。
② 前田哲男：《重庆大轰炸》，李泓、黄莺译，成都科技大学出版社，1990，第357页。
③ 李军：《文化视角下日本作家的"原爆"认知》，《东北师大学报》（哲学社会科学版）2011年第1期。

说""混血说""移形说""渡来说"等诸多观点。①如日本医学家清野谦次（1885—1955）提出的"混血说"认为，自绳文时代以来，居住在日本列岛的"原日本人"与来自亚洲的"渡来人"混血而形成了现代日本人和阿伊努人。东京大学人类学教授铃木尚（1912—2004）提出的"移形说"则认为，更新世时期中国华南的原始蒙古人种向东扩进到日本列岛地区，到大约1万年前，大陆与日本之间的陆桥消失，原住日本的绳文人在隔离的生态环境和文化因素影响下，体质发生了变化，经历弥生时代以后各时期，形成了现代日本人。另一考古学家金关丈夫（1897—1983），根据对西日本弥生人骨的研究，提出了"渡来说"，认为在绳文时代末期，从朝鲜半岛渡来了具有高面和高身长的人群，他们居住在本州西端和北九州地区，并与原住该地区的绳文人类型的人混血而形成了具有弥生人体质特征的人。②

新的研究表明，和世界上的其他人群一样，日本人也是由众多不同来源的种群在长期的混血、融合中形成的。简略来说，至少在3万年前的更新世晚期，日本就出现了人类，在距今约10000年到2300年以前，日本列岛生活着拥有低面、低眶、低身材和异他型牙齿类型，依靠狩猎、采集和捕鱼为生的新石器时代绳文人，他们可能是分布在中国南方、日本列岛和九州群岛等地区的旧石器时代人的后裔，在后来的演化过程中，又发展成为北部北海道阿伊努人和西南冲绳岛的琉球人。从大约2300年前的弥生时代开始，一批高面、圆眼眶、扁平鼻骨、高身材和中国型牙齿类型的人群，登陆日本的北九州地区和本州岛西部的大部分地区，与原住民共同混杂生活。这些人群从古坟时代（约3世纪末-7世纪初）末期升始，逐渐向本州岛东部扩散，进而演化为现代日本人。其后的600多年间，日本人群基本没有来自海外的重要基因。③

由上可知，在所谓的人种起源和发展上，日本人与世界上的其他族群相比，其实并没有什么本质的差异。但就如每个种群、民族都会给自我身份进行包装一样，以早期北畠亲房（1293—1354）的《神皇正统记》为代表，所谓"大日本乃神国"④之类

---

① 埴原和郎:『日本人の誕生——人類はるかなる旅』，吉川弘文館，1998，第105-112頁。

② 韩康信、松下孝幸:《山东临淄周——汉代人骨体质特征研究及与西日本弥生时代人骨比较概报》，《考古》1997年第4期。

③ 张雅军:《日本人群的种族起源和演化》，《世界历史》2008年第5期；冯玮:《日本通史》，上海社会科学出版社，2012，第1-7页。

④ 北畠親房:「神皇正統記」，内外書籍株式会社編:『群書類従』第二輯，経済雑誌社，1893，第1頁。

的思想，在日本一直连绵不绝。进入明治时期以后，日本人对自身国家和民族起源的"神化"，也成为推动其近代民族主义形成和发展的重要因素。像福泽谕吉就主张，日本人是"天照大神"的子孙，大和民族是由神选定的优秀种族。① 随着这种自大意识的膨胀，"神国教育"也成为日本战败前学校教育的一大主线。如1872年日本文部省出版的小学教科书《史略》，第一册在开篇介绍了"天御中主神""伊奘诺神""伊奘冉神""天照大神"等10位"神皇"之后，才开始叙述以第一代"神武天皇"为始的"人皇"。② 1943年出版的教科书《初等科修身》，第一课就讲"神国之始"，以日本岛屿诞生神话为开题，继而引出"天照大神"为"天皇陛下"先祖等内容。③ 二战后期，计划利用"人间鱼雷"④来扭转战局的海军少佐黑木博司（1921—1944），其所写的请愿书首句便是"大日本乃神国也"（图22）。可以说，这种宣扬日本是"神国"、日本人是"神族后裔"的理论，是日本对外侵略扩张思想形成的另一重要根源。⑤

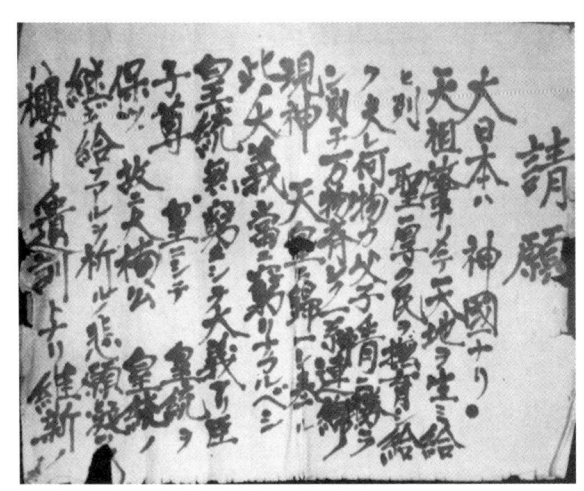

图22 黑木博司所写的请愿书（部分）

（资料来源：https://www.asahi-net.or.jp/~un3k-mn/kai-kuroki.htm，访问日期：2022年3月2日。）

---

① 福沢諭吉：「帝室論」，『福沢諭吉全集』第五卷，岩波書店，1959，第1-51頁。
② 文部省編：『史略』（一），文部省，1872，第1-3頁。
③ 文部省編：『初等科修身』一，文部省，1943，第1頁。
④ 日军士兵操作带有鱼雷或炸药的潜艇冲撞敌舰，实行自杀式攻击，与利用飞机进行"神风特攻"类似。
⑤ 参见入江曜子『日本が「神の国」だった時代』（岩波書店，2001年）。

从"文化民族主义"来看,宣扬所谓"日本特质"的"日本人论"(或"日本论")是其近代以来社会中一股经久不息的热潮。像在明治时期,影响比较大的作品有:《真善美日本人》和《伪恶丑日本人》(1891年)①、《国民之真精神》(1893年)②、《日本风景论》(1894年)③、《国民性十论》(1908年)④等等,这些作品大量出现并畅销,是日本人自我意识高扬的直接反映。此外,内村鉴三的《日本及日本人》(1894年)⑤、新渡户稻造的《武士道》(1900年)⑥、冈仓天心的《茶之书》(1906年)⑦等以英文写成的著作,通过多方面介绍日本文化的价值和特色,更在欧美世界引起了不少关注。

二战结束后,随着日本短期内从废墟中奇迹般地重新崛起,"日本人论"再度成为话题热点,据统计,仅在1946—1978间,相关书籍和论文达700多种。⑧不用多说,其中的主题,大多仍是从历史文化、风俗传统、情感心理等角度来强调日本人的特性或本质。像1980年代日本外务省出版的《今日日本》对外宣传册,就声称日本人是"特殊的单一人种的民族,在数百年中形成的社会结构、风俗和性格特点,使这个民族强烈感受到民族的共同性及目标的一致性"。一些日本人甚至还认为,"日本民族的生理特征决定了日本文化特性",由于日本人的大脑构造与欧美人不同,其自然观和感观构造也不同,因此日本文化具有独特性。⑨

然而正如有研究指出的那样,众多日本学者积极炮制的"日本人论",其实经过与其他国家的文化形态深入对比后,其所谓的"特殊性"和"独特性"都会漏洞百出,并不具有普遍意义和科学意义。一些"日本人论"的主张者,从个人经验及日常的逸

---

① 三宅雄二郎:『真善美日本人:(附録)偽醜悪日本人』,天佑社,1919。

② 铃木力:『国民の真精神』,博文堂,1893。

③ 志贺重昂:『日本風景論』,政教社,1894。

④ 芳贺矢一:『国民性十論』,富山房,1908。

⑤ 内村鑑三:Japan and the Japanese,民友社,1894。

⑥ Inazo Nitobe:Bushido:the soul of Japan(Philadelphia:The Leeds and Biddle Company,1900)。

⑦ Okakura Kakuzo:The Book of Tea(New York:Duffield& Company,1906)。

⑧ 杉本良夫、ロス・マオア:『日本人は「日本的」か——特殊論を超え多元的分析へ』,東洋経済新報社,1992,第13頁。对近代"日本人论"研究史的概述与评介,可参见築島謙三『「日本人論」の中の日本人——民族の核心を知る』(大日本図書,1984年)。

⑨ 黄大慧:《日本大国化趋势与中日关系》,社会科学文献出版社,2008,第56页。

闻中，只择取对己合适的事例，恣意利用例证构建出一种社会的和谐模式，无视社会内部的利害对立与冲突，使得"日本人论"常常作为符合统治层利益的保守性意识形态而发挥作用。二战以后，层出不穷的"日本人论"看上去似乎是非政治的、文化的、中立的，但实际上与论者所处的社会环境有很深的关联，这些言论间接地、无意识地、隐含地反映了日本社会各集团的利害关系。像日本企业中津津乐道的"日本文化论"，就巧妙地调和了管理者与被统治者之间的矛盾，抹杀了其中存在的利益对立，使得员工对企业乃至国家的忠诚与献身，都被归因为日本人"特殊"和"优秀"的民族性格。① 显而易见，通过与他者作出公开或隐性的类比，将日本人的成功部分归因于某种神秘性、卓越性的"日本人论"，事实上仍是另一种版本的"日本人种优秀论"。

第三节 人种意识与皇国主义的联系

英国历史学家·艾瑞克·霍布斯鲍姆（Eric Hobsbawm，1917—2012）指出，在很多情况下，社会中人们已经习以为常的"传统"，究竟形成于何时非常值得怀疑，"那些表面看来或者声称是古老的'传统'，其起源的时间往往是相当晚近的，而且有时是被发明出来的。"② 同样，众多研究也已经指出，近代日本国家中的天皇形象，实际上也是在明治维新后的"尊皇语境"中被重新塑造出来的，"万世一系的皇统""日本为神国"等古有观念，也只不过是经过改造和糅合而被赋予了新的意义，最终演化为近代天皇制建构的材料。③

众所周知，尽管日本的"尊皇思想"自古一直连绵不绝，但随着镰仓幕府以后武家势力不断掌权，日本皇室的影响力几乎衰微殆尽。在江户时期的幕藩体制下，"天皇实际上也只是一个山城国三万石的小领主，其影响仅限于京都。对于近畿圈以外的民

---

① 杉本良夫、ロス·マオア：『日本人は「日本的」か——特殊論を超え多元的分析へ』，東洋経済新報社，1992；吉野耕作：『文化ナショナリズムの社会学——現代日本のアイデンティティの行方』，名古屋大学出版会，1997，第214-217頁。
② E.霍布斯鲍姆、T.兰杰编：《传统的发明》，顾杭、庞冠群译，译林出版社，2008，第1页。
③ 安丸良夫：《近代天皇观的形成》，刘金才、徐滔等译，北京大学出版社，2010，第9-10页。

众来说，天皇与民间百姓所信仰的驱灾辟邪的牛头天王没什么两样。"①开国后，美国公使汤森哈里斯（Townsend Harris，1804—1878）在与幕府官员就《日美修好通商条约》进行谈判时曾记录道，"他们谈论天皇时几乎都是轻蔑的语气，而当我使用日本人对天皇表示尊敬的某些词句时，他们哈哈大笑起来。据他们说，天皇既没有钱又没有政治权力，在日本也不受尊重。天皇不过是个一文不值的人。""日本人谈论这位君主时近似轻蔑的态度，（和签约需要敕许）简直太不一致了。"②在明治政权的建立过程中，犹如倒幕派人员书信中的"报玉""夺玉"等暗语所示，作为"玉"的天皇，仍只不过是可以用来"以令诸侯"的道具。③明治政权建立后，天皇睦仁在前十年间巡游了271次，而一开始，日本民众甚至都不知道他们还拥有"天皇"。德国医生贝鲁兹1880年11月3日在日记中写道，"今天是天皇生日。这个国家的民众对其君主关心程度之低，实在令人感到可悲。只有通过警察的强制，每家每户才会挂起国旗。主动挂的仅是极少数。"④1890年3月，在东京上野公园召开了第3次国内劝业博览会，当天开幕式上数百名参展者像是看热闹一样乱作一团，见到天皇到来也不把帽子取下，直到主持仪礼的官员高喊了数次"脱帽、脱帽"之后，参展者才不情不愿地把帽子摘下。⑤

近代日本天皇权威的高涨，与不断进行的政治、教育强化等外加政策密切相关。明治政府成立后，天皇作为新政权的象征逐渐被绝对化、理想化，一跃晋升为全体国民尊崇的对象，而对"现人神"天皇的绝对忠诚，又成为明治宪政体制建立和巩固的道德基础。与此同时，新政府的当权者们也试图利用天皇的权威来行使权力，将自己的意志转变为天皇的旨意来实现正统化和权威化，这样的一种关系，构成了明治政府进行各项政策的重要"软体制基础"。⑥1889年日本颁布《大日本帝国宪法》，第一条

---

① 植村邦彦：『「近代」を支える思想——市民社会・世界史・ナショナリズム』，ナカニシヤ出版，2001，第208页，转引自田雪梅：《近代日本国民的铸造——从明治到大正》，商务印书馆，2016，第84页。
② 升味准之辅：『日本政治史』1，東京大学出版会，1988，第70页。
③ 安丸良夫、宫地正人：『宗教と国家』，岩波書店，1988，第491页；田中彰：『明治維新』，岩波書店，2000，第55-58页。
④ トク・ベルツ編：『ベルツの日記』上，菅沼竜太郎訳，岩波書店，1979，第114页。
⑤ 『朝野新聞』1890年3月27日。
⑥ 殷燕军：《近代日本政治体制》，社会科学文献出版社，2006，第91-92页。

规定"大日本帝国由万世一系之天皇统治",①从法理上将日本的政治体制从"君主象征性统治",转变为以近代化官僚机构为辅助工具的"君主直接统治",确认了天皇的政教权威及法律地位。翌年,作为学校教育根本的《教育敕语》颁布,称"朕惟我皇祖皇宗肇国宏远,树德深厚。我臣民克忠克孝,亿兆一心,世世济此美德,我国体之精华,教育之渊源亦在于此。"直接把以天皇为中心的"国体",作为了各项教育的思想意识基石。②进一步,天皇权力被塑造为"父权家长制"的形式,天皇的神圣性可以"惠及"到普通民众。福泽谕吉就在其《帝室论》一文中反复强调,日本的皇室具有至高无上的"神圣性",日本在帝室之前没有其他家族存在,日本所有的国民皆属"帝室之臣子"。③在这种"皇国史观"中,日本人被认为是天照大神的子孙,大和民族是由神选定的优秀民族,而天皇则是创造日本国土的神的后代,是统治日本的"现人神",更是日本所有家族的宗室。因此,以天皇为父、皇后为母的日本人,理所当然就是"神之子民",具有比其他人种、民族高贵的血统基础。即便有时日本人在体质、智力上逊色于白种人,但是"以天皇为中心之万世一系"的国体,"仍是我民族成为世界优胜者之最后力量"。④

这样一来,"皇国主义"与"神族意识"、进而与军国主义之间便产生出了紧密的关系。政治史学者木村时夫(1920—2009)认为,日本较为单一的民族成分,加上"岛国的地理环境""作为特殊存在的皇室""长期的封建支配"等,共同构成了近代日本民族主义的独特基础。⑤战后曾任日本警察厅警备局长、主管过右翼团体登记管理业务的天道是(生卒未详)更指出,"天皇制国粹主义""国家社会主义",以及宣称要改造以欧美白种人为中心的世界秩序、实现亚洲人(有色人种)解放与提携的"亚细亚主义"等理论,是近代日本右翼各流派常见的思想特征。⑥在二战战败之前,天皇一直是近代日本宗教、道德、政治权威的最大源泉,"天皇制度成为一个有力之统合力

---

① 「大日本帝国憲法」,衆議院事務局:『各国議院法規(日本ノ部)』,民友社,1924,第1頁。
② 「教育勅語」,国民思想善導会:『五大聖訓物語』,日本名著刊行会,1933,第18頁。
③ 福沢諭吉:「帝室論」,『福沢諭吉全集』第五巻,岩波書店,1959,第1-51頁。
④ 橋川文三:『黄禍物語』,筑摩書房,1976,第84-85頁。
⑤ 木村時夫:『日本ナショナリズム史論』,早稲田大学出版部,1973,第36-54頁。
⑥ 天道是:『右翼運動100年の軌跡——その抬頭・挫折・混迷』,立花書房,1992,第21頁。

量,影响力大得异常。它是国家、社会、个人等认同的共同起点。通过天皇制度的运作,个人因而可以联系到家庭、工作场所、邻里各个社群,最后形成一个想象出来的民族与帝国之有机体。"①

二战后,原有政治体制的崩溃以及社会形势的急剧变化,令日本国民一度陷入了一种虚脱状态,日本人对天皇的认知与感受,也因战争的失败而变化巨大。经过美军长达7年的占领和改造,众多日本人曾经信奉的皇国主义思想、神族思想大厦轰然倾塌。特别是所谓的皇国主义思想,随着1946年1月1日昭和天皇"人间宣言"的发表而揭开了最后一块面纱。在诏书中,昭和天皇否定了自己是超然在上的"现人神",称"朕与尔等国民之纽带,乃依靠互相信赖及敬爱而结成,并非因神话与传说而生出。亦非基于以天皇为现世神,称日本国民优越于其他民族,拥有支配世界命运之架空观念。"②但必须看到,作为重要精神存在的天皇,其在日本人心目中仍具有难以替代的位置。二战后不久,日本《读卖新闻》所开展的舆论调查显示,尽管日本国民中持"退位论"和"天皇制废止论"者合计达22.4%,但同意昭和天皇继续在位的仍占68.5%,同意天皇制继续存在者更多达90.3%。③直到进入"令和"时代,有调查结果也显示,支持"象征天皇制"的日本民众达74%,而支持废除天皇制的只有7%。④

此外,根据日本NHK舆论调查所的调查,对于"日本人与西洋人谁优谁劣?"这一提问,认为日本人"劣"的日本人数在1951年达到47%,认为日本人"优"的也在1953年一度跌至20%。但随着日本经济的高速增长,日本人的民族自信逐步恢复。在1983年进行的调查中,认为"出生在日本好""日本是一流国家""日本人具有比世界其他国家的国民更加优秀的素质"的人,分别为96%、57%、71%。⑤1989年1月,昭和天皇去世,围绕着如何评价过去及对将来的展望等问题,《读卖新闻》报社在日本全国范围内作了抽样调查,在"关于日本是否是优秀的国家"一项中,回答是"非常

---

① 安德鲁·戈登:《日本的起起落落:从德川幕府到现代》,李潮津译,广西师范大学出版社,2008,第83-84页。

② 『官報 号外 昭和二十一年一月一日 詔書』,大藏省印刷局,1946年1月1日。

③ 吉田裕:《日本人的战争观:历史与现实的纠葛》,刘建平译,新华出版社,2000,第47页。

④ 『象徵天皇制「支持」74% 自民支持層も8割超す』,『每日新聞』2019年5月2日。

⑤ 诸葛蔚东:《战后日本舆论、学界与中国》,中国社会科学出版社,2003,第252页。

优秀的国家"的人占30%，回答"如果要做出评价，应该是一个优秀的国家"的人占61%，也就是说，认为日本是"优秀的国家"的人占总数的91%。① 这些相关数据说明，近代以来日本人对本民族的认同和自信，与本国国力的发展变化几乎同步。

全面地看，经过二战后的民主化改造，以神话方式来解释日本相关历史已经不再可能，但由于天皇制度的存留，神圣的"皇国"仍是部分日本人的重要文化认同和心灵归属。一些极端民族主义者，像采取"武士道式"自杀行为的作家三岛由纪夫（1925—1970），就批评日本存在的"民族虚无现象"，主张应该建立天皇军事统治权体制，构建民族共同体和整体性文化体系，"日本人的自我只能从日本的文化中发现，而正统文化的唯一源泉在于天皇。"② 部分右翼分子，还试图改变对二战前日本历史的评价，极力主张要找回传统的、帝国时代的日本的价值，回到往昔那个纯粹的、光明的、优越的"日本认同"。而这个"日本认同"的核心，实际就是主张"日本人是以天皇为中心的、上天选定的、卓越的、半神的优越种族。"③ 日本前首相森喜朗（1937— ）甚至还曾声称，"日本是以天皇为中心的神国"。④ 尽管日本社会各界对此有不少批判，然而当时其作为在任首相竟能有如此发言，依然可见部分日本人对"神族""皇国"思想的执迷程度。

---

① 诸葛蔚东：《战后日本舆论、学界与中国》，中国社会科学出版社，2003，第70-75页。
② 约翰·内森：《无约束的日本》，周小进译，华东师范大学出版社，2005，第14页。
③ 加文·麦考马克：《附庸国：美国怀抱中的日本》，于占杰、许春山译，社会科学文献出版社，2008，第14-15页。
④ 部落解放同盟中央本部：『森喜朗首相の「神の国」発言にたいする抗議声明』，2000年5月22日，http：//www.bll.gr.jp/archive/siryo-syutyo2000/guide-seimei-2000522.html，访问日期：2022年8月7日。

第十二章

日本人种意识的存续与矛盾

第一节 "蝙蝠式"的人种意识

明治政权之前的德川幕府，其本质仍是由武人主导的武家政权，一旦面临外来威胁，原本为军功土地俸禄型的武士阶层，非常容易燃起对外军事扩张的冲动。丸山真男在论述日本的政治思想时就指出，进入江户时代后，尽管"天下太平"，但日本社会在某些方面，其实还是保持着一种"攻击或者防卫"的状态，而"开国"的外来压力，使得"战国时代的军事性思维模式得到了复活"。① 也正因为如此，幕末以后日本形成的追随强权白种、蔑视落后同种的务实主义外交，对"传统上习惯以'威武'为轴来考虑国际秩序的幕藩政权以及维新政府来说，似乎并没有什么不和谐的感觉。"②

1873年，日本派出的岩仓使节团在访问普鲁士时，拜会了有"铁血宰相"之称的奥托·冯·俾斯麦（Otto von Bismarck，1815—1898）。会见中俾斯麦的一番话，给日本使团留下了极为深刻的印象："方今世界各国，皆以亲睦礼仪相交往，然此皆为表面之名义，实则强弱相凌，大小相侮，……虽说公法乃保全列国权利之准则，然大国争利之时，若于己有利，则手执公法而行，若于己不利，则转而施以兵威，本无定例"。③ 这一"弱肉强食"的外交理念，对日本人此后的对外认识可谓影响深远。福泽谕吉曾直言，所谓的"和亲条约""万国公法"，都只是表面名称而已，"百卷万国公

---

① 丸山真男：「開国」，『丸山真男集』第八卷，岩波書店，1996，第55-56頁。
② 荒野泰典：『近世日本と東アジア』，東京大学出版会，1988，第22頁。
③ 久米邦武編：『特命全権大使米欧回覧実記』第3篇，博聞社，1878，第370-371頁。

法不如数门大炮，几册和亲条约不如一筐弹药。大炮弹药，并非是为保护已有之理，而是为制造未有之理。"① 冈仓天心所指出的"彼等西洋人，在日本专心于和平之文艺时，视之为野蛮国。而日本于满洲战场上大开杀戮之后，却又开始称之为文明国"②的悖论，更在实践中被验证为一种暗地存在的"真理"。

在近代西方列强的侵略蚕食下，东方的亚洲诸国都被强行地拉入了殖民主义体系。而对于日本在险境中生存、发展下来的历程，部分日本人就把幕末被迫开国，明治维新走上资本主义道路，以及对外发动甲午战争、日俄战争、占领中国东北等侵略扩张行为，从"历史的延长线"上看作是日本应对外界压力的必然举动，把历史实践的客观性与社会人群的主动性完全割裂开来，罗列出了一种宿命论式的假象。一些人就单线条地认为，在当时弱肉强食的时代环境里，日本除了努力成为西方帝国主义的追随者之外，别无其他能保持本国独立的路径。③

很显然，作为落后国家的近代化发展模式，全面学习西方其实是一个在东亚乃至世界其他地区或国家都曾具有的普遍性现象。我们所批判的是日本不该在先行一步成功之后，也将西方帝国主义的弱肉强食逻辑一并模仿并运用。日本社会心理学家南博（1914—2001）指出，与近代日本人国民性中"对西欧抱有日本式的受虐表现的自卑感相对，日本式的施虐的一个主轴是对亚洲各国的优越感和攻击性。"④ 竹内好也指出，"日本文化在结构上是一种优等生文化"，在"优等生情结"的逻辑推演下，代表着日本文化的"优秀选手"常常认为，指导"落后的人民"和"落后的东洋各国"都是其使命，"我们之所以优秀，是因为接受了欧洲文化，因此落后的人民当然会接受我们的文化施舍，也必须接受。"⑤ 福泽谕吉曾称，其早年在香港等地看到英国人蛮横压迫中国人等亚洲人时，认为"厌恶压制虽说乃人之本性，但人仅仅厌恶压制自己者，自己实行压制则可谓人世最高之快乐"。因此，他所希望的是，有朝一日日本国势大张，不但

---

① 福沢諭吉：「通俗国権論」，『福沢諭吉全集』第四卷，岩波書店，1959，第637頁。
② 岡倉天心：「茶の本」，色川大吉編：『日本の名著39 岡倉天心』，中央公論社，1993，第268頁。
③ 野村浩一：《近代日本的中国认识》，张学锋译，中央编译出版社，1999，第5页。
④ 南博：《日本人的心理 日本的自我》，刘延州译，社会科学文献出版社，2014，第230页。
⑤ 竹内好：《何为近代——以日本与中国为例》，孙歌编：《近代的超克》，李冬木、赵京华、孙歌译，生活·读书·新知三联书店，2005，第200-201页。

"能像英国人那样制御支那人等",还要"将英国人也如奴隶般压制,缚其手足"。①这种赤裸裸的陈述,清楚地昭示出近代部分日本人的霸权主义心态。

二战前的日本有两大特点,一是作为亚洲唯一的军事大国,在处理对外关系上总是以其最强有力的军事手段为后盾,用战争解决问题;二是作为后起的帝国主义国家,日本总是依靠与强国结盟,来实现自己的侵略扩张野心。虽然在近代历史中,日本的对外关系经历了多次脱胎换骨式的变化,而"导致它变化的根本因素无疑是日本与有关国家的力量对比以及日本自身的国家战略"。其中,贯穿于日本外交政策的指导思想并未发生实质性的变化,虽然未常见诸于文字或言论之中,但它始终体现在日本的外交实践中,这种指导思想便是"均势论"与"附强论"。②验之于具体事件,日本这种对外认识中"逐利而行"的虚无立场,集中表现为政治行动上的投机性。"九一八事变"以后,日本军部主导下的种种对外强硬行为,导致了日本与西方、亚洲其他国家之间的敌意越来越大,部分日本人开始尝试以单边主义和军事侵略来挑战既成的霸权格局。西方列强在"九一八事变"等问题上的退让与绥靖,也使得日本认为"进一步向邻近的中国大陆扩张势力并确立支配权还是存在可能的",美国等西方国家"名义上的反对和实质性的反对之间存在着差距"。而此后日本对国际形势的判断,"开始出现一种天真心态,而这种天真心态进一步驱使日本外交政策向冒险主义的方向发展。"③再例如,1933年日本因对"满洲事变"处理结果不满而退出国际联盟,这成为日本决裂于欧美,军国主义思想开始"暴走"的象征。但正如有学者指出的那样,当时以首相为首的政府领导人,以及以西园寺公望为首的内廷近臣等人,其实没有一个人希望并策划日本退出国际联盟。日本最终的退出行为,实际是"他们的机会主义或优柔寡断或消极性为'强硬论'者让路造成的结果。"④

丸山真男在分析日本思想史时指出,日本"缺乏思想的坐标轴",即没有"可

---

① 福沢諭吉:「压制も亦愉快なる哉」,『福沢諭吉全集』第八卷,岩波書店,1959,第65-66頁。

② 吴学文主编:《十字路口的日本》,时事出版社,1988,第179页。

③ 绪方贞子:《满洲事变:政策的形成过程》,李佩译,社会科学文献出版社,2015,第235页。

④ 绪方贞子:《满洲事变:政策的形成过程》,李佩译,社会科学文献出版社,2015,第228-229页。

以给各个时代的观念和思想赋予相互关联性，使所有的思想立场在与其相关的关系中——即使是通过否定而形成的关系中——力图定立自己的历史地位的那种核心性的、或相当于坐标轴的思想传统"。① 从国民性上分析，日本人不习惯恪守绝对的原则，往往能够根据所处的环境、状况，进行具体的、有针对性的思考和判断，并在此基础上做出相应的反应。虽然这些思考、判断和对应，表现出精确细致的特性，具有各自相应的合理性，但却明显缺乏整体连贯性，有时甚至自相矛盾，从而造成日本民族思维中经常反映出一种"反复无常""缺乏抽象思考"的特征。② 戴季陶曾评述日本，"岛国之民日受海潮之冲击，其人必狡而易迁。且日人赋数种民族之历史性，故人民之斗争性及融合性皆走极端。盖其历史上本无独立之价值，侵略而胜则肆其凶淫之野图，争斗而败则又曲尽其诏媚之态。日本之强也以此，日本永无大国民气度也亦以此。"③ 二战后期，美国政府组织人员讨论战后对日本的处理问题时，一名海军上校称，日本人是"国际强盗，在地球表面上存在就不安全"，确保和平的唯一方式就是将其毁灭殆尽。他坚持认为，这种激烈的措施是必要的，这"关系到哪个种族会生存下去，而且白人的文明正处于成败关头"。④ 还有美国人类学家甚至主张对日本人进行人种上的改造："战后处置日本之方法，应委任中国人在日本管理残余于本土的日本人民之任务，将中国人及其他亚洲人民一部分移殖于日本，并禁止纯日本人间结婚。"⑤ 这种所谓"斩草除根""换其根血"的方法，在今天看起来无疑有些不切实际，但也从另一个角度显示出当时人们对日本人"残暴险诈、不讲信义"的民族性格的担忧。

在古希腊著名的故事集《伊索寓言》中，有一只狡猾的蝙蝠，它会根据森林里动物各派别的强弱状况来变换自己的身份：在面对鸟类的时候，它会声称自己长着可以飞翔的翅膀，是如假包换的"鸟类"，而在遇到兽类的时候，它又会表示自己拥有老鼠般的身体，是货真价实的"兽类"。近代日本对外认识中的人种意识及其在政治层面

---

① 丸山真男：《日本的思想》，区建英、刘岳兵译，生活·读书·新知三联书店，2009，第3-4页。

② 牟成文：《近代日本民族思维中的发散性特征》，《世界民族》2000年第3期。

③ 戴季陶：《日本人之气质》，《天铎报》，1910年10月17-20日，唐文权、桑兵编：《戴季陶集》，华中师范大学出版社，1990，第113页。

④ 入江昭：《权力与文化 日美战争 1941—1945》，吴焉译，中信出版集团，2019，第100页。

⑤ 李毓田：《战后处置日本的根本问题》，《东方杂志》第39卷第6号1943年。

显露出的特性，就好比寓言里那只投机善变的蝙蝠一样，也会根据不同的情景和目的反复变化：在面对亚洲国家时，会自诩为"黄种人的代表"，在面对西方列强时，又转而标榜自己是有别于愚昧同类的"准白种"。真所谓"故日本苟为一国之利益，则何国皆可同盟。若拘于方位人种之说，非日本之所欲也。"①

第二节 复杂的"白人情结"

前文已经言明，从人种学说的发展史来看，白种人的"高等"身份，只是后来各类种族主义者不断刻意建构的结果。在白色的色彩认知上，东西方人群对其的喜爱，绝大部分都只是出于本能。例如，在东亚，赞赏女性皮肤美丽时，除中国有"一白遮百丑"之说外，日本和朝鲜（韩国）也都有谚语"色の白いは七難隠す"（白肤遮七丑）、"살결이 희면 열 허물 가린다"（白肤能遮十丑）。②西方人方面，像早期的英格兰人认为，白色皮肤这一生物性特征，是其自我属性的最佳具体展示，尤其"当它与红色互相补足和渲染的时候，白色是人们、特别是妇女美丽的代表物。"③也就是说，从东西方审美认知共性来看，所谓的"白色皮肤"，在很长时期内不过是部分人群所追求的美学标准之一。然而，近代西方人的强势，使得白色皮肤不再是个人的偏向喜好，而是成为关乎"文明发展"和"国家存亡"的一个重要色彩符号。像早期到访美国的日本人就认为，黑白人种之间的界线洞然，黑人只能从事奴仆或低贱之事，而白人却反客为主高高在上，尽管这一情景看似可悲，但皆因"贤愚有别"，"因人种差异而不能教化之故也"。④

此类"先进"与"落后"的巨大落差，通过人种概念中的身高、体格、容貌、肤色等无法更改的自然属性表现出来，成为近代众多日本人难以逾越的心理横梗。学者

---

① 浮田和民：《论日本对于东洋之主张》，《外交报》第 10 卷第 34 期 1910 年。

② 冯客：《近代中国之种族观念》，杨立华译，江苏人民出版社，1999，前言第 2 页，第 11—12 页；我妻洋、米山俊直：『偏見の構造』，日本放送出版協会，1988，第 17—50 页。

③ 高春常：《文化的断裂——美国黑人问题与南方重建》，中国社会科学出版社，2000，第 15 页。

④ 玉蟲左太夫：「航米日録」，国書刊行会編：『文明源流叢書』第三，国書刊行会，1914，第 104 页。

松田毅一（1921—1997）谈到自己读传教士弗洛伊斯所著《日本史》中非洲人为丰臣秀吉（1537—1598）献舞一节时说，"四百年后的我们想象此景也依然愉快，那时没有岛国根性，没有卑屈，甚至有些过度的开明和豪放，让人感到真不愧是大航海时代的日本。"①其实，这"大航海时代的日本"，代表着国力尚且强盛的日本，代表着可以和西方进行平等、甚至居高临下对话的日本。当国势强弱改变后，在西方强大的武力与文明压力下的日本人，心态上开始有了强烈的自卑意识。经过各类宣传的渲染以及对西方的亲身体验后，白种人逐渐成为日本人心中"先进"与"文明"的代表，"大到一国之经济，小到一家一户之处境，皆非我日本人可企及"。②

在这一状况下，为了能向西方更加贴近，除了主张"人种改良"以及"构为红白种黄白种之名，以冀附于其之列"③等行为之外，意在抬高自身的"日本人雅利安族说""日本人种西来说"也开始陆续登场。议员、历史学家田口卯吉，通过语言、容貌、骨骼等方面的比较，反对把日本人和中国人视作同一人种，认为日本人种作为伟大的"天孙人种"，实际起源于"雅利安族"。④前面提到的小谷部全一郎，从20世纪初就开始研究日本人种起源问题，极力主张日本人与犹太人同种，宣称"我大日本之基础民族乃是希伯来神族之正系"。他以部分日语词汇和地名的读音为依据，例如将日本天皇的称谓"みかど"（mikado），视为是日语美化语"み"（mi）和"かど"（kado）的组合，断定日本人的远祖就是以色列十二支族中已经消失的"迦得"族。⑤另一学者木村鹰太郎（1870—1931），也认为中国古代史籍中出现的日本古地名，与希腊语、拉丁语等都具有渊源关系，原址本在欧洲和北非地区，如古时的"带方郡"就是"凯尔特人国"，"狗邪韩国"在"意大利南部之东端"等等，其中的种种"奇思妙

---

① 松田毅一编：『探訪大航海時代の日本1 南蛮船の渡来』，小学館，1978，第30頁。
② 福沢諭吉：「文明論概略」，『福沢諭吉全集』第四卷，岩波書店，1959，第185頁。
③ 《论英日同盟》，《外交报》1902年第5期。
④ 田口卯吉：「日本人種論」，『楽天録』，経済雑誌社，1898，第137-147頁。对此，梁启超批评道："数年以来，日本学者，不复自侪与中国同民族也久矣。我固不屑攀日本以为荣，日本亦何必远我以为辱。近田口卯吉氏，倡日本为阿利安族之说，举国多和之者，群沾沾自喜焉。适以见其器量之小，而崇拜他族之奴性未去耳。"梁启超：《所谓大隈主义》，梁启超著，夏晓虹辑：《〈饮冰室合集〉集外文》上册，北京大学出版社，2005，第218页。
⑤ 橘川文三：『黄禍物語』，筑摩書房，1976，第52-54頁。

想",颇能使"世人惊倒"。①

可以说,这种由"白种优秀论"而衍生出来的"白人情结"(白人コンプレックス)②,几乎暗藏于近代以来日本社会的各个角落。画家三宅克己出游欧美看到西方人的"人体美"时,竟然禁不住迸发出"眩晕的感觉",他赞叹道:"这不只是针对妙龄少妇的感觉。天使一样可爱的孩子街头到处可见。老年人表情纯洁无瑕,充满线条与色彩美。年轻姑娘们几乎个个都是美人,……他们举手投足的线条美,头发的色彩美,眼睛的神情与魅力,让人想到再没有比日本人更粗糙、更无趣味的人种了。"③诗人小林爱雄(1881—1945)刚登上德国轮船时,立刻被西洋的"文明"所折服,认为自己是个"参观德国的土老帽"。虽然在虚荣心的驱使下,他也力图使自己表现得和同船的日本人不一样,"但可悲的是,肤色无论如何也无法改变。"④作家夏目漱石,在留学伦敦时写给妻子的信中称,"外出首先注意到的是,所遇之人皆身材高大、容貌秀丽。不由得自感惭愧。偶尔对面过来一个看似比平常身高要低的男人,擦肩而过之时,还特意与其比较了一下,结果发现仍要比我高出两寸左右。有时在商店看到一个奇怪面容的矮子,再一细看结果竟是自己镜中反射的身影。我不知对着自己丑陋的形象苦笑过多少次,有时还与镜中苦笑的自己对目厮守一番。每当那时,都会感慨'黄种人'这一名字真是取得好。"⑤

在近代以来日本的各类文学作品中,日本人的这种"白人情结"可谓展现得淋漓尽致。唯美派文学大师谷崎润一郎(1886—1965),在大正时期所写的小说《痴人之爱》中生动描写了当时日本人对白种人的崇拜感:作为男主人公的"让治",生活中

---

① 橋川文三:『黄禍物語』,筑摩書房,1976,第55-57頁。当然,日本人中不同意"日本人种西来说"观点的也大有人在,像大隈重信就表示,"有人称日本人乃雅利安种。雅利安种就如此高贵?我等则有怀疑。无论如何,我等之血液与雅利安种不同。或许我等血液中多少混有雅利安种之血液,但由此而说日本民族乃雅利安种,则是过于武断。"大隈重信:「東亜の平和を論ず」,早稲田大学編輯部編:『大隈伯演説集』,早稲田大学出版部,1907,第111頁。

② "コンプレックス"来自英语"complex",在日语中通常表示一种自认劣等、崇拜对方的心理意识。

③ 三宅克己:「思い出づるまま」,『日本人の自伝』19,平凡社,1982,第136頁。

④ 小林爱雄:《中国印象记》,李炜译,中华书局,2007,第20-22页。

⑤ 夏目漱石:「倫敦消息」,漱石全集刊行会:『漱石全集』第15卷,漱石全集刊行会,1919,第30頁。

处处以模仿西洋为时髦,以能接近白种女人为喜悦。甚至由于自知"想娶个高头大马的西洋人作老婆,真有些不知天高地厚",他竟全力将一个日本女孩培养成梦想中的西洋女人形象,借以满足自己拥有白种女人的愿望。某次跳舞时,他还有幸同真正的西洋女人握手,当对方"玉手"伸来的时候,他甚至紧张地不知道该不该去握。在他眼里,"西洋女人最大不同便是肤色异常之白,白皮肤下微微可见到青色血管,使人想起大理石的花纹,有一种朦胧透明的冷艳之色。"就连对方身上刺鼻的狐臭,他都觉得是一种令人陶醉的甘美"香气","令其联想到大洋彼岸我曾目睹的国度以及世界上少有的美妙的异国花园。"① 谷崎润一郎认为,虽然自古以来日本人也觉得白皙皮肤比黑色可贵,但白种人的白皙与日本人所谓的白皙总有些不同。有些日本人比西方人还要白,也有西方人比日本人还要黑,不过这种白与黑却不可以一概而论。日本妇人皮肤白净,但白中总含有微微的阴翳,不管如何涂脂抹粉也难以掩盖缺陷,好似清洌水底里有沉淀污物,从高处俯视则尽收眼底。有些西方人虽然表面上似乎污浊,皮肤却从头到指尖都十分清莹白净。西洋人的集会,有色人种只要涉足其间,就会像"在白纸上渗进了一滴淡墨一样,连我们也觉得大为碍眼,很不舒服。这样我也就可以理解过去白色人种为什么排斥有色人种的心理状态了。"②

另一作家远藤周作(1923—1996)二战后所写的小说《至亚丁》,据说是其早年留学法国时的真实心灵记录。故事中的"我"与一个白人女孩相恋,但对自己的"黄种"身份却是异常自卑。某个夜晚与女友在一起时,主人公内心深处"白色与黄色的斗争"更是十分剧烈。"在房间灯光的照射之下,女孩的肩部与胸部散发出耀眼的光芒,在她的身旁我的肉体显得毫无生气,颜色暗黄阴沉无比。……我想用手把脸和身体遮盖起来,那时我非常自卑地关闭了房间里的灯,想让自己的肉体消失在黑暗中……。"对于小说的主人公而言,黄皮肤的自己,甚至并不比常受人欺凌的黑人好多少,"黑色是丑陋的。但黄浊的颜色更加可怜。……我不知道因为何故白人的肌肤成为了美的标准,……但无可怀疑的是,不管多么委屈不平,在肉体方面,我们和黑人在

---

① 谷崎润一郎:《痴人之爱》,郭来舜等译,陕西人民出版社,1988,第63-64页。
② 谷崎润一郎:《阴翳礼赞——日本和西洋文化随笔》,丘仕俊译,生活·读书·新知三联书店,1996,第32-33页。

白人面前所感受到的悲惨和劣等，将会永远存在。"①

此外，被三岛由纪夫盛赞为"战后最大奇书"的《家畜人鸦俘》，是神秘作家沼正三（生卒未详）花费37年时间完成的百万字巨作。该书以两千年后的未来世界为背景，描绘了一幅人种等级有差异的景象。在人种分级制度下，白人女性是至高无上的神，黑人为奴隶，而日本人作为仅剩的黄色人种，则是地位非常卑下的"家畜"。更令人惊悚的是，黄种日本人竟心甘情愿地在白种人的饲养和药物改造下，被白种人当作各种食用的材料或排泄的用具。②

当然，对于上述作家在文学作品中描写出来的"白人情结"，不能简单地理解为他们仅仅是在抱怨自己身体和外形上的"劣等"，对于"黄种人"身份的苦恼，本质上其实更多来自于面对西方文明时的自我失落。各篇作品叙述的主题，也并未完全局限在黄白人种差异问题上，如《至亚丁》中的白种意识在某种程度上影射着西方基督文明，《痴人之爱》和《家畜人鸦俘》则是故意以颠覆传统的极端受虐快感作为创作追求。但不可否认的是，上述各个作品中以白色人种作为人种分类等级顶端的意识始终存在。有学者就指出，《痴人之爱》男主人公"让治"的言行和思想，是当时谷崎润一郎自身抱有的"白人幻想"的一种侧面展示，而这种思想状态，也是"大正至昭和初期，乃至战后到现代很多日本人所共有的西洋崇拜的明确表现"。③ 此外，远藤周作在《至亚丁》中描写的同船舱的"患病黑人妇女"，也可以看作是"为强调主人公对包含自己在内的有色人种的劣等感，而专门设定的心理背景"。④ 沼正三也相信，日本人在体格上的确比西洋人低劣，"日本人像猿猴一样丑，而西洋人肤色白、曲线美、聪明伶

---

① 遠藤周作：「アデンまで」，『遠藤周作文学全集』6，新潮社，2000，第12-13頁。
② 沼正三：『家畜人ヤプー』，角川書店，1972。
③ 鶴田欣也：「近代日本文学の西洋人像」，平川祐弘、鶴田欣也編著：『内なる壁——外国人の日本人像・日本人の外国人像』，阪急コミュニケーションズ，1990，第441頁。
④ 鶴田欣也：「近代日本文学の西洋人像」，平川祐弘、鶴田欣也編著：『内なる壁——外国人の日本人像・日本人の外国人像』，阪急コミュニケーションズ，1990，第442頁。

俐""日本人原本就不能胜过西洋"。① 诸如此类，在西方人种话语的影响下，近代日本人的"白种情结"，并不仅是文学家们所特有的"偏执"或"幻想"，而是来源于一种真实的时代烙印和社会经历。像太平洋战争期间，在臭名昭著的"慰安妇"制度下，除了亚洲各国女性之外，日军还强迫东南亚占领区的美国、英国、荷兰、俄罗斯等国家的白种女性充当"慰安妇"。这些"慰安妇"在军中被视为"上品"，日本兵每次"光顾"时所需的费用甚至也要更高。②

美国作为西方的代表，其在日本人心中的形象，更是集中折射着近代日本"白人情结"的变化。明治维新时期自不待言，即便是在日美对抗日益明显之后，日本对美国的崇尚依然随处可见。大正时期，在铺天盖地的美国文化下，不少日本人甚至相信，"文化越发达的人种，越是重视牙齿的整洁"，而牙科医学最为发达的美国，就是世界第一的文明国。在日本不少城市，都有美国专门训练出来的牙科医生，而且生意相当兴隆；凡是注意礼节外表的人，无论男女都会买来进口的美国牙膏，每天早晚专心致志地刷一番牙。由此，日本人牙齿的洁白度与日俱增，"已经接近美国人而正成为文明人"。③ 对美宣战后，虽然一些日本人整天嘴里鼓吹着"鬼畜英美"，但真实状况却未必如此。德富苏峰就感叹，日本已经被深度"美国化"，战争时期日本人不管如何高唱"鬼畜英美"的论调，都只不过是"盎格鲁撒克逊中毒的第三期症状"表现。由于百年来日本人受西方的毒害颇深，所以至今日本人"虽然口中宣扬要打击排斥盎格鲁撒克逊人种，但实际上一直暗自对盎格鲁撒克逊人种无比信奉。"④

战败投降后，在强大的美国武力和文明面前，仿佛明治维新初期一样，日本社会

---

① 鶴田欣也：「近代日本文学の西洋人像」，平川祐弘、鶴田欣也編著：『内なる壁——外国人の日本人像・日本人の外国人像』，阪急コミュニケーションズ，1990，第448頁。不管正确与否，这种身体素质上的差异，一直是近代日本人与西方人比较优劣时的一大依据。例如日本战败投降后，联合国占领军总司令麦克阿瑟（Douglas MacArthur, 1880—1964）接见昭和天皇裕仁的照片，一度引发了当时日本社会的巨大震动。一些日本人看到纤弱瘦小的裕仁与体格魁梧的麦克阿瑟的合影后，认为在如此巨大的体形差异面前，日本战败乃是意料之中的事情。

② 如中国人2元，朝鲜人3.5元，日本人5.5元，西班牙人11元，美国人13元。苏智良：《日军"慰安妇"研究》，团结出版社，2015，第282页。

③ 谷崎润一郎：《阴翳礼赞——日本和西洋文化随笔》，丘代俊译，生活·读书·新知三联书店，1996，第49页。

④ 清沢洌：『暗黒日記』2，ちくま学芸文庫，2002，第343頁。

中"西化论"开始再度出现。作家久米正雄（1891—1952），发表《日本美州论》一文，主张让日本变为美国的一个州。①首相吉田茂也在回忆录中表示，日本与英美开战乃是一时的"失常"，大部分国民"内心感情绝对亲英美"，在今后的外交方针上，要"以同英美两国的亲善为中心"。尽管在"地理"和"人种"方面，亚洲人对日本人比对欧美人更有亲近感，但相对于亚洲的落后状态，日本仍是"属于西欧一类的国家"。②随着此后在经济上取得巨大成功，日本人的心态仿佛又回到了百年前，评论家长谷川庆太郎（1927—2019）在《别了！亚洲》一书中表示，"日本是位于亚洲大陆东端的岛国。日本人是亚裔黄种人。对于日本人来说，不论从哪方面讲，亚洲都是一个关系很近的地区。"不过，虽然日本过去从中国等亚洲国家那里受益良多，"但这已成为历史。因为日本和日本人在战后四十年里发生了翻天覆地的变化。而亚洲在这四十年里却一无改变。最终，日本和日本人决定性地离开了亚洲。"他表示，"离开亚洲"并不是日本有意要蔑视亚洲，而是日本战后经济腾飞的必然结果。亚洲其他多数国家发展的落后与停滞，造成这种差距越来越大，日本简直成为了"耸立在巨大垃圾堆里的一栋超高层建筑"。③

自冷战开始后，美国和日本"结成"了紧密的政治、军事同盟，在这一背景下，日本的外交方针基本上都是以追随美国为主。日本著名外交家、评论家冈崎久彦（1930—2014）就一直认为，与"盎格鲁撒克逊人"保持协调才是日本的发展之道。④日本的外交当局者们相信，"与美国结盟是日本为了自身利益采取的唯一选择。"⑤日本

---

① 久米正雄：「日本米州論」，『世界春秋』1950 年 2 月号。

② 吉田茂：《十年回忆》第一卷，韩润棠等译，世界知识出版社，1963，第 6-14 页。此外，像学者梅棹忠夫（1920—2010）提出的"文明的生态史观"，可谓是对此种言论的理论补充。他按照自然生态环境将欧亚大陆划分为两大区域，第一区域包括日本和西欧，是实现了现代文明的高度发达地区，第二区域包括中国、印度等地，是在古代辉煌却在近代衰落的地区。梅棹忠夫：「文明の生態史觀」，『梅棹忠夫著作集』第 5 卷，中央公論社，1989。

③ 長谷川慶太郎：『さよならアジア——日本の組める相手は韓国だけか』，ネスコ，1986，第 15-24 頁。

④ 岡崎久彦：『情勢判断の鉄則：21 世紀の世界と日本の選択』，PHP 研究所，1999，第 1-10 頁。

⑤ 近藤诚一：《日美舆论战——一个日本外交官的驻美手记》，刘莉生译，新华出版社，2007，序言第 1 页。

内阁进行的舆论调查显示，在普通民众中，对美抱有亲近感的日本人比例，常年处于80%以上的高值。①如同生活模式极度西洋化、语言中英语外来词泛滥成灾所表现的那样，在根深蒂固的"脱亚入欧"心态中，日本人的"白色情结"始终普遍存在。

第三节 难以"超克"的人种意识

日本作为亚洲最早实现近代化的国家，其自我认识一直随着自身国际地位的变化而波动，所谓"近代的超克"理论便是其对外思想的一种体现。1920年代以后，日本国力的强大以及对外侵略扩张的升级，使得英美主导的西方对其抑制逐步加紧，而日本的不满与抗拒，又进一步导致其在国际社会中日益陷入孤立。对西方感到失望的日本人，开始通过不同视角为日本的发展找寻理论解释。所谓的"超克论"者们就认为，虽然明治以后的日本已经实现了现代化，但因过分吸收西方的文化制度，日本沾染了由此而生的"毒素"，为了挽救被"毒素"全面入侵的危局，就必须将西方的影响从日本的思想世界驱除干净。像超国家主义者北一辉（1883—1937）就提出，西方列强绝不是日本应该追崇的先进国家，"崇拜欧美，侮蔑自身所在之东方而不觉为耻之日本人"，只能沦为欧美的奴隶，日本是靠着自己的"兴国精神"，完成了明治维新，进而一跃成为东方的代表。②

日本对美开战的举动，被赋予了清除西方"毒素"的伟大意义。以日本知识界为例，文学评论家奥野健男（1926—1997），描述自己在战争爆发后的感受说："战争在逼近身边，有一种身子被捆得紧紧的感觉。同时，到底打起来了，给傲慢的美英老大国、白人们打了一拳，也有好像是松了一口气似的感觉。随着战争初期辉煌战果的捷报频传，紧张感变成了解放感，恐怖感变成了优越感，更进一步转变为喜悦和骄傲。作为有色人种的后进国民，对白人先进国的自卑感，一下子就解放出来。担心陷

---

① 日本内阁府大臣官房政府广报室：『外交に関する世論調査』，https://survey.gov-online.go.jp/index-gai.html，访问日期：2022年10月1日。

② 野村浩一：《近代日本的中国认识》，张学锋译，中央编译出版社，1999，第37页。

于泥沼的中国战争的后果和暗淡心情,和美、英开战之后,也雾消云散。"①作家太宰治(1909—1948),在开战后不久就写成的小说《十二月八日》中,依托一名日本家庭主妇听到开战消息时的心情,侧面表达了自己当时的真实心态。"在厨房一边收拾一边想,敌人怪异的眼珠子、头发,似乎从来没有像今天这样激发我的敌忾心。真想狠狠地揍他们一顿。这与和支那打仗时的心情完全不一样。只要一想到那野兽般的蠢笨美国兵,会畏畏缩缩地踏上如此美丽的日本国土,我就接受不了。他们这些家伙,即便踏上我神圣国土一步,脚也会烂掉吧。他们根本就没有资格。英勇的日本士兵,把他们狠狠收拾干净吧。今后我们家虽然会变得缺衣少穿、十分困窘,但是不用担心,我们没事。什么厌烦之类的想法一点也没有,更不会因为遇到在这样的时局而怨恨。反而,有种活在这样的时代很有价值的感觉。啊,真是不枉此生。啊,真想和人聊聊战争的话题,真想喊他一句'干起来了啊!''终于开始了啊!'"。②另一作家高村光太郎,得知对美开战的消息后兴奋地写道:"记住吧,十二月八日。这一天世界历史将被改写。盎格鲁·撒克逊的主权,在这一天被清除于东亚的陆地和海洋。将他们清除出去的,是他们口中的小日本,渺然于东海之上的小国,神国日本。"③

可以说,在这场战争爆发前后的很长一段时间,即便是许多有理性的日本人,似乎也都在那一刻迷失了自己。对比竹内好在日美开战之后发表的《大东亚战争与吾等的决意》一文,我们可以看到日本人的这种心境绝非虚情。竹内好称,卢沟桥事变爆发后,他和其他作家们曾无法摆脱因日本以强凌弱而产生的郁闷心情,但"大东亚战争"的爆发,宣告了"我们日本不是惧怕强者的懦夫!""我们的疑惑云消雾散","在东亚建立新秩序、民族解放的真正意义,在今天已经转换成为我们刻骨铭心的决意。""今日的我们基于对东亚解放战争的决意,重新否定了曾经自我否定了的自己。我们在双重否定之后把自己置于正确的位置之上。我们恢复了自信。为了把东亚解放

---

① 色川大吉:《昭和五十年史话》,天津政协翻译组译,黑龙江人民出版社,1982,第75-76页。

② 太宰治:『十二月八日』,青空文库http://www.aozora.gr.jp/cards/000035/files/253_20056.html,访问日期:2021年8月8日。

③ 高村光太郎:「十二月八日」,『詩集 大いなる日に』,道統社,1942,第130-131頁。

到那个新秩序的世界之中去,从今以后,我们在自己的岗位上恪尽自己的微薄之力。"①作家谷崎润一郎,在整个日本侵华战争期间,对战争都是一种积极而又活跃的"协力"态度。②像日军攻占新加坡后,谷崎润一郎写了《新加坡陷落之际》一文表示祝贺,"盎格鲁撒克逊势力在香港、菲律宾、马来被驱逐出去,皇军所到之处无不光明正大,没有发生欧洲侵略史上的那种残暴事件,真不愧为真正的圣战……我国能解放大东亚绝不是偶然的,这并不是50年,而是悠久的历史所决定的日本的进程,南洋是我们民族学的故乡,是我们经常感受到的史前先祖之地,法占印度支那、泰国、菲律宾、马来、缅甸、荷占印度支那的居民,是盼望我们到来的骨肉同胞。"③岩波书店创始人岩波茂雄(1881—1946),作为一名反对侵华的进步出版家被中国人所熟知,他甚至曾因拒绝为日本军队"献金"而被军方憎恨。然而日美开战后,他也表示"本人也完全赞成打倒英美",拥护支持政府对美开战。④至于日本大学里那些对战争概念尚且懵懂的学生们,更是以同样的心态被卷入其中。在他们看来,战争的对手已经不再是中国,而是在亚洲拥有大片殖民地的白人帝国主义者,"从明治维新以来,在潜在意识中一直隐藏至今的事情,将从我们这一代予以实现","这是一场以民族的存亡为赌注的战争"。⑤

毫无疑问,近代西方带给东方的东西,并非都是颠扑不破的真理,那种按照"人种贵贱"而炮制出的弱肉强食式的生存进化理论,本身就是地道的强盗思维。然而不难看出,对西方产生的抵抗情绪的日本人,之所以给"大东亚战争"也赋予所谓人种意识上的"超克意义",根本原因仍是在于其自身国家利益的受损。从这一层面说,这种"超克"语境中的"伟大内涵",其实与当年日本人遭遇"巴黎和会人种议案被否决""美国颁布排日法案"等事件后所作出的反应没有什么本质的区别。

二战结束以来,虽然德国纳粹种族灭绝政策、南非种族隔离制度等种族主义学说

---

① 竹内好:《大东亚战争与吾等的决意》,孙歌编:《近代的超克》,李冬木、赵京华、孙歌译,生活·读书·新知三联书店,2005,第165-168页。
② 王向远:《"笔部队"和侵华战争:对日本侵华文学的研究与批判》,昆仑出版社,2005,第269页。
③ 寺岛实郎:《呼吸历史——对亚太区域的人文思考》,徐静波、沈中琦译,复旦大学出版社,2004,第186-187页。
④ 松本健一:『竹内好「日本のアジア主義」精読』,岩波書店,2000,第64-65頁。
⑤ 色川大吉:《昭和五十年史话》,天津政协翻译组译,黑龙江人民出版社,1982,第76页。

相继被扫入历史尘埃，但是，在"经典种族主义"慢慢退出人们视线的同时，"温和种族主义"却在逐渐出现，甚至成为比前者更为严重的社会问题。近些年来随着世界交往的全球化发展，如德国的新纳粹主义、澳大利亚"新白澳主义"的"汉森主义"、法国的"勒庞现象"等等，这些以敌视移民为主要内容的新种族主义在西方国家悄悄滋生蔓延。① 还有学者指出，虽然恶性的打砸、烧杀等街头种族主义也有发生，但相对更令人担心的，却是不甚暴力的、具有累积性与结构性效应的"日常种族主义"。"诸多或隐秘的或公然的种族主义事件，构成了日常种族主义体系。它们是由白人精英，即政界要人、教授、编辑、法官、官员、文员、经理等，实施、控制或庇护的。这些种族隔离、排斥、攻击、矮化或边缘化的现代形态，白人纵然不是积极参与，那也会通过他们对族群或种族不平等的顺从、默许、忽视及漠不关心，参与到种族主义问题之中。"②

这一现象体现在日本与西方的关系上，就是表现为在经济、政治、军事等物质层面的因素之外，人种意识所催化和衍生出的文化、心理等软性因素，也在彼此之间发生着作用和影响。像二战后，日美一方面迅速形成了紧密的同盟关系，但另一方面，两国间人种意识差异所带来的矛盾与摩擦仍是难以完全消除。从废墟中重新崛起的日本，短时间内变身为仅次于美国的经济大国，到20世纪80年代后期，日本在美国购买土地、兴建宾馆等大量投资举动，又开始让美国人感到了新的"黄祸"威胁，有人甚至开始惊呼这是"第二次珍珠港事件"。③ 美国媒体大造舆论，宣扬"日本威胁论"，要求"敲打日本"（Bashing Japan）的呼声一浪高过一浪，一些诸如日俄战后那样宣称美日战争即将到来的鼓动性报刊、书籍又开始广泛流行。④（图23）20世纪90年代中期

---

① 皮埃尔-安德烈·塔吉耶夫：《种族主义源流》，高凌瀚译，生活·读书·新知三联书店，2005，第17-25页；范·戴克：《精英话语与种族歧视》，齐月娜、陈强译，中国人民大学出版社，2011，第4-12页。

② 范·戴克：《精英话语与种族歧视》，齐月娜、陈强译，中国人民大学出版社，2011，第4-5页。

③ 邓蜀生：《世代悲欢"美国梦"——美国的移民历程及种族矛盾（1607—2000）》，中国社会科学出版社，2001，第313页。

④ George Friedman & Meredith Lebard, *The Coming War With Japan* (New York: St.Martin's Press, 1991). 在1982年，美国底特律汽车厂两名白人工人，因怨恨日本汽车工业的侵入导致他们失业，将一名华裔青年误当成日本人而殴打致死，这一事件成为美国反日情绪达到顶点的标志。

以后,虽然两国间的经济摩擦逐渐减小,但其中的人种意识芥蒂却依然明显存在。有观点就指出,有三大要素一直影响着美国人心中的日本形象:一是日美之间的经济摩擦,二是挥之不去的战争记忆;三是文化上的"非我族类",也就是两国不同的文化差异。①

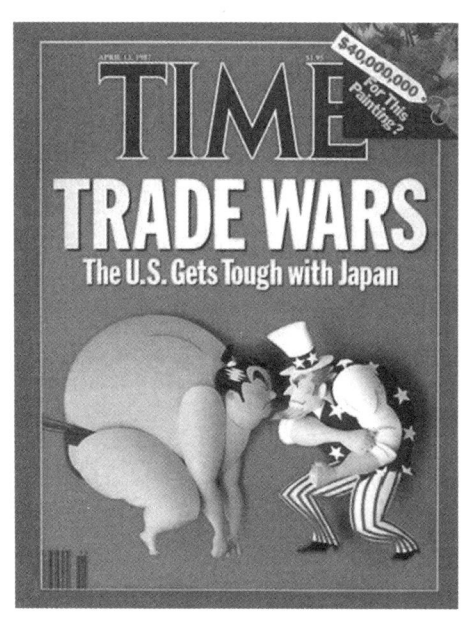

图23 《时代周刊》封面,喻示"黄肤日本"对抗"白肤美国"。②

美国著名政治学家塞缪尔·亨廷顿(Samuel P.Huntington,1927—2008),在其极富争议的《文明的冲突与世界秩序的重建》中认为,今后世界冲突的基本根源不再是意识形态,而是文化方面的差异,"西方文明""中华文明""日本文明""伊斯兰文明""拉美文明"等几大主体文明最终会发生对抗,"文明的冲突"将不可避免。③然而正如社会学家李慎之(1923—2003)所尖锐指出的那样,亨廷顿的论述范式虽然貌似"文明、宗教、种族"三位一体,但其核心本意仍在"种族"这一话题上。而且包括亨

---

① 近藤诚一:《日美舆论战——一个日本外交官的驻美手记》,刘莉生译,新华出版社,2007,序言第1页。

② TIME,1987.4.13.

③ 塞缪尔·亨廷顿:《文明的冲突与世界秩序的重建》,周琪等译,新华出版社,2010,第161-267页。

廷顿在内的一大批美国"新悲观主义者",其实都对当前世界种族界限和种族差异所带来的影响抱有深深的恐惧感。①亨廷顿后来又在其另一大作《谁是美国人?——美国国民特性面临的挑战》中直白地表示,当代美国文化处在多族裔的文化格局中,由于倡导多元文化主义而面临着"有色人种"的入侵与挑战,美国必须设法维护白人"核心文化"的中心地位和同化能力。②特别是近几年来,美国的"白人至上主义"有愈演愈烈之势,其背后的原因,依然在于原先处于主导地位的安格鲁—新教文化受到冲击,全球化产业转移和贫富差距扩大造成美国白人在经济上的焦虑。③假设未来世界的冲突真是在不同"文明"之间展开,那么在所谓"西方的没落"真正到来之前,近代以来日本人种意识里对西方的"向往与追随""逆反与抗拒",或许都将会长期存在。

---

① 塞缪尔·亨廷顿:《文明的冲突与世界秩序的重建》,周琪等译,新华出版社,2010,第340-341页。

② 塞缪尔·亨廷顿:《谁是美国人?美国国民特性面临的挑战》,程克雄译,新华出版社,2010,第222-231页。

③ 李庆四、翟迈云:《特朗普时代美国"白人至上主义"的泛起》,《美国研究》2019年第5期。

第十三章

人种话语与中日关系的发展

在前面的各章节里,笔者以人种意识为切入点,从心理动因角度详细分析了近代日本对外侵略扩张思想的形成及演变特点,指出日本人种意识在其对外认识与对外行动中表现出了唯利性的本质,并针对当前部分日本人以"有色人种解放论""日本神族论"论调来美化、否定侵略历史等问题,从根源上剖析了其史实的错误和理论的荒谬。希望可以在科研层面进一步拓展对日研究的力度及深度,加强对日本人种意识与对外侵略扩张问题的认识,为在外交等领域有理有据地同日本反动势力进行斗争提供科学参考。

在本书的最后一章,笔者想对人种话语与今后的中日关系再作一些讨论。

近代日本的对外侵略扩张,若以范围和程度而言,最主要的就是对中国的侵略扩张,中日关系将如何发展,无疑是我们接下来需要着重关心的问题。中国国家主席习近平在2015年5月23日出席"中日友好交流大会"时表示,"对任何企图歪曲美化日本军国主义侵略历史的言行,中国人民和亚洲受害国人民不答应,相信有正义和良知的日本人民也不会答应",对那些企图否定侵略历史的日本右翼分子作出了坚决的回击。但另一方面,习近平主席也明确提出,"中日友好根基在民间","中日友好事业对两国和两国人民有利,对亚洲和世界有利,值得我们倍加珍惜和精心维护,继续付出不懈努力。"[①]2019年6月,习近平主席在会见时任日本首相的安倍晋三时也指出,

---

[①]《习近平指中日友好"根基在民间"两"不答应"回击日右翼》,2015年5月23日,http://www.chinanews.com/gn/2015/05-23/7296753.shtml,访问日期:2019年8月10日。

当今世界正经历百年未有之大变局，国际格局加速演变，中日两国拥有越来越多的共同利益和共同关切，"双方要拉紧人文纽带，加强两国青少年交流，促进两国民众相知相亲。"① 因此，我们在了解人种意识在近代日本对华侵略过程中的种种负面作用与影响的同时，也很有必要进一步思考人种话语在新时期中日两国交往中的可取意义和正向价值。

第一节 新时期中日的相互认识与理解

近代以来的历史发展进程，造成中日两国的相互认识产生了各种差异和分歧。中国方面，除了日本对华变本加厉的侵略原因之外，一大部分日本人对中国人在"人种属性"上的排斥与蔑视，也是中国民众对日产生厌恶情感的重要触发点。② 纵观近代历史，一个较为普遍的现象就是，赴欧美留学的学生，回国后大多在政治上表现为亲英美，而赴日留学的学生，回国后大多都成为强硬的"反日派"。最早一批赴日留学的唐宝锷（1878—1953）就曾说，"自己就因为到日本留学，才产生排日之感，因为在日本所受的耻辱，毕生难忘。"③ 日本当局也曾承认，"负笈东来之留学生……将来前途皆未可限量者，惟我辈日本人平素对彼等之待遇，实多值得遗憾。连宿舍之女佣及商店之伙计，亦持冷骂冷笑态度。……是以彼等学成归国之后，殆成排日之急先锋，是亦不得已者也。"④ 这种景象，甚至欧美人也看在眼里，英国《泰晤士报》驻北京记者、袁世凯的政治顾问乔·尼·莫理循（G.E.Morrison，1862—1920）就曾说，他遇到许多

---

① 《习近平会见日本首相安倍晋三》，2019年6月27日，http://www.xinhuanet.com//world/2019-06/27/c_1124681266.htm，访问日期：2020年7月8日。

② 实藤惠秀：《中国人留学日本史（修订译本）》，谭汝谦、林启彦译，北京大学出版社，2012，第148-166页。

③ 实藤惠秀：『近代日支文化論』，第257页，转引自黄福庆：《清末留日学生》，中央研究院近代史研究所，1975，第112页。

④ 实藤惠秀：《中国人留学日本史（修订译本）》，谭汝谦、林启彦译，北京大学出版社，2012，第151页。

留学过日本、会讲日语的中国人，但这些人却对日本满怀敌意。①他还说："中国有句流行话（袁世凯本人也流露过这种见解）说中国送去英国和美国受教育的学生，回来时比出去时更爱国，而中国送去日本的学生，绝大多数回来的时候成了革命者。友好感情逐渐消失，代之以不信任。"②

日本问题专家冯昭奎（1940—）指出，横亘于中日之间的历史问题具有"困难性""复杂性""情绪性""长期性"四个特征。困难性是指，日本的侵华战争给中国人民带来了极大的伤害和痛苦，民众间的仇恨感情是根深蒂固、难以忘怀的。而日本方面，尽管广大日本人民并未否认、美化侵略战争历史，但其对日本军队在中国、朝鲜等地如何加害于当地人民，无法感同身受，在认识上和感情上很难达到中国人民那样的程度。由于日本政府在国内淡化侵略历史教育，使得中国呼吁正确对待历史的声音很难在日本国内产生真正的效果和响应；复杂性是指，历史问题不仅包括如何正确对待历史的"历史认识问题"，而且包括诸如处理日军遗弃的化学武器等的"历史遗留问题"，以及台湾问题等"历史牵连问题"。这些问题与现实问题紧密相连，纷繁复杂；情绪性是指，历史问题涉及国民感情这一敏感神经。部分日本人特别是某些具有影响的人一而再、再而三地美化甚至否认侵略历史，激起了中国民众的强烈反应和愤怒。而中国方面的反应传到日本，又在部分日本民众中引起了"中国没完没了地抓日本的历史辫子""又在打历史牌"之类的情绪反应。从而造成两国民众之间的认识差距不但没有缩小，有时反倒扩大；长期性是指，由于中日历史问题的上述特点，使得问题的解决不可能在短时间内完成，需要延续很长时间。③

虽然二战后整个日本社会形成了一种浓厚的"和平主义"风气，但这种和平主义却更多地是一种厌恶战争的本能意识。在某种程度上说，很多有过战争经历的日本民众，在感受上只是将其作为一个"物资匮乏"和"言论管制"的黑暗时代，而战争末期东京等地遭到轰炸，广岛和长崎被投下原子弹，更使日本人的战争认识逐渐演变为

---

① 骆惠敏编：《清末民初政情内幕——〈泰晤士报〉驻北京记者、袁世凯政治顾问乔·尼·莫理循书信集》上卷（1895—1912），刘桂梁等译，知识出版社，1986，第719页。

② 骆惠敏编：《清末民初政情内幕——〈泰晤士报〉驻北京记者、袁世凯政治顾问乔·尼·莫理循书信集》下卷（1912—1920），刘桂梁等译，知识出版社，1986，第545页。

③ 冯昭奎：《再论对日关系新思维》，《战略与管理》2005年第5期。

一种顽固的受害倾向意识。在所谓的"英美同罪"等视角下，整个社会难以形成一个较为公认的意见。尽管日本人也在战争中蒙受了巨大苦难，但之所以很难获得中、韩等国人民的理解和认同，一方面是因为日本人在成为"受害者"之前本身就是"加害者"，其所受遭遇在某种意义上具有"惩罚"和"报应"性质。另一方面，由于二战后部分日本人不断美化、否认侵略历史，从而使得其自身的伤痛记忆与表达，常被受过更大伤害的周边国家民众的不满与愤怒冲淡。从这一层面说，只有当日本人能够自觉正视他国苦难，意识到自己"加害者"的前提身份，从近代日本内部寻找成为"受害者"的原因并站到军国主义的对立面时，其所受苦难才会引起其他受害国家人民的共感，"这种共感是日本与其曾经伤害过的东北亚诸国达成和解、共同追求普遍价值的唯一途径。"①

近些年来，日本人对中日关系状况的负面评价开始增多，对中国的好感度也持续呈低迷样态。尤其是中国国力的飞速发展，让很多日本人感受到了所谓的"失落"和"恐慌"（图24）。在中方学者撰写的一份报告书中，就将日本政府执意虚构"中国威胁论"、采取遏华战略的因素归纳为三点：一是恐惧。虽然日本在历史上对中国、韩国等国犯下过极其野蛮的侵略罪行，但日本执政者却不愿正视这一事实，反而在潜意识中无法摆脱有朝一日遭受对方报复的恐惧；二是社会达尔文主义。虽然日本近年来为围堵中国，常试图以"价值观"来构建所谓的价值观联盟，但实际上日本外交更加注重的是现实利益而非意识形态，从19世纪末期以来形成的弱肉强食的社会达尔文主义信念，依然深刻地影响着其对华外交的抉择；三是保守主义。二战战败以来，日本的夙愿就是要"独立"和"强大"，并从未放弃过推翻盟国对其政治上的种种限定。修改和平宪法作为晋升军事强国的重要一步，使得当政者需要引导和重塑日本民众舆论，"揪住历史不放"的邻国中国自然成为绝佳的说事对象。②

---

① 水口春喜：《"建国大学"的幻影》，董炳月译，昆仑出版社，第201页。
② 胡令远、臧志军、冯玮等：《中日关系的现状与未来趋势评估报告书——多层面和中长期战略的视角》，《日本研究集林》2014年下半年刊。

图 24　日本《朝日新闻》漫画，迅速崛起的中国令日本紧张。

（资料来源：理查德·J. 塞缪尔斯《日本大战略与东亚的未来》，刘铁娃译，上海人民出版社，2010，第 188 页。）

但与此同时，我们应该明白，日本民众的对外认识和行动，深受每个时期日本国家方针政策的影响。日本和平主义政治家尾崎行雄（1858—1954）曾说："日本自元龟（1570年）天正（1573年）年间以后到关之原的决战，一直持续着战争，许多壮丁死去，许多财产被消耗。所以自关之原的决战后，全国上下被期望和平的思想感情所影响……从那之后到明治维新前，在日本的许多神社寺庙的石碑灯笼上，写的是'天下太平'、'家庭平安'等文字。可见人们是多么期望和平。而明治维新后，再次出现了好战的社会风气，那一时期新建的石碑多是忠魂碑、殉难碑等，上面刻的则都是'尽忠报国'、'战捷纪念'等文字。"中国学者步平（1948—2016）进而指出，在谈到日本与战争的话题时，经常有人从其国民"好战性"的角度进行分析，但"站在历史唯物主义的立场，笼统地评价一个民族的好战性与非战性是不科学的。国民的好战情绪或和平思想与时代和环境有很密切的联系。"[①]

因此，正如习近平主席所指出的那样，区分日本的右翼反动势力与和平友好力量，

[①] 步平：《日本侵华时期国内的反战活动》，《社会科学战线》2010 年第 8 期。

立足但不拘泥于中国立场，根据当前日本人的实际历史认识状况，达成对今后中日关系发展最为适宜的"共同认识"，是构建双方积极性国家关系的另一视点。美国学者柯文提出，历史认识中存在"事件本身""经历者表述与理解""基于各种原因的神话再造"三条路径，对于普通人而言，后两条路径具有更大的说服力和影响力，"历史事件的直接参与者的解释可能与意识和理念大为不同的历史学家的解释有很大差异。"①日本全国性大报《朝日新闻》，曾于1986年7月开始，围绕着"日本人记忆中的第二次世界大战"这一主题，接连刊登了一系列读者来信，向世界展示了众多普通日本人（包括大量参战士兵）对历史的记忆和反思。从中可以看到，同其他书面或口述的"回忆史"一样，对于包括侵华战争在内的那场"十五年战争"，日本人的理解和认识可谓是千人千样。②诚如该书中文译者最后所言，其中的内容"以中国读者的立场看来，或许有'谢罪不够'之嫌。的确，日本人对于自身在战争中经受的损失和伤痛记得深刻讲得真切，远胜于对于他们在中国和其他亚洲国家犯下的罪行、造成的损伤。但这恰恰是日本人心目中的战争，正如中国人、朝鲜人、美国人等等各国人心目中都有各自独特的战争记忆。"这样的一本书，"它的价值在于复杂多样、矛盾和不平衡，比起少数有良知的学者、极右派的学者以及日本官方的言论，更贴近日本国民的立场。"③

从这一角度说，在不放弃主流社会坚信的道德正义的同时，如何体味和回归每一阵营当事人的情感心态，对于探索和接近历史真相其实同等重要。由于古代日本大量学习和吸收了中国文化，中国人在看待日本时，经常脱离不了一种居高临下的大国意识，忽略其国家自身的特点。加上近代侵略战争的关系，使得中国人在回顾历史的时候，容易倾向认为所有日本人的对华认识和对华活动，无一例外都是以侵略为目的，其所言所行都具有深深的侵略色彩。然而就如学者王柯（1956—）所指出的那样，"今天大多数的日本人之所以不愿意直接聚焦于那段侵略中国的历史，并不是想要否定

---

① 柯文：《历史三调：作为事件、经历和神话的义和团》，杜继东译，江苏人民出版社，2000，序言第1页，正文第4页。

② 朝日新聞テーマ談話室編：『戦争——血と涙で綴った証言』上、下巻，朝日ソノラマ，1987，中文版参见法兰克·吉伯尼编著的《战争——日本人记忆中的二战》（尚蔚、史禾译，中央编译出版社，2003年）。

③ 法兰克·吉伯尼编著：《战争——日本人记忆中的二战》，尚蔚、史禾译，中央编译出版社，2003，第379页。

日本的战争犯罪，而是希望能够在更广阔的历史视野中审视中日关系，以便从中发现两国之间除了政治上的对抗之外，更多的还是日本在文化上大量学习中国的历史。这种做法其实更有助于深刻理解中日关系的意义，更有助于意识和反省侵略中国是一段多么愚蠢的历史。"① 对于新时期下如何全面地分析探讨中日历史问题，这样的论述无疑值得借鉴和思考。

第二节 "同文""同种"的辩证性

众所周知，中国汉字是日语"汉字""假名"的母体，在字形和字义上对日本语言的表达及书写具有决定性影响。以早期史书《日本书纪》《古事记》等为代表，汉字传入日本之后，千余年间都是其重要的正式记述语言。江户时期的儒学大家新井白石，就曾以《同文通考》为书名，系统论述了汉字在日本的传承和变化。② 到了江户中期，日本人吸收西学知识的"兰学"兴起，在相关书籍的译介过程中，汉文及汉文训读体是最主要的翻译语言。③ 如1774年出版的第一部真正意义上的荷兰书译作《解体新书》，就全部用汉文译成，译者杉田玄白对此解释道，"全世界分为四处，一为亚洲、二为非洲、三为欧洲、四为美洲。日本、中国、朝鲜、琉球等居于亚洲，虽语言各有不同，但书则同文，以汉文撰之，可通诸国也。"④ 可以说，在很长一段时期里，能与中国"同文字""同文化"，都是大部分日本人的主流价值认同。

反过来，虽然中国在清末之前对日本了解有限，但对其使用汉字之事也早有所知。在日本大量向中国派遣使节、留学生（僧）的唐代，诗人崔曙（生卒未详）在送求法僧最澄（767—822）回国的诗中写道，"问法言语异，传经文字同。"⑤《宋史》记载，

---

① 王柯：《民族主义与近代中日关系："民族国家"、"边疆"与历史认识》，香港中文大学出版社，2015，第378页。
② 新井白石：『同文通考』，早稻田大学図書館藏。
③ 沈国威：《近代中日词汇交流研究：汉字新词的创制、容受与共享》，中华书局，2010，第66页。
④ 杉田玄白：「荷蘭医事問答」卷上，国书刊行会编：『文明源流叢書』第二，国书刊行会，1914，第391页。
⑤ 天台宗宗典刊行会编：『伝教大師全集』第二，天台宗宗典刊行会，1912，第657页。

来华日僧"不晓华言,而识文字,缮写甚妙,凡问答并以笔札。"①在近代中国人较早观察世界的《瀛寰志略》一书中,描述日本"文字同中国,读以倭音",②仍是延续着传统的"同文"认识。1862年,日本近代来华第一船"千岁丸"到达上海,中日"同文"亦在双方交往中体现出来,借助"和汉字同"之便,访沪的日本藩士多能以"笔语"与中国人交流。③清末造访日本的中国人,甚至并没有将日语视为一种外语,"只不过是用汉字书写的不同名称,一种方言而已。"④至于甲午战后,经过梁启超等人"日本与我为同文之国,自昔行用汉文,自和文肇兴,而平假名片假名等,始与汉文相杂厕,然汉文犹居十六七"⑤、"学日本文者,数日而小成,数月而大成"⑥之类的宣传,所谓中日"同文"观念更是极大影响了中国民众对日本的认识。民国时期的日语教学书《日本文法辑要》甚至称,"吾人对于日本文,不可认为外国文,当视为汉文之一种,即汉文之杂有日本方俗言语者。……日本通用汉文,为吾同文之国;唯于汉文中杂有假名以记其方俗言语。吾人苟稍加研究,识其假名,治其文法,则理解其文字,较之读佛书与元史,犹易易焉。"⑦

在这样的背景下,汉字一直都是联系中日两国的重要文化纽带。直到明治中期,日本人中崇尚中国文化,热衷写汉文、汉诗者仍大有人在。驻日公使黎庶昌(1837—1896)在任满回国时,众多日本知识分子前来话别。汉学者重野安绎(1827—1910)就表示,"黎君之与吾同人,相视犹骨肉同胞,惜其去,悲其别,瞻恋不能措。……盖东西虽殊域,一苇航之。……况种类之一,文字之同,虽欲隔离,岂可得乎!"⑧另一

---

① 《宋史·列传》第二百五十,外国七。
② 徐继畲:《瀛寰志略》,上海书店出版社,2001,第7页。
③ 冯天瑜:《"千岁丸"上海行:日本人1862年的中国观察》,商务印书馆,2001,第258-263页。
④ 沈国威:《近代中日词汇交流研究:汉字新词的创制、容受与共享》,中华书局,2010,第189-230页。
⑤ 梁启超:《论译书》,张品兴主编:《梁启超全集》第一卷,北京出版社,1999,第50页。
⑥ 梁启超:《论学日本文之益》,张品兴主编:《梁启超全集》第一卷,北京出版社,1999,第324页。
⑦ 新中华学校编:《日本文法辑要》,商务印书馆,1925,第1-2页。
⑧ 黎庶昌等著,孙点编次,黄万机点校:《黎星使宴集合编》,贵州人民出版社,1992,第255页。

文人盐谷时敏（1855—1925）也说，"夫明治以后，撤关通塞，与海外各国交通。欧米之客，亚澳之使，接踵比肩于辇毂之下。而清国地为比邻，交为同文，辅车唇齿之势，实相依焉，以持东亚之局面，宜其亲密敦厚，在各国之上也。"①黎庶昌本人，也赋诗"同文历劫终难废，与国论心实易臧"②，作为对彼此情谊的惜别。

当然，从语言学角度来说，汉语和日语本质上是两种属性截然不同的语言。对日语有所接触的人都知道，日语与汉语乍看似乎相近，但细致了解后就会发现其中差异很大。驻日公使何如璋，在向清廷汇报时称"东学翻译，最难其选，因日本文字颠倒，意义乖舛，即求精熟其语言者亦自无多"。③黄遵宪指出，中日语言"字同而声异，语同而读异，文同而义异"。④周作人也说，"日文到底是一种外国语，中间虽然夹杂着好些汉字，实际上于我们没多大好处，还是要我们一天天的读，积下日子去才会见出功效来。"⑤

更为关键的是，中日之间的"同文"认识，近代以来开始更多地被政治现实所左右。在中国衰败、西方强盛的鲜明对比下，一些日本人就从日语字形、词汇方面寻找证据，宣称中日两国不是"同文"，甚至为证明日本是"神国"而大肆宣扬所谓的"神代文字"。部分人还认为，是汉字阻碍了日本的教育普及和文化发展，进而提出要

---

① 黎庶昌等著，孙点编次，黄万机点校：《黎星使宴集合编》，贵州人民出版社，1992，第259页。

② 黎庶昌等著，孙点编次，黄万机点校：《黎星使宴集合编》，贵州人民出版社，1992，第261页。

③《使日何如璋等奏分设驻日本各埠理事折》，王彦威纂辑，王亮编：《清季外交史料》第1册，书目文献出版社，1987，第274页。

④ 黄遵宪著，钟叔河辑校：《日本杂事诗广注》，湖南人民出版社，1981，第114页。

⑤ 周作人：《和文汉读法》，钟叔河编：《周作人文类编7·日本管窥 日本·日文·日人》，湖南文艺出版社，1998，第160页。对于中日之间的差异，周作人还指出，"中日同是黄色的蒙古人种，日本文化古来又取资中土，然而其结果乃或同或异，唐时不取太监，宋时不取缠足，明时不取八股，清时不取雅片，又何以嗜好迥殊耶。我这样说似更有阴沉的宿命观，但我固深钦日本之善于别择，一面却亦仍梦想中国能于将来荡涤此诸染污，盖此不比衣食住是基本的生活，或者其改变尚不至于绝难欤。"周作人：《日本的衣食住》，钟叔河编：《周作人文类编7·日本管窥 日本·日文·日人》，湖南文艺出版社，1998，第35页。

取消汉字改用"罗马字",以彻底地去除"中国化"。①竹越与三郎在其《二千五百年史》一书中表示,日本人一开始就不曾以中国的"象形文字"为语言,而倾心于所接触到的"发声文字",故创造了日语假名,使之成为整个国家的语言。虽然日本人后来通过与中国的交往,大面积地使用了中国文字,但本质上"日本国民的文明,其起源属于发声文字的文明"。②

对于上述变化,学者韩东育就指出,近代东亚诸国"文化的亲缘关系这一无法改变的亘古事实被人为地扭曲了。它容易带来这样的尴尬:当需要想象中的部分之我'失而复得'并以为有可能'失而复得'时,历史上的共同点便成为彼此抢夺的对象;当想象毕竟只是想象的道理一旦明晰,最大限度地剔除共同点的行动便倏忽间跃居峰巅,使'差异'和'排斥'被夸大到绝对的地步。"由于"近代以来东亚各国间普遍发生了'文化认同'与'政治认同'的分家,而这种分家还因政治分立的强化而导致了文化亲缘的否定,因此,历史上曾极大地促进过东亚区域合作的'汉文'和以此为媒介而创生的共同文化基础,也发生了前所未有的断裂。"③

人种话语方面,在明治早期,日本人还与中国人、印度人一样,常是欧洲各大博物馆、博览会里作为"劣等人种"代表而被陈列展览之物,④其中所受的歧视与屈辱,应该与中国人的感受别无二致。但不同的是,众多日本人最希望做到的,却是如何尽早不要与"同种"为伍。内村鉴三年轻时曾留学美国,时逢当地排斥华人风起,其本人也常被误认为中国人而多遭羞辱。对于美国的排华行为,虽然内村鉴三也同情中国人所遇到的不公,然而当现实中的人种歧视波及自己的时候,那种最初的正义感便显得异常脆弱。他在写给父亲的信中抱怨,"处处被当作支那人,出入皆遭嘲笑,其中苦闷纸笔难尽。"⑤随着日本国力的逐渐强大,就如1903年大阪博览会上对"亚洲劣

---

① 郝祥满:《日本近代语言政策的困惑——兼谈日本民族"二律背反"的民族性格》,《世界民族》2014年第2期。

② 竹越与三郎:『二千五百年史』,警醒社書店,1896,第5,171頁。

③ 韩东育:《关于东亚研究的新思考》,《中国社会科学报》2010年1月7日。

④ 郭嵩焘著,湖南人民出版社校:《郭嵩焘日记》第三卷,湖南人民出版社,1982,第499-500页。

⑤ 平川祐弘:『人類文化史第六巻 西欧の衝撃と日本』,東京大学出版会,1973,第184頁。

种"的侮辱性展示那样，①包括中国在内的其他亚洲诸国，已经在"人种属性"上不能与日本人相提并论。进而，到全面侵华时期，如战地作家火野苇平（1907—1960）在其红极一时的小说《麦与士兵》中所写的那样，日本人眼中的中国士兵或百姓，虽然"彼此毕竟同文同种同是亚洲民族"，脑中的思想也差不多，但对于与这些邻居一般的"敌人"相互厮杀，其心中只是有些"异感"，②根本不会考虑所谓的道德与正义了。

但是，长期以来，在日本人的中国认识中，有两个基本视点一直都没有改变，一是中国是一个强大的邻国，二是日本的生存和发展与中国密切相关。进入近代后，"日本根据自身的利益需要，无论是否切实可行，或者依靠中国（结为盟国），或者利用中国（作为屏障），或者征服中国（称霸世界），……各种各样的潜在的或既存的中国认识，根据不同的历史状况或'主体'的需要，其中任何一种都有可能一时成为主流。"③当年德富苏峰游历中国后也曾感叹，中国人一方面满身缺点，但一方面又"在东亚是伟大的人种"。④职是之故，在21世纪的今天，"中国文化""中国人种"在日本眼中呈现出何种面相，仍会根据双方国家实力的变动而发生改变。

抗日战争胜利后，在处理残留日本军民问题时，中国方面采取了相当宽大、人道的态度和方式。某侵华士兵在老年时回想称，投降后他率领的分队成了俘虏，队中有士兵生病高烧不退，多亏一名中国军医的治疗才保住生命。当中国军医准备离开时，他想送给对方一套新制服作为感谢，"大概追了100米叫住了他，我感慨万千地将军服递了过去。他转过身来，一直注视着我的眼睛。或许是明白了我的用意，他蹲下来开始在地上写字。虽然我们话语不通，但用的是同一种文字，而且是表意文字，真是谢天谢地。我能明白他想说的内容。大概就是'我们多年受白人压迫。中国人和日本人都具有同样颜色的面孔。今后让我们携手为了亚洲而互相帮助吧。'我重复着我唯一会说的'谢谢'，紧紧握着他的手。自那以后已经41年，如果他还活着也有70多岁了。

---

① 1903年，日本第5届国内劝业博览会在大阪举行，在学术人类馆中，主办方将北海道阿伊努人、琉球人、中国人、中国台湾原住民、朝鲜人等，以所谓的"内地异类人种"进行展示，这种行为明显存在地域和人种（民族）歧视，此举也引起了中国方面的抗议。

② 火野苇平：《麦与兵队》，哲非译，杂志社，1938，第36页。

③ 杨栋梁主编，刘岳兵著：《近代以来日本的中国观 第三卷 1840—1895》，江苏人民出版社，2012，第6-7页。

④ 德富蘇峰：『支那漫遊記』，民友社，1918，第555頁。

不知道他是否记得,昔日自己在湖北省汉水岸边田间小路上写下的文字。"①

新中国成立后,部分日本对华友好人士,仍多以"同文同种"来表示中日之间的亲近关系。②1955年10月,日本国会议员上林山荣吉(1904—1971)等人来华访问,毛泽东(1893—1976)主席在会见中风趣地说,"我们都属于有色人种。有色人种是被人家看不起的,最大的'缺点'就是有色。有些人喜欢有色金属而不喜欢有色人种。据我看,有色人种相当像有色金属。有色金属是贵重的金属,有色人种至少与白色人种同等贵重。有色人种同白色人种一样都是人,都是第一类,不是第二类。第二类是动物,不是人。世界上所有的人,不管他是什么肤色,都是平等的。我们两个民族现在是平等了,是两个伟大的民族。"③1972年中日实现邦交正常化,1978年中日缔结和平友好条约,随着中国改革开放的进行,"友好与合作"一度成为两国关系发展的主旋律。这一时期,日本人对中国的好感度和亲近度达到了二战结束以来的最好状态。根据调查,20世纪80年代时期,日本对中国抱有亲近感的人数比率大体保持在70%—75%,有的年份甚至接近80%。对于当时中日关系的状况,认为"良好"的人数也一直保持较高的比率,基本在70%上下。④

从20世纪80年代开始,日本试图从"经济大国"向"政治大国"迈进。部分日本人意识到,如果没有亚洲作为稳固的地区依托,日本就犹如空中楼阁一样没有根基,于是"亚洲故乡论""亚洲回归论""亚洲共同体论"等理论又相继出现。评论家近藤大介(1965—),在2007年出版的《日本,应与中国结盟!》中提出了"日本中国回归论"。他在书中坦言,自己并非"反中派",也不是"媚中派"或者"亲中派",如果硬要归类,倒不如说自己是主张最大程度"活用"中国的"用中派"。他解释道,随着近些年中国的快速发展,对周边地区的影响力日益增强,中国从经济、文化、地

---

① 朝日新聞テーマ談話室編:『戦争——血と涙で綴った証言』上卷,朝日ソノラマ,1987,第34-35頁。

② 如1954年10月日本国会议员访华团和学术文化访华团成员的发言。《周恩来总理同日本国会议员访华团和日本学术文化访华团的谈话》,1954年10月11日,田桓主编:《战后中日关系文献集:1945—1970》,中国社会科学出版社,1996,第165页。

③ 中华人民共和国外交部、中共中央文献研究室编:《毛泽东外交文选》,中央文献出版社、世界知识出版社,1994,第219页。

④ 黄大慧:《日本大国化趋势与中日关系》,社会科学文献出版社,2008,第233-234页。

理等方面，注定要成为亚洲的领导者。而周边地区的国家受中国巨大引力的吸引，也将慢慢向中国靠拢，一个东亚"新秩序"正在逐渐形成。尤其像俄罗斯、韩国等国，在各种利益的考量下，上述倾向已经非常明显。从历史长河的发展趋势来看，近代东亚的变化将会复原，即"回归到日清战争之前的状态"。面对这一不可逆转的历史潮流，日本不该做无谓的抵抗，而应该顺应潮流，在"依靠强者好发展"的理念下不失时机地"回归中国"。①

当然，像近藤大介这样和中国联手组成"同盟"的对华观点，并不能代表当前日本人的主流认识。但从另一角度而言，此类观点的出现，也在一定程度上说明中国的崛起得到了部分日本人的承认，同时也激发和促成了日本人新的对外战略思考，即通过"回归中国"，摆脱迄今为止的"西方中心论"的束缚，回归西方帝国主义控制亚洲之前的时代，最终使中日两国共同形成一种新的"东方文明"。不难看出，适时地"倚靠强者"、保全日本的自身利益，依旧是此类论者的根本出发点，但就如近藤大介所指出的那样，单纯所谓的"日中友好""亲善交流"，在地缘政治冲突不可避免的两国之间无异于镜中之花。与其空谈，不如在中日经济逐渐一体化的背景下，借助两国在"环境保护""朝鲜局势"等问题上紧密相连的利益纽带，切实地形成中日两国合作共赢的"伙伴关系"。②近藤大介这样的观点，也许为我们在"倡导并遵循人类命运共同体"背景下重谈"中日友好"提供了一个更加现实的达成路径。

回归到人种意识话题上来。清末民初的教育家严修（1860—1929），在1902年赴日考察途中，感慨于当时"人种斗争"言论之盛，曾与日本友人戏作诗云："百万星球地居一，四分且让水三分。棕黄黑白总同种，南北东西何足云。儒墨卮言原破碎，佛耶界说更呶纷。争存物竟有时定，至竟终须合大群。"③虽然以当时的科学发展程度，恐怕严修本人并未真正明白人种分类学说的谬误，只不过是以中国儒家"大同思想"的视角来看待人种之间的差异与争端，推断世界"至竟终须合大群"。但是展望未来，就如人种学说已经在科学界被逐渐抛弃一样，随着社会的不断发展，横亘在人与人之间、国与国之间那所谓的"人种畛界"终将会消失不存。

---

① 近藤大介：『日本よ中国と同盟せよ!』，光文社，2006，第10-15页。
② 近藤大介：『日本よ中国と同盟せよ!』，光文社，2006。
③ 严修撰，武安隆、刘玉敏点注：《严修东游日记》，天津人民出版社，1995，第12页。

另一方面，中日近二千年交往的历史记忆尚未远去，两国之间既有的"同文""同种"联系，在一定条件下依然是拉近彼此距离的宝贵财富。明代作为遣明使正使来华的策彦周良（1501—1579），归国之际曾赠诗中国友人："莫道江南隔海东，相亲千里亦同风。从今若许忘形友，语纵不通心可通。"这一脍炙人口的汉诗，后来成为凝练表述两国人民友谊的佳作。①1826 年，中国商船"得泰号"遇难漂流至日本清水凑（今静冈市附近），滞留期间中日双方人员结成了深厚友谊。担当救助事宜的儒学者野田笛浦临别时赠诗称："搦管相逢清水湾，劝杯今日别琼山。兹身设得分为二，一个随君一个还。屈指六旬舟里过，恩情更比弟昆多。管城写到真心处，不信人间有汉和。"②今天读来，诗中那种质朴的友谊与情怀仍让人感慨不已。

进入近代以后，尽管日本统治层领导日本一步步走上了穷兵黩武的道路，但同一时期，日本亦存在着众多具有良知与道德、对华持有友好感情的人士。鲁迅在仙台留学时的老师藤野严九郎（1874—1945），于《谨忆周树人君》一文中谈及其当时教授鲁迅等留学生的心境时说，"我少年的时候，曾承福井藩校出身的姓野坂的先生教过汉文，一方面尊敬中国的先贤，同时总存着应该看重中国人的心情"。③为中国留日学生教育作出卓越贡献的教育家松本龟次郎（1866—1945），也曾动情地表示："我在幼时就对中国的书物发生好感，《四书》、《五经》之类的汉文，在他人引以为苦的，我却非常爱读；以后，又曾在汉文书籍中得到不少知识，因此对中国，就自然而然地产生了一种爱慕的心理。尽管目前中国国势不振，但相信这个国家、民族是不会永远如此的，总想为我所爱慕的国家做些工作。……我相信，今天我所教育的学生，日后必能成中国的栋梁"。④

即便在当代，双方的友好交流也是屡屡可见。2020 年，新型冠状病毒疫情一度大

---

① 相关事例可见：张云方、徐宁：《丰硕的友谊果实》，《人民日报》1980 年 6 月 4 日；林祥庚：《忆父亲林宪民先生》，http://www.uscalligraphyart.com/viewthread.php?tid=7739，访问日期：2021 年 12 月 1 日。

② 野田笛浦：『得泰船筆語』下卷，紀藩瓢葉館蔵，第 25 页。

③ 藤野严九郎：《谨忆周树人君》，颜汀编选：《大先生鲁迅》，四川文艺出版社，1997，第 143 页。

④ 汪向荣：《松本龟次郎访问记》，《日本教习》，生活·读书·新知三联书店，1988，第 209 页。

肆蔓延，中日两国都先后遇到了医疗物资短缺的困难，在那一紧急时刻，两国的政府与民众都向对方展示出了相当多的友好与善意。甚至可以说，比起相互送达的救援物品本身，那些包装箱上所写的"山川异域、风月同天"[①]"天台立本情无隔、一树花开两地芳"[②]等汉语诗词更让人动容。因为那字里行间传递的，是千百年来两国共同拥有和传承着的人文情怀。近代以来中弱日强的现实，使得"同文""同种"这样的对华表述，曾在日本社会思想主流中充满了虚妄性和欺骗性，对于今天部分日本人仍借人种等论调来否认战争罪行的言行，我们无疑要继续给予坚定的批判和回击。但与此同时，我们也可以相信，随着中国综合国力的不断提升，通过在文化、经贸等领域进一步加大双方的交流与合作，中日文化和生理上的固有亲近性，今后在促进和构建两国和平友好关系方面，也必然能够发挥重要的积极作用。

---

① 出自日本奈良时代长屋王（676？—729）赠送中国僧侣千件袈裟时所附诗句，日本汉语水平考试HSK事务局、癌·感染症中心东京都立驹込医院等机构向武汉、上海等地捐赠物资时引用。

② 出自中国近现代佛学家巨赞（1908—1984）赠日本僧人诗句，浙江省政府向日本静冈县捐赠物资时引用。

参考文献

[1] COHEN R, KENNEDY P.Global sociology[M].London：Macmillan Press Ltd, 2000.

[2] 衛藤瀋吉, 渡辺昭夫, 公文俊平, 等. 国際関係論[M]. 東京：東京大学出版会, 1989.

[3] 眞嶋亜有.「肌色」の憂鬱：近代日本の人種体験[M]. 東京：中央公論新社, 2014.

[4] 戚其章. 走进甲午[M]. 天津：天津古籍出版社, 2006.

[5] 山室信一. 思想課題としてのアジア：基軸·連鎖·投企[M]. 東京：岩波書店, 2001.

[6] 広瀬玲子. 国粋主義者の国際認識と国家構想：福本日南を中心として[M]. 東京：芙蓉書房, 2004.

[7] 清野謙次. 日本人種論變遷史[M]. 東京：小山書店, 1944.

[8] 水野祐. 日本民族文化史[M]. 東京：雄山閣, 1970.

[9] 工藤雅樹. 研究史日本人種論[M]. 東京：吉川弘文館, 1979.

[10] 寺田和夫. 日本の人類学[M]. 東京：角川文庫, 1981.

[11] 向卿. 日本近代民族主义（1868—1895）[M]. 北京：社会科学文献出版社, 2007.

[12] 李寒梅. 日本民族主义形态研究[M]. 北京：商务印书馆, 2012.

[13] 杨宁一. 明治时期日本人的自我认识[J]. 历史研究, 2000（3）：116-124.

[14] 安善花. 近代日本侵略中朝思想中的民族优越论分析[J]. 东北亚论坛, 2012 (1): 62-70.

[15] 郑永年. 中国民族主义的复兴：民族国家向何处去[M]. 北京：东方出版社, 2016.

[16] 杨栋梁. 近代以来日本的中国观[M]. 南京：江苏人民出版社, 2012.

[17] 開国百年記念文化事業会. 鎖国時代日本人の海外知識[M]. 東京：原書房, 1978.

[18] 芝原拓自. 日本近代思想大系 12 対外観[M]. 東京：岩波書店, 1988.

[19] 田中彰. 日本近代思想大系 13 歴史認識[M]. 東京：岩波書店, 1991.

[20] 海因茨·哥尔维策尔. 黄祸论[M]. 北京：商务印书馆, 1964.

[21] 橋川文三. 黄禍物語[M]. 東京：筑摩書房, 1976.

[22] 飯倉章. イエロー·ペリルの神話：帝国日本と「黄禍」の逆説[M]. 東京：彩流社, 2004.

[23] 飯倉章. 黄禍論と日本人：欧米は何を嘲笑し，恐れたのか[M]. 東京：中央公論新社, 2013.

[24] 袁咏红. "黄祸论"刺激下的日本人种、民族优胜论[J]. 世界民族, 2009 (3): 38-44.

[25] 杨瑞松. 病夫、黄祸与睡狮："西方"视野的中国形象与近代中国国族论述想象[M]. 台北：政大出版社, 2010.

[26] 吕浦. 黄祸论历史资料选辑[M]. 北京：中国社会科学出版社, 1979.

[27] 施爱国. 傲慢与偏见：东方主义与美国的"中国威胁论"研究[M]. 广州：中山大学出版社, 2004.

[28] 罗福惠. "黄祸论"：东西文明的对立与对话[M]. 台北：立绪文化事业有限公司, 2007.

[29] 色川大吉. 日本の名著 39 岡倉天心[M]. 東京：中央公論社, 1993.

[30] 竹内好. 日本とアジア[M]. 東京：筑摩書房, 1966.

[31] 松本健一. 竹内好「日本のアジア主義」精読[M]. 東京：岩波書店, 2000.

[32] 狭間直樹. 日本早期的亚洲主义[M]. 张雯, 译. 北京：北京大学出版社, 2017.

[33] 趙軍. 大アジア主義と中国[M]. 東京：亜紀書房，1997.

[34] 王屏. 近代日本的亚细亚主义[M]. 北京：商务印书馆，2004.

[35] 竹内好. 現代日本思想大系 9 アジア主義[M]. 東京：筑摩書房，1963：9-10.

[36] 韩东育. 日本对外战争的隐秘逻辑（1592—1945）[J]. 中国社会科学，2013（4）：180-203.

[37] 任达. 新政革命与日本：中国，1898—1912 年[M]. 李仲贤，译. 南京：江苏人民出版社，1998.

[38] 桑兵. "兴亚会"与戊戌庚子期间的中日民间联盟[J]. 近代史研究，2006（3）：41-53.

[39] 孔祥吉，村田雄二郎. 罕为人知的中日结盟及其他[M]. 成都：巴蜀书社，2004.

[40] 邱涛，郑匡民. 戊戌政变前的日中结盟活动[J]. 近代史研究，2010（1）：40-53.

[41] 孙隆基. 历史学家的经线[M]. 桂林：广西师范大学出版社，2004.

[42] 瑞贝卡. 世界大舞台：十九、二十世纪之交中国的民族主义[M]. 高瑾，译. 北京：生活·读书·新知三联书店，2008.

[43] 张晓川. 从新知到常识：晚清知识层级中的人种分类说[D]. 上海：复旦大学，2011.

[44] 杨鹏. 中国史学界对日本近代中国学的迎拒[D]. 武汉：华中师范大学，2011.

[45] DIKÖTTER F. The construction of racial identities in China and Japan[M]. Hong Kong：Hong Kong University Press，1997.

[46] 罗伯特·A. 帕斯特. 世纪之旅：七大国百年外交风云[M]. 胡利平，杨韵琴，译. 上海：上海人民出版社，2001.

[47] 李广民. 与强者为伍：日本结盟外交比较研究[M]. 北京：人民出版社，2006.

[48] 张雅意. 实用主义与日本对华政策研究[M]. 北京：中国经济出版社，2012.

[49] 朱海燕. 近代日本外交的双轨：结盟与侵略[M]. 北京：社会科学文献出版社，2014.

[50] 吕思勉. 日俄战争. 吕著中国近代史[M]. 上海：华东师范大学出版社，1997.

[51] 刘永祥. 试论日俄战争中日本对华谋略[J]. 社会科学辑刊，1996（4）：111-116.

[52] 喻大华. 日俄战争期间清政府"中立"问题研究[J]. 文史哲，2005（2）：

118-126.

[53] 孙昉. 试论日俄战争时期清政府的外交政策[J]. 烟台大学学报, 2007（2）: 89-93.

[54] 松村正義. ポーツマスへの道: 黄禍論とヨーロッパの末松謙澄[M]. 東京: 原書房, 1987.

[55] 松村正義. 日露戦争と金子堅太郎: 広報外交の研究[M]. 東京: 新有堂, 1987.

[56] 松村正義. 国際交流史: 近現代の日本[M]. 東京: 地人館, 1996.

[57] 松村正義. 日露戦争と日本在外公館の「外国新聞操縦」[M]. 横浜: 成文社, 2010.

[58] IIKURAAKIRA.The Japanese response to the cry of the Yellow Peril during the Russo-Japanese War[J]. 国際文化研究所紀要, 2006（11）: 29-47.

[59] 塩崎智. 日露戦争 もう一つの戦い: アメリカ世論を動かした五人の英語名人[M]. 東京: 祥伝社, 2006.

[60] 前坂俊之. 明治三十七年のインテリジェンス外交: 戦争をいかに終わらせるか[M]. 東京: 祥伝社, 2010.

[61] 刘世龙. 美日关系（1791—2001）[M]. 北京: 世界知识出版社, 2003.

[62] 祝曙光. 徘徊在新、旧外交之间: 20世纪20年代日本外交史论[M]. 北京: 人民出版社, 2013.

[63] 陈月娥. 近代日本的对美协调之路[M]. 北京: 中国社会科学出版社, 2005.

[64] 吴占军. 国际关系视角下的近代日本海外移民: 以近代日本的美国移民与日美关系为中心[J]. 日本研究, 2014（4）: 52-60.

[65] 戴超武. 美国移民政策与亚洲移民（1849—1996）[M]. 北京: 中国社会科学出版社, 1999.

[66] 仇海燕. 美国日裔移民问题与20世纪初美日中三角关系[J]. 江海学刊, 2008（2）: 220-224.

[67] 祝曙光, 张建伟. 19世纪末至20世纪20年代的移民问题与日美关系[J]. 世界历史, 2011（6）: 41-51.

[68] 张振鹍. 日本侵华与昭和天皇的独白[J]. 抗日战争研究, 1993（2）: 24-36.

[69] 麻田貞雄. 両大戦間の日米関係: 海軍と政策決定過程[M]. 東京: 東京大学出版会, 1994.

[70] 若槻泰雄. 排日の歴史[M]. 東京: 中央公論社, 1972.

[71] 三輪公忠. 日米危機の起源と排日移民法[M]. 東京: 論創社, 1997.

[72] 簑原俊洋. 排日移民法と日米関係[M]. 東京: 岩波書店, 2002.

[73] 加藤秀俊. 日本とアメリカ: 相手国のイメージ研究[M]. 東京: 日本学術振興会, 1997.

[74] 三輪公忠. 隠されたペリーの「白旗」: 日米関係のイメージ論的・精神史的研究[M]. 東京: 上智大学, 1999.

[75] 澤田次郎. 近代日本人のアメリカ観: 日露戦争以後を中心に[M]. 東京: 慶応義塾大学出版会, 1999.

[76] 長谷川雄一. 大正期日本のアメリカ認識[M]. 東京: 慶應義塾大学出版会, 2001.

[77] MCWILLIAMS C. Prejudice: Japanese-Americans, symbol of racial intolerance[M]. Boston: Little, Brown and Company, 1944.

[78] THORNE C. Racial aspects of the far eastern war of 1941—1945[M]. London: The British Academy, 1982.

[79] DOWER W.J. war without mercy: race and power in the Pacific War[M]. New York: Pantheon Books, 1987.

[80] HORNE G. Race war! white supremacy and the Japanese attack on the British Empire[M]. New York: New York University Press, 2005.

[81] 岩田温. 人種差別から読み解く大東亜戦争[M]. 東京: 彩図社, 2015.

[82] 猪野健治. 日本的右翼[M]. 张明扬, 刘璐璐, 译. 北京: 东方出版社, 2013.

[83] 林房雄. 大東亜戦争肯定論[M]. 東京: 夏目書房, 2002.

[84] 黄文雄. 黄文雄の大東亜戦争肯定論[M]. 東京: ワック, 2006.

[85] 井上和彦. 日本が戦ってくれて感謝しています: アジアが賞賛する日本とあの戦争[M]. 東京: 産経新聞出版, 2013.

[86] 加瀬英明. 大東亜戦争で日本はいかに世界を変えたか[M]. 東京：ベストセラーズ，2015.

[87] 林庆元，杨齐福. "大东亚共荣圈"源流[M]. 北京：社会科学文献出版社，2006.

[88] 王希亮. 战后日本政界战争观研究[M]. 北京：社会科学文献出版社，2005.

[89] 王向远. 日本右翼言论批判："皇国史观"与免罪情结的病理剖析[M]. 北京：昆仑出版社，2005.

[90] 王云骏. 解放还是侵略？评《大东亚战争的总结》[M]. 北京：社会科学文献出版社，2011.

[91] 王少普. 冷战后日本右翼对侵略历史的否认及其原因[J]. 日本研究，2000（2）：70-73.

[92] 孙立祥. 日本右翼势力的"解放战争史观"辨正[J]. 东北师大学报，2005（4）：54-59.

[93] 林晓光，周彦. 战后日本右翼势力研究[J]. 世界历史，2007（2）：64-74.

[94] 鹿锡俊. 中国问题与日本1941年的开战决策：以日方档案为依据的再确认[J]. 近代史研究，2008（3）：90-103.

[95] 宋成有. "终战史观"评析：战后日本右翼史观揭底[J]. 日本问题研究，2019（3）：27-38.

[96] 森山康平，栗崎ゆたか. 証言記録 大東亜共栄圏：ビルマ・インドへの道[M]. 東京：新人物往来社，1976.

[97] 信夫清三郎.「太平洋戦争」と「もう一つの太平洋戦争」[M]. 東京：勁草書房，1989.

[98] 松本健一. 日本の失敗：「第二の開国」と「大東亜戦争」[M]. 東京：岩波書店，2006.

[99] 吉川利治. 同盟国タイと駐屯日本軍：「大東亜戦争」期の知られざる国際関係[M]. 東京：雄山閣，2010.

[100] 家永三郎. 太平洋戦争[M]. 東京：岩波書店，1968.

[101] 约翰·亨特·博伊尔. 中日战争时期的通敌内幕（1937—1945）上册[M].

陈体芳, 译. 北京: 商务印书馆, 1978.

[102] 本多勝一. 殺される側の論理[M]. 東京: すずさわ書店, 1972.

[103] 岡井敏. 原爆は日本人には使っていいな[M]. 東京: 早稲田出版, 2010.

[104] 西島有厚. 原爆はなぜ投下されたか[M]. 東京: 青木書店, 1976.

[105] 荒井信一. 原爆投下への道[M]. 東京: 東京大学出版会, 1985.

[106] 严修. 严修东游日记[M]. 武安隆, 刘玉敏, 点注. 天津: 天津人民出版社, 1995.

[107] FORDD.The Pacific War[M]. London: Hambledon Continuum, 2011.

[108] 陆伟. 日本对外决策的政治学: 昭和前期决策机制与过程的考察[M]. 北京: 人民出版社, 2010.

[109] 汉斯·摩根索. 国际纵横策论: 争强权, 求和平[M]. 卢明华, 译. 上海: 上海译文出版社, 1995.

[110] 我妻洋, 米山俊直. 偏見の構造[M]. 東京: 日本放送出版協会, 1988年.

[111] 藤田みどり. アフリカ「発見」: 日本におけるアフリカ像の変遷[M]. 東京: 岩波書店, 2005.

[112] 福沢諭吉. 福沢諭吉全集[M]. 東京: 岩波書店, 1959.

[113] 與那覇潤. 近代日本における「人種」概念の変容: 坪井正五郎の「人類学」との関わりを中心に[J]. 民族学研究68, 2003 (1): 85-97.

[114] 松本謙堂. 支那地理[M]. 大阪: 積善館, 1894.

[115] 尹健次. 民族幻想の蹉跌[M]. 東京: 岩波書店, 1994.

[116] 沈国威. 近代中日词汇交流研究: 汉字新词的创制、容受与共享[M]. 北京: 中华书局, 2010.

[117] 李孝迁. 西方史学在中国的传播（1882—1949）[M]. 上海: 华东师范大学出版社, 2007.

[118] スチュアートヘンリ. 民族幻想論: めいまいな民族　つくられた人種[M]. 大阪: 解放出版社, 2002.

[119] 梁启超. 饮冰室合集·专集[M]. 北京: 中华书局, 1989.

[120] 潘光旦. 潘光旦文集: 第3卷[M]. 北京: 北京大学出版社, 1993.

[121] 马丁·N. 麦格. 族群社会学：美国及全球视角下的种族和族群关系[M]. 祖力亚提·司马义，译. 北京：华夏出版社，2007.

[122] STEINMETZG. 魔鬼的笔迹（一）：前殖民话语，人种/族类见解和跨文化认同在德国殖民过程中的作用[J]. 清华大学学报（哲学社会科学版），2005（5）：98-112.

[123] 吉野耕作. 文化ナショナリズムの社会学：現代日本のアイデンティティの行方[M]. 名古屋：名古屋大学出版会，1997.

[124] 林惠祥. 世界人种志[M]. 上海：商务印书馆，1932.

[125] 艾尔弗雷德·哈登. 人类学史[M]. 廖泗友，译. 济南：山东人民出版社，1988.

[126] 张实. 体质人类学[M]. 昆明：云南大学出版社，2003.

[127] 冯客. 近代中国之种族观念[M]. 杨立华，译. 南京：江苏人民出版社，1999.

[128] 张燮. 东西洋考[M]. 北京：商务印书馆，1985.

[129] 澳门文化司署. 十六和十七世纪伊比利亚文学视野里的中国景观[M]. 郑州：大象出版社，2003.

[130] 石川榮吉. 欧米人の見た開国期日本：異文化としての庶民生活[M]. 東京：風響社，2008.

[131] 皮埃尔-安德烈·塔吉耶夫. 种族主义源流[M]. 高凌瀚，译. 北京：三联书店，2005.

[132] 高春常. 文化的断裂：美国黑人问题与南方重建[M]. 北京：中国社会科学出版社，2000.

[133] J.M. 布劳特. 殖民者的世界模式：地理传播主义和欧洲中心主义史观[M]. 谭荣根，译. 北京：社会科学文献出版社，2002.

[134] 阿诺德·汤因比. 历史研究（插图本）[M]. 刘北成，郭小凌，译. 上海：上海人民出版社，2000.

[135] KEEVAKM. Becoming yellow: a short history of racial thinking[M]. Princeton: Princeton University Press, 2011.

[136] 张先清. 身体的隐喻：16—18世纪欧洲社会关于中国人的"种族话

语"[M]. 学术月刊, 2011（11）: 129-146.

[137] 姚大力, 刘迎胜. 清华元史第 1 辑[M]. 北京: 商务印书馆, 2011.

[138] 张洪亮. 黄书: 黄种人的过去与未来[M]. 武汉: 华中科技大学出版社, 2014.

[139] 吉田茂. 激荡的百年史: 我们的果断措施和奇迹般的转变[M]. 孔凡, 张文, 译. 北京: 世界知识出版社, 1980.

[140] 步平, 北冈伸一. 中日共同历史研究报告: 古代史卷[M]. 北京: 社会科学文献出版社, 2014.

[141] 郝祥满. 日本近代语言政策的困惑: 兼谈日本民族"二律背反"的民族性格[J]. 世界民族, 2014（2）: 47-54.

[142] 橋川文三. 順逆の思想: 脱亜論以後[M]. 東京: 勁草書房, 1973.

[143] 荻生徂徠, 小泉秀之助校. 訳文筌蹄[M]. 東京: 須原屋書店, 1908.

[144] 西順蔵. 日本思想大系（31）[M]. 東京: 岩波書店, 1980.

[145] 松本三之介. 近代日本の中国認識[M]. 東京: 以文社, 2011.

[146] 貝原益軒. 五常訓[M]. 東京: 有朋堂書店, 1927.

[147] 信夫清三郎. 江戸時代: 鎖国の構造[M]. 東京: 新地書房, 1987.

[148] 下中邦彦. 日本史料集成[M]. 東京: 平凡社, 1956.

[149] 木宮泰彦. 日中文化交流史[M]. 胡锡年, 译. 北京: 商务印书馆, 1980.

[150] 海老沢有道. 日本思想大系（25）[M]. 東京: 岩波書店, 1970.

[151] 松田毅一. 探訪大航海時代の日本 1 南蛮船の渡来[M]. 東京: 小学館, 1978.

[152] 徐静波. 大航海时代以后日本人对外界与自身的新认识[J]. 日本学刊, 2009（5）: 112-124.

[153] 信夫清三郎. 日本外交史 1853 — 1972 Ⅰ[M]. 東京: 毎日新聞社, 1974.

[154] 国書刊行会. 文明源流叢書[M]. 東京: 国書刊行会, 1914.

[155] 松村明. 日本思想大系（64）[M]. 東京: 岩波書店, 1976.

[156] 荒野泰典. 近世日本と東アジア[M]. 東京: 東京大学出版会, 1988.

[157] 東京帝国大学文科大学史料編纂挂. 大日本史料: 第十二編之七[M]. 東京: 東京帝国大学, 1905.

[158] 林春勝, 林信篤. 華夷変態[M]. 東京: 東方書店, 1958.

[159] 京都史蹟会. 羅山林先生文集: 卷1[M]. 京都: 平安考古学会, 1918.

[160] 建国記念事業協会. 訳註大日本史（十二）[M]. 東京: 建国記念事業協会, 1941.

[161] 火野苇平. 麦与兵队[M]. 哲非, 译. 上海: 杂志社, 1938.

[162] 新井白石. 新井白石修養訓[M]. 東京: 富田文陽堂, 1915.

[163] 滝本誠一. 日本経済叢書: 卷25[M]. 東京: 日本経済叢書刊行会, 1916.

[164] 平野義太郎, 清野謙次著. 太平洋の民族＝政治学[M]. 東京: 日本評論社, 1942.

[165] 佐藤昌介. 日本思想大系（55）[M]. 東京: 岩波書店, 1971.

[166] 池田次郎. 論集日本文化の起源第五卷日本人種論·言語学[M]. 東京: 平凡社, 1973.

[167] 彼得·巴来. 巴来万国史[M]. 牧山耕平, 译. 東京: 文部省, 1876.

[168] 黎庶昌, 孙点, 黄万机. 黎星使宴集合编[M]. 贵阳: 贵州人民出版社, 1992.

[169] 松田毅一. 日欧のかけはし: 南蛮学の窓から[M]. 京都: 思文閣出版, 1990.

[170] ドナルド·キーン. 日本人の西洋発見[M]. 芳賀徹, 訳. 東京: 中公文庫, 1982.

[171] 平川祐弘, 鶴田欣也. 内なる壁: 外国人の日本人像·日本人の外国人像[M]. 芳賀徹, 译. 東京: 阪急コミュニケーションズ, 1990.

[172] 李庆四, 翟迈云. 特朗普时代美国"白人至上主义"的泛起[J]. 美国研究, 2019（5）: 103-120.

[173] 骆惠敏. 清末民初政情内幕[M]. 刘桂梁, 译. 上海: 知识出版社, 1986.

[174] 福沢諭吉. 福翁自伝[M]. 東京: 白鳳社, 1973.

[175] 長谷川時雨. 旧聞日本橋[M]. 東京: 岩波書店, 1983.

[176] 安丸良夫. 近代天皇观的形成[M]. 刘金才, 徐滔, 译. 北京: 北京大学出版社, 2010.

[177] 小泉八云. 日本与日本人[M]. 胡山源, 译. 海口: 海南出版社, 1994.

[178] 丸山真男. 日本政治思想史研究[M]. 王中江, 译. 北京: 生活·读书·新知三联书店, 2000.

[179] 井上馨侯伝記編纂会. 世外井上公伝[M]. 東京：内外書籍，1934.

[180] 円城寺清. 大隈伯昔日譚[M]. 東京：立憲改進党々報局，1895.

[181] 山崎正董. 横井小楠遺稿[M]. 東京：日新書院，1942.

[182] 秋山恒太郎. 百科全書人種篇：下冊[M]. 東京：文部省，1874.

[183] 深間内基. 輿地小学[M]. 東京：名山閣，1874.

[184] 山田行元. 新撰地理小志[M]. 東京：香風館，1884.

[185] 仮名垣魯文，総生寛. 西洋道中膝栗毛十二編（上）[M]. 東京：万笈閣，1870-1873.

[186] 芳賀徹. 西洋の衝撃と日本[M]. 東京：東京大学出版会，1973.

[187] 三宅雪嶺. 明治思想小史[M]. 東京：丙午出版社，1913.

[188] 赵德宇. 日本近现代文化史[M]. 北京：世界知识出版社，2010.

[189] 汤重南. 日本军国主义思想是庞杂的精神糟粕[J]. 日本学刊，2005（4）：7-19.

[190] 漱石全集刊行会. 漱石全集：第11卷[M]. 東京：漱石全集刊行会，1919.

[191] 山室信一，中野目徹. 明六雑誌[M]. 東京：岩波書店，1999.

[192] 姜义华，张荣华. 康有为全集[M]. 北京：中国人民大学出版社，2007.

[193] 東行先生五十年祭記念會. 東行先生遺文[M]. 東京：民友社，1916.

[194] 加藤照麿 加藤弘之講論集[M]. 東京：金港堂，1891.

[195] 小林一郎. 宇内混同秘策・剣徴[M]. 東京：平凡社，1942.

[196] 日本武学研究所. 佐藤信淵武学集[M]. 東京：岩波書店，1942.

[197] 多田好問. 岩倉公実記[M]. 東京：皇后宮職，1906.

[198] 荒尾精. 対清意見[M]. 東京：博文館，1894.

[199] 黒木彬文，鱒澤彰夫. 興亜会報告・亜細亜協会報告：全二巻[M]. 東京：不二出版，1993.

[200] 東亜文化研究所. 東亜同文会史[M]. 東京：霞山会，1988.

[201] 玄洋社社史編纂会. 玄洋社社史[M]. 東京：明治文献，1966.

[202] 中村正直. 敬字文集[M]. 東京：吉川弘文館，1903.

[203] 東洋奇人. 世界列国の行く末[M]. 東京：金松堂，1887.

[204] 宫崎滔天. 三十三年之梦[M]. 林启彦, 译. 广州: 花城出版社, 1981.

[205] 宮崎龍介, 小野川秀美. 宮崎滔天全集[M]. 東京: 平凡社, 1976.

[206] 黒木彬文. 興亜会のアジア主義[J]. 法政研究, 2005 (3): 247-287.

[207] 陈铮. 黄遵宪全集[M]. 北京: 中华书局, 2005.

[208] 任青, 马忠文整理. 张荫桓日记[M]. 上海: 上海书店, 2004.

[209] 古川万太郎. 近代日本の大陸政策[M]. 東京: 東京書籍, 1991.

[210] 顾廷龙, 戴逸. 李鸿章全集[M]. 合肥: 安徽教育出版社, 2008.

[211] 井上清. 日本帝国主义的形成[M]. 宿久高, 译. 北京: 人民出版社, 1984.

[212] 井野辺茂雄. 幕末史の研究[M]. 東京: 雄山閣, 1927.

[213] 刘学照, 方大伦. 清末民初中国人对日观的演变[J]. 近代史研究, 1989 (6): 129-133.

[214] 陆奥宗光. 蹇蹇录[M]. 伊舍石, 译. 北京: 商务印书馆, 1963.

[215] 内村鑑三. 内村鑑三全集[M]. 東京: 岩波書店, 1933.

[216] 板恒退助. 通俗無上政法論[M]. 大阪: 友文書屋, 1884.

[217] 鹿野政直. 日本の名著37 陸羯南[M]. 東京: 中央公論社, 1977.

[218] 矢野暢. 日本の南洋史観[M]. 東京: 中央公論社, 1979.

[219] 矢野竜渓. 浮城物語[M]. 東京: 近事画報社, 1906.

[220] 福本日南. 日南集[M]. 東京: 東亜堂, 1911.

[221] 恒屋盛服. 海外殖民論[M]. 東京: 博聞社, 1891.

[222] 高山樗牛. 樗牛全集[M]. 東京: 博文館, 1905.

[223] 钟叔河. 走向世界丛书: 日本日记·甲午以前日本游记五种·扶桑游记·日本杂事诗(广注)[M]. 长沙: 岳麓书社, 1985.

[224] 郑翔贵. 晚清传媒视野中的日本[M]. 上海: 上海古籍出版社, 2003.

[225] 荒畑寒村. 荒畑寒村著作集9[M]. 東京: 平凡社, 1977.

[226] 生方敏郎. 明治大正見聞史[M]. 東京: 中央公論社, 1978.

[227] FRIEDMANG, LEBARD M.The coming war with Japan[M]. New York: St.Martin's Press, 1991.

[228] 平野義太郎. 馬城大井憲太郎傳[M]. 名古屋: 風媒社, 1968.

[229] 井上哲次郎. 内地雑居論[M]. 東京：哲学書院，1889.

[230] 人見一太郎. 国民的大問題[M]. 東京：民友社，1893.

[231] 内藤湖南. 内藤湖南全集[M]. 東京：筑摩書房，1976.

[232] 伊藤博文. 秘書類纂[M]. 東京：秘書類纂刊行会，1936.

[233] 韩东育. 福泽谕吉与"脱亚论"的理论与实践[J]. 古代文明，2008（4）：70-78.

[234] 武藤山治. 米国移住論[M]. 東京：丸善書舗，1887.

[235] 邓蜀生. 美国与移民：历史·现实·未来[M]. 重庆：重庆出版社，1990.

[236] 飯野正子. もう一つの日米関係史[M]. 東京：有斐閣，2000.

[237] 徳富蘇峰. 大日本膨脹論[M]. 東京：民友社，1894.

[238] 竹越與三郎. 支那論[M]. 東京：民友社，1894.

[239] 雑賀博愛. 杉田鶉山翁[M]. 東京：鶉山会，1929.

[240] 戚其章. 中国近代史资料丛刊续编·中日战争[M]. 北京：中华书局，1993.

[241] 中江兆民. 三酔人経綸問答[M]. 東京：集成社，1887.

[242] 孙瑞芹. 德国外交文件有关中国交涉史料选译[M]. 北京：商务印书馆，1960.

[243] 徳富猪一郎. 蘇峰自伝[M]. 東京：中央公論社，1935.

[244] 外務省日本外交文書デジタルアーカイブ[EB/OL]. [2020-9-16]. http://www.mofa.go.jp/mofaj/annai/honsho/shiryo/archives/mokuji.html.

[245] 巴枯宁. 国家制度和无政府状态[M]. 马骧聪，译. 北京：商务印书馆，1982.

[246] PEARSON H.C.National life and character a forecast[M].London：Macmillan and Co.Ltd，1894.

[247] 孔飞力. 他者中的华人：中国近现代移民史[M]. 李明欢，译. 黄鸣奋，校. 南京：江苏人民出版社，2016.

[248] 桑原隲蔵. 東洋史説苑[M]. 東京：弘文堂書房，1935.

[249] 吉野作造. 吉野作造選集 7[M]. 東京：岩波書店，1996.

[250] 东亚同文会. 对华回忆录[M]. 胡锡年，译. 北京：商务印书馆，1959.

[251] 伊東昭雄. アジアと近代日本：反侵略の思想と運動[M]. 東京：社会評論社，1990.

[252] 上海图书馆. 汪康年师友书札（四）[M]. 上海：上海古籍出版社，1986.

[253] 苑书义. 张之洞全集[M]. 石家庄：河北人民出版社，1998.

[254] 西村時彦. 碩園先生遺集[M]. 大阪：懐徳堂記念会，1936.

[255] 罗振玉，罗继祖. 罗振玉学术论著集[M]. 上海：上海古籍出版社，2013.

[256] 白井久也. 明治国家と日清戦争[M]. 東京：社会評論社，1997.

[257] 東亜同文書院滬友同窓会. 山洲根津先生伝[M]. 東京：根津先生伝記編纂部，1930.

[258] 早稲田大学編輯部. 大隈伯演説集[M]. 東京：早稲田大学出版部，1907.

[259] 王铁崖. 中外旧约章汇编[M]. 北京：生活·读书·新知三联书店，1957.

[260] 茅海建，郑匡民. 日本政府对于戊戌变法的观察与反应[J]. 历史研究，2004（3）：54-109.

[261] 新文丰出版编辑部. 丛书集成新编第97册[M]. 台北：新文丰出版公司，1985.

[262] 慕维廉. 地理全志卷八[M]. 上海：上海墨海书馆，1853-1854.

[263] 张树声. 敦怀堂洋务丛钞[M]. 台北：文海出版社，1966.

[264] 坂元ひろ子. 中国民族主義の神話[M]. 東京：岩波書店，2004.

[265] 魏源. 海国图志[M]. 李巨澜，评注. 郑州：中州古籍出版社，1999.

[266] 张寿祺. 19世纪末20世纪初"人类学"传入中国考[J]. 社会科学战线，1992（3）：319-327.

[267] 中国史学会. 辛亥革命与20世纪的中国：纪念辛亥革命九十周年国际学术讨论会论文集（中）[C]. 北京：中央文献出版社，2002.

[268] 张之洞. 劝学篇[M]. 李凤仙，评注. 北京：华夏出版社，2002.

[269] 实藤惠秀. 中国人留学日本史[M]. 修订译本. 谭汝谦，林启彦，译. 北京：北京大学出版社，2012.

[270] 矢津昌永. 中学万国地理志[M]. 出洋学生编辑所，译. 北京：商务印书馆，1903.

[271] 汪晖，王中忱. 区域：亚洲研究论丛第一辑跨体系社会[M]. 北京：清华大学出版社，2011.

[272] 胡适. 四十自述[M]. 北京：中国华侨出版社，1994.

[273] 寺岛实郎. 呼吸历史：对亚太区域的人文思考[M]. 徐静波, 沈中琦, 译. 上海：复旦大学出版社, 2004.

[274] 王栻. 严复传[M]. 上海：上海人民出版社, 1957.

[275] 张品兴. 梁启超全集[M]. 北京：北京出版社, 1999.

[276] 汤志钧. 章太炎政论选集[M]. 北京：中华书局, 1977.

[277] 刘师培. 刘师培全集[M]. 北京：中共中央党校出版社, 1997.

[278] 张先觉. 刘师培书话[M]. 杭州：浙江人民出版社, 1998.

[279] 黄兴涛, 陈鹏. 近代中国"黄色"词义变异考析[J]. 历史研究, 2010（6）：83-98.

[280] 鲁迅. 集外集拾遗[M]. 北京：人民文学出版社, 1973.

[281] 郅至. 猛回头：陈天华、邹容集[M]. 沈阳：辽宁人民出版社, 1994.

[282] 丘逢甲. 岭云海日楼诗钞·选外集[M]. 上海：上海古籍出版社, 1982.

[283] 陈德溥. 陈黻宸集[M]. 北京：中华书局, 1995.

[284] 章炳麟. 章太炎全集[M]. 上海：上海人民出版社, 1984.

[285] 白河次郎, 国府種德. 支那文明史[M]. 東京：博文館, 1900.

[286] 孙江. 拉克伯里"中国文明西来说"在东亚的传布与文本之比较[J]. 历史研究, 2010（1）：116-137.

[287] 坪内逍遥. 上古史[M]. 東京：東京専門学校, 1889.

[288] 山本頼輔. 新体支那史：中等教育[M]. 東京：精英堂, 1893.

[289] 汤志钧. 陶成章集[M]. 北京：中华书局, 1986.

[290] 刘杰, 川岛真. 对立与共存的历史认识：日中关系150年[M]. 韦平和, 徐丽媛, 译. 北京：社会科学文献出版社, 2015.

[291] 罗家伦. 中华民国史料丛编湖北学生界汉声[M]. 台北：中国国民党中央委员会, 党史史料编纂委员会, 1983.

[292] 蒋智由. 中国人种考[M]. 上海·广智书局, 1906.

[293] 雷石榆. 关于汉诗与日本民族诗歌的关系：在历史悠久的文化交流中, 诗歌代代相传中日友谊之声[J]. 河北大学学报, 1987（1）：66-84.

[294] 方军. 战争最后的证言者[M]. 济南：山东画报出版社, 2011.

[295] 王柯. 中国民族主义的形成与近代中日关系[J]. 文化纵横, 2014（3）：74-80.

[296] 王穆夫. 国民辞典[M]. 桂林：文化供应社, 1941.

[297] 罗斯摩尔, 杉本良夫. 解读日本人论[M]. 陆留弟, 主编. 上海：华东师范大学出版社, 2007.

[298] 陈水逢. 日本近代史[M]. 台北：台湾商务印书馆, 1988.

[299] 林明德. 日本史[M]. 台北：三民书局, 2005.

[300] 陳舜臣, 陳謙臣. 日本語と中国語[M]. 東京：徳間書店, 1985.

[301] 汪向荣. 日本教习[M]. 北京：生活•读书•新知三联书店, 1988.

[302] 神谷正男. 宗方小太郎文書：近代中国秘録[M]. 東京：原書房, 1975.

[303] 夏东元. 郑观应集[M]. 上海：上海人民出版社, 1988.

[304] 梁启超. 《饮冰室合集》集外文[M]. 夏晓虹, 辑. 北京：北京大学出版社, 2005.

[305] 胡珠生. 宋恕集[M]. 北京：中华书局, 1993.

[306] 丘逢甲. 岭云海日楼诗抄[M]. 合肥：安徽人民出版社, 1984.

[307] 劳祖德. 郑孝胥日记[M]. 北京：中华书局, 1993.

[308] 沈云龙. 近代中国史料丛刊[M]. 台北：文海出版社, 1967.

[309] 色川大吉. 昭和五十年史话[M]. 天津政协翻译组, 译. 哈尔滨：黑龙江人民出版社, 1982.

[310] 茅海建. 戊戌变法期间光绪帝对外观念的调适[J]. 历史研究, 2002（6）：23-50.

[311] 中国史学会. 中国近代史资料丛刊戊戌变法（二）[M]. 上海：上海人民出版社, 1957.

[312] 茅海建. 救时的偏方：戊戌变法期间司员士民上书中军事外交论[J]. 近代史研究, 2005（1）：212-261.

[313] 王晓秋. 近代中日关系史研究[M]. 北京：中国社会科学出版社, 1997.

[314] 汤志钧. 戊戌变法人物传稿[M]. 增订本. 北京：中华书局, 1961.

[315] 国家档案局明清档案馆. 戊戌变法档案史料[M]. 北京：中华书局, 1958.

[316] 丁文江, 赵丰田. 梁启超年谱长编[M]. 上海：上海人民出版社, 1983.

[317] 近衛篤麿日記刊行会. 近衛篤麿日記[M]. 東京：鹿島研究所出版会，1968.

[318] 中国社科院近代史研究所. 孙中山全集[M]. 北京：中华书局，2011.

[319] 湖南省哲学社会科学研究所. 唐才常集[M]. 北京：中华书局，1982.

[320] 章太炎. 章太炎选集[M]. 注释本. 朱维铮，姜义华，编注. 上海：上海人民出版社，1981.

[321] 白石重太郎. 赴清実業団誌[M]. 東京：博文館，1914.

[322] 王尔敏. 中国近代思想史论[M]. 北京：社会科学文献出版社，2003.

[323] 颜汀. 大先生鲁迅[M]. 成都：四川文艺出版社，1997.

[324] 来新夏. 中国近代史资料丛刊：北洋军阀[M]. 上海：上海人民出版社，1988.

[325] 刘晴波. 杨度集[M]. 长沙：湖南人民出版社，1986.

[326] 大山梓. 山縣有朋意見書[M]. 東京：原書房，1966.

[327] 松沢哲成. アジア主義とファシズム：天皇帝国論批判[M]. 東京：れんが書房新社，1979.

[328] 张謇研究中心，南通市图书馆. 张謇全集[M]. 南京：江苏古籍出版社，1994.

[329] 范·戴克. 精英话语与种族歧视[M]. 齐月娜，陈强，译. 北京：中国人民大学出版社，2011.

[330] 姜亚沙. 晚清珍稀期刊汇编（二）[M]. 北京：全国图书馆文献缩微复制中心，2009.

[331] 牟安世. 义和团抵抗列强瓜分史[M]. 北京：经济管理出版社，1997.

[332] 张枬，王忍之. 辛亥革命前十年间时论选集：第二卷[M]. 北京：三联书店，1963.

[333] 李妙根. 国粹与西化：刘师培文选[M]. 上海：上海远东出版社，1996.

[334] 汤志钧. 章太炎年谱长编[M]. 北京：中华书局，1979.

[335] 陈旭麓. 宋教仁集[M]. 北京：中华书局，2011.

[336] 夏晓虹. 追忆梁启超[M]. 北京：中国广播电视出版社，1997.

[337] 中国科学院历史研究所第三所近代史资料编辑组. 五四爱国运动资料[M].

北京：科学出版社，1959.

[338] 钟叔河. 周作人文类编7·日本管窥日本·日文·日人[M]. 长沙：湖南文艺出版社，1998.

[339] 古越，蔡郕. 高等小学新国文范本[M]. 上海：会文堂书局，1919.

[340] 陈振，王云五校订. 新时代地理教科书[M]. 北京：商务印书馆，1927.

[341] 冯自由. 中华民国开国前革命史[M]. 上海：上海三联书店，2014.

[342] 田桓. 战后中日关系文献集：1945—1970[M]. 北京：中国社会科学出版社，1996.

[343] 王晓秋. 中日文化交流史话[M]. 北京：商务印书馆，1996.

[344] 入江昭. 中国人と日本人：交流·友好·反発の近代史[M]. 東京：ミネルヴァ書房，2012.

[345] 徳富蘇峰. 支那漫遊記[M]. 東京：民友社，1918.

[346] 王厚锦. 郭沫若佚文集（1906—1949）[M]. 成都：四川大学出版社，1988.

[347] 陳舜臣. 日本人と中国人：「同文同種」と思いこむ危険[M]. 東京：祥伝社，1978.

[348] 満川亀太郎. 三国干渉以後[M]. 東京：伝統と現代社，1977.

[349] 吕万和. 简明日本近代史[M]. 天津：天津人民出版社，1984.

[350] 鲍·亚·罗曼诺夫. 日俄战争外交史纲 1895-1907[M]. 上海：上海人民出版社，1976.

[351] トク·ベルツ. ベルツの日記[M]. 菅沼竜太郎，訳. 東京：岩波書店，1979.

[352] 宇野俊一. 桂太郎自伝[M]. 東京：平凡社，1993.

[353] 井上清，鈴木正四. 日本近代史[M]. 東京：合同出版社，1956.

[354] 近藤诚一. 日美舆论战：一个日本外交官的驻美手记[M]. 刘莉生，译. 北京：新华出版社，2007.

[355] 苏俄国家中央档案馆. 日俄战争[M]. 吉林省哲学社会科学研究所翻译组，译. 北京：商务印书馆，1976.

[356] 薄井由. 东亚同文书院大旅行研究[M]. 上海：上海书店出版社，2001.

[357] NISHI. The origins of the Russo-Japanese war[M]. London：Longman，1985.

[358] 伊藤隆. 日本の近代 16 日本の内と外[M]. 東京：中央公論新社，2001.

[359] SUYEMATSUB.The Risen Sun[M].London：Archibald Constable&Co.Ltd, 1905.

[360] 森林太郎. 黄禍論梗概[M]. 東京：春陽堂，1904.

[361] 森林太郎. うた日記[M]. 東京：春陽堂，1907.

[362] 田口卯吉. 破黄禍論[M]. 東京：経済雑誌社，1904.

[363] 岡崎久彦. 情勢判断の鉄則：21 世紀の世界と日本の選択[M]. 東京：PHP 研究所，1999.

[364] 胡汉民. 胡汉民自传[M]. 台北：传记文学出版社，1982.

[365] 黒龍会. 東亜先覚志士記伝[M]. 東京：原書房，1966.

[366] 刘景岚，姜莹. 民国时期东北匪患产生的日本因素探析[J]. 东北师大学报（哲学社会科学版），2010（3）：66-70.

[367] 島貫重節. 戦略·日露戦争[M]. 東京：原書房，1980.

[368] 渡辺龍策. 馬賊：日中戦争史の側面[M]. 東京：中央公論社，1984.

[369] 佐藤铁治郎. 一个日本记者笔下的袁世凯[M]. 孔祥吉，村田雄二郎，整理. 天津：天津古籍出版社，2005.

[370] 王芸生. 六十年来中国与日本[M]. 北京：三联书店，1980.

[371] 郭廷以. 近代中国史日志[M]. 北京：中华书局，1987.

[372] 孙宝瑄. 忘山庐日记[M]. 上海：上海古籍出版社，1983.

[373] 近藤大介. 日本よ中国と同盟せよ！[M]. 東京：光文社，2006.

[374] 長谷川慶太郎. さよならアジア：日本の組める相手は韓国だけか[M]. 東京：ネスコ，1986.

[375] 李安山. 中国民族主义的催生与困惑：从《东方杂志》看日俄战争的影响[J]. 国际政治研究，2006（1）：96-111.

[376] 陈辉燎. 越南人民抗法八十年史：第一卷[M]. 范宏科，吕谷，译. 北京：三联书店，1973.

[377] 内海三八郎，千島英一，櫻井良樹. 潘佩珠伝[M]. 東京：芙蓉書房，1999.

[378] 尼赫鲁. 尼赫鲁自传[M]. 张宝芳，译. 北京：世界知识出版社，1956.

[379] 泰戈尔. 民族主义[M]. 谭仁侠, 译. 北京：商务印书馆, 1986.

[380] 徳富蘇峰. 七十八日遊記[M]. 東京：民友社, 1906.

[381] ジェラルド·ホーン著. 人種戦争：レイス·ウォー太平洋戦争もう一つの真実[M]. 藤田裕行, 訳. 東京：祥伝社, 2015.

[382] 夏东元. 盛宣怀年谱长编[M]. 上海：上海交通大学出版社, 2004.

[383] 潘俊峰, 杨民军. 是总结, 还是翻案：兼评《大东亚战争的总结》[M]. 北京：军事科学出版社, 1998.

[384] 杜格尔德·克里斯蒂, 伊泽·英格利斯编. 奉天三十年（1883-1913）：杜格尔德·克里斯蒂的经历与回忆[M]. 张士尊, 信丹娜, 译. 武汉：湖北人民出版社, 2007.

[385] 吴玉章. 辛亥革命[M]. 北京：人民出版社, 1961.

[386] 查尔斯·库普乾. 化敌为友：持久和平之道[M]. 宋伟, 译. 北京：北京大学出版社, 2017.

[387] 茅原廉太郎. 日本人民の誕生[M]. 東京：岩波書店, 1946.

[388] 三輪公忠. 日本·1945年の視点[M]. 東京：東京大学出版社, 1986.

[389] 朝河貫一. 日本之禍機[M]. 東京：実業之日本社, 1909.

[390] 徳富蘇峰. 蘇峰文選[M]. 東京：民友社, 1915.

[391] 加藤房蔵. 保護国経営之模範埃及[M]. 東京：京華日報社, 1905.

[392] 井上雅二. 埃及に於ける英国：韓国経営資料[M]. 東京：清水書店, 1906.

[393] クローマー. 最近埃及：上卷[M]. 東京：大日本文明協会, 1911.

[394] 芳賀矢一. 国民性十論[M]. 東京：富山房, 1908.

[395] 芥川龍之介. 芥川龍之介全集：6[M]. 東京：筑摩書房, 1979.

[396] 清沢洌. 世界再分割時代[M]. 東京：千倉書房, 1935.

[397] 周之鸣. 黄祸即日祸论[M]. 上海：独立出版社, 1944.

[398] 小林龍夫. 翠雨荘日記[M]. 東京：原書房, 1966.

[399] 王孝洵. 澳大利亚排华原因初探[J]. 世界历史, 1994（2）：63-70.

[400] 中京大学大学院法学研究科. 中京大学大学院生法学研究論集[C]. 名古屋：中京大学法学部, 2003.

[401] 中国社会科学院近代史研究所. 顾维钧回忆录[M]. 北京：中华书局，1983.

[402] 大隈重信. 人種問題[M]. 東京：早稻田大学出版部，1919.

[403] 近衛文麿. 戦後欧米見聞録[M]. 東京：外交時報社出版部，1920.

[404] 唐启华. 巴黎和会与中国外交[M]. 北京：社会科学文献出版社，2014.

[405] 爱德华·W·萨义德. 东方学[M]. 王宇根，译. 北京：三联书店，1999.

[406] 施爱东. 中国龙的发明：16—20世纪的龙政治与中国形象[M]. 北京：三联书店，2014.

[407] LAUREN P.G. Power and prejudice：the politics and diplomacy of racial discrimination[M].London：Westview Press，1988.

[408] C.L. 莫瓦特. 新编剑桥世界近代史[M]. 中国社会科学院世界历史研究所组，译. 北京：中国社会科学出版社，1999.

[409] 猪木正道. 吉田茂传[M]. 吴杰，译. 上海：上海译文出版社，1983.

[410] 玛格丽特·麦克米兰. 大国的博弈：改变世界的一百八十天[M]. 荣慧，刘彦汝，译. 重庆：重庆出版社，2006.

[411] 服部龍二. 東アジア国際環境の変動と日本外交1918-1931[M]. 東京：有斐閣，2001.

[412] 有馬学. 日本の近代4「国際化」の中の帝国日本[M]. 東京：中央公論新社，1999.

[413] 森格尔. 当西方还不想谈论种族平等时：一段尚未披露的有关1919年中国"五四"运动的序曲[J]. 申人，译. 现代外国哲学社会科学文摘，1995（1）：47-49.

[414] 狭间直树. 梁启超·明治日本·西方：日本京都大学人文科学研究所共同研究报告[M]. 北京：社会科学文献出版社，2001.

[415] 陈独秀. 独秀文存[M]. 上海：上海书店出版社，1989.

[416] 陈独秀. 陈独秀文章选编[M]. 北京：三联书店，1984.

[417] 窦克武. 王抟璧文集[M]. 开封：河南大学出版社，1991.

[418] 石橋湛山. 石橋湛山全集[M]. 東京：東洋経済新報社，2010.

[419] 岡義武. 近衛文麿：「運命」の政治家[M]. 東京：岩波書店，1972.

[420] 原奎一郎. 原敬日記[M]. 東京：福村出版株式会社，1965.

[421] 牧野伸顕. 回顧録[M]. 東京：中央公論社，1978.

[422] 孟宪章. 世界最近之局势第二卷巴黎和会[M]. 北京：北京师范大学，1926.

[423] 清沢洌. 日本外交史下卷[M]. 東京：東洋経済新報社，1942.

[424] 梅棹忠夫. 梅棹忠夫著作集 第5卷[M]. 東京：中央公論社，1989.

[425] 桑兵. 交流与对抗：近代中日关系史论[M]. 桂林：广西师范大学出版社，2015.

[426] 唐文权，桑兵编. 戴季陶集[M]. 武汉：华中师范大学出版社，1990.

[427] 長野朗. 白禍に悩む支那：亜細亜聯盟へ[M]. 北京：燕塵社，1924.

[428] 重光葵. 日本侵华内幕[M]. 齐福霖，译. 北京：解放军出版社，1987.

[429] STODDARDT.L.The rising tide of color against white world-supremacy[M].New York：Charles Scribner's Sons，1920.

[430] 平沼騏一郎回顧録編纂委員会. 平沼騏一郎回顧録[M]. 東京：平沼騏一郎回顧録編纂委員会，1955.

[431] 上杉慎吉. 日米衝突の必至と国民の覚悟[M]. 東京：大日本雄弁会，1924.

[432] 満川亀太郎. 東西人種闘争史観[M]. 東京：東洋研究会，1924.

[433] 堀幸雄. 战前日本国家主义运动史[M]. 熊达云，译. 北京：社会科学文献出版社，2010.

[434] 陸軍省調査班. 白禍に備へよ[M]. 陸軍省調査班，1932.

[435] 外務省. 日本外交年表竝主要文書[M]. 東京：原書房，1978.

[436] 宮崎道生. 世界史と日本の進運[M]. 東京：刀水書房，1981.

[437] 徳富猪一郎. 公爵松方正義伝坤卷[M]. 東京：公爵松方正義伝記発行所，1935.

[438] 保罗·S·芮恩施. 一个美国外交官使华记：1913—1919年美国驻华公使回忆录[M]. 李抱宏，盛震溯，译. 北京：商务印书馆，1982.

[439] 高莹莹. 一战前后美日在华舆论战[J]. 史学月刊，2017（4）：27-36.

[440] 俞辛焞. 孙中山与日本关系研究[M]. 北京：人民出版社，1996.

[441] 李吉奎. 孙中山与日本[M]. 广州：广东人民出版社，1996.

[442] 中国社会科学院近代史研究所近代史资料编辑组. 近代史资料总61号[M].

北京：中国社会科学出版社，1986.

[443] 俞辛焞，王振锁. 日本外务省档案：孙中山在日活动秘录（1913年8月—1916年4月）[M]. 天津：南开大学出版社，1990.

[444] 赵英兰. 派系与外交：民国时期对日外交思想研究[M]. 长春：吉林大学出版社，2005.

[445] 薛代强. 中国外交年鉴民国二十四年一月至十二月[M]. 上海：正中书局，1936.

[446] 小寺谦吉. 大亚细亚主义论[M]. 丘引夫，译. 東京：民铎杂志社，1917.

[447] 日本实业之日本社. 日本人之支那问题[M]. 中华书局编辑所，译. 上海：中华书局，1919.

[448] 郭嵩焘，湖南人民出版社校. 郭嵩焘日记 第三卷[M]. 长沙：湖南人民出版社，1982.

[449] 李凡夫文集编辑委员会. 李凡夫文集[M]. 广州：广东人民出版社，1993.

[450] 柳乃夫. 中日问题读本[M]. 上海：一般书店，1937.

[451] 赵晓泮. 从反战同盟五支部到日军46人集体暴动[J]. 党史博览，2007（6）：53-56.

[452] 白鳥庫吉. 白鳥庫吉全集第四卷[M]. 東京：岩波書店，1970.

[453] 細野繁勝. 満蒙管理論：支那の本質と列国の対支政策検討[M]. 東京：巧芸社，1928.

[454] 稲葉岩吉. 満洲国史通論[M]. 東京：日本評論社，1940.

[455] 川島浪速. 時局微言[M]. 東京：政教社，1932.

[456] 稲葉正夫. 太平洋戦争への道 開戦外交史別巻資料編[M]. 東京：朝日新聞社，1988.

[457] 小谷部全一郎. 成吉思汗ハ源義經也[M]. 東京：富山房，1924.

[458] 松山巌. うわさの遠近法[M]. 東京：講談社，1997.

[459] 中国社会科学研究会. 跨世纪中日关系研究[M]. 北京：社会科学文献出版社，2010.

[460] 竹越与三郎. 二千五百年史[M]. 東京：警醒社書店，1896.

[461] 島田俊彥，稲葉正夫解説. 現代史資料 8：日中戦争 1[M]. 東京：みすず書房，1976.

[462] 金海. 日本在内蒙古殖民统治政策研究[M]. 北京：社会科学文献出版社，2009.

[463] 小林龍夫. 現代史資料 7：満洲事変[M]. 島田俊彥，解説. 東京：みすず書房，1977.

[464] 复旦大学历史系日本史组. 日本帝国主义对外侵略史料选编（1931—1945）[M]. 上海：上海人民出版社，1975.

[465] 満洲国史編纂刊行会. 满洲国史（分论）[M]. 东北沦陷十四年史吉林编写组，译. 哈尔滨：黑龙江省社会科学院历史研究所，1990.

[466] 畑俊六. 畑俊六日誌[M]. 東京：みすず書房，1983.

[467] 解学诗. 伪满洲国史新编[M]. 修订本. 北京：人民出版社，2015.

[468] 秦永章. 日本涉藏史：近代日本与中国西藏[M]. 北京：中国藏学出版社，2005.

[469] 西川一三. 秘境西域八年の潜行：上[M]. 東京：中央公論社，1990.

[470] 吉林省图书馆伪满洲国史料编委会. 伪满洲国史料（一）[M]. 北京：全国图书馆文献缩微复制中心，2002.

[471] 黄时鉴. 日本帝国主义的"满蒙政策"和内蒙古反动封建上层的"自治""独立"运动[J]. 内蒙古大学学报（社会科学），1963（1）：1-30.

[472] 小熊英二. 単一民族神話の起源：『日本人』の自画像の系譜[M]. 東京：新潮社，1996.

[473] 芳賀登. 批判近代日本史学思想史[M]. 東京：柏書房，1974.

[474] 鳥居龍藏. 鳥居龍藏全集第 12 卷[M]. 東京：朝日新聞社，1976.

[475] 冯天瑜. "千岁丸"上海行：日本人 1862 年的中国观察[M]. 北京：商务印书馆，2001.

[476] 文学社編輯所. 中等小地理本邦之部[M]. 東京：文学社，1900.

[477] 傅斯年. 东北史纲[M]. 上海：上海古籍出版社，2012.

[478] 中山文化教育馆. 民生史观研究集[M]. 上海：中华书局，1944.

[479] 中国社会科学院历史研究所中国史学史研究室. 尹达史学论著选集[M]. 北

京：人民出版社，1989.

[480] 高宗武. 日本真相[M]. 长沙：湖南教育出版社，2008.

[481] 水口春喜. "建国大学"的幻影[M]. 董炳月，译. 北京：昆仑出版社，2004.

[482] 中国人民政治协商会议全国委员会文史资料研究委员会. 文史资料选辑第八十六辑[M]. 北京：文史资料出版社，1983.

[483] 栗原彦三郎述. 北支の眞相を談る[M]. 出版地不明，1935.

[484] 理查德·J. 塞缪尔斯. 日本大战略与东亚的未来[M]. 刘铁娃，译. 上海：上海人民出版社，2010.

[485] 安徽大学苏联问题研究所，四川省中共党史研究会. 苏联《真理报》有关中国革命的文献资料选编第三辑（1937—1949）[M]. 成都：四川省社会科学院出版社，1988.

[486] 王向远. "笔部队"和侵华战争：对日本侵华文学的研究与批判[M]. 北京：昆仑出版社，2005.

[487] 吉田鞆明. 巨人頭山満翁は語る[M]. 東京：感山莊，1939.

[488] 小島利八郎. 宣撫官[M]. 大阪：錦城山版社，1942.

[489] 黄东. 塑造顺民：华北日伪的"国家认同"建构[M]. 北京：社会科学文献出版社，2013.

[490] 中支派遣軍報道部　対支宣伝実施参考[M]. 出版地不明，1939.

[491] 齐红深编. 日本侵华图志第22卷[M]. 济南：山东画报出版社，2015.

[492] 卜正民. 秩序的沦陷：抗战初期的江南五城[M]. 潘敏，译. 北京：商务印书馆，2015.

[493] 江沛. 日伪"治安强化运动"研究[M]. 天津：南开大学出版社，2006.

[494] 中国人民政治协商会议北京市委员会文史资料研究委员会. 日伪统治下的北平[M]. 北京：北京出版社，1987.

[495] 小代有希子. 躁动的日本：危险而不为人知的日本战略史观[M]. 张志清、李文远，译. 广州：广东人民出版社，2015.

[496] 宋介. 新民会大纲说明[M]. 北平：（伪）新民会中央指导部，1938.

[497] 北京市档案馆. 日伪北京新民会[M]. 北京：光明日报出版社，1989.

[498] 朱文通等整理. 李大钊全集第二卷[M]. 石家庄：河北教育出版社，1999.

[499] 上海市档案馆. 日本帝国主义侵略上海罪行史料汇编上编[M]. 上海：上海人民出版社，1997.

[500] 邵雍. 抗日战争与中国社会[M]. 合肥：合肥工业大学出版社，2010.

[501] 卜正民，施恩德. 民族的构建：亚洲精英及其民族身份认同[M]. 陈城，译. 长春：吉林出版集团有限责任公司，2008.

[502] シーラ·ジョンソン. アメリカ人の日本観：ゆれ動く大衆感情[M]. 鈴木健次，訳. 東京：サイマル出版会，1986.

[503] 迈克尔·H. 亨特. 意识形态与美国外交政策[M]. 褚律元，译. 北京：世界知识出版社，1999.

[504] 池田十吾. 第一次世界大戦期の日米関係史[M]. 東京：成文堂，2007.

[505] 秦郁彦. 太平洋国際関係史[M]. 東京：福村出版株式会社，1972.

[506] 五明洋. アメリカは日本をどう報じてきたか[M]. 大阪：青心社，2004.

[507] 内森·米勒. 美国海军史[M]. 卢如春，译. 北京：海洋出版社，1985.

[508] 西尾幹二. 新しい歴史教科書[M]. 東京：扶桑社，2001.

[509] 麻田贞雄. 从马汉到珍珠港：日本海军与美国[M]. 朱任东，译. 北京：新华出版社，2015.

[510] 三輪公忠. 日米関係の意識と構造[M]. 東京：南窓社，1974.

[511] 赵省伟，李小玉. 遗失在西方的中国史：法国彩色画报记录的中国 1850—1937 下[M]. 北京：中国计划出版社，2015.

[512] 托马斯·索威尔. 美国种族简史[M]. 沈宗美，译. 南京：南京大学出版社，1993.

[513] 张晓莉. 占领时期美国对日文化改革与民主输出[M]. 北京：社会科学文献出版社，2013.

[514] 道格拉斯·福特. 太平洋战争[M]. 刘建波，译. 北京：北京联合出版公司，2014.

[515] 陈致远. 多元文化的现代美国[M]. 成都：四川人民出版社，2003.

[516] 迈克尔·亨特，史蒂文·莱文. 躁动的帝国 2：太平洋上的大国争霸[M].

宗端华,译.重庆:重庆出版社,2015.

[517] 木戸公伝記編纂所.木戸孝允文書第4[M].東京:日本史籍協会,1930.

[518] 三宅克己.日本人の自伝19[M].東京:平凡社,1982.

[519] 加藤周一.日本文化论[M].叶渭渠,译.北京:光明日报出版社,2000.

[520] 大隈重信.国民読本[M].東京:丁未出版社,1910.

[521] 服部卓四郎.大東亜戦争全史[M].東京:原書房,1982.

[522] 防衛庁防衛研修所戦史室.大本營海軍部·聯合艦隊1[M].東京:朝雲新聞社,1974.

[523] 王柯.民族主义与近代中日关系:"民族国家""边疆"与历史认识[M].香港:香港中文大学出版社,2015.

[524] 防衛庁防衛研修所戦史室.大本營陸軍部1[M].東京:朝雲新聞社,1967.

[525] 千葉秀浦,田中花浪.黄禍白禍未来之大戦[M].東京:服部書店,1907.

[526] 原田政右衛門.遺恨十年日露未来戦[M].東京:武俠世界社,1913.

[527] 国民軍事協会.日米開戦:夢物語[M].東京:中央書院,1913.

[528] 水野広徳.次の一戦[M].東京:金尾文淵堂,1914.

[529] 佐藤鋼次郎.日米若し戦はば[M].東京:目黒分店,1920.

[530] 安德鲁·戈登.日本的起起落落:从德川幕府到现代[M].李潮津,译.桂林:广西师范大学出版社,2008.

[531] 朝日新聞社.時局問題批判[M].大阪:朝日新聞社,1924.

[532] 石井菊次郎.石井菊次郎遺稿:外交随想[M].東京:鹿島平和研究所,1967.

[533] 关静雄.近代日本外交思想史入門:原典で学ぶ17の思想[M].東京:ミネルヴァ書房,1999.

[534] 川田稔,伊藤之雄.二〇世紀日米関係と東アジア[M].名古屋:風媒社,2002.

[535] 大川周明.米英東亜侵略史[M].東京:第一書房,1942.

[536] 寺崎英成,マリコ·テラサキ·ミラー.昭和天皇独白録:寺崎英成·御用掛日記[M].東京:文芸春秋,1991.

[537] BIX H.P. Hirohito and the making of modern Japan[M]. New York: Harper Perennial, 2001.

[538] 德富蘇峰. 時務一家言[M]. 東京：民友社, 1913.

[539] 德富蘇峰. 大正の青年と帝国の前途[M]. 東京：民友社, 1916.

[540] 五百旗頭真. 日米関係史[M]. 東京：有斐閣, 2009.

[541] 朝日新聞テーマ談話室編. 戦争：血と涙で綴った証言[M]. 東京：朝日ソノラマ, 1987.

[542] 山中恒. 撃チテシ止マム：ボクラ少国民第三部[M]. 東京：勁草書房, 1980.

[543] 子安宣邦. 东亚论：日本现代思想批判[M]. 赵京华, 编译. 长春：吉林人民出版社, 2004.

[544] 步平. 日本侵华时期国内的反战活动[J]. 社会科学战线, 2010（8）：1-15.

[545] 亨廷顿. 谁是美国人？美国国民特性面临的挑战[M]. 程克雄, 译. 北京：新华出版社, 2010.

[546] 闻一多. 闻一多书信选集[M]. 北京：人民文学出版社, 1986.

[547] 齐锡生. 剑拔弩张的盟友：太平洋战争时间的中美军事合作关系（1941-1945）上册[M]. 北京：社会科学文献出版社, 2012.

[548] 宋李瑞芳. 美国华人的历史和现状[M]. 朱永涛, 译. 北京：商务印书馆, 1984.

[549] 刘毅政. 宋美龄评传[M]. 北京：华文出版社, 2000.

[550] 秦孝仪. 中华民国重要史料初编：对日抗战时期第三编战时外交（三）[M]. 台北：中国国民党中央委员会党史委员会, 1981.

[551] 入江昭. 权利与文化日美战争1941—1945[M]. 吴焉, 译. 北京：中信出版集团, 2019.

[552] HART J. Empire of ideas: the origins of public diplomacy and the transformation of U.S. foreign policy[M]. Oxford: Oxford University Press, 2013.

[553] 清沢洌. 暗黒日記[M]. 東京：ちくま学芸文庫, 2002.

[554] 詹姆斯·M. 斯科特. 轰炸東京：1942, 美国人的珍珠港复仇之战[M]. 银凡,

译. 北京：民主与建设出版社，2016.

[555] 恒石重嗣. 大東亜戦争秘録：心理作戦の回想[M]. 東京：東宣出版，1978.

[556] 约翰·托兰. 日本帝国的衰亡：1936—1945[M]. 郭伟强，译. 北京：新星出版社，2010.

[557] 刘卓，沈晓鹏. 从《排华法案》看美国移民政策中的种族主义[J]. 辽宁大学学报（哲学社会科学版），2004（7）：136-140.

[558] 黒竜踏査隊. 極東露領に於ける黄色人種問題[M]. 大连：南満洲鉄道庶務部調査課，1925.

[559] 浅野利三郎. 露西亜民族の新研究：日露同種論[M]. 東京：政教社，1924.

[560] ボリス·スラヴィンスキー. 考証日ソ中立条約：公開されたロシア外務省機密文書[M]. 高橋実，江沢和弘，訳. 東京：岩波書店，1996.

[561] 李凡. 日苏关系史 1917—1991[M]. 北京：人民出版社，2005.

[562] 朱庭光. 法西斯体制研究[M]. 上海：上海人民出版社，1995.

[563] 冯昭奎. 再论对日关系新思维[J]. 战略与管理，2005（5）：78-84.

[564] 丸山真男. 現代政治の思想と行動[M]. 東京·未來社，1964.

[565] FREDRICKSON M.G. Racism：a short history[M]. Princeton：Princeton University Press，2002.

[566] FIGUEIRA M.D. Aryans, Jews, Brahmins：theorizing authority through myths of identity[M]. Albany：State University of New York Press，2002.

[567] 遠藤周作. 遠藤周作文学全集 6[M]. 東京：新潮社，2000.

[568] 威廉·夏伊勒. 第三帝国的兴亡：纳粹德国史上[M]. 董乐山，译. 北京：世界知识出版社，1979.

[569] 近代日本思想史研究会. 近代日本思想史第三卷[M]. 那庚辰，译. 北京：商务印书馆，1992.

[570] 唐德刚. 从甲午到抗战[M]. 北京：台海出版社，2016.

[571] 新渡戸稲造. 新渡戸稲造全集第四卷[M]. 東京：教文館，1969.

[572] 金港堂書籍株式会社編緝所. 小学外国地誌[M]. 東京：金港堂，1899.

[573] 大日本国民修養会. 世界国民性読本[M]. 東京：日本書院，1928.

[574] 大川周明関係文書刊行会. 大川周明関係文書[M]. 東京：芙蓉書房，1996.

[575] 古屋哲夫. 近代日本のアジア認識[M]. 東京：緑蔭書房，1996.

[576] 厚生省研究所人口民族部. 民族人口政策研究資料：戦時下に於ける厚生省研究部人口民族部資料[M]. 復刻版. 東京：文生書院，1981-1982.

[577] 克劳斯·费舍尔. 德国反犹史[M]. 钱坤，译. 南京：江苏人民出版社，2007.

[578] 曼弗雷德·基特尔. 纽伦堡和东京审判之后：1945—1968年日本与西德的"历史清算"[M]. 吕澍，王维江，译. 上海：上海交通大学出版社，2014.

[579] 左禄. 侵华日军大屠杀实录[M]. 北京：解放军出版社，1989.

[580] 法兰克·吉伯尼. 战争：日本人记忆中的二战[M]. 尚蔚，史禾，译. 北京：中央编译出版社，2003.

[581] 中国帰還者連絡. 私たちは中国でなにをしたか：元日本人戦犯の記録[M]. 東京：三一書房，1987.

[582]《东亚三国的近现代史》共同编写委员会. 东亚三国的近现代史[M]. 北京：社会科学文献出版社，2005.

[583] 園井ゆり. 優生思想の社会史序説：明治以降の日本社会を例に[J]. 人間科学共生社会学，2004（4）：43-59.

[584] 中曾根康弘. 冷战以后[M]. 吴寄南，译. 上海：上海三联书店，1993.

[585] 石田勇治. 日德两国种族屠杀研究之比较[J]. 江海学刊，2001（6）：115-117.

[586] 布衣著. 罪孽的报应：日本和德国的战争记忆与反思（1945—1993）[M]. 戴晴，译. 北京：社会科学文献出版社，2006.

[587] 宋志勇. 纽伦堡审判与东京审判之比较[J]. 东北亚论坛，2015（2）：52-64.

[588] 马克·费尔顿. 日本宪兵队秘史[M]. 季我努，译. 重庆：重庆出版社，2017.

[589] 大沼保昭. 東京裁判から戦後責任の思想へ[M]. 東京：東信堂，1993.

[590] 历史研究委员会. 大东亚战争的总结[M]. 东英，译. 北京：新华出版社，1997.

[591] 宮村治雄. 理学者兆民：ある開国経験の思想史[M]. 東京：みすず書房，1989.

[592] 寺島実郎. 二つの「ＦＯＲＴＵＮＥ」：1936の日米関係に何を学ぶか[M].

東京：ダイヤモンド社，1993.

[593] 富田仁. 鹿鳴館：擬西洋化の世界[M]. 東京：白水社，1995.

[594] 清水勲. 風刺画で読み解く近代史[M]. 東京：三笠書房，2015.

[595] 谷崎润一郎. 阴翳礼赞：日本和西洋文化随笔[M]. 丘仕俊，译. 北京：三联书店，1996.

[596] 渡辺浩. 日本政治思想史：十七～十九世紀[M]. 東京：東京大学出版会，2010.

[597] 焦润明，焦婕. 高桥义雄与严复的"人种改良"论比较[J]. 日本研究，2011（4）：74-79.

[598] 谷崎润一郎. 痴人之爱[M]. 郭来舜，译. 西安：陕西人民出版社，1988.

[599] 大隈重信撰. 日本开国五十年史下册[M]. 上海：上海社会科学院出版社，2007.

[600] 小林爱雄. 中国印象记[M]. 李炜，译. 北京：中华书局，2007.

[601] 盛邦和.19世纪与20世纪之交的日本亚洲主义[J]. 历史研究，2000(3)：125-135.

[602] 田口卯吉. 楽天録[M]. 東京：経済雑誌社，1898.

[603] 王美平. 近代日本的义和团运动观[J]. 南开学报（哲学社会科学版），2015（1）：71-80.

[604] 赫尔姆斯. 不义之财：日本财阀压榨盟军战俘实录[M]. 季我努，译. 重庆：重庆出版社，2015.

[605] 费约翰. 唤醒中国：国民革命中的政治、文化与阶级[M]. 李恭忠，译. 北京：生活·读书·新知三联书店，2004.

[606] 茶園義男. 大東亜戦下外地俘虜収容所[M]. 東京：不二出版，1987.

[607]F.C.琼斯.1942-1946年的远东：上册[M]. 复旦大学外文系英语教研组，译. 上海：上海译文出版社，1978.

[608] 胡德坤. 反法西斯战争时期的中国与世界研究第九卷[M]. 武汉：武汉大学出版社，2010.

[609] 格哈特·温伯格. 希特勒德国的对外政策上编[M]. 何江，张炳杰，译. 北

京：商务印书馆，1992.

[610]M·トケイヤー，M·シュオーツ著.河豚計画[M].加藤明彦，訳.東京：日本ブリタニカ，1979.

[611]工藤章、田嶋信雄.日独関係史2 枢軸形成の多元的力学[M].東京：東京大学出版会，2008.

[612]许宝强，罗永生.解殖与民族主义[M].北京：中央编译出版社，2004.

[613]三宅明生、山田賢.歴史の中の差別：「三国人」問題とは何か[M].東京：日本経済評論社，2001.

[614]西尾幹二.国民の歴史[M].東京：産経新聞ニュースサービス，2000.

[615]東京裁判研究会.共同研究パール判決書[M].東京：東京裁判刊行会，1966.

[616]戴维·K.怀亚特.泰国史[M].郭继光，译.上海：东方出版中心，2009.

[617]王任叔.印度尼西亚近代史下册[M].周南京整理，北京：北京大学出版社，1995.

[618]貌貌.缅甸政治与奈温将军[M].赵维扬，译.昆明：云南省东南亚研究所，1982.

[619]林承节.苏巴斯·钱德拉·鲍斯与日本[J].南亚研究，1996（1）：50-58.

[620]培伦.印度通史[M].哈尔滨：黑龙江人民出版社，1990.

[621]ASEANセンター.アジアに生きる大東亜戦争[M].東京：展転社，1988.

[622]D.G.E.霍尔.东南亚史下册[M].中山大学东南亚历史研究所译，北京：商务印书馆，1982.

[623]祁进玉，孙春日.东北亚民族文化评论第1辑[M].北京：学苑出版社，2011.

[624]王建朗.试评太平洋战争爆发前的英美对日妥协倾向：关于"远东慕尼黑"的考察之二[J].抗日战争研究，1998（1）：76-96.

[625]孟庆龙.珍珠港事件的余声与美日关系[J].理论月刊，2015（9）：59-64.

[626]帕姆·杜德.英国和英帝国危机[M].苏仲彦，译.北京：世界知识出版社，1954.

[627] 防衛庁防衛研究所戦史部編著. 史料集南方の軍政[M]. 東京：朝雲新聞社，1985.

[628] 鲁斯·本尼迪克特. 菊与刀[M]. 吕万和，译. 北京：商务印书馆，1996.

[629] 大江志乃夫. 近代日本と植民地2：帝国統治の構造[M]. 東京：岩波書店，2005.

[630] ジョージ·S·カナヘレ. 日本軍政とインドネシアの独立[M]. 後藤乾一，訳. 東京：維新報知社，1981.

[631] 李光耀. 风雨独立路：李光耀回忆录[M]. 北京：外文出版社，1998.

[632] 河原宏. 昭和政治思想研究[M]. 東京：早稲田大学出版，1979.

[633] 三枝重雄. 言論昭和史：弾圧と抵抗[M]. 東京：日本評論新社，1958.

[634] 赤沢史朗. 資料日本現代史13[M]. 東京：大月書店，1990.

[635] 内川芳美. 現代史資料41：マス·メディア統制2[M]. 東京：みすず書房，1977.

[636] 日本防卫厅战史室. 华北治安战[M]. 天津市政协编译组，译. 天津：天津人民出版社，1982.

[637] 竹内好，孙歌. 近代的超克[M]. 李冬木，赵京华，孙歌，译. 北京：三联书店，2005.

[638] 井上清. 日本军国主义：第三册[M]. 马黎明，译. 北京：商务印书馆，1985.

[639] 竹田恒泰. アメリカの戦争責任[M]. 東京：PHP研究所，2015.

[640] 雷蒙德·戴维斯，丹·温. 进攻日本：日军暴行及美军投掷原子弹的真相[M]. 臧英年，译. 桂林：广西师范大学出版社，2014.

[641] 柯文. 历史三调：作为事件、经历和神话的义和团[M]. 杜继东，译. 南京：江苏人民出版社，2000.

[642] 李建军. 战争罪责岂能转嫁：驳日本右翼的"英美与日本同罪史观"[J]. 贵州大学学报（社会科学版），2003（6）：81-89.

[643] 前田哲男. 重庆大轰炸[M]. 李泓，黄莺，译. 成都：成都科技大学出版社，1990.

[644] 李军. 文化视角下日本作家的"原爆"认知[J]. 东北师大学报（哲学社会科学版），2011（1）：126-130.

[645] 埴原和郎. 日本人の誕生：人類はるかなる旅[M]. 東京：吉川弘文館，1998.

[646] 张雅军. 日本人群的种族起源和演化[J]. 世界历史，2008（5）：28-36.

[647] 冯玮. 日本通史[M]. 上海：上海社会科学出版社，2012.

[648] 内外書籍株式会社. 群書類従第二輯[M]. 東京：経済雑誌社，1893.

[649] 吉田茂. 十年回忆：第一卷[M]. 韩润棠，译. 北京：世界知识出版社，1963.

[650] 丸山真男. 日本的思想[M]. 区建英，刘岳兵，译. 北京：生活·读书·新知三联书店，2009.

[651] 入江曜子. 日本が「神の国」だった時代[M]. 東京：岩波書店，2001.

[652] 牟成文. 近代日本民族思维中的发散性特征[J]. 世界民族，2000（3）：28-32.

[653] 鈴木力. 国民の真精神[M]. 東京：博文堂，1893.

[654] 志賀重昂. 日本風景論[M]. 東京：政教社，1894.

[655] 内村鑑三. Japan and the Japanese[M]. 東京：民友社，1894.

[656] NITOBEINAZO. Bushido: the soul of Japan[M]. Philadelphia: The Leeds and Biddle Company, 1900.

[657] OKAKURA KAKUZO. The Book of Tea[M]. New York: Duffield& Company, 1906.

[658] 杉本良夫，ロス·マオア. 日本人は「日本的」か：特殊論を超え多元的分析へ[M]. 東京：東洋経済新報社，1992.

[659] 築島謙三. 「日本人論」の中の日本人：民族の核心を知る[M]. 東京：大日本図書，1984.

[660] 黄大慧. 日本大国化趋势与中日关系[M]. 北京：社会科学文献出版社，2008.

[661] E. 霍布斯鲍姆，T. 兰杰. 传统的发明[M]. 顾杭、庞冠群，译. 南京：译林出版社，2008.

[662] 植村邦彦.「近代」を支える思想：市民社会·世界史·ナショナリズム[M]. 京都：ナカニシャ出版，2001.

[663] 田雪梅. 近代日本国民的铸造：从明治到大正[M]. 北京：商务印书馆，2016.

[664] 升味準之輔. 日本政治史1[M]. 東京：東京大学出版会，1988.

[665] 安丸良夫，宮地正人. 宗教と国家[M]. 東京：岩波書店，1988.

[666] 田中彰. 明治維新[M]. 東京：岩波書店，2000.

[667] 殷燕军. 近代日本政治体制[M]. 北京：社会科学文献出版社，2006.

[668] 塞缪尔·亨廷顿. 文明的冲突与世界秩序的重建[M]. 周琪，译. 北京：新华出版社，2010.

[669] 绪方贞子. 满洲事变：政策的形成过程[M]. 李佩，译. 北京：社会科学文献出版社，2015.

[670] 木村時夫. 日本ナショナリズム史論[M]. 東京：早稲田大学出版部，1973.

[671] 天道是. 右翼運動100年の軌跡：その抬頭·挫折·混迷[M]. 東京：立花書房，1992.

[672] 吉田裕. 日本人的战争观：历史与现实的纠葛[M]. 刘建平，译. 北京：新华出版社，2000.

[673] 诸葛蔚东. 战后日本舆论、学界与中国[M]. 北京：中国社会科学出版社，2003.

[674] 约翰·内森. 无约束的日本[M]. 周小进，译. 上海：华东师范大学出版社，2005.

[675] 加文·麦考马克. 附庸国：美国怀抱中的日本[M]. 于占杰，许春山，译. 北京：社会科学文献出版社，2008.

[676] 丸山真男. 丸山真男集：第八卷[M]. 東京：岩波書店，1996.

[677] 久米邦武. 特命全権大使米欧回覧実記第3篇[M]. 東京：博聞社，1878.

[678] 野村浩一. 近代日本的中国认识[M]. 张学锋，译. 北京：中央编译出版社，1999.

[679] 南博. 日本人的心理日本的自我[M]. 刘延州，译. 北京：社会科学文献出版

社,2014.

[680] 吴学文.十字路口的日本[M].北京:时事出版社,1988.

[681] 苏智良.日军"慰安妇"研究[M].北京:团结出版社,2015.

[682] 邓蜀生.世代悲欢"美国梦":美国的移民历程及种族矛盾(1607—2000)[M].北京:中国社会科出版社,2001.

后记

本书的最初基础为博士论文，后来以之申报获批了 2016 年度国家社科基金青年项目"人种意识与近代日本对华侵略研究"（项目号：16CSS017），经过反复修改打磨，现在终于付梓。其中部分章节的一些内容，先后以单篇论文的形式公开发表过，按时间顺序列举如下：

《日俄战争前后日本应对"黄祸论"之策略》（《军事历史研究》，2014 年第 3 期）；《"黄祸论"与日俄战争期间的日本外交》（《东北师大学报》，2014 年第 4 期）；《甲午战后中日"黄种联合"的政治想象》（《史林》，2014 年第 6 期）；《日本近代文学中的黄种自卑意识探析》（《跨语言文化研究》第 7 辑，2014 年）；《人种意识与日本的甲午开战逻辑》（《日本侵华研究》，2015 年第 3 卷）；《人种论与一战后的日本对外政策》（《世界历史》，2016 年第 3 期）；《从"夷狄观"到"人种论"——近代日本对外视角的一个变动》（《跨语言文化研究》第 12 辑，2019 年）；《近代中日关系背景下的"同文同种"表述》（《世界历史》，2019 年第 5 期）；《战败前日本的"种族主义"及其特征——与纳粹德国相比较》（《北华大学学报》，2020 年第 2 期）；《近代日本"有色人种解放论"辨析》（《南开日本研究》，2024 年第 2 辑）。

这一篇篇撑起了本书主体框架的论文，实际上写得更为辛苦。有的从投稿到退稿、修改后再他投，前后竟然耗时 5 年。值得欣慰的是，无论是最终发表的论文还是提交的结项报告，在批评指导意见之外，有许多评审专家都对其新颖性和独创性给予了相当高的评价（如国家社科项目结项结果为优秀），使我总能有继续前行的动力。遗憾的是因匿名评审之故，无缘知晓各位专家的姓名，只能在此谨表示深深的谢意。

工作多年后，能够进入复旦大学完成博士课程的专业历练，可谓是此生的一大幸事。恩师冯玮教授，学术造诣深厚，是研究日本问题的知名专家，在国内外具有相当广泛的影响，近年来更是积极活跃于公共舆论界，温文儒雅、侃侃而谈，乃是我等愚徒奋斗之榜样。博士毕业之后，尽管与老师相见机会骤少，但老师在各类媒体上高屋建瓴的评论，依然常使我对中日关系问题的理解有茅塞顿开之感。

写作期间，曾得国家留学基金委资助前往日本访学一年。日本奈良教育大学名誉教授、日本歌谣协会会长真锅昌宏先生，待我如亲人，在生活和学习上都有莫大的照顾。老人家虽已高龄，但精神矍铄，干劲十足，不仅常带我前往日本各地参观博物馆、查阅资料，更在一些日文文献的阅读和理解上给予了悉心指导。深情厚谊，铭记在心。

2015年3月，在京都参加"京都大学－复旦大学东亚人文研究课程博士生讨论会"时，除了得到日方同学对参会论文的点评之外，著名汉学家、德国海德堡大学鲁道夫·瓦格纳教授，会后还就中日"同文同种"话题与我进行了交流。虽然斯人已去，但在异国日本同一位"白种人"用汉语聊天，再结合本书的"人种意识"主题，其场景始终令我难以忘怀。

从构思选题到完成定稿，历经10余年时间，这一过程也有赖于众多亲友的关怀和支持。学海无涯，吾辈只有再接再厉，用更好的成绩向大家汇报。

许赛锋

2025 年 3 月